細田昌
Masashi Hosoda

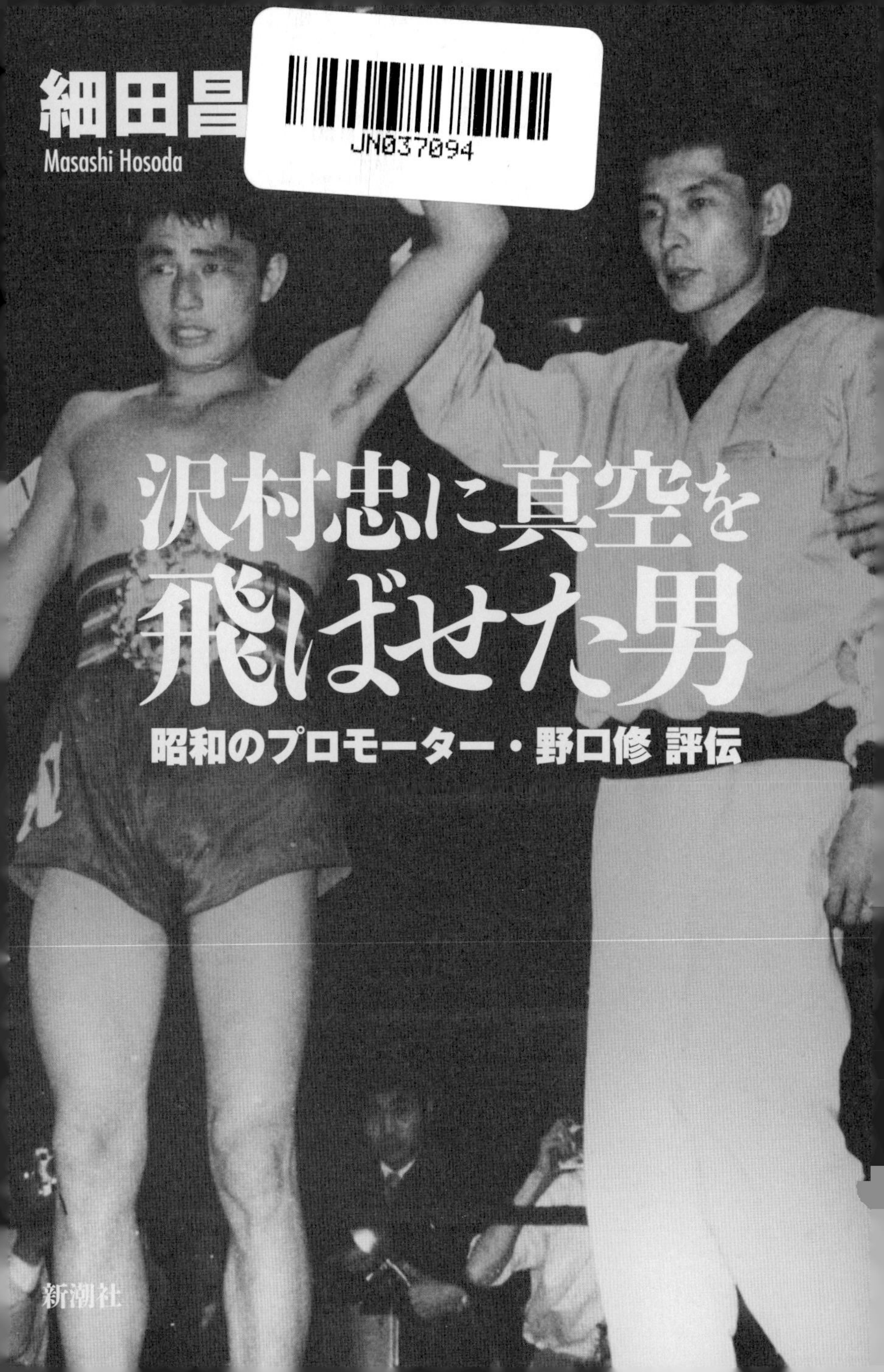

沢村忠に真空を飛ばせた男

昭和のプロモーター・野口修 評伝

新潮社

沢村忠に真空を飛ばせた男　昭和のプロモーター・野口修 評伝　目次

カバー・扉写真提供　野口詩延
装幀　新潮社装幀室

沢村忠に真空を飛ばせた男

昭和のプロモーター・野口修　評伝

序章　日本初の格闘技プロモーター

毎年、師走近くになると、その年に最も活躍したプロスポーツ選手が表彰される。

「日本プロスポーツ大賞」と呼ばれるその賞は、マスコミ各社の運動部長、もしくは、それに準ずる役職の人間が選考委員となり、彼らの投票によって決められる。投票は一回きりで、事前の打ち合わせは原則的にない。

主催をするのは、日本プロスポーツ協会という公益財団法人で、選ばれた選手には「内閣総理大臣杯」が併せて贈られる。

選考委員が属するマスコミとは、主に新聞社と放送局を指す。三大紙をはじめとする一般紙、スポーツ紙、夕刊紙、地方紙、通信社、英字新聞まで含まれる。放送局も、在京テレビ局、地方局、ＵＨＦ局、衛星放送、ラジオのＡＭとＦＭ全局と一部の地方局が列なる。

投票総数五十四。スポーツ紙が独自に選定する賞や、テレビのスポーツ番組が設ける賞とは、公平性において比較にならない。

昨今、内閣総理大臣の能力と品格が、どれほど問われようと、国権の長の名の下に贈られる栄誉を思えば、平等に選ばれるのは当然だろう。最初はそう思った。

実は、これには理由があった。

ニュートラルな選考方法は、第一回目からそうだったわけではない。当初は報道機関の人間は、ただの一人も関与していない。

今の方法に変わったのは、七年目の一九七四年からである。にもかかわらず、内閣総理大臣杯は第一回目から贈られている。つまり、公平性と国権の長云々は関係がないのだ。

当初は、大賞候補として、数名の選手を事前にエントリーし、組織の理事による内々の投票で決めていた。候補者の属する競技の代表者は、投票前の全体会議の席で演説を行う。これが一番の盛り上がりどころだったという。

「我々の推す○○選手は……」で始まり、「どれだけ成績を残し」「どれだけ人気を集め」「どれだけ大賞に相応しいか」。

そして最後は「清き一票を」で締める。小学校の学級委員の選挙と差異はない。

ちなみに、第一回の大賞受賞者は「シンデレラボーイ」と呼ばれたボクシング世界フェザー級王者の西城正三。第二回は日本シリーズ五連覇の読売巨人軍（球団）。第三回は通算三十回の優勝を成し遂げ、一代年寄を贈られた横綱大鵬。

一見、順当な人選に映る。第四回は巨人軍の長嶋茂雄が大賞を受賞している。

選考は衆目を避けて行われ、最後は恒例の「シヤンシヤン」で散会する。大賞とは組織を維持する装飾にすぎない。

しかし、儀礼も装飾もぶっ壊した男がいた。

「風穴を開けた」とは言えまい。結果的にそうはなったが、本人はそれが目的ではなかった。

自己欲求もあったし、諸々の事情もあった。

いや、負けず嫌いなだけだったのかもしれない。

王貞治を引きずり下ろす

一九七三年、繰り返すが、この翌年から日本プロスポーツ大賞は、現行の記者投票制になる。

しかし、この時点では、次回からそうなるとは誰も知らないし、そうなる予定もない。

一九七三年の大賞は、王貞治が本命である。

自身初の三冠王に、野村克也を抜いての通算本塁打記録。チームも阪神タイガースをシーズン最終戦で破っての逆転優勝に、南海ホークスを下しての日本一V9と、文句のつけようがない。

「王しかいなかった」と言っていいし、そうならないとおかしい。

この頃、組織の理事に名を列ね、後年は日本プロスポーツ協会の副会長となる山口弘典によると、「今年はワンちゃんで決まり」という空気は役員に波及し、「読売への配慮もあった」とも言う。

言わんとすることは次の通りだ。

第一回大賞こそボクシングの西城正三だが、第二回は巨人軍、第三回は大鵬、第四回は長嶋茂雄と、隔年で〝読売案件〟が選ばれている。

第五回は「通算千二百勝」をあげた競輪の松本勝明が受賞しているので、このローテーションが正しければ、一九七三年の第六回は自動的に順番が回ってこよう。

読売グループの影響力を考えれば「親睦会程度のものなのだから、順繰り通り大賞をくれ」という言い分が通らなくもないし、そうでなくても、この年の王貞治は大活躍をしているのだ。選ばない理由もない。

しかし、結論から言うと、この年、王貞治は日本プロスポーツ大賞を受賞しなかった。

受賞したのは、キックボクサーの沢村忠である。

「あのときは、土壇場であいつが動いて……」

山口弘典は皮肉そうに口許を歪めて言う。

「動いて?」

言いたいことは理解できたが、あえて質すと、山口は細い眼で筆者に一瞥をくれながら、ふっと息を吐き、観念したように洗いざらい話した。

「でも、結果的によかった。沢村が獲って」

話し終えると、山口は達観したようにも、自分に言い聞かすようにも呟いた。

「どうしてですか」

「だって、この賞が少し有名になったから」

「有名じゃなかったんですか」

「ないない。新聞に載るったって、ちょこっと隅っこに一行とか、それくらいなもの」

確かに、直接対戦して得られる「日本シリーズ」や「天皇杯」「有馬記念」と違って、オフシーズンに贈られる名誉賞が話題にのぼることは、ほとんどない。それは今もそうだ。

「でも、沢村が獲ったお陰で、あいつは豪華なパーティをやった。帝国ホテルだったな」

「へえ」

「それも、五木とダブルだったから、マスコミが大々的に採り上げてくれてさ」

山口の言う「五木」とは、歌手の五木ひろしのことであり、「ダブル」とは、沢村忠の日本プロスポーツ大賞と同時に、五木ひろしが、大晦日の日本レコード大賞を獲得したことを指していた。

「ただ、そのせいで、翌年から記者投票になったんだ。もう少し公平にやろうぜってことで」

「で、読売は……」

「怒った怒った。これが原因で『報知プロスポーツ大賞』ができた。あいつのせいなんだよ」

とはいえ、その口振りからは、選定をめぐる深謀と、大新聞の不興を買った疾しさは見られず、時代の空気だけが伝わった。悪い記憶にはなっていないらしい。

その伏線を作った「あいつ」こそ、本書の主人公である「野口修」である。

日本初の格闘技プロモーター

野口修は一九三四（昭和九）年一月二十四日、東京市本郷区根津宮永町（現・東京都文京区根津二丁目）に生まれた。

明治大学を卒業後、実家が営む野口拳闘クラブのマネージャーとなり、若くして数々のタイトルマッチをプロモートする。その過程において、当時はほとんど注目されていなかったタイ人ボクサーを、初めて来日させることになる。

程なくして〝四千年来の国技〟タイ式ボクシング（ムエタイ）の日本版として「キックボクシング」を創設。協会を立ち上げ興行を始める。舶来の競技と思われがちだが、実は和製英語であり、野口修が名付け親である。

キックボクシングは、六十年代後半から七十年代にかけて、日本中に大ブームを巻き起こした。

そもそも、純粋に勝敗を競うだけでなく、絢爛さと幻想を包括した曖昧な概念である「格闘技」とは、往年のキックボクシングが嚮導したものである。そのスキームを発進させた野口修は、「日本初の格闘技プロモーター」と定義していいのかもしれない。

それだけに留まらない。

「芸能界もやってみたい」と、成金が一度は考えそうなことに飛びつき、本来ならば素人商売で散財して撤退するのが関の山だが、彼の場合そうはならない。

無名の青年をスカウトし、スターに育て上げ、芸能界の最大権力〝ナベプロ〟を向こうに回し、日本レコード大賞を力ずくで奪い取った。

ボクシング界に新風を吹かせ、キックボクシングのブームを起こし、芸能界を席巻した。稀少な人物であることは間違いない。

身長165㎝、体重は65㎏より増えたことのない、小柄で痩身な男には、底知れぬ野心と才能が詰まっていたのだ。

世間にほとんど認知されていない彼の存在だが、CS放送の格闘技番組でキャスターを務め、リングアナウンサーとして興行に携わってきた筆者にとっては、知らない名前ではなかった。むしろ、伝説の人物と認識していた。

六十年代から七十年代に、ボクシングやプロレスなどの格闘技番組を立ち上げた元テレビ東京専務取締役の白石剛達は、野口修をこう評す。

「格闘技の興行をビジネスにしたのは修だよ。修がいなかったら〝格闘技界〟はなかった。あったとしても、違う形になっていたと思う」

開局三年後の一九五六年に日本テレビに入社し、黎明期のプロレス中継で実況を担ってきたフリーアナウンサーの志生野温夫は、独自の視点で野口修を評価する。

「最初にキックボクシングを放映したのがTBS。その後で日テレもやることになって、偵察がてら観に行った。とにかくショーアップされていて、試合もだけど、一番は会場の雰囲気。

例えば、選手の入場テーマ曲はTBSのキックが始めたと思う。僕は力道山の時代からプロレスの実況をやっていたけど、曲は流していないの。豊登や馬場の時代もそう。でも、キックの興行では派手な曲が流れた。野口さんのアイデアだという。感覚の新しい人なんだ。だから、彼がその後、芸能界で成功しても別に驚かなかった」

入場テーマ曲については「東京の会場だけで、地方興行では流していない」という証言もある。検証は必要だが、従来の興行にはない景象を、スポーツ実況の第一線にいた志生野が見ていたことは、無視できない。

「永田貞雄と野口修くらいだよ。興行を創ったプロモーターって言えるのは」と言う往年の関係者もいた。永田貞雄とは浪曲興行で財を成し、力道山に協力することで、日本のプロレス興行の礎を築いた昭和の興行師である。

この時代の日本人には新鮮に映った派手なキックを存分に見せ、華やかな空間を演出した野口修の興行センスは、確かにこの時期、傑出していたのかもしれない。

知名度はともかく、彼が現代の格闘技興行に、多大な影響を及ぼしたことは、間違いはないのである。

沢村忠をプロデュース

一九六九（昭和四十四）年、キックボクシングは、空前のブームの只中にあった。

会場は連日の超満員。都市部だけでなく地方にも観客は押し寄せた。

ＴＢＳテレビで放映されていた『ＹＫＫアワー・キックボクシング』は高視聴率をマーク。『キイハンター』『ウルトラマン』『８時だョ！全員集合』と並ぶ、看板番組ともなった。

キックボクシングのエースは、沢村忠という二十六歳の青年である。

１７４㎝、62㎏。大鵬やジャイアント馬場のように大柄ではなく、白井義男やファイティング原田のように特別小柄でもない。

角刈りで中肉中背、どこにでもいそうな青年が、誰も見せたことのない鮮やかなキックと、力強いパンチで攻め立て、最後は並外れた跳躍力の、「真空飛び膝蹴り」を決めると、相手はバタンと倒れる。場内は興奮のるつぼとなった。

「沢村忠というのは、力道山の次に出て来た、大衆的スターかもしれませんね。日本の格闘技史上であれいう存在いないですから。大人から子供まで夢中になっていたし、クラスの友達なんか大騒ぎしていましたよ。

それもあって『館長も沢村ブームに夢中だったクチでしょ』なんてよく言われるんだけど、実はそれはないの。正直、興味なかったなあ。当時の僕は空手一筋。完全に別物だと思っていたし、『毎回、真空飛び膝蹴りで終わるのってどうなの』って思ってもいたから。

ただ、自分がプロモーターをやるようになってから、沢村をプロデュースした野口修という人に関心を持ったことはありました。あの時代の人にしては特異なセンスでしょう。会場に招待したこともあったし、食事をしたこともあった。『どんな人なんかな』と思ってね」（K－1創始者で新日本空手道連盟正道会館館長の石井和義）

　この時代、野口修の姿は、目黒の権之助坂にある野口プロモーションのビルにあった。

　三階のオフィスはいつも、異業種の来客で賑わった。興行関係者、テレビ関係者、銀行員、山師……いずれも、ブームの仕掛人として社会的成功を収めた野口修に面会を望む者ばかりである。

「社長、フジテレビの倉田さんが『今日こそお話を』ということですが」

　面会希望者は、まず、野口プロモーションのチーフマネージャーである遠藤晴大にアポイントメントを取る必要があった。遠藤が許可した者だけが、三階の社長室に通される。

　それでも、面会は容易に叶わない。多忙なだけが理由ではなかった。

「倉田？　ふん、しばらく待たしとけ」

　面会を強く乞うこのテレビマンは、五年前、野口修の懇願に耳を貸さないばかりか、冷淡に見捨てたことがあった。それを忘れていないのである。

　そのくせ、投資話となると、ろくに調べもせず子供のようにすぐに飛びついた。

「エジプトの油田開発」「マレー半島の旧日本軍の財宝」「東シナ海に眠る戦艦の引き揚げ」「インドの都市開発」……中には怪しいものまで含まれた。それでも惜しげもなく散財した。

　服装にも人一倍金をかけた。銀座の英國屋で、一度に五十着ものスーツを仕立てたこともある。

「俺が稼いだ金を、どう使おうと自由だ」

　この頃、野口プロに出入りしていた関係者は、彼がそう口にしているのを一度は耳にしたはずだ。正論に違いないが、誰もが釈然としないものを感じてもいた。「それは、あなただけで稼いだ金なのか」ということだ。

　筆者は本書の取材のために、六十七人から話を聞いた。好意的な人物ばかりではなく、辛辣な反応を見せる者も多かった。

「あの人か」と二の句を継げないのはいい方で、露骨に苦い顔をする者や、「ホラ吹き」「ハッタリ屋」「ずる賢い」「計算高い」と、辛辣な評価を聞いたのも一度や二度ではない。

「あの人は、自分を大きく見せたい欲求の強い人だったね。度が過ぎていた。あれがなければ、冗談じゃなくて、偉人になれたと思うよ。

それに、自分が創り上げたキックボクシングというものを、大事にしなかった。不思議だよ。あれは一体なんでなのかねえ」（元キックボクシング仙台青葉ジム会長の瀬戸幸一）

団体乱立

大ブームを巻き起こしたキックボクシングだが、その終焉後、興行団体は分裂を重ねた。

創始者の野口修は、それらの事態に介入することなく、他人事のように傍観している。

現在、日本国内に乱立するキックボクシング団体とプロモーションは次の通りとなる。

「日本キックボクシング連盟」「MA日本キックボクシング連盟」「新日本キックボクシング協会」「ニュージャパンキックボクシング連盟」「J-NETWORK」「ジャパン・キックボクシング・イノベーション」「ジャパンキックボクシング協会」。独立系イベントとして「RISE」「REBELS」「Bigbang」「BOM」「KNOCK OUT」（二〇二〇年八月現在）。

それぞれの団体が日本王者を押し立て、価値の有無は別に、東洋王者や世界王者まで濫造している。法的な拘束力がないからこそできる。

プロの団体ではないが、空手家の大山倍達が興した実戦空手の老舗、極真会館も、大山の死後、後継者と目された松井章圭の、株式会社国際空手道連盟極真会館と、高弟の一人である緑健児の、NPO法人全世界空手道連盟新極真会の二大流派に分かれた。

そこから枝分かれを重ね、一時期「極真」を名乗る流派は、確認できるだけで十四にものぼった。しかし、二〇〇三年に松井章圭の率いる極真会館が商標権を得たことで、名称に関する係争は収束した。

同様に、K-1の創始者である石井和義も、商標権を盾に、二十年間、新規参入者に「K-1」を名乗ることを許さなかった。松井も石井も特別なことをしたわけではない。組織の長が名称を重んじるのは当然のことだ。

しかし、野口修はそうはしなかった。彼は「キックボクシング」と自ら命名しながら、商標権を保有しなかった。結果、各団体が「キックボクシング」を名乗り、無断で興行を打ち、営利活動を行った。団体の分裂が止まない一番の原因もここにある。ルールが異なるのなら仕方がないが、そういうわけでもない。

それどころか、キックボクシングが興行を始めて、五十周年となる二〇一六年、記念を謳った催しが、団体の枠を越えて行われてもよかったはずだが、開催されなかった。創設半世紀を迎えた、プロスポーツの記念式典が行われないのは、異常である。

なぜ、野口修は、自らが創設し命名したキックボクシングを、法的に縛らなかったのか。組織の分裂は防げたはずだし、式典も団体の枠を越えて、盛大に催されたに違いない。

そもそも、統一機構すらないのは不可解な話である。統一機構がないということは、競技として成立していないということだからだ。

すなわち、興行でしかないということだ。

K‐1とM・M・A

そんなキックボクシングではあるが、往年の興行的成功が、現代の格闘技興行の成立に大きく寄与したことは無視できない。

一九九三年の発足以降、幾多のドーム大会の成功や、テレビの高視聴率から広く人気を博してきたK‐1。創始者の石井和義は、もとは極真会館芦原道場の出身である。

しかしながら、K‐1の源流を極真空手に求めるのは早計だ。もちろん、石井個人のルーツは極真に違いないのだが、コンテンツとしてのK‐1は、必ずしもそうではない。

「リングを使って」「トランクスを履き」「ボクシンググローブをはめ」——外見だけなら、その姿はキックボクシングそのものである。

この指摘に対し、「K‐1の成り立ちと往年のキックボクシングは、基本的には無関係。完全決着を目的にルールを整えたら、ああなっただけ」と、回答したのは石井和義本人である。

事実、母体となる正道会館では、K‐1を発足させる五年前から、リングを使用し、延長戦のみグローブで顔面を殴り合う、従来の実戦空手とは異なるルールを採用してきた。

とはいえ、K－1の創成期を支えた主力選手を、海外のキックボクサーに依拠していたことまでは隠しようがない。ピーター・アーツ、ブランコ・シカティック、アーネスト・ホースト……彼らがいなければ、あれだけの人気は起きなかった。

また、一九八七年に結成された全日本キックボクシング連盟（現在は消滅）は、旗揚げ当初、ロブ・カーマンやモーリス・スミスといった重量級キックボクサーの試合を随時ラインナップしてきた。いわば、K－1のルーツと言えるものだった。

初期K－1の日本人スターである佐竹雅昭も、全日本キックのリングで、日系アメリカ人キックボクサーのドン・中矢・ニールセンと対戦し、勝利を収めている。多大な影響を受けていることは明らかである。

総合格闘技（M・M・A＝Mixed Martial Arts）においても、キックボクシングの影響は小さくない。

興行においては言うまでもないことだが、競技において定着した経緯を眺めると、「修斗」の創始者である佐山聡の存在が浮かび上がる。

若手レスラー時代より「打・投・極」の思想を抱いた佐山は、キックボクシングのジムに通って、本物の打撃技を体得した。その際、プロレスラーでありながら、試合にまで出場している。

「そのときの敗戦が、総合格闘技を産み出す原動力になった」との見方は根強く、事実だろう。

つまり、この論法で言えば、「キックボクシングがなければ、立ち技のK－1が勃興することはなく、RIZINや修斗などの総合格闘技の興行が行われることもなかった」ということになる。

その点だけを見れば、キックボクシング創始者の野口修は、格闘技界の大功労者となる。事実そうに違いない。

しかし、その近況を伝える情報は乏しい。

そもそも、野口修は、今どうしているのだろう。

野口修の娘ですが……

二〇一六年四月十三日、水曜日。

筆者が、構成作家として携わるテレビ番組の生放送が終わって、鞄の中に入れた携帯電話を手に取ると、二件の着信履歴があった。

いずれも同じ人物からで、そこには「野口修」とあった。

筆者は本書の取材のために、六年間も彼と会ってきた。しかし、この年の二月の初旬から彼の携帯電話に発信を試みても、応答がなくなっていた。時間を置いての返信もない。

これまでなら、特徴のあるしわがれた声で彼はすぐに出たし、一時間以内に返信を寄越してでも来た。それが、応答も返信も途絶えてしまう。

青年時代から彼をよく知る老人は「でも、携帯がつながるうちは、金を払っているわけだろう。大丈夫じゃないか」と得心したように言う。

口座の引き落としに思い至らない老人の意見には、同意できないはずだが、説得力だけはあった。

その後も、野口修の携帯電話を鳴らした。相変わらず応答はなく、留守番電話につながった。

急用があったわけではないが、返信のない不可解さがリダイヤルさせた。何しろ、彼の最晩年は独居だった。もちろん、本書のこともあった。

しかし、当人が携帯電話に出ない以上、話すことはできず、結局、三月は本人からの応答は一度もなかった。

その野口修から、突如、着信があったのだ。

着信履歴から発信してみると、落ち着いた声の女性が出た。

「私は野口修の娘ですが……」

気分がざわつくのが判った。

「父の携帯に、何度も連絡を下さっていたかと思うんですけれど……」

「ええ」

「実は、父は先月末に亡くなりました」

二月中旬から結核で入院していた野口修は、三月に入ると肺炎を併発し、その後は集中治療室に入っていた。病気は今に始まったことではなく、十年前に胃癌と肺癌、七年前に肺炎、五年前には胃潰瘍を患っていた。

「父の携帯が鳴っているのは判っておりましたが、説明するのも難しいと思いまして、落ち着いたら御連絡を差し上げようと……」

内縁の妻と死別してからも、彼の様子は変わらないように見えたが、八十歳を過ぎて病状は進行し、体内を蝕んでいたのである。

「では、今はいろんな関係者の皆さんに、連絡をされているんですね」

そう水を向けると、「そういうわけでもないんです」と、長女は意外なことを口にした。

「四十九日までは、可能な限り、内密にしようと母と決めておりまして」

母というのは、野口修の本妻のことである。

「でも、三迫会長とかには……」

「まだなんです」

「では、上野の大澤家には……」

「そちらも、まだ」

では、なぜ、まったくの部外者である筆者に、連絡を寄越したのだろう。

「それは、入院中に父の携帯に着信を下さっていたのが、あなただけだったからです」

筆者が最後に野口修と話したのは一月二十四日で、彼の八十二回目の誕生日だった。つまり、それ以降は、誰からも連絡がなかったことになる。


長女の話をまとめると、野口修が亡くなったのは三月三十一日で、葬儀は身内で済ませたこと。身内とは本妻と長女、長女の夫、夫の両親の五名であること。四十九日までは絶対に口外しないでほしいということ。

「仏壇に手を合わせたい」と言うと、「今は母も私も忙しくて」と、やんわり断られた。

電話を切った後、しばらく考えた。

プロモーターとして大成功を収めていた時代に、自身の葬儀がこうまで寥々としたものになるとは、想像もつかなかっただろう。

七十年もの間、兄弟同然に接してきた朋輩や、親族同様の人物、混乱をくぐり抜けてきた戦友など、多くの関係者にその死は明かされず、ひっそりと弔われた彼の人生とは、一体どういったものだったのか。

筆者は、野口修と初めて会った二〇一〇年春のことを思い出していた。

黄昏のプロモーター

「みんな、死んじゃったからね」

そう言うと、老人は目の前のコーヒーを静かに啜った。

恵比寿駅前のビジネスホテルの二階にあるカフェで、七十六歳の野口修と会った。

以前、専門誌に四十年前の彼の写真が掲載されていた。モノクロのコマではあったが、覇気どころか殺気まで漲らせている様子が、紙面から滲み出ていた。

現在の当人は、往年の迫力も毒気も失せてはいた。ただ、時折、刺すような視線で筆者を見た。プロモーターとして、いろんなものを見てきた眼だと思った。

それでも、最近は体調が優れず、外出もままならないという。

「結局は、みんな、私の真似だから」

散文的な口調でそう言った。

「真似ですか」

「真似だね」

「どういう部分が真似ですか」

「全部ですよ」

「全部ですか」

「そう……ボクシングも、キックも」

「でも、真似されたら、腹も立つでしょう」

「いやいや、そうでもないよ」

「なんでですか」

「だって、別に、ほら……」

「なんですか」

「相手にしなきゃいいんだから」

この日から、彼の昔話に耳を傾けることにした。

当初は、痛快な過去が間断なく披瀝された。

「興行を大成功させたんだ」

「キックは大ブームで凄かったよ」

「全国どこでも切符が売れて売れて」

「芸能界だって軽く捻ってやったさ」

「そうして、俺は天下を獲ったんだ」

口調は、次第に熱を帯びてくる。

しかし、訊きたい話は成功譚だけではない。都合の悪い話や、秘しておきたいこともあった。すると、途端に話したがらなくなる。

「よく知らない」

「憶えてない」

さっきまで雄弁だったのに、口を噤んだ。

「人間なんてそんなもんでしょう。それと、修さんがプロモーターとしてのプライドを、まだ捨てていないのもあるんじゃないかな」

往事をよく知る元ＴＢＳアナウンサーの石川顕は、そう言って野口修を庇った。

キックボクシングの実況中継で名をあげ、二〇〇一年までプロ野球やボクシング中継に携わった、昭和と平成の代表的なスポーツアナである。

「彼に限らず、プロモーターという職種の人は本音を隠す。修さんは特に本心の読めない人だった。本音は興行に反映させるもので、自ら明かすものじゃないという哲学が、普段の姿勢に反映されているんじゃないですか」

好意的な解釈とは思うが、あながち、間違っていないのかもしれない。

いくつかの素材（人間）を用いて、それらを練り合わせ、客前に提供するのがプロモーターの職務ならば、提供した興行にこそ真の姿が投影されていると言える。すなわち、彼の回想からは、建前は濃厚に伝わっても、本音は明かされないことになる。

二〇一二年三月十九日に他界した、株式会社キョードー東京会長、嵐田三郎の「お別れの会」が、ホテルニューオータニ鶴の間にて行われた。

音楽ビジネスの黎明期より「コンサート」を産業として成立させるべく奔走し、ビートルズやマイケル・ジャクソンなど、有名外国人ミュージシャンを招聘したプロモーターの永眠とあって、約千人が参集し、その功績を偲んだ。

「彼は永島さん（永島達司＝キョードーグループ創始者）に次ぐナンバー2、参謀よ。饒舌で面白い人だったけど、手の内は明かさない。仲良しでもそう。見えないアンテナを常に張っている人。だから、アッと驚く興行は、嵐田さんの仕掛けだったわね」（作詞家の湯川れい子）

嵐田三郎は、一時期キックボクシング団体を立ち上げ、野口修と血みどろの興行戦争を繰り広げた人物でもあるのだが、大物作詞家の証言にあるように、本音を隠し続けた人生だったと見ていい。

しかし、その真意はともかく、野口修の事績が伝わっていないのは、職掌上だけのことではない、最大の理由があった。

沢村忠のことである。

キックボクシングの第一人者として、社会現象とも言える人気を得た格闘家は、後にも先にも、沢村忠だけである。諸々の事情があったとはいえ、三冠王の王貞治を押しのけ、日本プロスポーツ大賞を受賞した快挙は揺るがない。

しかし、それが現在、殊更に語られることは、まずない。

それもこれも、格闘技に関わるマスコミの多くが、沢村忠の評価を意図的に避けてきたからである。引退後の沢村が表舞台から姿を消したことも、その帰趨を後押しした。

スポーツライターの布施鋼治は自著の中で、「その頃世の中には〝ふたつのキック〟が存在していたと言っていい」と書いた。

「その頃」とは、キックボクシングが世間的に人気を博した七十年代を指し、「ふたつのキック」とは、はっきり言ってしまえば「真剣勝負」と「八百長」を指している。

布施が「沢村の試合は後者だった」と示唆していることは、少しでも格闘技業界に通暁していれば、誰にでも解読できる。

要するに、沢村に対する直接的な批判は避けながらも、彼がこなし続けた膨大な試合については、真剣勝負を至高のものとする立場上、厳しく糾弾しているのだ。

それだけ、現代における沢村忠の評価は、高くないどころか、著しく低いと言っていいのかもしれない。それは筆者もまったく否定しない。

しかしである。

「実際の実力はどうだったのか」

「本人はどう思っていたのか」

「実際に真剣勝負はなかったのか」

これらのことを、本人や周辺の関係者に質した本は、実のところどこにもない。

雑誌のインタビュー記事はあっても、核心に迫ったものとは到底言えない。

沢村忠自身の評価が定まってもいないのに、その仕掛人たる野口修の評価など、伝わるはずがないのである。

特殊な家なんです

プロモーターとは、面妖な職業である。

大衆を魅了する卓抜した才幹を持ちながら、夢の舞台をいくつも用意したとは思えないほど、寂しい末路を辿る者は少なくない。

彼らは一時の成功では満足せず、次なる成功を手に入れようと、さらなる投資をする。そのことに原因があると筆者は見ている。

一度や二度はうまくいっても、三度目までそうなる保証はない。結果、ある者は経済的に行き詰まり、ある者は法を犯し、ある者は病に斃れる。揃いも揃って一敗地に塗れているのは、悲劇にして奇妙ですらある。

前述の嵐田三郎がこうならず、赫々と人生の幕引きをしたのは、この轍を踏まなかったからだ。キョードーグループという大組織に居続けたことも大きい。

「伝説の興行師」と呼ばれた永田貞雄は、力道山と喧嘩別れをしてからも、堅実に会社を経営し、大きな財産を残して鬼籍に入った。現在「フジロック・フェスティバル」などのライブイベントを手掛ける、株式会社ホットスタッフ・プロモーション会長の永田友純は、永田貞雄の実子である。

本書の主人公である野口修も、当代随一のプロモーターだった。彼は一体どうやって成功を摑み、どのタイミングで成功を手放したのか。そこにはどんな理由があったのか。

キックボクシングから撤退しても、芸能で生き残る道はなかったのか。レコ大歌手まで輩出したのだ。並大抵の偉業ではない。その選択肢はなかったのか。

野口修にまつわる、これらの疑問を解き明かし、そのことを書きたいと思った。

あくまでも、個人的な関心にすぎなかったが、放送と格闘技の業界に携わる筆者にとって、彼の存在は奇跡に映ったからだ。

知ろうとすればするほど、野口修という人物に引きずられるようになった。

にもかかわらず、世間に彼の存在は届いていなかった。「格闘技通」を自任する文化人さえも、彼を知らない。存在を認識していないのである。

「歴史に埋もれた彼の存在を、自分の手で世間に広く知らしめたい」
そんな驕った気分が、ないわけでもなかった。

＊

筆者は本書の取材のために、作家の安部譲二を自宅に訪ねた。

ベストセラーとなった自伝的小説『塀の中の懲りない面々』（文藝春秋）で知られるように、渡世を歩いた彼は、興行に関わることで、昭和三十年代のボクシングにも、黎明期のキックボクシングにも通じた、稀有な人物である。

開口一番、彼は言った。

「野口修を書くということは、野口家について書くということです。そこに触れないと意味がない。あなたは、そのことを判っていますか」

質問の意図が読めず「はあ」と空返事をすると、念を押すようにこう言った。

「野口家っていうのは特殊な家なんです。古い関係者でも、その背景についてあまり知らないし、知ろうとしない。蓋をしているものを開けることになりかねないから。いろんなものが出てしまいかねないから。あなたは、そのことを判った上で取材をしていますか」

喉元に刃物を突きつけられた気がした。

野口修を知るためには、野口家についての検証を怠るわけにはいかない。筆者はその覚悟を問われたのだ。

取材を進めるうちに、彼の父親が日本のボクシング史を語る上で、欠くことのできない存在であることを知った。

それだけではない。日本の政治史、思想史とコミットしていることも判った。

野口修が、戦後の興行の世界で功なり名を遂げたのも、戦前の野口家の存在が大きく作用したからである。

筆者はここから、野口修をめぐる時空旅行に旅立つことにした。

しかし、その行程は格闘技に収まらず、政治、思想、芸能、興行、裏社会にまで広がる、途方もないものとなったのである。

2014年8月10日、新日本キックボクシング協会主催で行われた「キックボクシング創設50周年記念パーティー」に出席した野口修。（写真提供・堀田春樹氏）

第一章　最高最大の豪傑ボクサー

一九三三（昭和八）年十一月二十一日、午前七時。国鉄上野駅。

前夜、党大会に列席するために金沢を訪れた、立憲民政党総裁、元内閣総理大臣の若槻礼次郎男爵は、閉会すると金沢駅に直行し、午後七時十五分発の上野行602急行列車に搭乗。翌二十一日、午前六時五十分上野駅に着いた。

同行していた民政党の職員と、出迎えた党の幹部、上野駅員、上野署員、院外団の壮士ら十数名に囲まれながら、ものものしくホームに降り立った若槻は、長旅の疲れも見せず、足早に改札へと向かった。

ちなみに院外団とは、テロなどの不測の事態を恐れた政党や政治家が、無頼漢やごろつきを雇い、身辺警護を任せていた役職を言う。つまりは用心棒のことだ。

余談になるが、戦後、衆議院議長や自民党副総裁を歴任した大野伴睦は、立憲政友会の院外団を政治生命の原点としている。持ち前の気風と度胸を買われ、裏稼業から表舞台に駆け上がる僥倖を摑んだ。

また、この時期、民政党院外団の責任ある地位に就いていたのが、占い師の細木数子の実父、細木之伴である。若槻の立場を思えば、細木はこのとき上野駅にいたのかもしれない。

しかし、こうまで厳重警備が敷かれたのは、若槻が二度も組閣した大物政治家だからという理由だけではない。数年来、政府要人や財界人を襲うテロが頻出していたのである。

一九三〇年十一月十四日、首相の浜口雄幸が、東京駅四番ホームで右翼青年に狙撃され、九カ月後に死亡する。九年前の「原敬刺殺事件」と同じく、現職の首相を標的にしたこの事件こそ「昭和維新」の呼び水となったものだ。

翌三一年、陸軍中佐の橋本欣五郎が中心となって練り上げられた騒擾計画（三月事件）と、中堅将校と右翼団体による政府中枢の襲撃計画（十月事件）が連続して企図される。

未遂に終わった二つの事件だが、立案までの足跡を追うと、五年後に発生する二・二六事件は、この二つを祖形にしていると見えなくもない。

さらに、一九三二年二月から三月にかけて、前蔵相の井上準之助と、三井財閥総帥の団琢磨男爵が、日蓮宗僧侶の井上日召率いる血盟団の構成員に射殺される（血盟団事件）。

同年五月十五日、現職首相の犬養毅が、海軍将校の襲撃を受け殺害される（五・一五事件）。

翌三三年七月十一日、右翼団体の愛国勤労党が、政府中枢の襲撃を計画するも、未遂に終わる（神兵隊事件）。

同年十一月八日、農民と除隊軍人からなる一派が徒党を組んで、政府大官の暗殺を計画するも、やはり未遂に終わる（挺身隊事件）。

特筆したいのは、列挙したこれらの事件において、若槻礼次郎はいずれも標的になっていることである。

一八六六（慶應二）年、松江藩の足軽の家に生まれた若槻は、苦学の末に東京帝大法科（現・東大法学部）を首席で卒業。大蔵官僚をへて政界入り。大蔵大臣、内務大臣と歴任したのち、一九二六年と三一年の二度、内閣総理大臣を拝命する。

リベラルで財政通という評判の一方、軍部や右翼とも渡り合う、古武士的風情を持ち合わせてもいた。

しかし、この時期は安閑としていられなかったはずだ。英米協調路線が命取りとなった浜口や、海軍に睨まれた犬養と、同じ運命を辿ると想像していたとしても不思議はない。

書状と短刀

若槻一行が中央改札を出て、降り口階段に差し掛かったとき、異変が起きた。

茶色の背広を着た、角刈りでやや大柄な男が、若槻に素早く駆け寄って来た。

右手に書状、左手に短刀を握っていた男は、外面を護っていた上野署員をするりと抜け、捕まえようとする院外団の壮士をほいほいとかわし、元首相に肉迫した。

その間、院外団の一人は頭突きを喰い、一人は肘で顔面を打たれ、一人は脚を掛け倒され、それぞれが昏倒している。

素人の所作ではない。

男は、持っていた刃渡り七寸五分（約23cm）の白鞘短刀を、若槻の下腹部に突き刺そうと身体を左に預けた瞬間、上野署の菊池大三郎巡査が飛びかかり、上から佐藤恭巡査、小峰甚左衛門保安係、さらに、壮士らが次々と背中に覆い被さって、男はようやく取り押さえられた。

《私自身もまた刺客に襲われていたそうである。東京において、京都において、また松江において、すこぶる危険であったという。（中略）これは他人から聞かされたことで、私自身はなんとも感じていなかった》（『明治・大正・昭和政界秘史』若槻禮次郎著／講談社学術文庫）

すげなく、往事を述懐する晩年の若槻だが、実際は座り込んだまま震えていたという。

押し潰されながら「これを若槻男爵に渡してくれ」と奉書を差し出した怪漢だが、奉書は警察の手に渡り、身柄は上野署に送られた。

「若槻禮次郎足下、勧告状」と書かれた奉書には、「貴下が若し武士道をわきまえるならば、潔よく切腹して、その非を天下に謝すべし」とあった。刺殺に失敗したら、自決を勧めるつもりだったのだろう。

警視庁捜査二課の清水警部、渡邊係長、特高の保坂警部によって、取り調べは慎重かつ厳重に行われた。男の正体は次の通りである。

《本郷元町一ノ九六大日本拳闘会東京支部合宿内、野口進（二七）》（昭和8年11月22日付／東京朝日新聞）

この犯人こそ、戦後、野口拳闘クラブを創設する、野口修の父親その人である。

草相撲の横綱

大物政治家の殺害を試みたテロリストにしては、野口進の素性は出色である。

第二代日本ウェルター級王者にして、「ライオン野口」とも呼ばれた拳闘家だった。

一九〇七（明治四十）年六月二十一日、東京市本郷区根津宮永町（現・東京都文京区根津二丁目）に生まれた野口進は、幼少期より体格に恵まれ、腕白でガキ大将という、その種の人物によくある少年時代をすごした。

「でも、それ以外のことは判らない。親父は一切話さなかった。一度『余計なことを訊くな』って怒鳴られて知らないまま。だから、どこから来たとか、どこに親戚がいるとか、それどころか、祖父母の名前すら知らない」（野口修）

野口修の実弟である元ボクシング日本フライ級王者、野口恭の長男で、現在、野口ボクシングジム会長の野口勝もこう話す。

「お恥ずかしい話ですが、家系のことは判りません。伯父さんが知らないなら誰も知りません。孫になる姉も僕も聞いていていないんです」

筆者は、野口修と一緒に文京区役所に赴き、戸籍を確認した。戸主の欄に「野口とみ」とあった。野口進の母親であり修の祖母である。

父親については、それ以前に死亡したことだけ記され空欄となっていた。名前も判らない。その上、一九四五年三月十日の東京大空襲で書類は焼失し、過去の戸籍を取り寄せることもできない。

判明したのは、父の死後、民法764条に則り、一度は絶家処分を下された野口家が、下谷区下谷仲御徒町二丁目（現・台東区上野）に住む、金川龍太郎なる人物を後見人とし、母を戸主に立て、一九一六年五月八日に野口家を再興させていることだ。

「この金川って人が、イカ問屋の主人だと思う。アメ横のイカ問屋で働いていたことは、何度か耳にしたことがあった」（野口修）

話をまとめると、早くに父を亡くした野口進は、尋常小学校を出てすぐ上野で働いた。一方、腕っ節は強く、日々喧嘩に明け暮れた。界隈では敵なし。警察沙汰も珍しくなかったという。

手を焼いた主人の金川龍太郎は、進に草相撲を勧めた。「素人相撲」「社相撲」とも呼ばれた草相撲は、宮中行事や大名の座興をへて、神社の奉納行事として広まった歴史を持つ。

地元の宮永町から引いた「宮の森」の四股名で、進が根津神社の横綱になったのは、十七歳のときである。根津神社は、渋谷氷川神社、世田谷八幡宮、足立舎人諏訪神社と並んで、相撲興行が盛んに催された歴史を持っている。

「草相撲は大関が最高位でした。ただ、滅法強い人を横綱と呼ぶことはあったので、そう伝わるのは、その人が本当に強かったということです。

根津権現で横綱なら、職業相撲（大相撲）から誘いがあっても不思議はないし、担がれて地元の名士になることもあった。それで政治家になった人も多いんですよ。彼らはメシも女も不自由しなかったはずです」（三郷市在住の元草相撲力士の白井利助）

沖仲仕

それでも、野口進の喧嘩癖は治らなかった。

あるとき、瀕死の重傷を負わせた相手の父親が地元の名士で、警察が捜査に乗り出した。観念した進は上野から姿を消した。

逃げた先は横浜だった。


この時代、輸出入の増加にともない、横浜港には前例のない量の貨物が往来していた。必要となるのは人手である。

横浜市中央職業紹介所が一九二五年にまとめた統計によれば、当時の横浜市の総労働者一万一千人のうち、港湾仕事に携わるのは、その三分の一にあたる三千二百人にまで増えている。

横浜で野口進が従事したのは沖仲仕だった。荷揚げなど、港湾で働く苦役人夫の旧称である。

沖仲仕には力自慢や無宿者も含まれ、徒党を組んだ一部は、近代やくざの原型の一つとなる。

住吉会二代目の倉持直吉と三代目の阿部重作は、横浜港の沖仲仕を原点としているし、山口組初代の山口春吉も、もとは神戸港の沖仲仕だった。

隣の横須賀港では、小泉由兵衛の小泉組が沖仲仕を取り仕切っていた。小泉由兵衛は第八十七代内閣総理大臣、小泉純一郎の曾祖父である。

野口進にとって、身を隠せる上に手軽に金を稼ぐことのできる沖仲仕は好都合だったのだ。

横浜港での暮らしが、野口進の人生を一変させることになる。

柔拳試合

この頃、横浜市内の賭場や教会では、日本人と欧米人の他流試合が、夜な夜な行われていた。

他流試合は賭けを対象とした真剣勝負で、主な顧客は侠客、博徒の類から、外国領事、市議会議員、市議会議長、警察署長までが顔を見せた。

試合は双方グローブをはめて行われ、投げ技や頭突きも認められた。「倒れて動けなくなるまで続いたらしい」（野口修）というが、寝技があったかどうかまでは判らない。

ボクシングが本職の欧米人には、二倍から八倍のハンデがつき、レートは一回の試合で百円（現在の価値で約三十万円）、最高で千五百円（同、約五百万円）もの大金が飛び交った。

欧米人は横浜に寄港している水夫で、対戦する日本人は、主に力士、柔術家、力自慢が引っ張って来られた。中には腕に覚えのある沖仲仕も駆り出された。

「それで、親父にも声がかかった。もともと、親父は力士だしね。『柔術家が倒されてばかりで、これじゃあ話にならない』って胴元に泣きつかれたらしいんだ」（野口修）

このとき、野口進が戦ったのは「柔拳試合」と呼ばれるものだった。

＊

日本ボクシング史において、野口進の名前が初めて確認できるのは、一九二四（大正十三）年七月、日暮里に設立された東京拳闘会の創設メンバーに名を列ねていることである。

渡米して近代ボクシングを体得した渡辺勇次郎が、帰国後の一九二一年に日本拳闘倶楽部（日倶）を興した。その三年後に設立された東京拳闘会は、現存する日本最古のボクシングジムである（現・東拳ボクシングジム）。

「日比対抗拳闘試合」の開催を決めた東拳会長の樽谷公一は、師範の荻野貞行を通して野口進に出場を打診する。草相撲力士にして柔拳試合の経験を持つ野口進は、この時代、顔面打ちに適応できた稀有な存在だったからだ。

一九二四年十一月十六日、靖国神社相撲場にて行われたこの興行で、野口進はライト級のファイティング・チゴラといきなり十二回戦を戦い、引き分け。さらにこの一週間後、キーコなる選手と十回戦を戦い、これも引き分けている。

チゴラとの試合は、次のように報じられた。

《九段角力場に開かれた日比拳闘試合は、愈々二十三日午後一時から選手権争奪の最後の決勝試合を行ふ筈であるが、上海選手権保持者たるチゴラ対野口は、過般の試合に十二回にてドローとなったが、この一戦が当日の観者であろう》（大正13年11月23日付／東京朝日新聞　※読点は筆者）

詳しい試合内容は判然としないが、結果だけを見れば大善戦に違いない。

その後、荻野貞行が、阪急東宝グループ創業者、小林一三の異母弟である田辺宗英を担ぎ、帝国拳闘会拳道社（現・帝拳ボクシングジム）を設立すると、野口進もこれに加わる。しかし、資金難で道場は閉鎖。横浜港に舞い戻った進は、再び柔拳試合に駆り出される。

このとき、進に声をかけたのが、新興勢力である大日本拳闘会（大日拳）の会長、嘉納健治だった。

御影の梟雄

一八八一年、神戸市御影生まれ。射撃の名手「ピス健」と呼ばれた嘉納健治は、一般的には、やくざとして名の通った人物である。

神戸やくざの祖、富永亀吉が殺されると、自身の舎弟である大島秀吉を押し立て、富永組をいち早くまとめるなど、神戸の裏社会を牛耳った。山口組が勃興する以前の話である。

他方、日本酒の老舗大手の菊正宗酒造の創業家にして、名門進学校の灘中学校（現・私立灘中学校／高等学校）を創設した神戸指折りの名家、嘉納財閥の嫡流に列なる御曹司でもある。ちなみに、彼にとって分家の叔父となるのが、講道館柔道の創始者、嘉納治五郎である。

一九〇九年五月三日に、横浜の羽衣座にて行われた、講道館の昆野睦武四段とイギリス人ボクサーのアリフレッド・ガレットの他流試合を観戦し、盛況ぶりに魅せられた嘉納健治は、神戸に戻ると、邸内に国際柔拳倶楽部を開設する。これが、柔道と拳闘の他流試合、柔拳試合の興りとなる。

他流試合の目新しさもあって、柔拳試合は概ね好評を博した。さらに「柔道対レスリング」「柔道対相撲」「レスリング対相撲」。異色なところでは「柔道対剣道」「拳闘対小太刀」などの試合まで提供し、興行は一時大成功を収めた。

しかし、芝居小屋や祭りの余興などで「柔拳」を謳う見世物試合が頻繁に催されると、次第に飽きられ、嘉納健治は柔拳試合から手を引いた。そこから、拳闘興行に乗り換えている。

それでも、横浜や神戸のような港町の一角では、賭けを目的とした、闇興行における柔拳試合が、ひっそりと続いていたのだ。

野口修は、嘉納健治を直接知る人物である。

「戦後の一時期、御影のピス健の家に家族四人居候していたことがあった。『遠慮せんと食え』って、戦後すぐなのに肉から魚から腹一杯食わされてさ。いつもは威張っている親父も平身低頭。『偉い人だなあ』って思っていたね。

ピス健は、親父が柔拳をやっていたから声をかけたって言っていた。柔拳やっていなければ引っ張っていなかったって思うと、不思議な縁だね」

最高最大の豪傑ボクサー

陣容を整えた嘉納健治は、日倶の渡辺勇次郎や、帝拳の田辺宗英との差を見せつけようと、一九二七年六月四日と五日の二日間、六階級の日本選手権試合を両国国技館にて開催する。

国技館初となる拳闘興行で、二日目の最終試合に登場した野口進は、期待に応えるように、アメリカのヤング・ジャクソンを3ラウンドKOに破り、日本ウェルター級王座を獲得する。

その後も、佐藤東洋、池田福太郎、大森熊蔵、熊谷二郎、川田藤吉ら同階級の日本人を撃破し、さらに、日本人に負けなしのボビー・ウィリス（フィリピン）に五戦全勝。同じく日本人キラーのテリー・セコンド（アメリカ）にも四戦全勝。変わったところでは、横浜入港中のドイツ艦隊「エムデン号」の乗組員に対戦を申し込まれ、1ラウンドKOに葬っている。

ファイトスタイルは力士出身らしく、前進あるのみの典型的なファイタータイプ。ガードもお構いなしに、相手を叩きのめす好戦的なものだが、闇雲に拳を振り回すだけの選手とも違った。器用さを持ち合わせていたのは、通算五十六戦のうち、三十六戦が外国人相手であることからも判る。不器用だと外国人選手に忌避されるのだ。

国際戦が頻繁に組まれた理由は、それだけではない。勇猛果敢に攻め込み、多くの観客を熱狂させている姿を嘉納健治は見逃さなかった。大衆のナショナリズムに訴えかけたのだ。

《大日本拳闘会の大御所は何んと言っても野口進君である。

生粋の神田ッ子でその気性は、すっぱりと竹を割ったやう（中略）そのファイトに躍る魂こそ、彼「ノグチ」の生命であり、闘志に生きる数多くの拳闘家に伍して、彼の魂は凛とした存在に輝いているところ、日本におけるメインイヴェンター級に、珍重すべき風格と言ふことが出来る》（昭和8年4月13日付／読売新聞　※読点は筆者）

野口進の試合は、国技館などの大会場でも常に満員の観衆を動員した。それどころか、一九三三年六月二十四日に「日仏対抗戦」の天王山として阪神甲子園球場で行われた「野口進対エイム・ラファエル」が、日本の野球場における格闘技興行の嚆矢である。

《拳闘界空前の催しとして、全国ファンの視線をこゝ一つに集めて、この日甲子園の大スタンドを埋めた観衆は内外人一万五千、正に関西拳闘界の記録的数字である》と、翌朝の読売新聞（昭和8年6月25日付）は興奮気味に伝える。

試合のレポートには多くの紙幅が割かれ、下田辰雄ら敏腕記者が競うように健筆をふるった。直木賞作家の寺内大吉は、少年時代に見た野口進を「日本史上、最高、最大、二度と現れない豪傑ボクサー」（『日本名ボクサー100人　ワールド・ボクシング93年7月号増刊』／日本スポーツ出版社）と称えている。

つまり、野口進は、日本ボクシング黎明期における、初のトップ選手だったのである。

欧米への敵愾心を煽り、観客のナショナリズムを呼び覚ましたファイトスタイルは、その後、ピストン堀口が受け継ぐことになる。

渡辺勇次郎の日倶からデビューした早大生の堀口恒男（ピストン堀口）は、一九三三年七月三日、早稲田戸塚球場に三万人の大観衆を集め、元世界王者のエミール・プラドネル（フランス）と激闘を繰り広げ、一躍人気選手となった。

　突貫戦法で観客を沸かせ、「ライオン」「ピストン」と愛称を得た二人には共通点が多い。一致しないのは、堀口の戦績が通算百七十六戦に対し、野口は五十六戦止まりであることだ。

　公式記録が不明瞭な時代のこととはいえ、三倍もの差があるのはどうしたものか。

次々に斬り捨てる

　一九二九年八月十日、土曜日。午後十一時すぎ。タクシー運転助手の永濱正次（二四）は、神田区神田旅籠町（現・千代田区外神田一丁目）の萬世タクシー営業所前で酒を呑んでいた。

　運転助手とは、乗客の乗り降りの手助けや荷物の収容、道案内など、現代のタクシーでは見られなくなった業務を指す。「助手席」の由来もここから来ている。

　永濱はこの日、何杯ものバクダンをあおって、酩酊状態にあった。バクダンとはメタノールを水で薄めただけの粗悪酒で、失明、麻痺、場合によっては死に至る危険性を孕んでいた。ビールが高級酒だった時代の話である。

　午前零時過ぎ、営業所の前を通りかかった三人の印刷工に、永濱が難癖をつけた。乱闘に発展するのに時間はかからない。営業所にいた運転手も加わり、印刷工は這々の体で退散する。

　一時間後の深夜一時、五人の男を乗せた一台の車が、神田旅籠町の萬世タクシーに着いた。二人の加勢を得た印刷工が復讐に来たのだ。

　五人のうちの一人が、扉を蹴破り営業所に闖入すると、矢庭に取り出した日本刀で、中にいた運転手を次々に斬り捨てた。

　これにより、タクシー運転手の河原昌辰（三四）は全治五週間の重傷を負い、石井正（二四）は右手首を斬り落とされている。

　東映のやくざ映画なら、これで拍手喝采となろうが、現実はそうもいかない。萬世署は闇夜に紛れて逃走した犯人の行方を追うとともに、近隣の剣術道場を徹底的に洗い出した。

　被害に遭った運転手が「玄人の所業」と口々に

証言したからで、東京日日新聞も《剣道師範を連行》（昭和4年8月12日付）と書いている。

しかし、犯人は剣道師範ではなかった。

《十一日午後九時頃に至り、本郷区根津八重垣町二三、正力会内、けん闘家野口進（二三）を引致したが、加害者と判明。他の四名も一両日中に捕縛される見込み》（昭和4年8月12日付／東京朝日新聞）

野口進には懲役一年七カ月が言い渡され、試合から遠ざかった。彼がピストン堀口ほど試合数をこなさなかったのも、国民的人気者にならなかったのも、こうした事情にあったと見ていい。

野口進が剣術を体得したいきさつにも、嘉納健治は関係している。

「ピス健は立派な道場を構えていて、柔道や合気道や槍の稽古もしていた。剣術家と柔道家が戦うのも見た。剣術家が木刀を振り回して、柔道家はかわしながら懐に入ろうとしたり。迫力があって、子供心に面白いなあと思ったもの」（野口修）

野口進は大日拳に移籍すると、一時東京を離れ、御影の道場に寄宿している。柔術、剣術、槍術を体得したのは、そのときだった。

しかし、皮肉にもそれは、タクシー運転手相手の私闘で発揮されたにすぎない。

「もし、親父が剣術なんかやっていなければ、こんな事件起こさなかっただろう。つくづく無駄なことだったよ」（野口修）

殺すならこの場で殺せ

一九三三年十月十日、日比谷公会堂。

刑期を終えて拳闘に復帰した野口進は、この日、英国艦隊ケント号水夫のハーレイ・ユウインと十回戦を戦った。

三十戦を超える国際戦を経験し、元世界王者のラファエルと二度にわたって拳を交えた進にとって、水夫との一戦に、さしたる気概は抱かなかったかもしれない。

しかし、ユウインの練習を取材した下田辰雄は、試合当日の朝刊に、《相手がクレバーであればラッシュの力も殺がれがちという結果に陥り易い》（昭和8年10月10日付／読売新聞）と、やや厳しい試合予想を載せている。

事実、試合は一方的なものとなった。

1ラウンド。開始早々ユウインの右が進の顎に炸裂、後退したところを、右ストレートでダウン。終了のゴングに救われる。

2ラウンド。ユウイン大振りの右フックが当りまたもダウン。終始ラッシュをかけられるも、どうにか逃げ切る。

4ラウンド。疲労の隠せないユウインに連打を浴びせ、逆襲に転じる。

5ラウンド。進は右を中心に打ち返し、ユウインの強打を封じる。しかし、有効打とはならず。

6ラウンド。ガードの上から強打を叩きつけるユウイン。余裕のない進はラッシュを仕掛けるが、逆にカウンターの右アッパーを喰いダウン。またもやゴングに救われる。

7ラウンド。防戦一方の進は、右を中心に強打を浴び、さらに右アッパーでダウン。レフェリーがカウントを数える中、リング中央におもむろに胡坐をかくと、「殺せ、殺せ、殺すならこの場で殺せ」と叫んだ。

嘉納健治はタオル投入を指示。7ラウンド1分35秒TKO負け。試合は終わった。

＊

肋骨を二本折った野口進は、駿河台の名倉病院に入院する。リハビリテーションを専門とする現在の名倉クリニックの前身である。

この一カ月後の十一月二十一日、進は元首相の若槻礼次郎を襲うのである。それも、拳闘家らしく素手で殴りつけようとしたのではない。白鞘短刀を懐に忍ばせていた。

本当に殺すつもりでいたのである。

しかし、拳闘を生業とし、リングの上で相手を叩きのめすことだけを考えてきた野口進が、なぜ、高名な政治家の暗殺を謀ったのだろう。

拳闘家時代の野口進（左）。「先生」と書かれている後方の帽子姿の人物が右翼団体、愛国社代表の岩田愛之助。（写真提供・野口修氏）

THE TOKYO ASAHI SHIMBUN

東京朝日新聞

けさ上野驛頭で
若槻總裁襲はる
短刀と自決勸告狀を持ち迫る
犯人・拳鬪の野口進

自邸へも怪漢
これも短刀をのむ

倫敦條約に慨し
切腹勸告が目的
兩人一致の自供

ウエルターの選手權保持者
犯人野口の素性

上野署における犯人野口

元内閣総理大臣、若槻礼次郎を襲撃するも未遂に終わったことを報じる朝日新聞の一面。

第二章　若槻礼次郎暗殺未遂事件

「祖父、岩田愛之助の興した愛国社から、多くの人材が輩出されたことは、本日お見えの皆様方は、よく御存知のことと思います。

愛国活動に生涯を捧げた方、国政に進んだ方、教壇に立ち後進を育てた方、たくさんの人材が、愛国社から出ました。

その中で、実力で世に訴えた例として脳裏に甦るのは、口幅ったいことを申しますが、祖父の岩田愛之助と父の佐郷屋嘉昭。そして、父と兄弟のような間柄にあった野口進先生であります」

二〇一二年四月十四日、築地本願寺和田堀廟所にて、昭和の右翼活動家、佐郷屋嘉昭（旧名・留雄）の四十回忌法要が執り行われた。百名近い列席者を前に式辞を述べたのが、長男の佐郷屋嘉洋である。

昭和史に名を残すテロリストの実子とあって、筆者は身を硬くしていたが、小柄な身体をスーツに包み、俳優の山本學に似た柔和な紳士が姿を見せた。

「修ちゃんの本だって？　あの人は波乱の半生だから、きっと面白い本が書けると思うよ。

思えば、長い付き合いでさ、昔はイカしてたよ。修ちゃんのいい時期も悪い時期も全部知っていて、いい時期は……まあ、はっきり言えばこれ」

そう言うと、丸めたこぶしを鼻先に付けながら、悪戯っぽく笑った。

八十一歳を目前にした佐郷屋嘉洋の履歴も、なかなか興味深い。

大学卒業後、日本のテレビの黎明期に『ララミー牧場』や『モーガン警部』など、アメリカのテレビ映画の独占配給で巨利を得た太平洋テレビに入社する。猪瀬直樹のノンフィクション『二度目の仕事——日本凡人伝』（新潮文庫）にも登場する清水昭が、北大法学部からGHQの嘱託という異色の経歴をへて起業した、アメリカの三大ネットワークの一つ、NBCの日本総代理店である。

父親の死後、会合や法要を取り仕切るうちに、旧愛国社の世話役を任じるようになる。

どうして、大学を卒業してすぐに右翼活動に入らなかったのか。

「右翼の世界では、『佐郷屋』って名前がでかすぎるんだ」

やれやれといった表情でこぼした。

「親父と比較されるのが嫌だったの。『佐郷屋先生のお坊ちゃん』って言われるのがさ。親父はでかくて100kgくらいあったけど、俺は見ての通り細身で小柄でしょ。明らかに見劣りするから、右翼とは少し距離を置こうと思ったんだ。

でも、佐郷屋の名前を継ぐのが俺だけになって、岩田愛之助の血縁も俺だけになった。『こりゃ、知らんぷりしていられないなあ』って」

佐郷屋嘉洋の父、佐郷屋留雄は一九〇八（明治四十一）年、長崎市に生まれた。

「明治四十三年熊本生まれ」とするものもあれば、「吉林省（旧満州）生まれ」とするものもある。来歴は文献によってばらつきが見られた。ここでは、長男の証言を論拠としたい。

佐郷屋留雄の前史において特筆すべきは、作家の武者小路実篤が主唱した自給自足の理想郷、「新しき村」に身を寄せていることだ。

農村での集団生活を通して、自己の完成と平等社会を目指したという「新しき村」には、佐郷屋に限らず、のちの右翼活動家や、国家主義者として名を成す多くの若者が足を踏み入れている。

彼らがこの「理想主義的コミューン」に何を求め、何に失望したのか。そして村を離れたのち、なぜ、揃いも揃って右翼の世界に進んだのか。

さらなる考察が必要となろうが、佐郷屋もその例に漏れず二年余りで村を去ると、上京して永田町葵ホテル（現在の首相官邸近辺）の十五号室と十七号室に本部を構える右翼団体「愛国社」の門を叩いた。

そこで出会ったのが、拳闘家の野口進だった。

愛国社盟主・岩田愛之助

「水戸黄門」として有名な、水戸藩二代藩主の徳川光圀を中心に置く、水戸学派を起源とする日本の国粋思想は、「王政復古」を掲げた明治維新と、程なく各地で頻発した士族の反乱によって、行動に反映される。

その後、自由民権運動に投じた福岡士族の頭山満が、一八八一年に結成した玄洋社が組織化の嚆矢となる。頭山満が「右翼の源流」と呼ばれる所以はここにある。

「大アジア主義」を標榜した戦前の右翼指導者が、中国の孫文やインドのボースなど、アジアの革命家を支援したのは、民権運動の理念を持っていたことと、必ずしも無関係ではない。

野口進と佐郷屋留雄が属した愛国社も、玄洋社の流れを汲む右翼団体である。

一八九〇（明治二十三）年、姫路市に生まれた愛国社盟主の岩田愛之助は、陸軍幼年学校を中退後、中国大陸に渡航。辛亥革命に共鳴し、武漢蜂起に身を投じた前歴を持つ。

帰国後は、外務省政務局長の阿部守太郎の刺殺に関与し、十二年間の服役後は、政友会の院外団として政界の裏工作に従事する。

また、大陸浪人、川島浪速の養女で「東洋のマタ・ハリ」と呼ばれた川島芳子と恋仲にあったことは、『男装の麗人・川島芳子伝』（上坂冬子著／文春文庫）に詳しい。頭山満の後ろ盾を得て愛国社を結成したのは、一九二八年のことである。

愛国社は子弟の育成に余念がなかった。学生からなる愛国学生連盟、一般の若者からなる愛国青年連盟、弁護士や裁判官の愛国法曹連盟、労働者を中心とした愛国労働連盟と、下部組織が次々と萌芽し、組織は膨張する。

中でも学生連盟は、亜細亜大学創立者の藤原繁、文部大臣や防衛庁長官を歴任した三原朝雄、横綱審議委員や日本プロレス協会会長を務めた平井義一、通産大臣や自民党幹事長を歴任した田中六助など、戦後、数多の人材を輩出している。

立憲民政党の浜口雄幸が内閣総理大臣となったのは、愛国社が結成された翌年のことだ。

「金本位制への移行」と「緊縮財政」を採った浜

口内閣だが、そこへ世界恐慌が押し寄せ、日本経済は揺らいだ。これは浜口の失政とされた。

さらに、追い討ちとなったのが、英米日の三国で調印されたロンドン海軍軍縮条約だった。三国の補助艦保有比率が「英10・米10・日本6.9」と日本が七割を切ったことで、軍部や右翼からの批判が噴出する。

一九三〇年十一月十四日、岡山まで陸軍大演習の視察に向かうため、東京駅四番ホームに姿を見せた浜口雄幸を一発の銃弾が襲った。

一命は取り留めた浜口だったが、傷口から入った細菌が原因で九カ月後に死亡する。

この狙撃犯こそ佐郷屋留雄である。

ヒットマン

《兇漢にも少年時代はあり滑稽時代はあつた。憎むべき人とは僕は思はない。しかし最近の留ちやんを知つたら、留ちやんなぞと云ふ気もしなくなり、嫌悪を感じるかと思ふが、しかし最近のことを知らないから、留ちやんはいつまでも僕には留ちやんである。憎む気にはなれない》(『婦人公論』1931年1月号/武者小路実篤「新しき村にゐた留ちやん」)

しかし、犯行には不可解な点が多い。

いくら、佐郷屋が少年時代から社会の不条理に葛藤を抱いていたとはいえ、右翼団体に身を寄せて一年程度で、現職の首相を狙撃する直接の動機が生じるものだろうか。

事件一カ月後の十二月十一日、警視庁は岩田愛之助の身柄を拘束する。

狙撃に使われたモーゼル式八連発銃が、岩田の所有物と判り、「鉄砲火薬類取締施行規則違反」で、岩田に懲役四カ月が言い渡された。

日本の政治史とファシズム研究を専門とする、早稲田大学政治経済学術院教授の堀真清は、一九八六年に著した論文『浜口首相狙撃事件――佐郷屋留雄の動機と背後勢力について』(西南学院大学学術研究所)で、事件までの複雑な背景を詳述している。大まかに次の五点となる。

一、五つの私鉄各社が、既設線の買収や、新設線の免許獲得の便宜を図ってもらおうと、政友会田中義一内閣の鉄道大臣だった小川平吉と、贈収賄の関係にあったこと。

二、田中内閣が倒れて発足した民政党浜口内閣は、贈収賄の罪で小川平吉を市ヶ谷刑務所に収監する。そのことを、小川は深く恨んでいたこと。

三、頭山満の紹介で小川平吉と知り合った岩田愛之助は「親衛隊長」を自任するほど昵懇となり、活動資金を融通されていたこと。

四、浜口殺害を含む要請が、小川から岩田にあっただろうこと。

五、「統帥権干犯問題」や「経済政策の失策」を真因とすることで、批判をかわせると踏んだ岩田愛之助が、若い佐郷屋留雄を使嗾《しそう》したこと。

かくして、佐郷屋が指名された構図が浮かび上がる。いわばヒットマンである。

しかし、現職首相を討ちはたした戦果は、無名の右翼青年を大きく伸張させた。

「明仁生誕の恩赦」で無期懲役に減刑された佐郷屋留雄は、一九四〇年に仮釈放。出所後に岩田愛之助の娘婿となる。長男の嘉洋が岩田愛之助の孫になるのは右の事情による。

戦後も血盟団の井上日召と「護国団」を結成し、二代目代表に就任。右翼団体の全国統一組織である、「全日本愛国者団体会議」（全愛会議）の初代議長に選ばれてもいる。

一九七二年に六十三歳で鬼籍に入るまで、笹川良一、児玉誉士夫とともに、戦後右翼の指導的地位に座り続けた。

後述するが、この佐郷屋留雄が日本の格闘技界に遺した功績は非常に大きい。野口修のビジネスとも濃厚な関係を持つことになる。

ともあれ「天皇親政」と「アジア解放」を熱望し、右翼活動に足を踏み入れた佐郷屋だが、野口進には、さほどの政治的動機はなかった。

〝暴力装置〟

一九三三年十月二十五日、ユウイン戦後、駿河台の名倉病院に入院していた野口進に退院の日が来た。

迎えに行ったのは有楽町のカフェ、サロンエスの女給の吉岡ひろ子である。

この時代のカフェとは、今でいうバーやナイトクラブの業態を指し、女給とは客のチップを収入源とする、すなわち、ホステスのことだ。

後日、《情を通じた野口とは三年来の仲》（昭和8年11月25日付／東京朝日新聞）と書かれる吉岡ひろ子は、「一人で退院させるわけにもいくまい」と名倉病院に向かった。

病室に着くと、見知らぬ男の姿があった。

「姐さん、御無理をしては身体に障ります」

初対面の男がすかさず声をかけた。「松井」と名乗る男の舎弟気取りが、ひろ子はいまいましい。

病院を後にした三人は、白金台の岩田愛之助邸に向かった。退院の挨拶というより、ユウイン戦の敗戦を詫びるためである。

「お前は先に帰れ」と命じる野口進に対し、「岩田先生には日頃からお世話をいただいている」と、ひろ子は耳を貸さなかった。

新参者が当たり前のように帯同して、自分が一緒に行かれないのも癪に障った。結局三人で向かうことになるが、命じられた通りこのとき帰っていれば、一カ月後に、ひろ子まで警察に引っ張られることは、なかったのかもしれない。

岩田邸には、愛国社幹部の大澤米吉と、弟の大澤武三郎もいた。敗戦を詫びる野口進に「無事に退院できて上首尾じゃないか。次に頑張ればいいさ」と岩田は優しく諭した。

「御影の御大（嘉納健治）も機嫌を直してくれるよ。俺からも御大に言っておく」

実は岩田愛之助にとっても、嘉納健治は主君のような存在だった。陸軍幼年学校中退後、神戸に住んだ岩田は、神戸港で沖仲仕として働いた。その元締めが嘉納健治だったのである。

後年、岩田愛之助は、大日拳が東京に進出した際、嘉納の代理として切り盛りしている。若き日の恩義に報いたのだ。

《帝拳の副会長をつとめている竹内朴児は、この岩田と親しくしていることから、何かと田辺（※帝拳会長の田辺宗英）と嘉納とのギクシャクした関係を矯めようと苦心していた。（中略）この竹内と岩田の苦心努力によって発展期を迎えつつあった日本拳闘界は前進していったのだった。

田辺と嘉納の両ボスがどうにか和解して、同じテーブルに着くようになったのは昭和三年に入ってからで、その仲介の労を取って功績をあげたのは岩田愛之助であった》（『日本及日本人・陽春号』1989年4月10日号／都築七郎「草創期拳闘界のうち側」）

つまり、拳闘家の野口進が、岩田の主宰する右翼団体に参加したのは、思想的なことより右の関係性に従ったにすぎない。事実、柏村五郎や川崎政一といった何人かの大日拳所属の拳闘家も、愛国社に加わっている。彼らには「警護と実力行使」という役割が与えられた。

それは愛国社だけに限った話ではない。大化会代表の岩田富美夫は、野口進と四度も戦った熊谷二郎を用心棒にしていたし、大行社の清水行之助は、三月事件の際、拳闘家を使って日比谷で騒乱を起こそうと画策している。

野口進自身、〝暴力装置〟として機能した。

例のタクシー会社での私闘だけではなく、一九三一年五月には、同志数名と「井上準之助邸爆破事件」を起こしているし、前年の三月には、板橋で労働者の集会で大暴れしている。拳闘家として最も脂の乗り切っていた頃の話だ。

今で言えば、世界王者の井上尚弥や田中恒成が、日教組の集会に殴り込むようなものだろう。

＊

拳闘と右翼活動を無難にこなしていた野口進だが、次第に愛国社の勉強会にも顔を出すようになり、本を貪り読むようにもなる。

知識を吸収しようと躍起になった。仲間が冷やかしても耳を貸さなかった。

〝暴力装置〟に、揺るぎない政治意識が注入されようとしていたのだ。

若槻礼次郎暗殺未遂事件

「祖父のことは『日本のことを考えて行動した人』と、祖母からよく聞かされていました。だから祖父は、ただのボクサーではなく国士だったと、私自身は、一応そういう認識でいるんです」（野口修の実弟、野口恭の長女でボクシングトレーナーの野口詩延）

「愛国社は、労働者から軍隊帰り、帝大のインテリまで出入りしていた。そこで親父は、『俺は用心棒で終わりたくない』って思うようになったらしい。用心棒は仲間とは思われても、同志とは思われないから」(野口修)

とはいえ、ここまでの流れを見る限り、野口進が佐郷屋留雄のように、テロに走る動機は見当たらない。当時の新聞記事をひきながら、事件までの野口進の足取りを追ってみたい。

《去る六日、野口は大審院で開かれた佐郷屋留雄の上告判決を傍聴に行ったが、その公判廷で偶然にも拳闘ファンでかねて知り合いの松井治雄(二四)と会い、公判廷を出てから「佐郷屋事件も五・一五事件の発生も皆ロンドン条約から出発しているもので、その責任者若槻男爵はまず自決すべきだ。切腹を勧告しようじゃないか」と相談一決、それ以来、数回往復を重ねて計画を進め……》(昭和8年11月22日付/東京朝日新聞)

記事にあるように、事件は野口進の単独犯行ではなかった。共犯者は前出の松井だ。

一九一〇(明治四十三)年、御徒町に生まれた松井治雄は、目白中学中退後、志願兵として台湾独立守備隊に入隊する。一九三三年十月十一日、上等兵で満期除隊後は十七日に帰京し、兄の住む下谷のアパートに居候しながら、愛国社に出入りしていた。

先述したように、十月十日のユウイン戦で肋骨を負傷した野口進は、十月二十五日まで駿河台の名倉病院に入院している。すなわち、二人が知り合ったのは入院中ということになる。見舞いにでも行ったのだろう。

驚くことに、ここから二人は「若槻殺害」に向けて動き出す。しかし、付き合いの浅い彼らが、大物政治家の襲撃という、冒険的な計画のためだけに結びつくとは考えにくい。

無職の松井はともかく、野口進はこの時点で、日本一の人気拳闘家である。甲子園球場で行われた元世界王者ラファエルとの試合のファイトマネーは、当時の日本人拳闘家の最高額となる四百円。現在の価値で約百二十万円。銀行員の月給が七十円の時代の話だ。

それでも、殺害計画は進捗を見た。

《四日後の十日、松井は神田小川町の菊丸刃物店で刃渡り八寸と六寸の二口の短刀を十五円で買い求め、東亜アパートの自室に隠し機会を待ち……》（昭和8年11月22日付／東京朝日新聞）

また、標的は当初もう一人いた。

《最初の計画によれば、野口が若槻男爵を、松井が小山法相を襲う手筈で、松井は法相に対する切腹勧告文を認めて持っていたが、法相襲撃は断念し、専ら二人で若槻男爵を襲うことに計画が変更された》（昭和8年11月25日付／読売新聞）

大物政治家の襲撃を目的とした二人が、標的を若槻に絞ったのはここからだった。かといって、計画は周到だったとは言えない。

《二十日、大日拳の道場で総裁が二十一日午前七時金沢から帰京するということを聞き、同日夕刻、民政党本部への電話でこの旨を確かめ、決行したものである》（昭和8年11月22日付／読売新聞）

若槻のスケジュールを知ったのは、大日拳の道場で、それも犯行前日だった。柏村五郎や川崎政一ら、六名の拳闘家まで身柄を拘束されたのは、このせいである。

犯行前夜、日比谷公会堂で行われた「内外対抗拳闘試合」を揃って観戦した野口と松井は、公会堂の地下食堂で食事をした後、松井のアパートで最後の打ち合わせをしている。

翌朝六時、上野駅に向かった二人は、若槻礼次郎を乗せた急行列車が到着する十五分前から、改札口で待ち構えた。改札から出て来た若槻を、左右から挟み撃ちにするのが当初の予定だったが、実際は次の通りとなる。

《若槻男爵は二十名余の人々にとりまかれて姿を見せず、そのうち野口がたまりかねて一歩先に飛び出して、たちまち捕まえられたので、最初の計画が全く齟齬したものである》（昭和8年11月25日付／読売新聞）

松井は次のように供述する。

「最初野口が、俺がやるから見ていろと言いながら若槻氏を取り巻く連中を押し分けて近づいて行ったと思ったら、すぐばさっと倒れる音がして、その上へ十数名の人が折り重なっているのでこいつはしまったと……」（昭和8年11月22日付／読売新聞）

計画が頓挫して、松井は思わぬ行動に出た。

《松井は現場を飛び出し、円タクで本郷大和村の若槻総裁邸に先回りした。しかし松井の円タクが総裁邸に着いた時は、若槻総裁は既に玄関に入るところでここでも計画成らずまごまごするところを駒込署員に取り押さえられた》（昭和8年11月22日付／東京朝日新聞）

かくして「若槻礼次郎殺害計画」は失敗に終わったのである。

若槻事件顚末記

《小遣い銭さえ野口からもらっていた松井が十五円の短刀代を持っていた点を疑問視しており、両名の背後に担当な黒幕関係があるものとして追及の手を進めている》（昭和8年11月22日付／東京朝日新聞）

右の記事にあるように、当局は彼らの背後に着目した。真っ先に疑われたのは、予想されたことだが、愛国社盟主の岩田愛之助である。

前述の通り、佐郷屋留雄を実行犯とする三年前の浜口事件において、岩田愛之助も身柄を拘束され、懲役四カ月の実刑判決を受けている。

浜口雄幸と同じく立憲民政党に属し、「英米協調」を採った若槻礼次郎が、浜口の狙撃犯と同じ右翼団体の同人に襲撃されたとなれば、盟主の岩田愛之助が黒幕と目されるのは、自然の成り行きだろう。

繰り返すが、野口進にとって人気拳闘家の座を捨ててまで、知り合ったばかりの男と組んで政治家の暗殺に奔《はし》る必然性はない。ただし、これが岩田の指示なら話は別だ。

当局もそう見た。カフェの女給の吉岡ひろ子まで謀議に加わった嫌疑で、事件二日後の二十三日に身柄を拘束されている。謀議とは退院後の岩田邸への来訪を指す。

しかし、実際には、岩田愛之助は若槻襲撃に関与していなかった。

浜口事件から三年経った一九三三年の時点で、野党に転落した民政党の威光は、当時と比ぶべくもない。党総裁である若槻礼次郎の影響力も乏しく、この時点で、岩田が若槻殺害を教唆する理由も価値もない。

　また、愛国社にとって、それどころではない事情もあった。浜口事件に関与した疑いで、懲役十三年が言い渡された愛国社幹部の松木良勝だが、控訴審では懲役八年に減刑。収監されたのは、偶然にも若槻事件の翌日である。

「減刑は、おじいちゃん（岩田愛之助）が手を回した結果だよ。次は佐郷屋の刑を軽くしようと、西園寺公望に頼んでもいた。政友会の天下だったから可能だったわけよ」（佐郷屋嘉洋）

　実際、佐郷屋留雄は無期懲役に減刑され、「皇紀二千六百年記念の大赦」で一九四〇年に仮出所している。当局の心証の変化が背景にあった。そんな時期に、世間を騒がす挙に出る必要はまったくないのだ。

　そもそも、「若槻殺害計画」に黒幕が存在していたなら、こうまで不格好な顛末を迎えなかったはずだ。情報が惜しみなく提供され、入念に襲撃計画が練られたに違いない。

　松井治雄の短刀購入についても、他愛もない真相が後日明らかになっている。

《九日夜、松井が自分の晴着一揃いを新宿の某質店に十七円で入質した金をもって、翌十日、十二円で買い求めたもので、野口よりも一層真剣な気持ちを持っているものの如くである》（昭和8年11月25日付／読売新聞）

　ただし、背後に誰もいなかったかと言えば、そういうわけでもなかった。

野口修誕生

《去る二十五日極秘裡に神田区金澤街二六愛国学生連盟理事、大澤武三郎を召喚して二十七日朝から地下調べ室で取調べを行っている。同氏は野口とは数年来の交友である関係から、野口が勧告文を起草した際、同氏を訪れて文案の相談をなしたことが松井の自白によって判明した》（昭和8年11月28日付／読売新聞）

　大澤武三郎とは、野口進が退院直後に岩田邸を訪ねた際、大澤米吉とともに迎えた男である。愛国学生連盟と青年連盟で理事を務めていた。

　明治以降、上野で畳屋を営んできた大澤家は、梅太郎、米吉、武三郎の三兄弟が、発足とほぼ同時に愛国社の同人となる。

中国戦線に出征した梅太郎が戦死すると、次男の米吉が愛国社の運営に携わり、三男の武三郎は下部組織を切り盛りするようになる。松井治雄とも顔見知りだったのだろう。

しかし、組織を挙げて佐郷屋留雄の減刑に奔走している時期に、事件を起こす動機と必然性は、どこにあったのか。

「若槻事件について私が聞いたのは、叔父（大澤武三郎）が野口さんを煽ったと。叔父も連座して捕まっているから、無関係ではないはずです。

叔父は面白半分なことをする人でした。野口さんを焚きつけて、得する算段でもあったのかもしれません。この頃の野口さんは日本一のボクサーで有名人。動機はその辺りでしょう」（大澤米吉の次男の大澤忠夫）

インターネットで「大澤武三郎」と検索すると、「右翼」「総会屋」「土建業」「馬主」「新東宝の重役」と、あらゆる肩書が抽出される。「相撲茶屋の経営に関わっていた」と証言した人物もいる。

愛国学生連盟から麹町区議をへて、衆議院議員となった平井義一が、日本プロレス協会の会長職に就くと、大澤武三郎も運営に口を挟むようになる。後年、アントニオ猪木と坂口征二が組織を脱退した折、襲撃を計画していたともいう。

「『猪木を殺る』なんて言って、グレート小鹿とか残った選手を煽っていたけど、うまくいかなかった。武三郎って人は音頭を取るのは得意でも、本人はそんなに踏み込まない」（元テレビ朝日スポーツ局次長の永里高平）

証言を集める限り、大澤武三郎が弟分の野口進と、無職の松井治雄をけしかけたことも、背景としてあったのかもしれない。ちなみに、武三郎は一審で懲役四年の実刑が下されるも、控訴審では懲役二年執行猶予三年に減刑されている。

「若い頃、野口のお父さんとウチの親父の晩酌に付き合わされたとき『あのときは、トメに先を越されたなあ』って、野口のお父さんが悔しそうに言ったのを憶えている」（佐郷屋嘉洋）

「昔のことは話したがらない親父だったけど、負けた試合のことは、『世界の壁を感じた』と言っていた。だから『でかいことをやろう』と思って、事件を起こしたと思う」（野口修）

以上の点を踏まえ、野口進が事件を起こした動機は、次の通りになると考えられる。

一、同志とは認められない苛立ちがあったこと。

二、弟分の佐郷屋留雄が、現職首相の浜口雄幸を狙撃して一躍名を上げたこと。

三、ユウインに敗れ、拳闘家として限界を感じていたこと。

四、拳闘の代わりになるくらい、大きなことをしたいと思ったこと。

五、兄貴分の大澤武三郎に焚きつけられたこと。

六、剣術の腕を実戦で試したかったこと。

しかし、解せないこともある。逮捕後、野口進は、殺意を否認し続けたのだ。

それどころか「切腹を勧めようと思っただけで、殺そうとは考えていなかった。短刀も攻撃用ではなかった」と苦しい弁明を繰り返した。

しかし、刺そうとしたのは明らかで、剣術の腕も立証されていたはずだ。なぜ、野口進はこの期に及んで、言い逃れに終始したのか。

程なくして、理由は、次のように明かされた。

《二十三日同人の情婦で銀座裏のカフェー女給をしている吉岡ひろ（二五）を取調べた結果、同女と野口は三年来の仲で同女は目下妊娠八ヶ月の身重であり、犯行前父となる日を非常に待ちこがれていた事判明。まだ見ぬ愛児への執着から殺意を否認していたものではないかと見られている》

（昭和8年11月25日付／東京朝日新聞）

この「まだ見ぬ愛児」こそ、野口修である。

野口進にとって、生まれてくる愛児の存在は何よりの支えであり、楽しみで仕方がなかった。

つまり、軽挙妄動を悔いた末の助命嘆願だったのだ。

野口修は波乱の生涯に相応しく、騒動の渦中に呱々《ここ》の声をあげたのである。

第三章　別れのブルース

　野口修が生まれたとき、父親の野口進は若槻礼次郎への殺人未遂罪で、一審は懲役七年、控訴審では懲役五年が言い渡され、獄中にあった。

　母親の吉岡ひろ子は、乳児を抱えて途方に暮れた。

　一九〇九（明治四十二）年、京都市生まれのひろ子は、継母と折り合いが悪く、旧制中学の数学教師である父親に勘当され上京。有楽町のカフェで女給として働いていた。

　すでに触れたように、当時のカフェは今でいうナイトクラブで、女給とはホステスを指す。履歴を問わないカフェには、多くの家出少女が働いていた。吉岡ひろ子というのも源氏名で、本名は日下部里野である。

　あるとき、店の用心棒に「頼れる兄貴がいる」と紹介されたのが、拳闘家の野口進だった。

　寄る辺のない二人は一緒に暮らし始めた。そうして身籠ったのが長男の修である。

　夫が試合で負傷したり、事件を起こして警察に留置されたりしても、やりすごしてきた里野だったが、今回ばかりはそうもいかない。さりとて、誰かを頼ろうにも、状況がそれを許さなかった。

　野口進にとっての身許保証人とも言うべき岩田愛之助は、この頃、往時のテロリズムが嘘のように合法的な政治活動を行っていた。

　例えば、この六年後に大政翼賛会が発足すると、戦後に首相となる石橋湛山や、婦人運動家の市川房枝、作家の久米正雄らとともに、諮問機関である大政翼賛会調査委員会に名を列ねてもいる。

　配下の同人が大物政治家を殺そうとしたのは、好ましい話ではなく、自身の関与まで疑われているうちは、表立って援助してやれない。

もう一人の身許保証人である嘉納健治はというと、看板選手の起こした突然の事件に怒り狂っていた。大日拳が被る損失は大きく、おめおめと援助を乞える筋合もなかった。

背に腹は代えられず、里野はカフェの女給に戻った。しかし、煙草の臭いの染みついた更衣室に乳児を寝かせ、母乳を飲ませながらの女給仕事は難儀なことこの上ない。

それればかりか、テロリストの内妻と見られた里野には、特高警察の尾行が付いた。店内で馴染みの客と話す様子さえ謀議と疑われた。

そんなカフェ勤めが長く続くはずがない。

《母上の里野さんは、知る人ぞ知るボクシング興行の大ベテランでした。

どうすればファンが試合場に来るかを、長年の経験で知り尽くしていたのです》（『記憶に残る拳豪たち』安部譲二著／小学館）

現在では右のように称えられる野口里野だが、この時代は最も厳しい境遇にあったはずだ。

見かねて、「赤ん坊を預かろう」と手を差し伸べたのが、愛国社幹部の大澤米吉である。

「ほとぼりが冷めるまで」と、里野に箱根の温泉旅館で住み込みの職を斡旋した。愛児を手放すとは身を切る思いだったはずだが、行き場のない家出少女には、そうするより手立てがなかった。

生まれたばかりの野口修は、畳屋を営む上野の大澤家で養育されることになる。

チンチロリンと手本引

大澤米吉の次男で、現在は理髪店の多店舗経営者として、右翼活動とはさしたる関わりを持たない大澤忠夫は、次のように証言する。

「修ちゃんがいたのは、私が生まれる前ですから、その時分は知りません。でも、私が子供の頃も一人でふらっと来て、飯を食ったりしていましたから、別宅みたいな感覚だったんでしょう」

大澤家は畳屋を生業にしながら、米吉は愛国社を切り回し、弟の武三郎は愛国学生連盟と青年連盟を取り仕切った。武三郎は拳闘や浪曲興行も手掛け、収益は愛国社の運転資金に回された。

つまり、この時代の大澤家には、その後の野口修を形成する要素が収斂されていたと見ていい。

「かすかな記憶だけど、店先に畳が積んであって乗っかってよく叱られた。米吉さんは悪さをすると押し入れに閉じ込めるんだ。

弟の武三郎さんはよく遊びに連れて行ってくれた。それで俺は競馬と出会ったの。武さんが、『なんでもいいから、適当に数字を言え』って。

お袋は月に一度、上野まで会いに来てくれる。その日が楽しみでね。『おもちゃを買え』ってせがむんだけど、行くところはいつも決まっていた。府中だよ」（野口修）

拳闘家として大観衆を沸かせ、元首相を殺そうとしたテロリストも、このときは、府中刑務所に収監されている囚人でしかない。

「面会のたびに親父の前で『お控えなすって』って仁義を切っていたらしいんだ。おそらく、武さんに仕込まれたんだろう。

『どんなことをして遊んでんだ？』って親父に訊かれて、『チンチロリンと手本引』って答えたら、親父は天井が抜けるくらい大声で笑って、看守もつられて大笑いしたって」

野口修がプロモーターとして成功を収める素地は、意外なことに、府中でもできつつあった。

黒幕との邂逅

獄中での人間関係が、その後の人生に様々な影響を与えることは、あるらしい。

現在は、薬物中毒者や外国人犯罪者が収監者の多くを占める府中刑務所だが、戦前のこの時期は、政治犯や思想犯が最も多かった。

戦後に日本共産党の書記長となる徳田球一、同じく共産党の指導者となる志賀義雄、朝鮮独立運動家の金天海らが代表的な存在だった。元首相を殺そうとした野口進も政治犯に含まれた。

同時期に服役していた野口進と左翼活動家が、知己を結ぶことはあっても、その後の人生に影響し合ったとは考えにくい。しかし、思想を同じくする右翼の人間となら、鬱屈した日常も手伝って、同志となるのは存外容易いことかもしれない。

少し先の話になるが、一九三八年に「明治憲法発布五十周年祝典の恩赦」で、満期より一年早く釈放された野口進は、出所してすぐ、一家で上海に移住している。

「親父は馬賊の親分になって、中国大陸を暴れ回った」と、後年の野口修が吹聴していたことは、当時の関係者の多くが耳にしている。

実際は、もちろんそうではない。ある出会いが一家を上海に向かわせたのである。

《わたしのはいった独房の舎屋には、若槻礼次郎（男爵・元首相）氏を襲撃した、「愛国社」の野口進くんが、思想犯としてすでにきており、牢名主といった恰好で雑役夫をしていた。この雑役夫は成績良好な者がえらばれることになっており、それだけに、この世界ではハバが利いた。食事の配分なども、この雑役の仕事だった。じぶんは、かつて交友関係にあった野口くんがいたため、なにかにつけてひじょうに助かった》（『悪政・銃声・乱世――児玉誉士夫自伝』児玉誉士夫著／廣済堂出版）

戦後日本の政財界、裏社会、マスコミに至るまで絶大な影響力を及ぼし、「最大の黒幕」と畏怖された児玉誉士夫は、野口進と同じ時期に、府中刑務所に服役していたのだ。

記述にある通り、野口進と獄中で結びついた児玉誉士夫は、出獄すると中国に渡って「児玉機関」を立ち上げ、野口家を呼び寄せたのである。

鉱山開発に取り組んだ児玉は、大量のモリブデン、ラジウム、マイカ、銅などの航空資材を優先的に海軍に卸して、広範囲な人脈を得ながら自身の地位を高めた。さらに、ダイヤやプラチナを蓄財して莫大な財を成した。一九五五年に結党した自民党の創設資金は、このとき秘匿した児玉の資産から捻出されたと言われる。

日本の傀儡政権だった汪兆銘の南京国民政府だけでなく、敵側である蔣介石政権ともチャンネルを確保し、鉱山開発から諜報活動と、この時代の児玉誉士夫の活動を取り仕切っていた児玉機関の本部は上海にあったのだ。

「大澤家と児玉さんは、組織は違ったんだけど、一緒に大蔵大臣の家をぶっ壊した事件を起こしたりして、若い頃の児玉さんがウチの親父の手下だったこともあったんです。

上海には随分前から大陸浪人の日本人サロンがありまして、児玉機関もその一つでした。親父は児玉さんより前に、上海に住んでいたことがある

んです」（大澤米吉の次男の大澤忠夫）

「大蔵大臣の家をぶっ壊した事件」とは、一九三一年五月に起きた「井上準之助邸爆破事件」のことだろう。

山本権兵衛、浜口雄幸、若槻礼次郎と、三つの内閣で蔵相を歴任した、井上準之助の私邸が爆破されたこの事件は、主犯格の大澤米吉が爆破物取締規則違反、のちに大日本愛国党を結党する赤尾敏が請願令違反、児玉誉士夫が脅迫罪、大澤武三郎と松木良勝、野口進は、銃砲火薬取締規則違反で、それぞれ逮捕されている。この時点で児玉誉士夫と野口進は面識があったのだ。

戦後すぐ東久邇内閣の参与に就任するなど、児玉誉士夫が〝黒幕〟の道を歩み始めたのは、戦時中の上海で成り上がったからだが、その存在は野口進、修と二代にわたって、大きな影響を与えることになる。

＊

上海での野口進だが、鉱山開発と諜報活動に奔走した児玉誉士夫や、阿片取引で巨利を得て、軍資金まで捻出した里見甫のように、特殊な任務に従事したわけではなかった。

かといって、右翼活動を行ったわけでもなければ、拳闘の仕事に就いたわけでもない。

野口家が営んだのは、芸能の仕事だった。

日本租界

中国最大の都市、上海。

アジア最長の川、長江の南岸河口に位置し、面積は東京のほぼ三倍となる約6300㎢。二〇一九年現在、総人口は2419万6800人で、首都北京を抜いて国内第一位（一位は重慶）、世界第三位となる。

年間七十万人が渡航し、今も約五万人の日本人が居住するなど、日本とも所縁の深いこの地において、大正から昭和にかけて、軍人、官僚、文士、芸術家、商社マン、スパイ、ごろつきに至るまで、多様な階層からなる、煩瑣な日本人社会が形成されていた。「上海人脈」と呼ばれる所以である。

当時の上海は、英米日の共同租界と、フランス租界、中国人居住区の三つに区分され、約十万人の外国人が住んでいた。

租界とは、外国人居住区域のことだが、行政権、警察権、司法権を譲り渡して、一画がそっくり、別の国に様変わりしたものと解釈されたい。

共同租界の北側の虹口地区には、三万人の日本人が住んでいた。いわば日本租界である。

妻の里野と、四歳の修を連れて上海に渡った野口進は、虹口の中心部に程近い崑山花園（現・崑山公園）の正面に建つ、景林廬という瀟洒なマンションに居を構えた。

マンションとは言っても、現代の日本で定義される一般的なそれとは異なる。一九二三年に欧米人専用を目的として、広大な敷地内に十棟建築された高級住宅の集合体がそれだ。

「当時の日本のマンションとは比較にならない広い間取りで、敷地内の一角には蔣介石と宋美齢が結婚式を挙げた教会があった。また、小林秀雄や林房雄ら著名な作家が上海を訪れるたびにここを根城にして児玉機関の幹部と交流を持った」（大意）と、景林廬について書き残すのは、戦後は政治評論家となる門屋博である。

門屋の伝える「蔣介石と宋美齢の結婚式が行われた教会」とは、「宋家の三姉妹」（靄齢、慶齢、美齢）の父、チャーリー宋が牧師を務めた景林堂教会であり、一八三六年にフリーメーソンによって設立された上海パブリックスクール（現・工部局西童男校）も景林廬の一角にあった。真向かいに広がる崑山花園も、もとは「ベビーガーデン」と呼ばれた欧米人専用の児童遊園地だった。

野口家が景林廬の九号棟に住んだのも、児玉の手配によるものだった。渡航一年後には次男の恭が生まれている。

「ベビーガーデンでは走り回って遊んだもんだよ。遊び疲れて花壇の中で寝てしまうと、苦力《クーリー》がおぶって家まで運んでくれるんだ」（野口修）

四歳から十一歳まですごした上海は、修の脳裏に鮮明な記憶として残っていた。

野口家が住んだ景林廬の周辺には、当時としては珍しい多店舗型スーパーマーケットの虹口マーケットや、日本料亭の六三亭、少し足を延ばすと赤煉瓦が特徴のアスターホテル（現・浦江飯店）、作家の魯迅もこの付近に居住した虹口公園（現・魯迅公園）が広がっていた。

今もその姿を留めるガーデンブリッヂ（外白渡橋）を渡ると、二十二階建て、上海アールデコ様式の代表的建築物のブロードウェイマンションがそびえ立っていた。児玉機関はここに本部を構えていた。

《美と醜、清と濁がこんとんとして同居していた上海という土地は、それだけに妖しい魅力をたたえていたらしい。戦前にいちど上海で暮らした人たちは、その思い出や人脈が忘れられないという》（『日本の地下人脈――戦後をつくった陰の男たち』岩川隆著／祥伝社文庫）

野口興行部

野口進はここに「野口興行部」なる会社を興した。

当時の日本租界には、モダニズム建築の東和劇場（現・解放劇場）をはじめ、上海初の常設映画館である虹口影戯院（現・虹口シネマ）、上海二館目の映画館のビクトリア影戯院、日本居留民団の大講堂など劇場が揃っていた。いずれも、景林廬から徒歩圏内にあった。

野口興行部はこれらの劇場に、日本から有名歌手や剣劇一座を招聘し、上海駐留の日本兵に向けた慰問興行を定期的に催したのだ。

戦争末期になると、上海に駐留する日本兵の多くが南方に根こそぎ動員され、壮行会を兼ねた慰問興行が急増した。劇場の数が足りなくなったことで、景林廬の敷地内に「日進劇場」なる自前の劇場を建ててもいる。

兵隊の慰問興行というと、朝日新聞社と吉本興業の共催で行われた芸人派遣部隊「わらわし隊」が有名だが、野口進は招聘する側として慰問興行に携わった。わらわし隊と同じく、歌手を引率して各部隊を訪ね歩くこともあった。

一連の野口進の行動は、稀少なものと映るかもしれないが、実際はそうでもない。

《いわゆる〝芸能プロ〟の発生は、日本の軍国主義が強大となり、満州、中国から、南方（東南アジア）、太平洋と戦火をひろげていく過程と見合っていた。軍の恤兵部《じゅっぺいぶ》から委託されて、戦地、もしくは軍需工場への〝慰問団〟を組織する芸能社が簇出した。それ以前にも、いわゆるドサまわり

（地方巡業）の興行社はあったが、それらはもっぱら自前の実演興行や、芝居小屋への芸人のあっせんを主たる業務としていた。

俗にいう親方日の丸《ガバメント・スポンサー》は、軍部や商工省等の国家権力機関の御用をつとめることで、ブッキング・エージェント（出演契約代理業）としての〝芸能プロ〟は、軍国主義とともに興隆した》（『タレント帝国――芸能プロの内幕』竹中労著／現代書房）

つまり、野口興行部は、黎明期の芸能プロダクションそのものだったのだ。

昭和四十年代に、野口修が芸能界に進出した際、当時の芸能マスコミは何かと揶揄したが、的外れな批判だったことになる。

満州事変以降の国家統制は、音楽の世界にも波及し、『愛国の花』（渡辺はま子）、『日本婦人の歌』（松田トシ）、『めんこい仔馬』（二葉あき子・高橋祐子）といった「国民歌謡」が音楽産業の中心に躍り出た。作曲家の山田耕筰を代表とする音楽挺身隊が、戦地への慰問興行に赴くようになったのもこの頃だった。すなわち、国策である。


古株の大陸浪人から、中国の秘密結社まで入り組んで、複雑な利権構造となっていた当時の租界は、児玉誉士夫といえども、おいそれと手出しできない魔界のような場所だった。

そこで児玉は、府中刑務所で親しくなった野口進に、白羽の矢を立てた。

一試合で莫大な金額を稼いだ人気拳闘家にして、大物政治家を殺そうとした野口進なら、名前と腕力はもちろん、上海を渡り歩く蛮勇があると踏んだ。興行会社を起業させ、歌手を招聘させるのに、これほど適任の男はいないからだ。

敵性芸名

戦時下の上海において、兵隊に向けた慰問興行を催した野口興行部は、ディック・ミネ、淡谷のり子、ベティ稲田、浪花節のスターである二代目広沢虎造も招聘していた。

「ミネさんはこの頃、租界に住んでいて、出番が終わるとウチで飯を食っていた。美人をはべらせていたのも憶えているし、俺がミネさんの膝の上で飯を食った記憶もあるよ」（野口修）

『ダイナ』『旅姿三人男』などのヒット曲で知られるディック・ミネは、桑田佳祐より半世紀も早く、日本語の歌詞を英語の発音で歌う歌唱法を編み出した、日本のボーカリストの嚆矢とも言うべき人物である。

一九四〇年に内務省から「敵性芸名」と指摘され、翌年にはジャズが「敵性歌曲」として禁止されると、日本国内に見切りをつけ上海に移り住んだ。以前より、上海のダンスホールに出演していたからである。

淡谷のり子もまた、戦前より上海に渡って、ジャズや外国音楽に触れてきた。慰問興行についても自伝や回顧録の中で何度か触れられ、租界の劇場で歌っていたことや、「綺麗とは言えない劇場もあった」と述べてもいる。

彼らと野口興行部の直接の関わりについて、確証は得られなかったが、上海における野口家の住所（上海市崑山路景林廬九號）を、この時代の復元地図に照合すると、住所の当該箇所に「野口興行部」と刻まれているのが確認できた。自宅兼会社だったのは判然とする。

また、地図の別頁に記載されていた会社や店舗名の一覧を見ると、同じ住所で「野口商店」という和菓子販売の会社を興していたことも判った。虹口マーケットに店舗を構えていたのである。

「和菓子は最初は劇場の中で売っていて、案外儲かるからって店舗を構えたんだった。そのうち、軍にも大量に卸すようになって、それなりの収益が出たと思う。

抗日ゲリラの戦闘が時々起こるくらいで、上海は本当に平和だった。賑やかだったし。『本当に日本は戦争をしているのか』と不思議に思うこともあったね」（野口修）

別れのブルース

戦争末期、上海に駐留していた日本兵の南方転出が恒常的に行われ、並行して、慰問興行の数も急増したことはすでに述べた。

野口商店と併せて二十人程の従業員を雇っていた野口興行部だが、日進劇場を建てたことで人手が足らなくなると、中国人の従業員を追加で募集している。

上海第一日本国民学校の児童だった野口修も、学校から帰ると家の仕事を手伝った。「坊や、いつも偉いね。お利口さんだ」と淡谷のり子に小遣いをもらったこともあった。

後年、時折顔を合わせることになる淡谷のり子に、その話をすると「上海のことは、記憶が少し抜けてるのよ」と言われたという。

この頃ともなると、兵隊の様子が変わっていったのは、十歳の子供でも感じ取れた。和気藹々とした空気は無く、多くはどことなく疲れ、思い詰めたような表情を浮かべていた。

母の里野が顔見知りの兵隊に、「南方に転出されるそうで、おめでとうございます。ご武運をお祈りします」と、深々と頭を下げると、兵隊は引きつったような笑顔で返した。

《上海で東京出身の兵隊さんたちの前で歌った時のことなんです。あたりさわりのないものをうたって舞台をおりようとしたら、「別れのブルース！」といってすごい拍手がおこったんですね。そこで私は、「ブルースものは全部禁止されています。何かほかのもので……」といったら、「おれたちは明日にも死ぬ身体だ、たのむから聴かせてくれ」ときかない。会場の最前列には、四人ほどの将校が坐っているわけでしょう。でも、よし、かまうもんかと決心して歌いだしたら、どうですか。その将校さんたちは、わざと居眠りしたり、いつの間にかいなくなったりするんですよ。みんな涙を流して聞いてくれました。終わって廊下へ出ると、出ていったはずの将校さんたちが、廊下で聞いて泣いていました》（『文芸評論』１９７９年９月号／「歌に生きる・淡谷のり子——半生期を歌とともに歩んでいま縦横に語る直言、苦言の人生哲学」）

＊

敗戦後、租界の生活は一変する。

武装解除された日本軍に代わって、蔣介石の国民党軍が租界に進駐した。建物は接収され、日本人は自宅から追い出された。

決められた金額以上の現金は、すべて取り上げられ、国民党の兵隊が山分けをする姿があちこちで見られた。

野口進は、有り金のほとんどを中国人の従業員に払った。どうせ取り上げられるのなら、従業員に渡してしまおうということである。

「それと、岩田先生のお陰で家までは追い出されずに済んだ」と野口修は回想する。

「孫文や蔣介石を助けた岩田愛之助という名前は、国民党の幹部の間で少しは知られていたらしい。それで『あの劇場を経営している野口というのは岩田の弟子だ』ってことを蔣介石に教えた親切な人がいて、格別に配慮してもらえた。でも、子供だったから、その人が誰かは判らない。聞かされてもいないし」

おそらく、それは大陸浪人の山田純三郎ではないかと、筆者は推察する。

辛亥革命の恵州戦線で戦死した兄、山田良政の影響もあり、孫文の知遇と信頼を得た純三郎は、孫文の臨終にも立ち会った四人の日本人の一人である。長く上海に住み、租界の顔役となっており、蔣介石、汪兆銘の両者に顔が利く存在だった。

ともかく、多くの日本人が大講堂や虹口の体育館で共同生活を強いられる中、野口家は自宅に留まることを許された。しかし、それも帰国するまでのことで、和菓子を国民党の兵隊に売り歩くことで糊口をしのいだ。

半年後の一九四六年一月、野口家は八年住んだ上海から強制送還される。そして、多くの日本人とともに佐世保港に降り立った。

野口家の戦後は、ここから始まった。

上海にて。６歳の野口修（右）。左は実弟の野口恭。
（写真提供・野口詩延氏）

第四章　新居浜

池袋から東武東上線に乗って、七つ目の東武練馬駅を降りると、南口に小さな商店街がある。その商店街を、線路沿いに歩くと住宅街に入る。

マンションが建ち並ぶ一角に、ショールームを思わせる巨大なガラスと、ＣＦＴ（Concrete Filled Steel Tube＝コンクリート充塡鋼管構造）柱が特徴的な、立体構造の建築物にぶつかる。

独特な形状が、ただ奇を衒《てら》ってのものではないことは、経済産業省が例年顕彰する「グッドデザインアワード」の「２０１１年度グッドデザイン賞・複合施設部門」を受賞していることで立証される。設計したのは建築家の河野有悟である。

ただし、通りを歩く何人かに一人が、建物を仰ぎ見るのは、外観のことより、二階の窓からシャドーボクシングをしたり、サンドバッグを叩いたりする人の姿が目に留まるからだろう。

一九六〇年、江東区塩浜にオープンした三迫ボクシングジムは、板橋区大山町をへて、九〇年に現在の東武練馬に移転している。四階建ての洒脱なこの建築物は、創立五十周年となる二〇一〇年九月に改築したものだ。

二階の練習スペースには、青々と光る真新しいトレーニングマットが敷き詰められ、ボクシングジムというより、昨今のスポーツクラブの風景と重なる。午後のこの時間も、四十代と思しき女性二人が、男性トレーナーと軽口を叩き合いながら縄飛びに興じていた。

「午後は今日みたいに空いてるんで、サンドバッグも余裕で叩けるし、リングの中に入って好きなだけ練習できますよ」

入会目的の見学者と勘違いして筆者に声をかけてきたのは、現会長の三迫貴志である。

「じゃあ、昼間のこの時間でも、ミットを持ってもらえますか」

「もちろんです。誰かしらいるので声をかけてもらえれば。なんなら、自分が持ちますよ」

恰幅の良い体型を、黒のウィンドブレーカーに包んで現れた顔には見覚えがあった。スーパーフェザーとライトの二階級を制した元世界王者、畑山隆則のチームの一員だった彼は、テレビ中継のたびに、セコンドでの様子が映し出されていた。

「会員さんは、この辺の方が多いんですか」

「ええ、でも、遠くから来られる方もいます。全部で百人以上はいますからね」

約6m四方のフルサイズのリングに、五つのサンドバッグ、充実した運動器具、余裕のあるスペース。それらが備わったボクシングジムは、都内には、なかなかない。

ボクシングジムが安定した経営基盤を保つことは、定期的な自主興行の開催、有望選手の発掘、円滑な選手育成が、同時に可能となる。

過去、輪島功一、三原正、友利正と三人の世界王者をはじめ、東洋太平洋王者と日本王者を現役も含めて十人ずつ、合計二十人も輩出してきた三迫ジムは、そのモデルケースと言えた。「アイドルボクサー」として芸能界にも進出した福田健吾も、現役時代は三迫ジムの所属だった。

程なくして、一人の小柄な老人が現れた。

「あなた、取材の人？　待たせたねえ」

表情に童顔の面影を残した彼こそ、ジムの創始者で名誉会長の三迫仁志だった。

日本人として初めて東洋フライ級王者となり、引退後は三人の世界王者を育て、数々のビッグマッチを実現させた、日本ボクシング史の生き証人とも言うべき人物である。

「今でもキッズの子ならミットは持てるんだよ。でも、大人はもう無理。腕が吹っ飛んじまうよ」

細い眼をしばたたかせながら言った。人生の成功を収めた余裕がそこにはあった。

「今は気楽な隠居生活だよ。暇でさあ……まあ、ここだと話もなんだから上に行こうよ」

エレベーターのボタンを押して、自宅のある四階に上がろうと促すと、しきりにポケットの中を探り始めた。煙草が吸いたいのだなと勘付いた。

「まっすぐ」「横」「下」

三迫仁志は一九三四（昭和九）年一月十日、愛媛県新居浜市に生まれた。

少年時代は野球に夢中になった。ポジションはショート。巨人軍のエースとして活躍し、監督としても二度の日本一と四度のリーグ優勝に導いた藤田元司は、年齢は二歳上だが、同級生のチームメイトだった。

「でも、野球で食っていくなんて考えもしない。子供の遊びだよ。将来は、実家の米屋を手伝うつもりでいたよ」

一九四七年二月の寒い日のことである。公会堂の向かいにある武徳殿で「面白そうな遊びをやっている」と友達に誘われた。

武徳殿とは戦前の柔道の大組織、大日本武徳会が各地に置いた支部兼道場である。ＧＨＱ（General Headquarters＝連合国軍最高司令官総司令部）が、柔道や空手を禁じる「武道禁止令」を通達したことで、空き家同然となっていたのだ。

そこで、三迫が見たのが拳闘だった。

「殴り合うだけの勝負事だ。殴って倒せば勝ち。練習すれば絶対に強くなるからな」

指導者らしき男は言う。恐怖もあったが胸が高鳴った。

沢津漁港など古くから漁師町として栄え、江戸時代からの別子銅山もあって、漁師と坑夫が町中を闊歩していた新居浜は、伝統的に気性の荒い土地柄として知られる。

徳島の阿波踊り、高知のよさこいと並んで「四国三大祭り」の一つに数えられる新居浜の「太鼓祭り」は、山車の鉢合わせを名物として、毎年多くの負傷者や逮捕者を出してきた。

荒れ狂う男たちを見て三迫は震えた。この人たちに勝てるわけがない。それどころか、小柄な三迫はよく不良に絡まれていた。

「本当に強くなれるんやろか」と半信半疑だったが、子供たちに「先生」と呼ばれる男の言葉には、不思議な説得力があった。漁師や坑夫に劣らない風貌は凄味もある。上背はそれほど高くはないが、横幅は異常に広く、「岩が歩いているようだ」と三迫は思った。

指導法はシンプルで、ストレートを「まっすぐ」、フックを「横」、アッパーを「下」と言った。この三種類しか教えない。

「ジャブなんか教わった記憶がない」

三人の世界王者を育てた名伯楽は、咳き込みながら笑う。

かといって、杜撰な指導だったわけではない。基礎体力をつけさせようと、腕立て伏せや腹筋を欠かさずやらせた。相撲も取らせた。息が上がったところで打つ練習を始める。

「打ち方は三つしかない。難しく考えるな。手を出すことが大切だ」

疲れた体には三つの反復だけでも堪えた。そこからの実戦練習だから本物の体力がつく。体力がつけば手数も増えていった。二人一組の実戦練習では、競うように拳を繰り出す。先手必勝の大切さを身をもって知った。

野球少年だった三迫には、もともと体力はあったし、生来の素早さも役立った。一番のやりがいは、小柄でも必ずしも不利ではないことだった。小さな身体は相手に的を絞らせない。

「難しく考えなくていい」という指導も自分に合っている気がした。

「とにかく、先生は褒めてくれる。『いいぞ』とか『お前は才能がある』とか。最初は、おだてるつもりだったと思う。でも、こっちは自信がついて毎日練習に行った。自分でも上達していることは判った。他の子が何度やってもできないことが、できるんだから」

練習帰りのある日、三人の不良に絡まれた。

雰囲気に呑まれ一瞬たじろいだが、打ちかかってくる拳が恐ろしくゆっくりに見えた。難なくかわして「まっすぐ」を叩きつけると、鼻血が吹き上げた。もう一人も、冗談のように悠長な拳を振るってきたので、かわすまでもなく「横」を打ったら、顎先にかすっただけで気絶した。「まっすぐ」と「横」をお見舞いしたので、最後の一人には「下」を突き上げようと後ろを振り向いたら、一目散に逃げ去った。

殴り倒す快感に味をしめて、それから喧嘩に明け暮れるようになった。漁師や坑夫ともやった。彼らの多くは酔っ払っているので、腹を叩けばすぐに終わった。みんな不思議なくらいに倒れる。面白くて仕方がなかった。

「俺がボクシングにのめり込んだいきさつは、こういうわけ。俺は先生と出会ったことで、人生が開けたんだよ」

三迫の言う「先生」こそ、上海から引き揚げて来たばかりの野口進だった。

大陸浪人

一九四六年一月、佐世保港に降り立った野口家は、東京には戻らず、近畿地方を転々としている。

まず、高槻市にある里野の実家の日下部家に身を寄せた。しかし、勘当の身である里野にとって居心地がいいわけはなく、夫の進もほとんど寄りつかなかった。

次に滞在したのが神戸の嘉納健治邸で、半年間に及んだ。十二歳の野口修は、最晩年のピス健に可愛がられ、日がな連れ回されている。

ここでも、父の野口進は家を空けていた。

「親父は月のほとんどは京都にいた。日本の再建について話し合っていたらしいよ」（野口修）

ただし、京都に誰がいたのかまでは判らない。

そんな中、大陸浪人、里見甫の評伝に次の記述を見つけた。

《里見は成城の屋敷に落ち着く暇もなく、京都に潜伏した。隠れ家は銀閣寺にほど近い京都市左京区の吉田神楽岡だった。（中略）里見が身を隠した京都の家には、上海や満州から帰国した正体不明の大陸浪人たちがどこからともなく集まり、一時は梁山泊のような様相を呈していたという》

（『阿片王――満州の夜と霧』佐野眞一著／新潮社）

関東軍と結んでアヘンの密売組織を立ち上げた里見甫と、上海で軍の慰問興行に従事した野口進。二人の関係を示す記述はないが、物語には、野口家と接点のある人物が頻繁に登場する。彼らは上海の児玉機関の一員にして、里見人脈にも列なる人物ばかりとなる。

野口進が京都に滞在していたのなら、往来があっても不思議はないし、里見人脈に列なっていたのかもしれない。

しかし、一九四七年になると、野口進は一家で新居浜市に移り住んでいる。

上海人脈に引き寄せられるように身を寄せた、京都を引き払ってまで、野口進が新居浜に腰を据える理由は、どこにあったのか。

新居浜

「わしが五つか六つくらいの頃、野口家全員がウチの家に居候してたんや。お父さん、お母さん、修ちゃん、恭ちゃん、一家全員や」

九段下のホテルグランドパレスのティーラウンジで、筆者は「さっき羽田に着いたばかり」と言う大柄な男と向き合っていた。

100kgはありそうなこの人物は、愛媛県剣道連盟会長の三浦公義である（現在は名誉会長）。

一般財団法人全日本剣道連盟の理事職にあった彼は、総会に出席するために、年に一度は上京していた。七十代後半には見えない溌剌な三浦こそ、野口家が新居浜に住んだ事情を知る人物である。

「ウチの親父は、野口のお父さんの後輩で、上海から引き揚げた一家を迎え入れたんや」

三浦公義の父、三浦義男は、範士八段という高位にのぼった剣道家だった。

一九八一年から新居浜市内で開催されている「三浦旗少年剣道大会」は、生前の三浦義男の名を冠して行われる、少年剣道の全国大会である。

三浦義男は一九一三（大正二）年、新居浜市に生まれた。地元の学校を卒業すると、上京して国士舘専門学校（現・国士舘大学）剣道科に入学。稽古に打ち込みながら、愛国社に出入りするようになる。そこで、六歳上の野口進と出会った。

国士舘を卒業後は満州に渡り、現地の日本人に剣道を教えながら関東軍の裏工作に従事する。彼も大陸浪人の一例と言っていい。

戦後は新居浜に引き揚げたが、例の武道禁止令によって剣道師範の座を追われ、田畑を耕し、農作物を収穫することで糊口をしのいだ。野口家が新居浜に来たのはその頃である。

「親父が、野口家を新居浜に呼んだんよ。自宅に住まわせるくらいやから、何かしらの仕事をお願いしたのは間違いないわな」（三浦公義）

とはいえ、剣道師範から農作業に転じていた三浦義男にとって、兄貴分とはいえ、野口進に仕事を斡旋する余裕が、はたしてあったのか。

ちなみに、武徳殿での拳闘教室は「無償だった」と三迫仁志は言う。とすれば、野口進が新居浜で得た仕事とは、なんだったのか。

「京都に行っていたのも、実はそうかもしれないし、他の土地でも頼まれた仕事はあったかもしれない」（野口修）

スト破り

一九四六年一月四日、連合国軍最高司令官、ダグラス・マッカーサーの名前で、「公務従事ニ適シナイ者ノ公職カラノ除去ニ関スル件」という覚書に基づいた勅令が公布された。

いわゆる「公職追放」である。

戦争犯罪人や戦争協力者、武道関係者など、四八年五月までに二十万人以上が追放処分を受けている。右翼団体に属し、大物政治家の殺害を企てた野口進も、その対象となっていた。

すなわち、この時期に野口進に依頼された仕事とは、「正業」ではなかったことになる。

目の前の三浦公義に、改めて問うた。

「お父さんの三浦義男先生が、野口進さんを新居浜に迎えたのは、腕力で片が付く仕事を依頼したのではないですか」

そう言うと、三浦公義は観念したような表情で、こう返した。

「あの頃は、別子銅山の坑夫や住友の職工が騒ぎを起こして、いろいろあったらしい。揉め事や。親父は仲間を束ねていた。それで野口さんに力を貸してほしいってのは、あったかもしらん」

明言は避けた三浦公義だが、野口家が移り住んだ一九四七年に、新居浜で何が起きていたのか、その事実を追えば、依頼された仕事は詳らかとなろう。

一九四七年、前年からの別子銅山労組のストライキが長期化の兆しを見せ、銅の産出停止は市の経済を大きく後退させた。四月五日には初の公選市長選が行われ、四月十日には新居浜市商工会議所が設立。その運営をめぐって紛糾している。四月三十日には市議選も行われている。

九月には労働基準監督署が設立され、十二月には市制十周年記念式典が催された。開催前にはその是非が問われている。

「力を貸してほしい」とは、これらにおいて「実力で抑えてほしい」という意味にも取れる。いわばスト破りである。そのために、野口進は新居浜に招かれたとすれば判りやすい。

空き家となっていた武徳殿で、若者や子供に無償で拳闘を教えたのも、次代の戦力を揃えるためとも映る。まるで、映画『七人の侍』で志村喬が演じた、浪人の島田勘兵衛そのものである。

「一番は銅山。親父は銅山に籠っている坑夫をごぼう抜きにしたんだ。百人ほどの子分をあてがわれて、親父が指揮を執っていた。

坑夫も武器を持っているから命懸けだよ。傷だらけで帰って来ることもあった。でも、連中を排除しない限り、銅山は再開しないわけだから。親父の仕事はそういうもの」（野口修）

三浦義男のその後に触れておく。

剣道師範に復帰した三浦は、一九五五年に新居浜市議会議員に初当選。六五年には市議会副議長、六六年から三期にわたって新居浜市議会議長を歴任する。六十八歳で他界するまで、現職市議として新居浜市政に隠然たる力を持った。

一方の野口進は、どんな心境だったろう。かつての人気拳闘家が腕力だけを恃まれ、各地を転々とするのは、落魄の日々に違いない。

＊

武徳殿で金の卵と出会ったのは、その頃である。これほど、拳闘の才能に恵まれた逸材は見たことがない。新居浜に来たのは無駄ではなかった。その金の卵が、三迫仁志だった。

パワースポット

ＪＲ新居浜駅からタクシーに乗って「武徳殿まで」と告げると、一度訊き直され、「剣道ですか、柔道ですか」と続けて訊かれた。

「剣道です。見学なんですが」と言うと、「私も子供の頃は剣道をやっていまして」と返された。痩せ型で白髪の目立つ運転手だった。

「いいですよ、武徳殿は。滑らへんのです。床は特殊な板を使うてるんです。香りもいいです。雰囲気もいいです」と矢継ぎ早に言った。

「新居浜は剣道が盛んですか」と訊くと、「昔はね。今はサッカーとかありますもん」と答えた。

「昔はみんなやってました。市内の小学生にやらせたんですわ。三浦先生いう偉い先生が決めたんですな。それで私もやり始めたんです」

不意に三浦義男の名前が出て少し驚いた。往年の三浦の名声が知れた。

「武徳殿がある辺りは、運の強い場……そういうのを、なんて言うんでしたっけ」と訊いてきたので「パワースポット？」と答えたら、「そうそう、運気が上がるらしいですわ」と相好を崩した。

「私もそうやないかなあと思うてます。子供時分も、稽古してそんな気がしとってね」

一九三七年、隣の金子村と高津村を合併し、新居浜市が誕生した際、初代市長の白石誉二郎が、県からの補助金三万円と、別子銅山を経営していた住友財閥からの寄付金一万円を資金に充て、竣工したのが新居浜武徳殿である。

千鳥破風と入母屋造の正面の構えは、武道場というより城郭を思わせ、全面に板が貼られた五十畳の剣道場と柔道場は、補強した鉄骨を除けば八十年前の姿を留めていた。二〇〇四年には登録有形文化財に指定されている。

「日本各地の武徳殿が、空襲で焼かれたり、震災で倒れたり、進駐軍の命令で壊されたりする中で、新居浜の武徳殿は、現存する数少ない一つです」

そう言って胸を張るのは、剣道師範で教士七段の亀井喜一郎である。やはり、三浦義男の教え子であるという。

夜になると少年部の稽古が始まった。二十人ほどの小学生が、若い指導者の指示に従って竹刀を振る。保護者の姿もちらほらと見えた。

戦後すぐ、ここでボクシング教室が開かれていたことを知っているかと尋ねると、「三迫さんでしょ」と、亀井は乗り出すように答えた。

「その時代を直接は知らんのですけど、三迫さん、何度か来られていますから。剣道の大会の表彰式でしたか、輪島さんを連れてお見えになったこともありましたかね」

七十年代、日本中を熱狂の渦に巻き込んだ世界王者の輪島功一を付き添わせての凱旋は、さぞかし、鼻が高かったことだろう。

その三迫仁志にボクシングの手解きをした、野口進という人物は知っているかと尋ねた。

「その人のことは知りません。ただ、ここで稽古する子は、運が強くなると聞いています。三迫さんもそのお陰で、東京の人にスカウトされたんと違うかと思っているんです」

先の運転手と似たようなことを口にした。土地の伝承だろうか。

拳闘未開の地

四国のボクシングの歴史は存外浅い。

戦後、東京や大阪のジムに所属していた選手が、引退後、郷里の高知や徳島に戻って、ジムや道場を開いた事例がほとんどである。

つまり、四国に初めてボクシングを伝えたのは、一九四七年の野口進ということになる。現時点においては、そう判断するほかない。

新居浜の武徳殿で、十三歳の三迫仁志と出会った野口進は、俊敏さ、反応のよさ、打ち合う度胸、音を上げない根性と、拳闘家が必要とする才能のほとんどを備えていることに舌を巻いた。それらが水準以上であることは、専門家ならすぐに見抜いてしまうに違いない。

それなりの環境に置けば、ピストン堀口や笹崎僙の域までは、すぐ到達するだろう。いや、あっさり抜いてしまうかもしれない。

東京の関係者に、こんな田舎まで足を運ぶ物好きはいないだろうから、横取りされる心配はない。そもそも、興行が行われた形跡さえない。四国は拳闘未開の地なのだ。

とはいえ、放っておいていいわけではない。家業を覚えてしまっては元も子もない。意欲が鈍るのが一番恐ろしい。そうでなくても、米の配達を手伝う姿を何度も目撃している。

手遅れになってはまずい。金の卵をこんな田舎に埋もれさせてはならない。俺の手で一流の拳闘家に育てたい。そして、俺自身も裏稼業から足を洗いたい。

右のように考えた野口進は、たびたび東京に足を運ぶようになる。銅山争議も一段落ついていたし、後輩の三浦義男が家族の面倒を見てくれているから、心配はいらない。

「それから先生は、時々新居浜を離れるようになった。離れる前日にはこう言う。『稽古は休むな。

野球は続けていいけど、必ず稽古をしろ。喧嘩もやっていい。でも、顔は叩くな。腹を叩け』って。全部言われた通りにしたよ」(三迫仁志)

「あの頃の親父は、ピス健と仲のいい親分が高松にいて、出かけるのは高松くらいだった。

それが、あるときから東京に行くようになった。『東京は空襲で丸焼けになった。何もない』って言い続けていたのにだよ」(野口修)

つまり、このとき頼った人物が、東京にいたということだ。

トルコ風呂を作った男

《一九五一(昭和二六)年四月一日。東京・東銀座に東京温泉が開業した。これがわが国にはじめて誕生したトルコ風呂である。

中国大陸から引揚げた人物が、入浴の習慣のない中国人の間で、レジャーとして喜ばれていた個室浴場にスチームバスを置き、中国では筋骨たくましい垢すりボーイだったのを、日本では若い女性にマッサージさせる方式を取り入れて店開きしたのである。(中略)

東京温泉のマッサージ嬢は半袖の白衣に白い膝までのパンツ姿だった。若い美人が多いという評判もあって、六〇〇円という当時としては安くない金を払えるだけフトコロの温かい客が連日おしかけるということになった》(『トルコロジー――トルコ風呂専門記者の報告』広岡敬一著/晩聲社)

ここにある「トルコ風呂」とは、現在のソープランドの原型となったものである。ただし、性的サービスは、まだ含まれていなかったらしい。

この「東京温泉」の創業者は、許斐氏利なる人物である。

一九一二(大正元)年、福岡市生まれ。柔道家を志し上京するも、代議士の門田新松を殴打し、講道館を破門されてしまう。その後は大陸に渡り、戦時中はベトナムのハノイで工作活動に従事している。

戦後は、福岡市内で捕鯨会社を起業したのを皮切りに、米兵相手のキャバレーとナイトクラブ、件の東京温泉を経営する。また、クレー射撃の選手として一九五六年のメルボルン五輪に出場。五八年のアジア大会では優勝している。

一方、トラック運転手を天秤棒で滅多打ちにして、全治四週間の重傷を負わせ（一九五一年三月二十六日）、保健所の職員を馬の鞭で殴り全治十日間（一九五五年六月一日）、赤坂の路上で男性を投げ飛ばし全治一週間（一九五八年十二月六日）と、狼藉を繰り返してもいる。

許斐氏利も、明治大学在学中に愛国社に出入りし、野口進と接点を持った人物である。

「上京して、親父が連絡を取ったのは許斐さん。協力してもらおうと思ったんでしょう。あの人は上海の頃も顔を見せていたしね」（野口修）

戦後の新居浜市政を牛耳った三浦義男といい、東京温泉の許斐氏利といい、野口家の周辺に蝟集する雑多な右翼人脈には、つくづく目を見張る。そんな彼らの多くが「大陸帰り」という共通項を持っていたのは偶然ではない。

解散指令を受けた、玄洋社、黒龍会、愛国社など、頭山満の系譜に列なる伝統右翼とは対照的に、児玉機関に代表される上海人脈は、大陸から持ち帰った莫大な資財を背景に、敗戦をむしろ好機と捉えるかのように、政府中枢からＧＨＱ内部まで浸食していく。

二人の少年

取材中、時々、野口修の携帯電話が鳴った。

「こないだ話した通りだよ。何回言やあ判るんだ。今は取材を受けていて忙しいんだ」

傍らでそれを聞いた筆者は「すぐ切らなくていいんですよ」と小声で言うのだが、「いいんだよ、こいつは」と修は言った。

何度かそんなやりとりがあった。そのうち、粗放とも不機嫌とも違う口振りとなる通話の相手が気になった。特別な関係に思えたからだ。

「今のお電話は、どなたからですか」

「いやいや、別にたいしたもんじゃない」

正体が割れたのは、二〇一〇年五月八日に執り行われた、父、野口進の五十回忌法要においてである。

野口家の遺族や右翼関係者ら、約三十人が列席した法要の食事会の席で、煙草を吸おうとした野口修は、火がないことに気付いた。すると、正面に座る三迫仁志に「火ないか」と小声で言った。

三迫は内ポケットから取り出したライターを、黙って修の前に置いた。火を点けた修は、何食わぬ顔で、自分の内ポケットに入れた。

誰も気に留めない小さいやりとりを見て、筆者は、件の通話相手が三迫仁志であると突き止めた。修の携帯電話の着信履歴には、「みさこ」と記されていた。

野口修と三迫仁志、ともに、昭和九年一月生まれである。

二人の関係を「親友」と呼ぶにはしっくりこない。ただ、「腐れ縁」と言うほどの因果もない。お互い十三歳だった一九四七年から、野口修が鬼籍に入った二〇一六年までの六十九年間、往来が続いた事実が残る。

ただ一つ言えるのは、野口修の人生を最初に方向付けたのは、父ではなく、この三迫仁志になるということだ。

出会いはある晩のことである。「今日はこいつにも飯を食わしてやれ」と、父が小柄な少年を自宅に連れて来たのだ。

卓袱台を囲みながら、少年がいかに拳闘の才能に恵まれているか、父は滔々と語った。家主の三浦義男は「宮西町の米屋のせがれがなあ」と不思議そうに三迫を見た。

修は、父が見ず知らずの少年を褒めちぎるのは面白くなかった。——三迫もこう言う。

「初めて修ちゃんと会ったときは『本当に先生の息子か』って信じられなかった。全然似てないからね。いけ好かないやつだと思った。アハハハ」

翌日、修は初めて武徳殿に顔を出した。

驚いたことに、自分と同じ年恰好の少年が学校帰りに大勢集まっていた。それ以外にも、仕事を終えた若い農夫や坑夫も練習に加わって、最終的には五十人近くにまで膨れ上がった。

父に命じられるまま、修も一緒に体を動かした。その中で、明らかに他の誰とも違う一人の少年が目に留まった。「米屋のせがれ」だった。

動作は機敏で手数も多い。押しの強さも人並み以上で、卓袱台を前に、ぎこちなく箸を動かしていた昨夜とは別人のようである。非凡さは一目瞭然で、身体が隠れるくらい大柄な大人も容易く圧倒した。

「いいぞ、三迫、その調子だっ」

「下がるな、もっと追え、右を振るえっ」

大声を張り上げながら、上機嫌の父である。

ドリームランド

松尾國三という実業家がいた。

少年時代に浪花節の大スター、桃中軒雲右衛門に弟子入りを志願するも、はたせず、まずは旅一座の役者となった。

その後、興行師として身を起こし、日本各地はもとより、朝鮮、満州、上海と渡り歩き、米国本土初の歌舞伎公演も実現させる。

興行会社を成功させ、企業経営にも触手を伸ばした松尾は、最盛期には十三のホテルに五つの大劇場、十六のボウリング場、二十四の映画館、五つの大型デパートを経営する。大阪の新歌舞伎座も松尾の経営である。

さらに、本場アメリカのディズニーランドを模した遊園地を、奈良と横浜に開園している。戦後、大阪の千日前に開業した米兵相手の売春宿の名前から採って「ドリームランド」と名付けた。

一九八四年に八十四歳で他界するまで、多方面に手を広げた松尾は、興行師と言うより、昭和を代表する財界人の一人に数えられる。

一代で財を成した松尾國三が、大成功の足掛かりとしたのは、一九四八年のホテル経営にさかのぼる。旧熊本藩主、細川侯爵家に列なる実業家の細川力蔵が、国内初の総合結婚式場として開業した目黒雅叙園がその舞台となる。

細川力蔵の死後、相続権と経営権をめぐって、細川の長男と後添えの未亡人が対立。その際、長男に加担したのが、当時は一介の興行師だった松尾國三だった。

松尾は中華料理店となっていた雅叙園の新館を買い取り、ホテルに改築する。それが、雅叙園観光ホテルの発祥となる。

このときのいきさつこそ、野口家が東京に舞い戻り、目黒に本拠を置く契機となるのだ。

＊

「東京に拳闘の道場を建てる」

それだけ言い残して、野口進が東京に発ったのは、一九四九年春のことだった。

「先生はしばらく東京に行かれて、そのままになった。その間も言われた通り練習は続けていたんだけど、『このまま帰って来ないんじゃないか』って不安だったね」（三迫仁志）

武徳殿の拳闘教室に、長男の修が姿を見せることはほとんどなく、代わりに、十歳になった次男の恭が練習に加わっていた。

「先生から何か連絡はないのか」と三迫が尋ねたら、恭は黙ってかぶりを振った。

野口修にも印象的な記憶があった。

ある日、荷台に米を積んで、自転車を必死に漕ぐ三迫仁志を見かけた。小さい背中を目で追いながら、父の消息を思わずにいられなかった。

「東京には岩田先生もいるし、大澤のおじさんもいる。道場なんてすぐできそうなのに」

十五歳の修でなくても、戦前の愛国社を知る者なら楽観視するのは無理もなかった。実際は、愛国社に限らず、右翼団体は解散を命じられ、その上、岩田愛之助は病床に臥していた。

「野口のお父さんが東京に発ったのは、道場より、岩田先生のこと、愛国社をどうするかってこと、その相談が一番の目的だったと思います。

愛国社は解散を命じられたでしょう。公職追放だから正業に就けない。みんな路頭に迷ったんです。娘婿の佐郷屋さんも愛国社を離れました。岩田先生は信頼する野口さんに東京に戻ってほしかった。義理堅い野口さんは、責任を感じていたはずです」（大澤忠夫）

その最中に、新居浜で拳闘の天才少年である三迫仁志と出会ったのである。野口進が急ぎ道場を開こうとしたのには、右のような事情もあったと見ていい。

戦勝国民

実業家の松尾國三が、前述の目黒雅叙園のお家騒動に介入していたのは、この頃である。

《長男の力氏が（父の名をつぎ、二代目細川力蔵となって居られた）私の宿泊している新富町の躍金旅館を訪れてきた。

「父が命をかけて作った雅叙園が、第三国人の手に渡ろうとしております。助けていただけませんか」（中略）

これだけの名園を、戦争に負けたからとは言え、半ば暴力的に取り上げようとする第三国人に、渡してたまるかと、無性にハラが立つ。よし、手を貸してやろうと決心して、あえて火中の栗を拾うことにした》（『けたはずれ人生』松尾國三著／講談社）

ここにある「第三国人」とは、戦勝国と敗戦国のいずれにも属さない、日本の植民地だった朝鮮や台湾に帰属する人を指す。現代に至るまで侮蔑的に用いられることも多い。

終戦直後、日本には約二百万人の朝鮮人と約六十万人の台湾人が残留した。その後、約四万人に減少した台湾人に対し、朝鮮人は約六十万人が日本定住を選んだ。

集団化した彼らの存在は、敗戦国民にとって、脅威であり、恐怖の対象だった。三十六年間の植民地支配から解放された朝鮮人の何割かは不良化し、好き放題に振る舞った。

「松山で家族で市電に乗っていたときだよ。朝鮮人の集団が乗って来て『日本人は全員立て』って言う。みんなそれに従った。親父ですら従った。そのうち朝鮮人は、女子学生の胸を触ったりとか、いたずらを始めた。そしたら親父は黙っていない。全員ぶちのめして窓から放り投げた。拍手喝采だよ。でも、その後、親父は警察に連れて行かれた。三日は帰って来なかったよ」（野口修）

在日本大韓民国民団（民団）の中央本部団長を務めた権逸（日本名・権藤嘉郎）も、著書『権逸回顧録』（権逸回顧録刊行委員会）で、同胞の非道な行為に対し、《法はあって無きに等しく、警察は文字通り無力であった。したがって、非人道的で破廉恥な行為が平然と行われ、理性が喪失した社会のようであった》と述べている。

朝鮮人の不良集団は、闇市の利権や土地の不法占拠などから得られる報酬を資金源としながら、次第に日本の裏社会に組み込まれていく。

松尾國三の自伝にあるように、雅叙園新館は、相続争いのもつれから、未亡人側に雇われた彼らに不法占有されていた。

警察も法律も政治家もあてにならない。恃みとなるものは、ここでも暴力しかなかった。

「松尾さんは、上海の頃からウチに顔を出していた。『松尾のおじちゃん』って呼んでいた。たくさんおもちゃを買ってくれる気前のいいおじちゃん。興行を助けてもらったことも、一度や二度じゃない。それは俺の代になってからも続いた。

松尾さんは『お父さんは恩人だから』って大事にしてくれた。でも、本当のことを言うと、ウチこそ松尾さんは大恩人だよ」(野口修)

野口修の証言をもとに、松尾國三と野口進の間に交わされた、ある出来事を明かしたい。幾分、眉唾な話でもあるのだが、物語を進めるには、そうするよりほかない。

＊

新居浜から上京した野口進の許に、松尾國三が姿を見せた。場所は上野の大澤家と思われる。

旅一座を率いていた松尾國三は、戦前の上海でも公演を打っており、野口興行部が主催する軍の慰問興行もあった。

その松尾が久しぶりに訪ねて来たのだ。旧交を温める暇もなく「なんとか助けてくれ。力を貸してくれ」と頭を下げた。

依頼とは以下の通りである。

「雅叙園の建物を占拠する三国人を、大勢の仲間を募って、力ずくで追い払ってほしい」

「報復に来るはずの彼らを撃退してほしい」

「それ以降も何かあったときのために、常に目を光らせてほしい」

野口進が「よう、ござんす」と快諾すると、松尾はさらなる条件を出した。

「俺は雅叙園のそばの土地を持っている。そこを無償で提供するから、すぐ飛び出して来られるように、家でも建てて住んでてほしいんだ」

筆者が土地の登記簿謄本を取って確かめると、実際にこの土地を保有していたのは、松尾國三ではなく、細川家だった。しかし、松尾はそう言って口説きにかかったということだ。

松尾國三にとって「新居浜を引き払ってくれ」と言うのだから、それなりの条件を示さないと、首肯されないと思ったのかもしれない。そのことについては、故人ばかりの今となっては確かめようがない。

しかし、このとき、松尾が出した条件を呑んだことが、野口家の運命を変えた。

さらに言えば、日本のボクシング界も、格闘技界の運命をも変えた。それだけは、間違いないと言っていい。

東京に出て来い

一九五〇年のある夜、新居浜市宮西町の三迫家では、緊急の家族会議が開かれた。

三男の仁志に宛てて、四枚の葉書が届いたことがきっかけだった。東京都の消印の押された葉書の送り主は野口進である。

「道場ができる」「日本一にしてやる」「やればできる」「東京に出て来い」――これらの文句が、四枚にわたって書き殴られていた。

なんのことかさっぱり判らない母に「実はこの野口って人は、剣道の三浦先生のお仲間で、拳闘の……」と説明すると、母は顔をしかめた。

小柄で野球が取り柄の仁志が、この頃は喧嘩が原因で何度も警察に補導され、そのたびに母が呼び出された。相手は不良か漁師、坑夫と決まっていたが、その中に米屋の得意先の息子がいると判って、看過できなくなったのである。

「まだ、お前は拳闘なんて、あんな乱暴なことをやりよんか。乱暴者の米屋に、一体なんの得があんねん」と、父が口火を切った。

「身体が丈夫になったがやろう」

「あほう、そら野球で十分じゃ。お前、この先やくざにでもなったら、どないするつもりや」

母と姉と妹が同時に頷いた。

「そんなんなれへんって、お父ちゃん」

「でも、葉書に『東京に来い』って書いてあるやろ。そんなん嘘やど。おびき出して叩き売るつもりや。道場いうんも、極道の道場のことやろう。やくざとして使えるように鍛えるいうことや」

「そんなん違うわいっ」と言い返すと、「なんやの、その口の利き方はっ」と母が怒った。

「まあ、東京なんか許すわけにいかんし、仁志が東京に行くなんて、そんな話あるわけないで」

父は自分に言い聞かすように言うと、「仁志、お前も十六やろう。遊びもそろそろしまいにせんか。武徳殿にはもう行くな。今は店の仕事を覚えるときやからな」と釘を刺したところで、家族会議は散会となった。

「どうせなら、先生も葉書じゃなくて、手紙を寄越してくれたらよかったんだよ。そしたらお袋にも見られずに済んだのになあ」

三迫仁志は、自宅の分厚いソファーに腰を沈ませながら、愉快そうに言った。

「でも、封筒の中に便箋入れて、糊付けして、切手を貼って……そういうのが面倒で葉書に書くってのは、いかにも先生らしいね」

新制の高等学校である県立西条北高校（現・県立西条高校）の二年生に進級していた三迫は、父の命じた通り、野球部の練習を終えると、武徳殿には寄らず、まっすぐ下校した。東京行きを誘われ、飛び上がるほど嬉しかったが、半信半疑だったのも事実だった。

戦後すぐのこの時代、故郷から一歩も出ないのは珍しくなく、海と山に囲まれた四国の片田舎に住む少年が、上京するというのは、夢のような話だったのだ。

「でも、葉書には住所も何も書かれてなかったから、返事のしようもなかったんだけどさ」

そう言う三迫に、改めて尋ねた。

「では、もしそのまま、野口先生と往来が途絶えたら、どうなっていたと思いますか」

すると、視線を宙に浮かせながら、「そりゃ、ボクシングはやっていないんだから、米屋を手伝っていただろう。俺は別に店を持たされていたかもしれない。ウチは材木屋も経営していたから」と、やや具体的なことを言った。おそらく、何度か自分自身に問うたことがあるのだろう。

「では、御自身がではなくて、野口家がどうなっていたかとか、戦後の日本のボクシングがどうなっていたかとか、考えたことは？」と尋ねた。

「それは、俺がボクシングやっていなかったらっていうこと？」と訊き返したので頷くと、しばらく黙った後、「判んねえよ」とだけ答えた。

「拳闘」から「ボクシング」へ

東京ではその間、雅叙園前の道場の建設が、着々と進んでいた。木材を組み立てたバラックである。

ここで、戦後すぐの日本ボクシング界について、整理しておきたい。

終戦一カ月後の九月中旬に、横須賀で米軍の慰問興行が行われたのが、戦後最初の興行である。
一切の活動を禁じられた武道全般や、十一月まで開催許可が下りなかった大相撲と比べると、その早さは比較にならない。
拳闘が〝外来の敵性スポーツ〟だったことを、関係者も観客も改めて認識したに違いない。「拳闘」から「ボクシング」の呼称に次第に変換されるのも、その辺りの事情に起因している。
やくざの松田組が、新橋の焼け野原の一角に、青空道場を開いたのも戦後すぐの話である。練習はもちろん、草試合も開催している。復員したばかりで、七年後に日本人初の世界王者となる白井義男の姿もここにあった。
初の公式戦は、一九四五年十二月五日に西宮球場で行われ、大阪朝鮮人連盟本部の主催である。十二月二十九日には、GHQに接収され「両国メモリアルホール」と改称していた旧国技館でも挙行された。その興行の主催は、在日朝鮮建国促進青年同盟（建青）とある。
つまり、戦後間もない日本ボクシング界は、資金力の豊富な朝鮮人グループが、頻繁に興行を催すことで再興に貢献したのである。
戦後においても、中心選手として駆り出されたのは、ピストン堀口だった。
《新人の輩出のない戦後において、ピストン堀口の名は絶対であった。ピストンが出場しなかったら、ファンはまったくあつまらない。とくに地方の興行では、これがひどかった。いきおい、ピストンは試合過多になった。
七月にだけ例をとっても、
六日　笹崎僙　後楽園球場
十日　大山猛　横浜
十四日　松本圭一　後楽園球場
十八日　野村文治郎　富岡
三十日　野村文治郎　九段
と、一か月に五回も出場している。ひどい月は一か月に一五回以上もでたとうわさされた》（『ボクシング百年』郡司信夫著／時事通信社）
ちなみに、ピストン堀口が七月十日に横浜で対戦した「大山猛」なる選手は、のちに極真空手を創設する大山倍達のことである。

ノンフィクション作家の小島一志は、自著『大山倍達正伝』（小島一志・塚本佳子著／新潮社）で、「試合はエキジビションとして行なわれたもので、公式試合ではありません。でも、大山さんが父と公開のリング上で拳を交えたのは事実です」というピストン堀口の長男、堀口昌信の証言を引き出している。

後年、野口修と密接に関わることになる大山倍達が、この時期、朝鮮人グループの幹部として、ボクシング興行に携わっていた事実は興味深い。

いずれにせよ、戦後の日本ボクシング界は戦前からの選手で占められ、新時代の到来とは程遠い状況にあったと見ていい。

日本一にしてやる

三迫家の家族会議から一カ月ほど経った、ある午後のことである。

高校二年生の三迫仁志が授業を受けていると、校長が慌てて教室に入って来た。

「三迫君、今すぐ家に帰りたまえ」

言われる通り、三迫は鞄に荷物をまとめて、すぐさま学校を後にした。「家族が、事件か事故に巻き込まれたのかもしれない」と、道中気が気でなかった。

店先には、近所の人が集まっていた。

「何があったんですか」

「ああ、仁志ちゃん、ええから、早う中へ」

居間には、両親の他に三人の男が並んで座っていた。――野口進の姿があった。この五年後に市議会議員になる三浦義男もいる。

二人に挟まれるように、小さく座っていたのが新居浜市長の荒井源太郎だった。

「これは凄いことなんだよ。この時代に市長さんが自宅に来るっていうことは、殿様が来るのと同じことなんだから」（三迫仁志）

三迫の姿を認めると、荒井市長が口を開いた。

「さっき、御両親ともお話をしたんだけど、君はこちらの野口先生と一緒に東京に行きなさい。それで、拳闘を頑張りなさい」

「どうぞ、よろしくお願いします」

父はうやうやしく頭を下げた。何がなんだか判らなかった。

「いいか、新居浜を代表して行くんだからな」と三浦が強い口調で言うと、両親はぎこちなく何度も頷いた。

話が呑み込めない様子の三迫を見て、野口進が口を開いた。

「このたび、東京に拳闘の道場を建てた。俺の城だ。俺は東京に帰ることに決めた。

道場を建てたんだから、お前を日本一の拳闘家にしてやろうと思った。お前ならなれる。東京にお前を連れて帰りたい。

そこで、市長さんにもこうして来ていただいて、御両親に説明に上がったんだ」

確かに「新居浜で一番偉い人」が来たら、両親も断るわけにはいかない。

「野口先生はこの三年間、新居浜のために、大変に尽くして下さった。だから、その御恩に今こそ報いようと」

市長は言葉を選びながら言った。

銅山の労働争議を力で抑え、公選市長選で自身の当選にも尽力した野口進の存在は、市長の荒井源太郎にとって、無下には扱えなかったはずだ。


「それで、『学校だけは通わせてほしい』って言ったら、野口先生が『判りました。責任を持って東京の高校に通わせます。なんなら、大学も通わせます』っておっしゃって」

母が言うと、三迫は小さく舌打ちした。

「とにかく、心配はいらん。なあ三迫、大船に乗ったと思って、一緒に東京へ行こうや」

この一言で、三迫仁志の東京行きが決まった。野口拳闘クラブ第一号選手の誕生である。

この瞬間から、戦後の日本のボクシングがスタートした。そう言っていいのかもしれない。

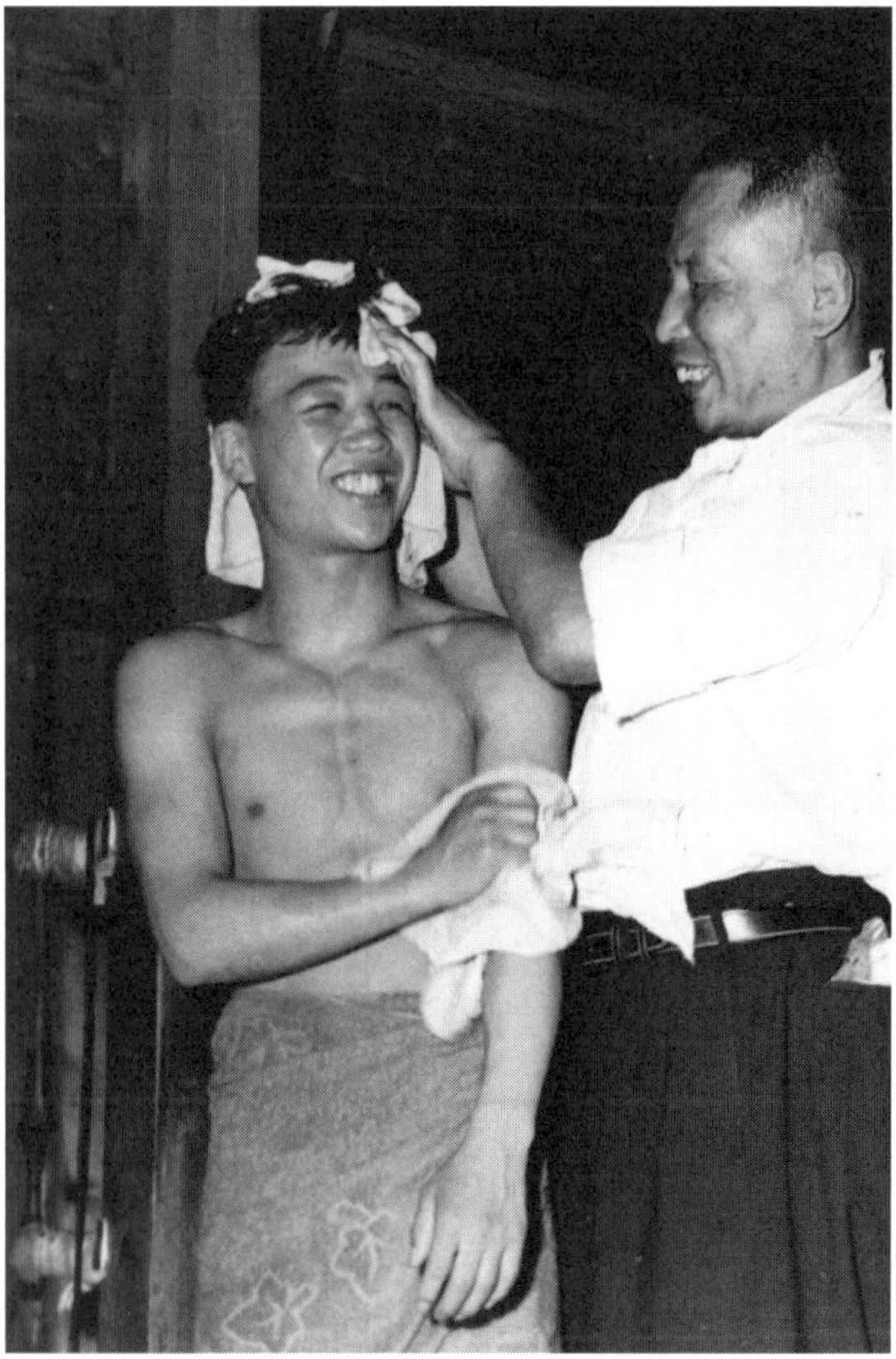

野口拳闘クラブ開設当時、野口進（右）と三迫仁志。
（写真提供・三迫仁志氏）

第五章　日本ボクシング使節団

一九五〇年五月二十五日、野口家は三年住んだ新居浜を離れ、およそ十年ぶりに東京に帰って来た。十六歳の三迫仁志も一緒である。

下目黒一丁目一二七号（現・下目黒一丁目三番七号）に建てた野口拳闘クラブ（野口拳）は、そのまま、野口家の住居となった。

居候の三迫仁志に自室は与えられず、道場の隅に布団を敷いて寝た。それでも、食卓は家族と一緒に囲んだし、三迫家の両親と約束した通り、長男の修と同じ駿河台の明治高校に通った。里野は、三迫にも新品の制服と革靴を誂え、毎朝弁当を持たせて送り出した。

二人が明治高に編入したのは、そのまま大学に進学できることもそうだが、愛国社の下部組織だった愛国学生連盟が、明治の学生を中心に発足したことが背景にあった。

この頃、明治高の職員で入学窓口を担務していたのが、明治大学硬式野球部監督として、のちに高田繁や星野仙一を鍛え上げる島岡吉郎だった。晩年は「アマ球界の天皇」とも呼ばれた島岡は、愛国学生連盟の発足時のメンバーで、野球部ではなく明大応援団に属していた。

「廊下で島岡先生と出くわすと『おい、そろそろ拳闘をやめて野球部に来い。内野が手薄だからすぐ使ってやる』なんて言うんだよ」

冗談めかして言う三迫仁志だが、「拳闘で芽が出なければ、野球をやらせとけばいいか」という大人の思惑も実はあったのかもしれない。

また、こんなこともあった。

「ある日、でかい外車が道場の前に停まって、児玉誉士夫が出て来た。『御無沙汰しています』って野口先生にお祝い金を差し出してさ。

二人は府中刑務所の同房だったの。それから、あの人はちょくちょく道場に顔を出すようになるんだけど、あるとき児玉誉士夫が『お前、拳闘に飽きたら俺のところに来い。すぐに雇ってやるから』って、こっそり言うんだ」

一方、十六歳の野口修は、どんな気分だったろうか。多感なこの時期に、さして親しくもない同じ年齢の少年が自宅に住みつき、同じ食卓を囲み、同じ制服を着て同じ学校に通う。その上、父親の寵愛を受け、旧愛国社一門の期待まで一身に担っている。

「東京に戻って来られてから、野口さんは三迫ちゃんを連れて、ウチによく顔を出していました。そこに修ちゃんはいない。修ちゃんは学校帰りに一人で来る。今にして思えば、面白くないこともあったんでしょう」（大澤米吉の次男の大澤忠夫）

新時代のホープ

一九五〇年十月二十四日、午前零時七分頃。東京発湊町鳥羽行の急行列車が、平塚—茅ケ崎間の線路沿いを歩いていた男と接触する。

跳ね飛ばされた男は、5m下の土手に転落し、頭部を強打。そのまま死亡してしまう。

亡くなった男は、ピストン堀口だった。

この年の四月二十二日、小山五郎戦を最後に現役を引退した堀口は、「ピストン堀口拳闘会」を主宰しながら、銀座の探偵事務所に勤務していた。戦前から日本のボクシングを牽引した「拳聖」の死は、世間に衝撃を与えた。

十一月二日には三田のボクシングホールで協会葬が行われ、高校二年生の野口修も手伝いに駆り出された。お茶を出したり荷物を運んだりと、てんてこまいだったという。

一方の三迫仁志は、その四日後の十一月六日、王子拳の山口栄一を相手にデビュー戦を戦い、1ラウンドTKO勝ちを飾った。

一週間後の十三日には柳沢昇を相手に判定勝ち。二十日には九勝一敗一分という有望株の長谷川正之を相手に同じく判定勝ちを収めた。三迫は高校時代の一年半だけで十二戦を戦い、九勝二敗一分け、KO勝ちが三試合という、堂々たる戦績を残している。

試合間隔の短さと、五階級しかないこと、不徹底な契約体重を考慮すれば、十七歳の新人が二敗しか喫していないのは御膳上等と言ってよく、周囲も「ピストン亡き後のホープ」と見ていた。

一九五六年創刊の専門誌『ボクシング・マガジン』（ベースボール・マガジン社）は、デビュー当時の三迫仁志をこう評している。

《このころの三迫は、恵まれた身長と、リーチと、細い足をもっているボクサー・タイプの選手にかかわらず、ただ、ガムシャラに攻めこむファイターに終始した。（中略）まもなく、三迫はボクシングも巧くなった。こうして、長谷川正之にも勝、手崎弘行に勝、鳥海武士を破り、石森信之には引分けという具合に、フライ級の上位者を片っぱしから、攻略しはじめた》（『ボクシング・マガジン』1956年創刊号）

三迫の活躍に刺激されて、野口拳には続々と入門希望者が押し寄せた。実際には三迫より先に上京していた尾崎尊、佐々木民雄と康史の兄弟、広島出身の宗政正男らも、野口拳からデビューをはたしている。

「東京生活は楽しかった。休みの日に、同級生の家に遊びに行ったりしてさあ」（三迫仁志）

そうは言うが、八十歳に六十四年前の記憶を尋ねるより、二十二歳に六年前のことを訊く方が、正確に決まっている。当時の人気歌手の生田恵子との対談から、上京直後の三迫少年の心情が窺い知れる。

「野口先生はああいうさむらいかたぎの人ですからね、俺はお前を両親から預かってきた以上、お前の一身上のことは一切俺の責任だから、親にそういう心配をさせちゃいけない。小使いがいるときは俺にいえ。全部、ほしい物は俺にいえっていうんですよ。だけど、一々いえないでしょう。（中略）一回ね、やっぱり辛抱しなかったんですね。田舎から金送ってもらったんですよ。（中略）そうしたら、バレちゃったんですよ。田舎からお金送ってくれたのが、僕が学校へ行ってる間に来たんです（笑）（中略）。怒られちゃってねえ。俺は両親に約束してきたんだ。俺の顔が潰れるというんです」（『ボクシング・マガジン』1956年9月号）

ともかく、野口家の新生活は、居候の三迫仁志を中心に回っていたのである。

東京温泉

銀座六丁目。和光の時計台と並んで、銀座の象徴を担った松坂屋も今は無い。

跡地には、二百以上のアパレルブランド、イベントスペース、観世能楽堂、屋上庭園を包括した十三階建ての複合施設「GINZA SIX」が、日がなアジアからの観光客を吸い寄せては吐き出している。

ここを左に折れると、みゆき通りである。

《赤いレンガ舗道、柳並木、高級ファッション店――カラフルで、華やかで、銀座のなかでも一種独特のムードをただよわせている》（昭和50年4月7日付／読売新聞）

右の記事が悪い冗談のように、現在は数軒のアパレルショップを除けば、居酒屋とコンビニエンスストアとカラオケボックスが立ち並び、「みゆき族」はどこにもいない。

通りを100mほど進むと、オフィスやレストラン、イベントスペースを収容した、十二階建ての複合ビルが現れる。かつて、ここにあった四階建ての建物が東京温泉である。

先述したように、戦時中はハノイで活動した許斐氏利が一九五一年四月に開業した、当時としては画期的な遊興施設である。いかなる場所か文献から引くのが判りやすい。

《銀座に風呂屋が出来た。しかも四階建の堂々たるビルである。詳しくは東京温泉株式会社銀座センター、トルコ風呂、千人風呂、砂風呂、坊主地獄、コンヨク？ さてはキヤバレー、ホール、麻雀クラブ、食堂酒場の類に至るまで、モダン浮世風呂といつた設備バンタン湯女にあらずミス・トルコ五十余名が色とりどりのサーヴイスで料金百円から御用とお急ぎでない方は「一度はおいで、お湯のなかにも花が咲く」と謳う。都電三原橋、地下鉄銀座下車》（『東京案内記』木村毅・編／黄土社書店）

列記される麻雀クラブを経営していたのが、野口家だった。許斐氏利の配慮によるもので、店賃は無料という、信じられない好条件である。

「その代わりに『厄介事があったらボクサーを回してくれ』って条件つき。早い話が番犬だよ。それも全部のフロアで」（野口修）

場所は銀座。押し寄せる米兵、復員兵、やくざ、バンカラ学生の最前線に立たされた。

「正規の店賃を払った方が安くつく」と高校生の修はすぐに勘付いた。上海時代に興行会社を経営していた父だが、軍御用達の業者にさしたる才覚が必要なはずもない。早い話が、後輩の甘言に乗せられたのである。

母と一緒に店を手伝うよう命じられた修は、学校帰りに銀座に立ち寄るようになる。

「拳闘のできないお前は、せいぜい雀荘にでもいろ」という父の底意が伝わるが、三迫を中心に活気付く目黒にいるより気が楽だった。華やかな銀座は、汗臭い道場より性に合う。

ただし、店の売り上げは、当初は芳しいとは言えなかった。建物のどこかで揉め事が起これば、待機中のボクサーを送り込むのだが、客が来なければタダ働きとなるのだ。

「トルコ風呂の元祖」として、風俗店の草分けの側面が強調される東京温泉だが、実際は「総合レジャー施設の草分け」と言うべきだろう。家族連れに向けた当時の新聞広告も散見される。

とはいえ、家族連れで雀卓を囲むわけはないから、トルコ風呂が目当ての客を取り込む以外ない。

修は呼び込みでもしようと、当時は「御幸通り」とも表記された表に出た。建物の脇の勝手口から仕事を終えた「ミス・トルコ」が出て来るのが見えた。

トルコ風呂の業務形態は、当番制で早番と遅番に区切られていた。中には客と落ち合う女もいたし、物陰で女を待つ男の姿も見えた。情夫だったり傷痍軍人の亭主だったりと、事情は様々である。

一九五一年のみゆき族

その日、母の里野は風邪をひいて店に顔を出さなかった。修と若いボクサーの二人しかいない。

修は表に出ると「四階の雀荘ですけど、打っていきませんか」と勝手口から出てくる女に声をかけた。最初はまったく相手にされなかったが、二人組の女が立ち止まった。

「雀荘？　ぼく、店番やってるの？」

「はい、家族でやっていて、僕は長男です。よかったらどうですか、タダでいいですよ」

「タダ？　でも、人数が足りないしねえ」

「飯でも食って待ってもらえれば、すぐに揃います。飯代もウチが持ちますので」

　半ば強引に店に通して、二階のレストランから出前を取らせた。次は男が標的である。いかにも、トルコ風呂で汗を流したばかりと思しき、背広姿の二人組が出て来た。

「四階の雀荘ですけど、打っていきませんか」

「何言ってんだ。見ての通り二人だけだよ」

「もう揃ってます。それもミス・トルコです」

「嘘つけ」

「本当ですって。是非一度」

　ミス・トルコと雀卓を囲めると言うと、男たちはほいほいとやって来た。

「こんなに、うまくいくと思わなくてさあ」

　晩年の野口修は、心底おかしそうに言う。

　そのうち「今日は女いるか」と男の方から店に顔を出すようになった。三日ぶりに出勤した母は、思わぬ盛況に目を丸くした。からくりを知ると、眉間にしわを寄せたが、文句は言わなかった。

　トルコ風呂で働く女たちは、次第に里野と雀卓を囲むために店を訪ねるようになる。

　波乱の半生を送ってきた里野は、女たちの相談相手になっていた。そうなることまで、高校生の修が読んでいたかは判らない。

　ミス・トルコが、仕事終わりに客と雀卓を囲んでいることは、オーナーである許斐氏利の耳に入っていたが、腕力で東京温泉の安全を担保している野口家の立場を思うと、さすがに何も言えなかった。

　ある日の午後、許斐が一升瓶を持って、目黒まで詫びに来た。

「先輩、ミス・トルコの件ですが、そろそろ、勘弁してやってもらえませんか。客と遊ぶのは規則違反になるんです」

　そう言って頭を下げると、「修、許斐もこう言うんだから、勘弁してやれ」と父は言った。

　修は、雀荘に許斐の知人を、一日何組か必ず回すことを約束させて手打ちとした。

ダンパの時代

目黒の野口拳からは、若いボクサーが連日東京温泉に派遣されてきた。そこには、人気選手になっていた三迫仁志も含まれた。

「野口先生は足を使う戦法が嫌いで、判定勝ちでも喜ばない。『銀座に行って喧嘩して来い』ってちょくちょく行かされたよ。そしたら、修ちゃんが雀荘の店番をやっているわけだ」（三迫仁志）

　同じ屋根の下に住みながら、ほとんど会話を交わさなかった二人だったが、雀卓を囲むうちに、ようやく打ち解けるようになる。

「俺らボクサーも、暇なときは客と一緒に卓を囲む。それで、連絡が入ったら出動する。でも、顔を出せば、すぐに収まるんだけどね」

　一九五二年四月、二人は揃って明治大学商学部に進学する。生活はほとんど変わらなかったが、環境は次第に変化を見せていく。

＊

「あの頃は修の用心棒だった。あいつの商売に首を突っ込んだ行きがかり上そうなった」

　西新橋の鰻屋で、筆者は目つきの鋭い一人の老人と会った。

「修ちゃんの学生時代の話なら、この人が一番詳しい」と言う佐郷屋嘉洋の紹介で店に現れたのは、白髪を総髪に束ね、口髭と切れ長の眼が特徴的な、宮永東野なる人物である。

　一九三三（昭和八）年生まれ。野口修、三迫仁志と明大商学部の同級生の彼は、ボクシング部で鳴らし、卒業後は、銀座の愚連隊のボスだった町井久之（鄭建永）の東声会に身を寄せている。腕っぷしを買われてのことだ。

　東声会が「東亜友愛事業組合」「東亜相互企業株式会社」「ＴＳＫ・ＣＣＣ」と名称を変え、企業へと変遷を遂げると、宮永も町井の関係するいくつかの事業に参画するようになる。

「部活の一年後輩には米倉健司がいた。米倉はオリンピックにも出たけど、俺もプロから話はあったんだよ。でも、町井の親父から誘われて、条件がよかったから蹴ったんだ」

　目黒の野口家にもよく遊びに行ったという宮永にとって、印象的な出来事があった。

ある休日、いつものように野口家に顔を出すと、母の里野が昼食を運んで来た。出される昼食は大抵ラーメンだった。

「当和美味食品想了的时候是面条吗」（なんだ、御馳走かと思ったらまたラーメンか）

宮永は北京語でぼやいた。子供の頃に中国に住んでいた彼は、北京語が堪能である。通じるはずがないと思って口にしたのだ。

すると、里野は涼しい顔をして、「到那样的口能有效的程度不看上去像有钱人」（そんな口が利けるほど、金持ちには見えないね）と言い返し、運んだラーメンを下げようとした。

「あれには驚いた。必死で謝ったさ。『この人、北京語が話せるんだ』って。実はあのお袋さんはめちゃくちゃ頭がいいんだ。あの人がいたから、野口家はうまくいった。修の商才の原点は、間違いなく里野さんだよ」

ある晩、東京温泉三階のダンスホールの支配人が麻雀クラブに顔を出した。「あ、また喧嘩ですかい」と修が言うと、「いや、今日は修君に相談があって」と支配人は言った。

大学生にとって敷居が高かった当時の銀座で、三階のダンスホールは売り上げに苦戦していた。その頃、学生が主催するダンスパーティが流行の兆しを見せており、支配人は、修の同級生を動員できないものかと考えたのである。

「十人集めるごとに三割をバック」という条件を支配人に呑ませ、修は自らダンスパーティを開くことにした。入場料を二十円値下げして三十円（現在の価値で千二百円程度）に設定し、手書きのビラを校内で撒いたら、三十人ほど集まった。

ドリンク一杯分のサービスを付けると、次は五十人集まった。さらに、女子学生の入場料だけ二十円に値下げしたら七十人に増えた。ただし、女子学生には、ドリンクのサービスを付けなかった。連れの男子学生が払うのを見越してのことで、結果的に女連れの客ばかりとなった。

三割バックが苦しくなった支配人は、ホールを貸し切ってのパーティを提案した。そこで、宮永も、場内で起きたトラブルを処理する役目を任されるようになる。

昭和二十年代後半に流行した学生のダンスパー

ティは、大方、右のような順序で盛況を迎えたのかもしれない。

集客のアイデアは母の受け売りだった。見栄をくすぐれば男は女の前で財布の紐を緩める。女給時代の経験則として、里野はそのことをよく知っていたのだ。

渡辺晋とシックス・ジョーズ

そのうち野口修は、新宿の「ムサシノ」、大崎の「カサブランカ」など、各所でダンスパーティを催すようになる。

ダンパで欠かせないものと言えば、腕利きの生バンドである。この時期は、多くのバンドが進駐軍のキャンプから主戦場を移し、集客の多いダンパほど、有名バンドがこぞって出演した。

野口修が、渡辺晋と初めて会ったのもこの頃だった。

数年後、渡辺プロダクションを起業する渡辺晋は、のちに『上を向いて歩こう』などを作曲するピアニストの中村八大らと「渡辺晋とシックス・ジョーズ」というジャズバンドを結成する名うてのベーシストだった。

「最初は（渡辺）美佐と知り合った。まだ『曲直瀬美佐』って名刺を配り歩いていた頃。『マナセ』って読めなかったんだもん。

美佐は、あちこちのダンパにシックス・ジョーズを売り込んでいて、俺も出演を依頼したら『明治がぁ』ってお高く止まりやがってさ。それで、ギャラを三万円（現在の価値で百二十万円程度）提示してやった。あいつらは売れっ子だったけど破格なんだよ。そしたら、態度をコロッと変えやがんの」

後年、野口修が芸能界で、臆することなく彼らと相対したのは、当時の記憶もあったからとすれば、そうでたらめな話でもないのかもしれない。

＊

一方、高校二年生でプロデビューして以降、白星を重ねてきた三迫仁志だったが、大学進学後は勢いに陰りが見えてきた。

入学してすぐの四月二十六日には、石森信之を相手に引き分け。二カ月後の再戦では判定負け。八月には串田昇と引き分け。その後、白井義男が返上して空位となっていた、日本フライ級王座を懸けて行われた「フライ級王座決定トーナメント」では、一回戦を北村義行、二回戦は植田一己に判定勝ちを収めるも、準決勝では串田昇と再戦を戦い、またも引き分けと足踏みが続いた。

そんな三迫に厚い壁が立ちはだかった。トーナメントを制したスピーディー章である。

一九四七年に十九歳でプロデビュー。前出の串田昇との王座決定戦に勝ち日本フライ級王者を獲得。以後六度の防衛に成功している。その中には三迫仁志も二度含まれる。

初挑戦は一九五三年一月三十日、蔵前国技館。十九歳の三迫仁志は決定打を欠き判定負け。八カ月後に後楽園球場で行われた二度目の挑戦も、王者の巧妙な試合運びに翻弄され、同じく判定負けを喫した。

読売新聞記者の下田辰雄は《試合の経過は実に平凡で、これは三迫が左利きの章に対しもっとも有効と思われる右フック、右ストレートの打撃を欠いたこと》（昭和28年9月23日付／読売新聞）と厳しく切って捨てた。

問題はこの後である。十二月の大木勇戦は、見せ場のない凡戦に終始し判定勝ち。年明けの一月五日には、一度は勝利を収めている手崎弘行に判定負けを喫してしまう。これには、師の野口進も激怒した。

躓きの理由として、ランキング上位選手との対戦が増えたことが考えられたが、それだけではないようだった。

明治のスター

二〇一七年夏、筆者は、和田アキ子や綾瀬はるか、妻夫木聡ら人気芸能人が所属する大手芸能プロダクション、株式会社ホリプロの創業者、堀威夫を目黒の本社に訪ねた。

「今も一応仕事はしているよ。それとも、とっくに隠居でもしていると思ったかい」

悪戯っぽい口振りで返した堀は、代表取締役の椅子を次男に譲ったのち、「ファウンダー最高顧問」として、八十五歳を迎えるこの時期も毎日出社していた。二〇二〇年六月にすべての役職から離れている。

「近代芸能プロダクション草分けの一人」に数えられる堀威夫を訪ねた理由はほかでもない。彼は野口修や三迫仁志にとって、明大商学部の一年先輩となるのだ。

野口修のプロモーターの原点とも言うべきダンスパーティにおいて、堀威夫が属した「ワゴン・マスターズ」も招聘していたことを、筆者は耳にしていた。しかし「野口が商学部の後輩だなんて全然知らなかった。君に言われて初めて知った」と、堀は首を傾げた。

「俺も最初は進駐軍のキャンプを回って、その後は学生のダンスパーティに呼ばれた。ダンパを仕切っていた連中とは付き合いがあったけど、野口がいたかどうかは記憶にない。

でも、三迫は大学の頃から知ってる。当時の明治のスターと言えば、秋山、土井、三迫の三人だよ。それでも三迫はすでにプロだったから、秋山や土井より格上な感じがあった。

三人とも俺より一個下。でも、遠い存在に見えたなあ。あいつらが廊下でも歩けば『ワーワー、キャーキャー』それくらいの存在だったもん」

名前の出た「秋山」とは、右の本格派投手として六大学野球を沸かせた秋山登である。大洋ホエールズ入団後はエースとして通算193勝をマーク。引退後は大洋監督に就任。二〇〇四年には野球殿堂入りしている。

「土井」とは、岡山東商時代から秋山登とバッテリーを組み、ともに明大に進学した捕手の土井淳である。揃って大洋に入団。プロでも秋山の女房役を務め、ベストナイン一回、オールスターゲーム七度出場。引退後は大洋監督、阪神ヘッドコーチを歴任している。

野球少年だった三迫にとって、秋山や土井は同級生の親友であり、交流は生涯続いた。

「彼らの姿は、時々ダンパでも見かけた記憶があるな。特に気に留めたわけじゃないけど、あの時代のボクシングは大人気だったし、中でも三迫は〝学士ボクサー〟なんて呼ばれて、随分と騒がれていたもんさ」（堀威夫）

＊

この時代、三迫仁志にとって、毎日が楽しかった。青春を謳歌していた。

街を歩けば人だかりができたし、大学のキャンパスでも、女子学生の関心は、身長165㎝に満たないフライ級ボクサーに集中していたのは言い過ぎではない。視線がこそばゆかった。

ダンスパーティの誘いもひっきりなしだった。有名ボクサーが顔を見せると客が喜ぶからだ。

日本タイトルマッチを後楽園球場や蔵前国技館で行うなど、この時代のボクシングは絶大な人気を集めていた。力道山がプロレスのブームを起こすのは、シャープ兄弟と戦った一九五四年二月以降で、これより少し後の話だ。

そのうち、三迫には美人のガールフレンドもできた。それも片手では足らなかった。新居浜の田舎暮らしで一生を終えると想像していた米屋の息子にとって、毎日が夢のようであったろう。

しかし、師である野口進にとっては、悪夢としか言いようがなかった。日本一の拳闘家にしようと、精力を注ぎトップ選手にはさせたが、日本王者を目前に誘惑に踊らされているのだ。

ある日、野口進は「金輪際、三迫をパーティに連れ出すな」と修に厳命した。

父が三迫の不調の原因を、自分に見ていると知って不満だったが、思い当たるふしがないわけでもない。何度も三迫をダンスパーティに連れ出していたし、野球部の秋山と土井を招いたこともあった。新居浜時代の三迫のチームメイトで、慶応野球部のエースとなっていた藤田元司をタダで入れてやったこともある。とにかく「ダンパ」と聞くと、みんな喜んで来るのだ。

確かに、近頃の三迫が練習に身が入っていないのは、修の目から見ても明らかだった。

そんな中、ある計画が舞い込んでいたことを、大澤米吉から聞かされていた。そのことが、修の脳裏をよぎった。

十五日倶楽部

この時期、「十五日倶楽部」なる親睦団体が発足している。

旧愛国社の同人による連絡会で、代表幹事は大澤米吉。世話人は大澤武三郎と野口進が務めた。月命日の十五日には、岩田愛之助を偲んで、宴席が開かれた。

「そこに、フィリピン人が顔を出すこともあった。日本に留学していたとき岩田先生に世話になった人や、政府の高官になっていた人、大統領からの手紙を読み上げていた人もいた」（野口修）

一九四一年に太平洋戦争が始まると、二年後、日本の傀儡国家であるフィリピン第二共和国が独立を宣言する。しかし、連合軍がマニラに再上陸すると、第二共和国大統領のホセ・パシアノ・ラウレルは日本に亡命。敗戦後は横浜刑務所に二カ月、巣鴨プリズンに十カ月収監されている。

このとき、第二共和国の要人に着替えや書物を差し入れていた一人に、岩田愛之助がいた。頭山満の後継者を自任していた岩田は、戦前からフィリピン独立運動を支援していたのである。

ラウレルの身柄は、翌年七月にマニラに移された。祖国は親米政権の下で独立をはたしていた。

対日協力が、百三十二件もの反逆罪に問われながら「アメリカが逃げなければ、こうはならなかった」といった強気の陳述が法廷で有利に働き、当時のマニュエル・ロハス大統領は恩赦を決定。四八年八月二十七日には釈放されている。

思いのほか早くに自由の身となったラウレルは、返り咲きを目指し、なんとこの翌年、フィリピン憲政初の大統領選に出馬する。

《対日協力という不利な経歴があるが、しかしマニラ市にも農村にも相当な支持者をもっており》（昭和24年11月8日付／朝日新聞）と報じられるほど善戦するも、現職のエルピディオ・キリノに惜敗する。

一九五一年には上院議員選にトップ当選。その後は新大統領ラモン・マグサイサイの側近として、重要な地位にあった。

東京で十五日倶楽部が発足したのは、まさに、この頃だった。日本のボクシング界では、三迫仁志を擁した野口家が主要な位置を占めていた。

一見、なんの関係もなさそうなこれらの事柄が、奇妙にも同時に動き始めるのである。

初代帝拳会長・田辺宗英

一九五一年九月八日、日本は戦争状態を終結させ、諸外国との国交を回復させるために、サンフランシスコ平和条約に調印した。

しかし、国土の大半が戦禍に見舞われ、首都マニラだけで十万人以上の市民が犠牲となるなど、フィリピン国民の反日感情は総じて高く、戦時補償を定めた日比賠償協定の調印が急がれた。

そこでまず、スポーツを通じての民間交流が行われた。平和条約調印の十二日後には「故ケソン大統領記念館設立基金募集」の名目で、バスケットボールの日比親善試合が発表され、翌年二月には、読売新聞の招待でフィリピン航空のバスケットボールチームが来日している。

フィリピン国内において、バスケットボールと並ぶ盛んな競技が、ボクシングだった。

関東学院大学兼任講師の乗松優が、著書『ボクシングと大東亜――東洋選手権と戦後アジア外交』（忘羊社）で詳述するように、ボクシングを通しての日比交流再開に尽くしたのが、フィリピン人プロモーターのロッペ・サリエルと、やくざの瓦井孝房だった。彼らの功績は非常に大きい。

ただし、本書においては、野口家も含む旧愛国社の同人が、日比国交正常化にいかに貢献したか、改めて見直してみることにする。

＊

帝拳ボクシングジム。一九二六年七月創設。現存する国内のボクシングジムでは、東拳ジムに次いで二番目に古い。

WBA世界ミドル級王者の村田諒太をはじめ、現在までに十人の世界王者を輩出。大阪、福岡、八戸に系列ジムを持つなど、日本のボクシング業界最大手のプロモーションである。

先代会長、本田明の次男で、現会長の本田明彦は、日本人として三人目となる世界ボクシング殿堂入りをはたすなど、世界のボクシングプロモーターの一人に数えられる。

では、親子二代にわたる本田家の同族経営かと言うと、そうではない。

日倶と東拳で師範を務めた荻野貞行が、小林一三の異母弟の田辺宗英を迎えて、帝拳ジムの前身となる帝国拳闘会拳道社を発足させた際、マネージャーとして入社したのが、荻野の旧制中学時代の同級生だった本田明である。

初代帝拳会長の田辺宗英は、大日拳会長の嘉納健治と険悪な関係にあった。このとき、両者の手打ちに動いたのが、嘉納健治の配下の岩田愛之助だったことは第二章で触れた。

敵の子分ながら岩田を気に入った田辺宗英は、岩田が一九一八年に愛国社を結成すると、長老格として加盟している。実は田辺も政治結社を主宰する、右翼人としての顔も持っていたのだ。

「田辺宗英が神楽坂の芸者を斬ってブタ箱に入っていたときに、岩田先生も別件で入っていて、二人はそれで親しくなったようです」（大澤忠夫）

一九三七年に後楽園球場が開業した際、兄、小林一三の助言に従い、株式会社後楽園スタヂアムの経営に参画。程なくして社長に就任する。その際、田辺は「球場のそばに拳闘の常打ち会場を造ろう」と思い立つ。

つまり、「格闘技の殿堂」と呼ばれる現在の後楽園ホールは、田辺宗英が後楽園の社長だったからこそ存在するものと言っていい。

余談になるが、小林一三が設立した東宝を舞台に、一九四六年から四八年にかけて起きた東宝争議において、田辺宗英は組合潰しに乗り出している。このときの実行隊長が大澤武三郎だった。

のちに、長谷川一夫や原節子ら、会社側と組合側のどちらにも加わらなかった俳優と百人以上のスタッフが中心となって「新東宝」が設立されると、田辺宗英は第二代社長に就任。大澤武三郎は取締役に名を列ねている。

兄と同様、多方面で活躍した田辺宗英も、ボクシングを通して日比交流を促した一人である。

ダド・マリノ対白井義男

一九四三年のデビュー以降、八連勝無敗という快進撃を見せながら、召集先で座骨神経痛を患い、戦後は並以下のボクサーになっていた白井義男が、GHQ軍属でボクシングファンの生物学者、アルビン・ロバー・カーンの指導でアウトボクシングを体得し、日本王座を制したのが一九四九年のことである。

「ヨシオは間違いなく世界レベルだ」と確信したカーン博士は、世界フライ級王者、ダド・マリノへの挑戦を思いつく。そこで、マリノの興行権を握っていたハワイのプロモーター、サム一ノ瀬に対戦を直談判する。

日系二世のサム一ノ瀬にとって、両親の祖国である日本のボクサーに対戦の機会を与えることに躊躇はなく、まずはノンタイトル戦を提案する。

カーン博士は後楽園社長の田辺宗英に相談し、すぐさま、後楽園球場での開催が決まった。

一九五一年五月二十一日、二万五千人の観衆を呑み込んで行われたこの試合は、善戦の末に2対1の判定で敗れはしたが、世界王座が夢ではないことを日本国民に知らしめた。

同年十二月四日、ホノルルで再戦を行うと、六度のダウンを奪った白井が、7ラウンドTKO勝ちを収める。ノンタイトル戦とはいえ、現役世界王者の完敗に世間は騒然となる。

「マリノの王座転落は、時間の問題」と悟ったサム一ノ瀬は「シライに世界挑戦のチャンスを与える」と言明した。「欧米人にベルトを奪われるくらいなら、日本人に渡そう」と観念したのだ。

そこで「一国一制度の統括機構」という世界の原則に則り、一九五二年四月二十一日、日本ボクシングコミッション（JBC）が設立、田辺宗英が初代コミッショナーに推戴された。以降、JBCのコミッショナーは、株式会社後楽園スタヂアム（現・株式会社東京ドーム）の社長が兼務するのが慣例となる。

JBC設立から約一カ月後の五月十九日、前年と同じ後楽園球場に四万人の観衆を集め「王者・ダド・マリノ対挑戦者・白井義男」の世界フライ級選手権試合が行われた。一進一退の攻防の末、白井義男が3対0の判定を制し、日本人初のボクシング世界王者に輝いた。

戦後、フィリピン人が頻繁に日本を訪れるようになったのは、この白井戴冠を契機にしていると言っても、言い過ぎではないのかもしれない。

この年の七月に、ロッキー・モンタノとベビー・ジャクソンの二選手が、戦後初のフィリピン人ボクサーとして来日し、日本、フィリピン、タイの三国で、現在の東洋太平洋ボクシング連盟（OPBF）の前身となる、東洋ボクシング連盟（OBF）が設立される。

初の東洋選手権試合「フラッシュ・エロルデ対堀口宏」の東洋バンタム級王座決定戦は、マニラではなく、東京の蔵前国技館で行われている。

世界王者となった白井義男が、前王者ダド・マリノを挑戦者に迎えて、十一月にリターンマッチを行った際には、立会人として、東洋ボクシング連盟会長のマヌエル・ニエト、フィリピンボクシング連盟コミッショナーのバレリアノ・フゴソら、フィリピンボクシング界の重鎮が揃って来日した。ボクシングを通しての日比交流は、戦前以上の濃密さで語られるようになったと見ていい。

＊

対照的に、政府間で繰り返されていた日比賠償交渉は、進展どころか難航を極めていた。

旧愛国社ともつながりを持った元大統領のホセ・ラウレルが、上院議員に当選して政界復帰をはたしたのは、まさに、日本中が白井戴冠に沸いた一九五二年のことである。

マニラの土になっても……

練習を終えた三迫仁志に「風呂から上がったら、駅前の蕎麦屋に来い」と野口進が声をかけた。

三迫は「まずい」と思った。ダンスパーティに足繁く通っていることを、師がよく思っていないことは修から聞いていた。そろそろ、雷を落とされると思っていたが、どうやら、今日らしい。

師は冷や酒をあおっていた。

蕎麦屋に行くと、三迫は師が口を開くのを待った。空気が重い。

「今度、マニラに行くことになった」

師は意外な一言を口にした。

「お前を連れて行く。試合もやらせる」

三迫は小さく頷いた。

「ただの遠征じゃない。全権大使だ」

師が何を言いたいのか判りかねた。

「国の代表としてマニラに行くんだ」

「はい」

「そのつもりで稽古しろ」

話は終わった。雷は落とされなかったが、遊んでいる場合でないことは伝わった。

数日後、戦後初となるマニラ遠征の概要を改めて説明された。日程は四月十三日から五月二十六日。使節団長は野口進。引率兼通訳はフィリピン人ボクサーのジョー・イーグル。同行する選手は、ライト級の風間桂二郎、フェザー級の赤沼明由、フライ級の三迫仁志の合計五名。

フィリピンとの事前交渉が難航しているのは、三迫も知っていた。マニラが戦場になって、市民が塗炭の苦しみを味わったことも、日本兵が二万人近く戦死したことも知ってはいたが、なぜ、その国に師と自分が行くことになったのだろう。

出発の十日前に日比谷の松本楼で壮行会が開かれた。発起人は田辺宗英である。このときの田辺の立場は、ＪＢＣコミッショナーと言うより、旧愛国社同人であろう。

宴もたけなわとなった頃、使節団を代表して、野口進は次のように言った。

「この際、死んでもいいと思っている。殺されに行く覚悟はできている。それで両国がうまくいけば、お国のために尽くせて本望だ」

そして、こうも言った。

「今は西郷さんの気分だ。西郷さんは死ぬ覚悟で朝鮮に乗り込もうとしたが、叶わなんだ。でも、俺はマニラに行ける。マニラの土になってもなんの悔いもない」

西郷隆盛になぞらえた右の発言から、いかにも、この時代の右翼人らしい心情が窺える。

一九五四年四月十三日、野口進を団長とする日本ボクシング使節団は、羽田発ノースウェスト機でフィリピンに旅立った。

新聞報道によると、その二日後、日比賠償正式交渉の日本側全権団も渡比している。首席全権には、戦時中に駐比大使を務めた村田省蔵が任命された。大東亜共栄圏を信奉した往年のアジア主義者で、愛国社とも接点のあった人物である。大使時代には大統領のホセ・ラウレルをはじめ、第二共和国の要人と密接な関わりを持っていた。

一方、フィリピン大統領のラモン・マグサイサイは、元第二共和国大統領のホセ・パシアノ・ラウレルを、交渉の全権代表に指名する。

ホセ・ラウレル、村田省蔵、野口進の三人が、同じ時期にマニラに集合したのは、とても偶然とは思えない。

日本ボクシング使節団のマニラ遠征は、日比正式交渉に併せて持ち上がったと見てよく、愛国社の流れを汲む野口進が、「代表に適任」と判断されたということではないか。

白紙撤回

マニラに到着したボクシング使節団一行は、各所で熱烈な歓待を受けた。「反日感情が強い」と聞いていた三迫は面喰らった。

試合日程が発表された。二十五日にリサール体育館にて「王者・トミー・ロムロ対挑戦者・風間桂二郎」のフィリピンライト級タイトルマッチと、「赤沼明由対ジャック・トリラナ」のノンタイトル戦。三十日にはニューオリンピック・スタジアムにて「王者・ダニー・キッド対挑戦者・三迫仁志」のフィリピンフライ級タイトルマッチ。

五月二十二日にはリサール競技場で「王者・タニー・カンポ対挑戦者・赤沼明由」のフィリピンバンタム級タイトルマッチ（後日ベニー・エスコバーとのノンタイトル戦に変更）という好条件のラインナップである。

練習場所は米軍基地のジムが充てられ、外出には護衛が付いた。夜はパーティや歓迎会に招待され、各所で手厚いもてなしを受けた。これでは、野口進も暴れようがない。

一方の日比賠償正式交渉はというと「日本支配下の元大統領」と「戦時下の駐比大使」の交渉を、「傀儡政権の復活」と捉えた十四名の上院議員が、事前合意の撤回を求めたから話はややこしい。

条約の批准には、上院議員二十四名の三分の二の賛成投票が必要となるのに、これでは交渉どころではない。就任三カ月という、マグサイサイの政権基盤の弱さも背景にあった。

《正式会談をめぐる混乱は日比両国の交渉対立のダイナミズムから生じたのではなく、フィリピン側の政策決定者の不一致から生じた》（『婦人公論』１９５４年7月号）と、帰国後に手記を寄せたのは、日本全権団の一人で東大農学部教授の東畑精一である。

しかし、マグサイサイもラウレルも、批准を諦めるわけにはいかなかった。財政逼迫は一刻の猶予も許されなかったからだ。ラウレルは次のような声明を出す。

「復讐観念に固執することは賢明ではなく、国家の存亡に関わる賠償交渉の責任は彼らの上に落ち、歴史と将来の世代に対し責を負うことを覚悟せ

よ」（『日比賠償外交交渉の研究――1949―1956』吉川洋子著／勁草書房）

その甲斐なく、与党ナショナリスタ党の右派議員が中心となって、上院議会で仮協定の廃案が決議される。

これが、四月十九日午後の話である。

マラカニアン宮殿

四月十九日夜、ボクシング使節団一行が宿泊するホテルに、一本の連絡が入った。

「明朝、全員でマラカニアン宮殿に来い。大統領が会いたいと言っている」

通訳のジョー・イーグルが、興奮を隠せぬ口調で伝えると、一同に緊張が走った。

「大統領に会うなんて全然聞かされていないよ。『これは罠じゃないか』って思った。だって、マグサイサイは、戦時中に抗日運動のリーダーだった人だもん」（三迫仁志）

翌朝、車に乗せられた一行は、まずマニラ市庁舎に連れて行かれ、マニラ市長のアルセニオ・ラクソンと面会している。次は警察署に行ってマニラの警察署長と面会する。

「マラカニアン宮殿の前に市庁舎？　次に警察署？　全然記憶にない。面接でもされたのかね、アハハハ」

そう言って三迫仁志は笑うが、冗談ではなく、本当に面接されていたのかもしれない。引率者である野口進は、首相経験者を襲った殺人未遂の前科を持っているのだ。普通に入国できたのが不思議なくらいである。

午前十一時、一行はマラカニアン宮殿に到着し、迎賓室に通された。

《招待されていまマニラに滞在中の日本のプロ・ボクサー、三迫、風間、赤沼の三選手と野口マネージャー、ジョー・イーグル氏は二十日午前十一時、マラカニアン宮殿にマグサイサイ大統領を訪れた。（中略）賠償使節の村田省蔵全権もまだ大統領と会見していない。

部屋に入るとマグサイサイ大統領は中央の大きなイスから立ちあがり、ニコニコ顔で三選手のまえまで歩みより握手した。六尺もあろうたくましいからだ。うすいグレーのズボンにブェンタガログというワイシャツに似た礼装をつけたマグサイサイ氏は四十九歳とは思えないほど若々しい。マ大統領は「スポーツの世界は実にいいものだ。私もかつてスポーツをやったことがあるがスポーツほど楽しいものはない。諸君の健闘を祈ります」と述べた》（昭和29年4月21日付／読売新聞）

「市庁舎も警察署も記憶にない」と言う三迫仁志だが、大統領の想い出だけは鮮明だ。

「私も昔はボクサーだった。それも君と同じフライ級。でも、今はヘビー級なんだがね」

そう言って、マグサイサイは周囲を笑わせたのだという。

ロビー・イン・マニラ

繰り返すが、フィリピン大統領のラモン・マグサイサイが、日本ボクシング使節団との面会を決めたのは、上院議会が仮協定の廃案を決議した直後の、四月十九日の午後である。

新聞記事にもあるように、マグサイサイは首席全権である村田省蔵より先に、ボクシング使節団との面会を優先している。なんらかの政治的メッセージと解釈すべきかもしれない。

事実、マグサイサイはこの三日後に、「私は日本側の賠償支払能力を確かめるために使節団を日本に派遣しようと思っている」（昭和29年4月24日付／読売新聞）と声明を出し、その後、五度にわたって訪日使節団を派遣している。

「十五日倶楽部にはフィリピン人がよく顔を出していた」という野口修の証言が思い出された。彼らは訪日使節団のメンバーだったのではないか。なぜなら使節団には、ラウレル政権の文部大臣で、日本への亡命経験もあるカミロ・オシアスのような親日家も含まれていたからである。

三十日にダニー・キッドのフィリピンフライ級王座に挑戦し、10ラウンドKO負けを喫した三迫仁志は、五月にも一試合行う予定だったが、まとまらず、帰国までの一カ月間は、野口進に帯同して多くの会合に顔を出した。

そこにはフィリピン人だけでなく、中国人もタイ人もいた。というのもこの時期、マニラではスポーツの祭典、アジア大会が開催されていたのである。当然、ボクシング関係者もいたはずだ。

「俺はお供をしていただけだから、先生がどんな話をしていたか判らない。でも、行く先々で歓迎されたのは確か」（三迫仁志）

帰国後、大澤家を訪ねた野口進は、こんな土産話を残したという。

「フィリピンの政治家、軍人、プロモーター、マフィア、とにかく一通り会った。『日本のボクシングチャンピオン』って紹介されて、すこぶる気分がよかった。いい想いをさせてもらった。気候もいいし、酒も飯も美味い。友達もできた。是非また行きたい」

つまり、野口進は、日比賠償協定成立のためのロビー活動に駆り出されていた可能性が高い。

＊

「五億五千ドル（当時の日本円に換算して千九百八十億円）の二十年払い」で合意した日本とフィリピンは、一九五六年五月九日、日比賠償協定を締結、正式に国交を回復する。

野口進が率いた日本ボクシング使節団が、日比国交正常化にどの程度の役割をはたしたか、今となっては、まったく判然としない。

しかし、交渉の端緒に、「旧愛国社のルートを利用しよう」という動きがあったことだけは、間違いないのかもしれない。

そして、何より重要なのは、このマニラ遠征が、野口家とアジアがつながる、奇貨をもたらしたことである。

マニラ遠征。マラカニアン宮殿を表敬訪問した日本ボクシング使節団一行。中央右がフィリピン大統領ラモン・マグサイサイ。一人おいて中央左が三迫仁志、横が赤沼明由、手前が風間桂二郎。（写真提供・三迫仁志氏）

前列、左から２人目が元東洋・日本ミドル級王者の辰巳八郎。１人おいて三迫仁志。右端が野口修。（写真提供・三迫仁志氏）

第六章　幻の「パスカル・ペレス対三迫仁志」

マニラから帰国後、一つのＫＯ勝ちを含む四連勝を飾った三迫仁志は、翌一九五五年一月六日、これまで二度敗れている、スピーディー章の持つ日本フライ級王座への挑戦が決まった。

「三度目の挑戦だぞ。負けたらおれは生きてはおれん。（中略）いいか、お前がこんど負けたら（中略）リングの上で、腹十文字にかっ切って、おわびするつもりだ」（野口進／『週刊読売』１９５６年7月10日臨時増刊号）

師の悲壮な覚悟が通じてか、３対０の判定勝ちを収めた三迫仁志は、念願の日本王座を獲得した。「大学生日本王者」となった三迫仁志の周辺は、大いに賑わった。ボクシングの日本王者の地位は、今とはまったく比較にならない。

現在の日本王者のファイトマネーは、大手のジムに所属する選手なら、手取りで一試合八十万円から百万円程度。弱小ジムや地方のジムに所属する選手だと、二十万円程度まで下がる。

ジムの台所事情で支払い方法も異なる。現金で払うジムばかりではなく、チケットを渡すジムも多い。チケットとなると売った分が収入となる。つまり、日本王者でも試合だけで生計を立てるのは難しい。

対照的にこの時代の日本王者は、後楽園球場や旧国技館のような大会場で防衛戦を行い、大卒初任給が一万円という時代に、一試合平均二十万円も稼いでいた。このタイトルマッチの三迫仁志のファイトマネーは五十万円。現在の価格に換算して、一千万円をゆうに超える。

「ノンタイトル戦でも、ある時期から五十万になった。最高は引退間際に戦った最後の東洋戦で、二百万。ファイトマネーは、引退するまで先生と

折半にしていたね」（三迫仁志）

祝勝会の規模も、今なら世界王者以上となろう。上野精養軒を借り切って行われた祝勝会には、二百人以上の来賓が集まって、師弟二代にわたる日本王者の誕生を祝福した。

三迫の故郷の新居浜では、文字通り市を挙げての大祝賀会が開かれた。市長の小野馩が駅まで出迎え、師弟はそのままオープンカーに乗せられた。市内をくまなくパレードし、もみくちゃになりながら公会堂に着くと、場内は超満員である。

「今日は、誰か歌手の人でも来るんですか」と三迫が市役所の人間に尋ねると、「みんな、三迫さんを見に来たんですよ」と笑われた。

いくつもの祝賀会に招かれ、この日だけで、現在の価値で六百万円もの祝儀が集まった。一切を取り仕切ったのは、かつて野口家を住まわせていた三浦義男である。三浦はこの三カ月後に新居浜市議会議員に初当選している。

程なくして、初防衛戦より先に、タニー・カンポ（フィリピン）の持つ東洋フライ級王座への挑戦権が転がって来た。これも時の運であろう。

「圧倒的不利」の下馬評を覆し、判定勝利を収めた三迫は、一気に東洋王者に駆け上がった。

「大学生東洋王者」は一般誌でも採り上げられた。『サンデー毎日』（1955年4月10日号）では師弟揃っての特集記事が組まれ、『平凡』（1955年3月号）に至っては、歌手の灰田勝彦、中日ドラゴンズ投手の空谷泰、ラジオドラマで人気を博していた黒柳徹子らと表紙を飾っている。

これより少し後の話になるが、一橋大在学中に『太陽の季節』で芥川賞を受賞した石原慎太郎との対談も組まれた。大学生チャンプと大学生芥川賞作家の記念対談である。

三迫の自宅に写真が残っていた。隣り合う二人の若者は、紛れもなく二十代前半の三迫仁志と石原慎太郎である。主役の二人の傍らに、際立って垢抜けた青年の姿もある。「弟もあなたの大ファン」と明かした石原は、俳優デビュー前の弟、裕次郎を同席させたのだ。

しかし、華やいだ空気は、真剣勝負を戦う格闘家にとって、必ずしも成功の果実を運ぶとは限らない。前年のマニラ遠征でKO負けを喫したダニー・キッド相手の初防衛戦で三迫は苦杯を嘗め、東洋王座から陥落。十一月には日本フライ級4位の山口猛にKO負けを喫した。練習不足は明らかだった。

野口進は、戦前の名選手である吉本武雄をトレーナーに招いて、三迫にアウトボクシングを学ばせた。自説を枉《ま》げたのだ。

変わったのは師弟だけではない。野口拳の風景も変わりつつあった。

若い広場

野口拳闘クラブが、目黒雅叙園のはす向かいにあったのは、雅叙園観光ホテル社長の松尾國三と野口進の関係にあることはすでに述べた。

それもあってか、仕事終わりに、野口拳に通う雅叙園の従業員も少なくなかった。

その中に、雅叙園本館の厨房で働く一人のコックがいた。広島出身の彼は、毎晩必死に練習に励んだ。終了時刻の九時を過ぎても練習をやめない。野口進も「こいつはコックにしとくのはもったいないな」と舌を巻いた。

プロデビューをはたし、フライ級の日本ランキングに入ったところで、コックは雅叙園を辞めた。野口拳二人目の日本王者を目指し、ボクシングに専念しようと考えたのだ。

結論から言うと、彼の不断の努力は実らなかった。フライ級新人王に輝き、A級トーナメントで優勝し、日本バンタム級1位にまでのぼりつめたが、拳の負傷に悩まされ、日本王者にはなれなかった。

しかし、彼のボクシング人生は、現役引退後に大きな花を咲かせる。

コックの名前は金平正紀（当時は正記）。引退後、協栄ボクシングジムを興した彼は、具志堅用高、鬼塚勝也、勇利アルバチャコフら、一九九九年に他界するまで八人の世界王者を育成し、世界屈指のプロモーターの一人にも数えられた。

反面、具志堅用高の防衛戦における「毒入りオレンジ事件」で、ボクシング業界から永久追放されてもいる（のちに解除）。そんな梟雄も、もとは野口拳闘クラブの練習生だった。

こういうこともあった。

一九五四年に開業し、二〇一八年三月まで六本木一丁目で営業していた、東京のイタリアンピザの草分け、ニコラス六本木。その創業者であるイタリア系アメリカ人、ニコラ・ザペッティの評伝に次のような記述がある。

《ある日、海老原と名乗る五十代後半の母親が、〈ニコラス〉横田店にやってきて、店主に頭を下げた。過ちを犯して少年院に入っている息子の、スポンサーになってほしいという。

もともと犯罪者に同情的なニックは、二つ返事で引き受け、釈放された海老原少年に、キッチンでの肉体労働をあてがった。

まもなく少年は、新しい雇い主のところにやってきて、こう言った。

「少年院から出してくれて、ありがとうございました。すごく助かりました。ええと、人から聞いたんですけど、マスターはとても強いそうですね。おれ、ボクサーになりたいんです」（中略）

ザペッティは若者を、知人の経営する目黒のボクシング・ジムに連れていくことにした。野口という右翼である。

「野口さん、この坊主はすごいパンチ力を持ってますよ」

海老原がタイのポーン・キングピッチに世界タイトルを挑むのは、その後まもなくのことだ》

（『東京アンダーワールド』ロバート・ホワイティング著・松井みどり訳／角川書店）

この少年とは、のちに世界フライ級王座を二度にわたって獲得する、海老原博幸のことである。

野口拳でデビューしたのち、アルバイト先の雇用主でもあった金平正紀が引退してジムを開業すると、その第一号選手として移籍する。

三迫仁志に憧れた若者が野口拳の門をくぐり、彼らの多くが後年の日本ボクシング界で重要な地位を占めたのである。

ボクシングとは無関係に……

大学四年生になった野口修は、次第にダンスパーティから手を引くようになる。

理由はいくつかあった。

同級生の宮永東野が、東声会に籍を置くことになり、学生の遊びに付き合わなくなったこと。

渡辺晋や堀威夫といった人気プレイヤーが、軒並みプロダクションを起業して、ダンパに出演しなくなったこと。

しかし、一番の理由は、父が東京温泉四階の、麻雀クラブの経営権を返上したことだった。

店を事務所代わりにしていた修だったが、雀荘経営から手を引くことになれば、銀座に通う理由はなくなる。いくら「客集めの天才」と持ち上げられても、父の気分一つで瞬時に窓口を失う。結局のところ、自分はただの学生でしかない。

「大学を卒業したら、ウチのマネージャーに収まろう」と気楽に考えていた修に、母の里野は「人生のうち一度くらい、よそ様からおまんま食べさせてもらいな」と命じた。

そこで修は、西新橋に本社を構える泉建設（現・泉建設株式会社）に入社する。

野口家の周辺には、何社ものデベロッパーを経営していた児玉誉士夫や、磐城セメントの社外顧問でもあった許斐氏利、土建業も手掛けていた大澤武三郎など、建設業界に通じた人物が大勢いた。この就職は、そのことと無関係ではなかった。


営業職で採用された修だが、新人研修では、すべての部署を経験した。当然、現場作業にも従事したが、連日の労働は細身に堪えた。我慢して通ううちに研修期間が終わった。

肉体労働に比べて、営業職とはなんと楽なものか。また、勘と口数と行動力を頼りに、企業や役所の担当者と渡り合うのはやりがいもあった。

「作業員が肉体を使って汗水流そうと、それを使う頭脳がなければ意味がない。俺はこの先、頭脳で勝負しようと思った」（野口修）

野口修のプロモーターとしての原点がダンスパーティなら、泉建設の営業職は鍛錬の場だった。折も折「五輪開催」の期待も相俟って、都心の建設ラッシュが起きると、入社二年目の修も重用され、朝から晩まで働いた。

「このまま、ボクシングとは無関係に、自分の人生を生きるのも悪くない」

そう思い始めた、ある春の日のことだった。

「一年間よくやったね。仕事は今月でお辞め」

母はそう告げた。来月から帝拳で働く手筈が整っているという。次はボクシング業界の別の組織で修業を積めということだ。

「いつまでも、御用聞きをさせとくわけにいかないからね。それくらいは判るだろう」

確かにそうだ。野口家はよその家とは違う。

そのことは、長男である自分はよく知っている。だから、特に抗弁はしなかった。

＊

「そんな話は知りませんねえ。私が知らないというのは、誰も知らないということです」

一九四八年に帝国拳闘会拳道社に事務員として入社し、二〇二〇年四月で九十五歳を迎えた現在も、帝拳ボクシングジムに勤務するマネージャーの長野ハルは、電話でこう答えた。

「野口進さんと先代の本田明は大親友でしたから、野口さんのところと関係はよかったですが、修さんがウチに入社したことはありません」

当の野口修は、次のように述懐する。

「手伝う程度のことで就職とは違うよ。こっちは泉建設を辞めたくなかったのに、お袋に言われて行かされたんだ。本田さんとウチの親父が仲がよかったから、断れなかったんだと思う」

長野ハルの回想とは、幾分ニュアンスは異なるが、二人の口からは、野口進と本田明の親しい関係が明かされた。

ただし、若き日の野口修が、帝拳に勤務していたという証言も、実はなくはない。

「修と初めて会ったのは帝拳。あいつ、マネージャー修業に出されていたから。

八田（一朗）さんが先代の本田会長と仲良しだった関係で、早稲田のレスリング部は時々見学に行っていた。ハルさんはすでにいた。生意気な若い社員が修でね。修は切符のもぎりもやっていたね」（早稲田大学レスリング部ＯＢで、その後テレビ東京専務取締役の白石剛達）

勤務は半年ほどで終わった。家業のマネージャーに就くよう里野に言い渡されたからだ。

理由は訊かなくても判った。

三迫仁志の世界戦が決まりつつあったのだ。

軽量級史上最高のボクサー

パスカル・ペレス。一九二六年、アルゼンチン、メンドーサ州生まれ。

貧しい家計を助けるため、少年時代から葡萄園で働く。十八歳でボクシングと出会い、一九四八年のロンドン五輪では、ボクシングフライ級で金メダルを獲得する。

二十六歳でプロ転向。十八のKOを含む二十三連勝無敗の戦績を引っ下げ、一九五四年十一月二十六日、白井義男の持つ世界フライ級王座に挑戦し、3対0の判定勝ちで王座を奪う。

白井義男が日本人初のボクシング世界王者であるように、パスカル・ペレスはアルゼンチン初の世界王者である。半年後に行われたリターンマッチで5ラウンドKO勝ちを収め、初防衛に成功。一方の白井は現役を引退する。

フィリピンのレオ・エスピノサや、キューバのオスカル・スアレスら強豪を相手に防衛を重ね、国民的人気を得たペレスは、時のアルゼンチン大統領、フアン・ペロンの寵愛を受け、政治の舞台に何度も引っ張り出される。

しかし、最も特筆すべきことは、ミゲール・カント（メキシコ）、柳明佑（韓国）、リカルド・ロペス（メキシコ）、ローマン・ゴンザレス（ニカラグア）ら、軽量級を制した歴代の世界的強豪を押しのけ、「パスカル・ペレスこそ、軽量級史上最強」を主張する専門家が、六十年経った現代においても、一定数存在することだろう。

そんな不世出の軽量級ボクサーではあるが、白井義男との世界戦を前に宿泊した御茶ノ水の山上ホテルで、女性従業員をレイプした疑いで、訴えられた過去もある。

一九五六年三月二十九日、これまで二度敗れているダニー・キッドを破り、三迫仁志が東洋フライ級王座を奪い返すと、アメリカのボクシング専門誌『リングマガジン』が制定する世界ランキングは、三迫を世界フライ級4位に押し上げた。白井義男に続いて、三迫にも世界挑戦の扉が開かれたのだ。

大波のような国民の期待が押し寄せた。パスカル・ペレスは、英雄白井義男を引退に追い込んだ仇敵なのである。

マネージャーの望月武を窓口に、ペレス陣営と交渉に入った野口家は、二試合契約で三万ドル（現在の価値で約一億円）で合意に達した。白井義男の世界戦の際、王者ダド・マリノの代理人のサム一ノ瀬に支払った契約金は、二試合で二万五千ドルだった。すなわち、ペレスの代理人のラズロ・コシィに手玉に取られ、無体に値を釣り上げられたのだ。

それでも、世界戦が内定したとあって、蜂の巣を突いたような騒ぎとなった。「ピス健も岩田君も草葉の陰で喜んでおる」と、真っ先に目黒の野口家に駆けつけたのは田辺宗英である。

この頃、建設会社で営業仕事に走り回っていた野口修は、交渉に一切関与していない。そればかりか、経緯すら把握していない。ただ、父の様子だけが記憶に残っていた。

「毎晩、仲間がやって来ては、祝杯をあげるわけだ。そしたら、ある日親父が『今日で酒はやめた。日本中のテラ銭を集めろ』って言い出した。契約金がいくらか、ようやく知ったらしい。三万ドルって相当デカいもの」

数日後、ラズロ・コシィは、世界フライ級2位のダイ・ダワー（イギリス）との交渉を打ち切ったことを明かし、「ペレスは十二月上旬ルナ・パーク（※ブエノスアイレスにあるテーマパーク）でメモ・ディエス（メキシコ）か三迫仁志（日本）の挑戦を受ける」（昭和31年10月11日付／読売新聞）と発表した。

世界1位のディエスの名前が出たことは、契約金の前払いを何度も催促されていた野口家にとって、別の挑戦者の可能性も示唆された形となった。慌てた野口家は、まず一万ドル（同、約三千五百万円）を掻き集めて、十回に分けてアルゼンチンに送金した。

するとコシィは、「日本の三迫仁志選手とのタイトルマッチは二十八日、三十日のいずれかの日にブエノスアイレスで行われるだろう」（昭和31年12月1日付／読売新聞）と、三迫を次期挑戦者に選んだと明言した。

世界挑戦は正式に決まったと誰もが思った。

マッチポンプ

しかし、事態はここから二転三転する。

「ペレスは急に俺を恐れて逃げ回るようになったんだ。あれこれと難癖をつけてね。俺の情報が入って急に恐ろしくなったんだと思うよ。俺は世界フライ級1位だったから挑戦者として優先権を持っていたのになあ。

ペレスのマネージャーのコシィって男は、アルゼンチンのマフィアで悪党だったから、きっと悪知恵が働いたんだろう」（三迫仁志）

確かに、パスカル・ペレスの代理人のラズロ・コシィは、悪徳マネージャーとして知られる。素性も定かではなく、コシィ自身も山の上ホテルで、別の女性従業員にレイプを働いたとして告訴されている。

コシィの常套手段は、試合直前に言いがかりをつけて、試合を延期させることだった。相手の体調は崩れ、ペレスに有利に働く。白井との世界戦の十日前にも「ペレスの右の鼓膜が破れた」と試合を一カ月も延期させている。

《ペレスのマネージャーとして示したラツ腕は、世界的な定評がある。世界のボクシング界は、彼を指して策士、陰謀家、タヌキ、いかさま師、ペテン師と呼んでいる》（『週刊サンケイ』１９５９年4月5日号）

老いた三迫仁志が抱く述懐も、右の文脈から逸脱するものではない。しかし、このときの三迫戦についてては、やや事情が異なる。

そもそも、コシィがその手段を用いるのは、試合が決定した相手に対してである。三迫仁志の所属する野口拳とは、契約で合意はしたが、正式決定はしていなかった。世界戦は今も昔も、世界のボクシング団体が認可しない限り実現されない。

それに、リングマガジン以外に、NBA（全米ボクシング協会＝National Boxing Association ※現在のWBAの前身）と、WBC（世界ボクシングコミッション＝World Boxing Commission ※現在のWBCとは無関係）が、世界ランキングを制定していたが、いずれにおいても、三迫仁志が世界フライ級1位になった事実はない。

「パスカル・ペレス対三迫仁志」が発表された四日後、欧州ボクシング連盟の書記長であるエドアール・ラブレーは、「日本の三迫仁志選手は世界フライ級チャンピオンのパスカル・ペレス（アルゼンチン）に挑戦する資格がない」（昭和31年12月6日付／読売新聞）と声明を出した。

それを受けて、ペレスの代理人のコシィは、次のように応答した。

「次のタイトルマッチの相手は世界三位のヤング・マーチン選手（スペイン）に決定した。（中略）ペレス対三迫のタイトル・マッチを今月末当地で行う予定であったが、世界ボクシング協会がペレス選手はまず世界第三位までのクラスにあるものと対戦せねばならぬと決定したので三迫との試合はやむを得ず中止する事になった」（昭和31年12月8日付／読売新聞）

これに対し、野口拳マネージャーの望月武は「今ごろになってこんな理由で取り止めとはあまりに誠意がなさすぎる。三迫はこの一戦にすべてをかけ、すでに東洋チャンピオンさえ返上しているのだ」（昭和31年12月10日付／読売新聞）と怒りをあらわにしている。

おそらく、ここから「ペレスは三迫から逃げ回った」という通説が定着したのだろう。実際は、欧州連盟の圧力に屈したのである。

興味深いのは、三迫戦の中止が発表された十日後、アルゼンチン・ボクシング協会の名前で、次のような声明が出されていることだ。

「第一位のメキシコのディエスはこの間フィリピンのウスアに負けて順位がぐらつき、第二位のイギリスのダイ・ダワーは目下軍務についており、第三位のヤング・マーチン（スペイン）は手術と、上位三人は全部二月末までに試合不能なためいまのところは四位の三迫がチャレンジャーとして最適なので、ペレス—三迫戦を承認してほしい」（昭和31年12月20日付／読売新聞）

この声明を出させたのは、実はコシィ本人ではないか。アルゼンチンの国民的英雄、パスカル・ペレスの代理人にとって「アルゼンチン・ボクシング協会」の名を拝借することに、さしたる問題はなかったはずだ。公の組織から声明を出して、少しでも箔を付けたい意図が見えなくもない。

つまりコシィは、ヤング・マーチンが試合のできない状態と知りながら、防衛戦の相手として発表したということだ。

そうすることで、一度は欧州連盟の言い分を受け入れながら、「マーチンは負傷していることが判った。そこで、先に発表した日本の三迫との試合を認めてほしい」と要請したことになる。いわば、マッチポンプである。

前後の事情から察する限り、コシィの本音は、三迫仁志を相手に防衛戦を行うことを強く望んでいた。そう解釈するほかない。

では、なぜコシィは、こうまで煩わしいことをする必要があったのか。

新秩序の世界王者

「重い」を意味するヘビー級と、「軽い」を意味するライト級の二つから始まった近代ボクシングにおいて、初めてプロの世界王座が制定されたのは、意外にも「真ん中」を意味するミドル級だった。一八八四年のことである。

八五年にヘビー級、八八年にウェルター級、九〇年にフェザー級、九二年にバンタム級、九六年にライト級、九七年にフライ級、一九〇三年にライトヘビー級と、二十世紀初頭には七階級の世界王者が出揃っている。

多くのスポーツがそうであったように、ボクシングも欧米と英連邦の選手が主流で、アジア、アフリカ、南米は傍流に置かれた。世界王座も欧米の間で移動が繰り返された。

欧米豪以外の選手で初の世界王者は、一九二二年にライトヘビー級王者に就いた、セネガルのバドリング・シキである。ただし、セネガルは当時、フランスの植民地だった。

翌年、フィリピンのパンチョ・ビラが世界フライ級王者となり、二年間という当時としては異例の長期政権を築くが、フィリピンはアメリカ領で、興行権もアメリカ人が握った。

その後、メキシコ、キューバ、パナマ、プエルトリコと各国から世界王者が誕生するが、多くが衛星国や保護国だった。それ以外のアジアやアフリカの独立国のプロボクサーに、世界戦の機会が与えられることはありえなかったのだ。

しかし、第二次大戦後に均衡が崩れる。

発端は一九五〇年、イギリスのテリー・アレンを破って、ハワイ在住のフィリピン移民二世、ダド・マリノが、世界フライ級王座に就いたことである。ハワイはアメリカ領だが、日系二世のサム一ノ瀬が興行権を握っていた。

そのダド・マリノを下して、世界王座に就いたのが、日本の白井義男である。サム一ノ瀬が白井に挑戦権を与えたのは、右の事情があったからだ。

白井の次に世界王座に就いたのが、南米アルゼンチンのパスカル・ペレスだった。アルゼンチンは第二次大戦中、ナチスドイツなどの枢軸国に好意を示した数少ない国の一つだった。大統領のペロン自身、ヒトラーやムッソリーニを信奉しており、戦後も多くの旧ナチ党員を匿っている。

つまり、戦後間もない時期の世界フライ級王座は、マリノ、白井、ペレスと三代にわたって、欧米経済圏と関係の薄い世界王者が続いていたのである。彼らから王座を奪い返さない限り、ドルもポンドもフランも流出し続けることになる。

特に、比類なき実力者のパスカル・ペレスは、欧米の組織から有形無形の妨害を受けていた。白井義男のように、GHQのカーン博士が守ってくれるわけではないのだ。

幻の「パスカル・ペレス対三迫仁志」

そんなとき、極東の島国である日本の若者が、挑戦資格を持つ世界4位に躍り出た。三迫仁志である。

イギリスのダワーや、スペインのマーチンと比較して、明らかに実力の劣るこの若者の代理人に「三万ドル」と破格の契約金を吹っかけたら、驚くことに「払う」と即答した。

さらに、相手の無知につけ込み、あらゆる条件を付帯させたら、ほとんどを呑んだので次期挑戦者に指名した。以上が「ペレス対三迫」が合意に至った経緯と見ていい。

「ペレスを楽な相手と戦わせて、大金を稼がせたい」と代理人のラズロ・コシィが考えたのも、職務上当然のことだ。

ただし、すぐに発表すると、欧米のボクシング組織から潰される可能性が高い。試合一カ月前まで、正式発表を控えたのはそのためだった。また、契約金の前払いに応じない（実際は用意できなかったのだが）日本人に揺さぶりをかけることも忘れなかった。

いざ、三迫戦を発表すると、予想した通り、欧州から猛反対の声が挙がった。そこで、重傷を負って試合どころではないスペインのヤング・マーチンに変更すると発表して、一度は反対の声を封じた。

これらの計画を知らされていない日本人が、「逃げた」「騙された」と感じるのは仕方のないことだが、「マーチンは重傷で試合は不可能だ。結局、世界4位の日本人と戦う」と、すぐに発表すればそれも収まるだろう。――コシィはそう考え、実際に右の通りに実行した。

ここまで複雑な計画を立案し、実行に移したラズロ・コシィが、優秀な代理人だったことは疑いようがない。

しかし、事は思惑通りに進まなかった。

《ボクシングの世界フライ級チャンピオン、パスカル・ペレスは、メキシコのメモ・ディエスとタイトル・マッチをすると二十一日夜ペレスのマネージャーのコシ氏から発表された。場所はブエノスアイレスで、日取りは一月五、九、十二日のいずれか。

日本の三迫仁志との試合は世界ボクシングコミッションから認められなかったものである》（昭和31年12月23日付／読売新聞）

理由は主に二つあると考えられる。

一つは、世界最大のボクシング組織であるNBAが、普段は対立しているWBCや欧州連盟に、同調したこと。彼らはそれだけ、パスカル・ペレスから世界王座を取り戻したかったのだ。

もう一つは、この頃のペレスが、アルゼンチン国内で苦境に立たされていたことである。

独裁政権を敷いていた大統領のファン・ペロンだったが、一九五五年九月に軍事クーデターが起きると国外に逃亡してしまう。ペロン支持者への風当たりは強まり、世界王者のパスカル・ペレスも例外ではなかった。反ペロン派の妨害に遭って、試合を自由に組めなくなっていたのだ。

パスカル・ペレスを題材にしたノンフィクション『狂気に生き――パスカル・ペレスへの旅』（新潮社）を著した作家の佐伯泰英は、アルゼンチンまで赴き、当時のペレスの妻に取材している。それによると、大統領がドミニカに亡命すると、ペレス一家も、後を追うようにドミニカに移住したとある。

クーデター後、「ペロニスタ」（ペロン支持者）の多くが、家を追われるなどの迫害に遭った。莫大な富を築いたペレスも、アランブル政権に家財を没収され、経済的に苦境に立たされていた。

そんな時期にＮＢＡに逆らってまで、三迫仁志との防衛戦を強行できない。王座を剥奪されれば収入源を断たれる。さすがのコシィも、ここから挽回する妙案は浮かばなかったろう。

それらの事情を知る由もない、三迫仁志本人と野口家、日本のマスコミの怒りが、パスカル・ペレスとラズロ・コシィに向けられたのは、仕方のないことだが、同時に皮肉な話でもある。

なぜならその後、ペレスは発表したメキシコのメモ・ディエスとは試合を行わず、三月にイギリスのダイ・ダワーを相手に防衛戦を行い、わずか１ラウンド２分48秒ＫＯに葬っている。

この試合の契約金は、二試合で一万ドルだった。野口家と交わした額の半分にも満たない。

＊

もし、このとき「ペレス対三迫」が予定通りに行われていたら、どうなっていたか。

英連邦を代表する無敗のダワーを初回でなぎ倒し、白井義男も苦しめたエスピノサをテクニックで完封したパスカル・ペレスなら、王座を防衛した可能性が高かったとは思うが、ペレスの練習不足につけ込んで、三迫仁志が金星を挙げた可能性も否定はできない。

王座も乱立せず、階級も細分化されていない、この時代の世界ランカーなら、番狂わせもありえただろう。

ただし、もしこの一戦が実現していたら、建設会社に勤務していた野口修が家業のマネージャーに就くのは、もう少し後だったか、もしくは、なかったのかもしれない。

中央公論社にて。右から石原慎太郎、三迫仁志、石原裕次郎。
（写真提供・三迫仁志氏）

日本バンタム級王座を獲得した永田耕造の祝勝会にて。前列左から野口恭、野口里野、金平正紀。後列左から野口修、佐々木民雄、海老原博幸、高橋美徳、永田耕造、三迫仁志。
（写真提供・野口勝氏）

第七章　プロモーター・野口修

世界戦は白紙に戻された。

三迫仁志の使命は、勝ち続けて世界ランキングから落ちないこと以外にない。6位以上に居続けないと、世界挑戦の資格は保たれないからだ。

三迫の次の試合が決まった。相手は京都平安拳に所属する岩本正治である。

岩本は三迫が返上した後の、日本フライ級王座を獲得した実力者である。世界4位の三迫を下すか引き分ければ、自身も世界ランキングに入る可能性が高まる。猛練習を重ねたことは想像に難くない。

一方の三迫にとっては、夢にまで見たペレスとの世界戦が目前で白紙となり、代わりに、格下の日本王者とのノンタイトル戦が組まれた。戦う意欲はさすがに湧かなかっただろう。

二月十九日、国際スタジアム（旧国技館）で行われたこの一戦は、序盤から岩本が攻め込み、三迫に付け入る隙を与えなかった。三迫は得意の左フックも不発で、終始ペースを握られたまま、試合終了のゴングが鳴った。ジャッジの一人は4ポイント差で岩本につけたが、残りの二人はイーブンで、三迫は辛くも引き分けた。

世界ランカーらしからぬ凡戦に、三迫の評価は大きく後退した。リングマガジンの制定する世界ランキングも、一気に8位まで下がった。

しかし、NBAは意外にも、三迫を4位に留めた。一度は世界挑戦を認めながら、直前で取り消した前年の負い目があったのかもしれない。その上、三月に世界2位のダワーがペレスにKOで敗れると、三迫を3位に繰り上げている。

「今度こそ世界挑戦だ」と関係者の誰もが胸を躍らせた矢先、一通の訃報が野口家に届いた。

渡辺勇次郎、嘉納健治と並んで、黎明期から日本ボクシングを支えた、JBCコミッショナーの田辺宗英が亡くなったのだ。七十五歳だった。田辺の葬儀は後楽園球場にて行われ、ピッチャーズマウンドに巨大な祭壇が組まれた。

野口家にとって、田辺の死は大きな痛手となった。旧愛国社の長老格でもあった田辺宗英は、資金面で多大な支援をしてくれていたからだ。

「ペレスに払ったバンス（前払い）の一万ドルだって、田辺のじいさんの顔で、あちこちから掻き集めた金だもん。親戚筋の阪急や東宝からも借りてくれていたと思う」（野口修）

野口修が家業のマネージャーに就いたのは、田辺が他界してしばらくしてからだという。

野口拳マネージャーの望月武は、もとは東京温泉の雀荘の常連客で、英語が話せることが里野の目に留まり、マネージャーに雇われた。三迫の世界戦を見越してのことだろう。

しかし、これまで述べてきたように、世界戦の交渉は、三万ドルの契約金のうち、一万ドルを前払いしながらも不調に終わった。

「俺は帝拳に行かされていた時期だから、何があったかは本当に知らない。でも、お袋と望月がしっくりいかなくなったのは判った。しばらくして、『明日からあんたは、ここで働きなさい』ってお袋に言われたんだ」（野口修）

右の回想だけで、このときの望月武の境遇を正しく説明できない。この件について三迫仁志は、

「望月さんは、もうしばらくいたよ」と証言する。

結論から言うと三迫の記憶が正しく、望月はこのときに解雇になったわけではなかった。

この年の十二月十五日、望月武は「東日本新人王決定戦」で野口拳の永田耕造が判定で敗れたことを不服として、レフェリーに暴行を働いた。マネージャーライセンスを取得していなかったことも併せて発覚した。大問題である。

「望月氏の出入りを遠慮願う」というJBCの警告を受け入れるしかなく、会長の野口進自らが陳謝した。この一件で望月武はマネージャー職を解かれ、野口拳から去った。

ただし、ペレス陣営との交渉が整わず、里野が望月を見限っていたのも、間違っていないのかも

しれない。そうでなければ、帝拳に修業に出したばかりの修を、半年足らずで呼び戻したりしないからだ。

キャリアハイ

この時期、さしたる戦績を残したわけでもないのに、三迫仁志のランキングが世界3位まで上がったことはすでに述べた。

しかし、三迫本人の意欲は、どうもはっきりしない。四月二十六日に行われた浅見勝一との試合記事からも、それは窺える。

《三迫は凡戦を繰り返して辛くも判定勝した。この夜の三迫には世界的選手の面影は全くない、浅見の出鼻を押えようとして放った左ジャブや右フックも散発で目標を外し勝ちであった。一番ファンを失望させたのは浅見の突進をクリンチに逃げたり、また突っ込みを阻み損じてバランスを失いスリップ・ダウンを二回もしたことであろう》

（昭和32年4月27日付／読売新聞）

皮肉なもので、三迫の世界挑戦の条件はさらに整っていく。

六月十五日には、前年の「ペレス対三迫」に猛反対したWBCまでが、三迫を世界フライ級2位に引き上げた。六月三十日には、NBAも三迫を世界2位に繰り上げている。これが三迫仁志のキャリアハイである。

世界挑戦は認められたも同然で、後は交渉次第となる。繰り返すが、野口家はペレス陣営に一万ドルを前払いしているのだ。

世界ジュニアミドル級王者として七十年代に大人気を博し、現在はジムを主宰しながら、解説や講演に忙しい輪島功一は、三迫門下生の代表的存在である。輪島は以前、三迫からこの頃の心境について聞いていた。

「とにかく、やる気が出なかったらしいんだね。やる気はすべての源だよ。それがなくなったのは、周りがどう動こうと意味がない。本人のやる気がなければ無意味なんだよ」

パスカル・ペレスへの世界挑戦が中止となり、その後、岩本正治、杉崎昭俊、浅見勝一と日本人選手とのノンタイトル戦ばかり三つも続くことに、三迫仁志は辟易としていた。

みんな死にもの狂いで倒しに来る。この時点で三迫仁志は日本人唯一のフライ級世界ランカーであり、世界ランキング入りを狙う日本人選手にとって格好の標的だった。野口家には三迫仁志への対戦要求がひっきりなしだったという。

野口修はこの頃、ある印象的な出来事に遭遇している。三迫と食事を済ませて目黒に帰る途中、やくざが絡んで来たというのだ。

「お前、三迫だろう。なんでウチの選手の挑戦を受けないんだ」

三迫仁志にとって、得にならない日本人とのノンタイトル戦だが、野口家がそれを断ることのできない深刻な事情もあった。

「世界戦の契約金、田辺のじいさんに融通してもらっていたけど、そうもいかなくなったでしょう。本契約には、あと二万ドルが必要だからね。

本田さんからも借りていたはず。だから俺は、帝拳で働かされていたのかもしれない。だって俺、給料もらっていなかったもの。弟も小学生だった明彦君（現・帝拳プロモーション会長の本田明彦）の宿題を手伝いに行ってたしね。

帝拳だけじゃなくて、いろんなジムから金を借りていた。借りた弱みも出てくる。興行権を担保にという話にもなる。『三迫を貸してくれ』って言われて、借金があるんだから断れないでしょう。岩本との試合なんか、興行権も向こうに渡したんじゃなかったっけ」（野口修）

岩本正治を擁する京都の平安拳が、東京の、それも国技館のような大会場で興行を打つのは、現在でもなかなか難しい。東京に出張所を構えるか、興行会社と提携しない限り不可能だろう。

京都平安拳所属で日本フライ級王者の岩本正治が北朝鮮国籍だったことは、日本のボクシング評論の草分け、郡司信夫の『ボクシング百年』（時事通信社）に詳しい。岩本は現役引退後、日朝両国の赤十字社が主導した北朝鮮帰還事業で、平壌に渡っている。帰国後の消息は当然知る由もない。

看過できないのは、在日朝鮮人の指導団体である朝鮮総連（在日本朝鮮人総聯合会）が興行を催すことと、無縁ではなかったことである。

在日朝鮮人を対象とした互助団体の性格を持った朝鮮総連だが、一九四六年には「朝鮮藝術協会の創立記念公演」と銘打ち、歌劇『鐵鎖は断ち切られた』を神田共立講堂にて開催。この頃より歌劇興行に乗り出している。

一九五五年に在日朝鮮中央芸術団（現・金剛山歌劇団）が発足すると、都市部を中心に毎年公演を行い、現在の名前に改称した一九七四年以降は、浅草国際劇場、新宿コマ劇場、東京厚生年金会館で定期公演を催してもいる。朝鮮総連中央本部の財政局副局長だった、韓光熙が自著で明かしたところ、歌劇団の年間二百以上の公演はいずれも、朝鮮総連が手掛けたとある。朝鮮総連が興行会社の顔を持っていたことは紛れもない。

右翼の野口家が、世界戦の資金を朝鮮総連から融通されていたとは考えにくく、それを示す証言や材料を入手できたわけでもない。

それでも「興行権を渡した」とする野口修の回想が正しいとすれば、興行権を売り渡した相手が朝鮮総連だったというのは、可能性の一つとして、考えられなくもない。三万ドルが一家にのしかかっていたのは、事実だからである。

そんなときでも、いや、そんなときだからこそ、三迫仁志にはもうひと踏ん張りしてもらわないといけない。そうしないと、これまでの苦労も借金も、すべて水泡に帰す。

これを乗り越えて世界戦にこぎつけて、勝利を収めたら、大逆転が待っている。二年半も世界フライ級王座を保持した白井義男が、滝野川に大豪邸を建てたことを、この時代の東京都民なら知らない者はいない。

里野が修を戻したのは、このこともあったのかもしれない。三迫の気分を乗せるには、修の手を借りるしかなかったからだ。

＊

家業のマネージャーに就いた野口修は、三迫の意欲の低下に理解を示した。

死ぬ気で向かって来る格下の日本人相手に、小手先の技巧と経験でかわしてはきたが、体力的にも精神的にも限界がある。

一度は決まりかけた世界戦は、いつ実現するとも知れない。フライ級のリミットを維持するのも厳しくなってきた。父のように気合と突進だけ叫んでも、やる気が起きないのは自明のことだ。

そうでなくても「三迫こそ、我が家に多大な恩恵を与えてくれた」と修は思う。

三迫少年と出会わなかったら、野口家はまだ新居浜にいたかもしれない。上海から帰国してすぐのように各地を転々としていたかもしれない。一家が拳闘で生計を立てていられるのも、同じ齢のこの男のお陰である。

そこで、息抜きに三迫をダンスパーティに連れて行った。久しぶりのダンパを三迫は心から楽しんだ。女の子も何人か紹介した。

時には耳の痛いことも言った。親父やお袋が言うより自分が言った方がいい。すべては奮起を促すためである。

次第に三迫に気迫が甦ってきた。スパーリングでも相手を圧倒するようになった。三迫と同階級の金平正紀は、打たれ強さが買われて、連日相手に指名されていた。

「コシィから返事が届いたのはこの頃かな」と野口修は言う。記憶は曖昧だが、のちの出来事から判断すると、そう間違ってはいないだろう。

「東洋で一番強いという証明ができたら、秋に挑戦を受ける」という返事が来たのだ。「東洋フライ級王座を再び腰に巻け」という意味だった。

東洋のベルトはこのとき、世界8位のタイ人選手が巻いていた。修は早急にタイの関係者にアポイントメントを取った。

ただし、その前の八月十一日に、また日本人との試合が決まっていた。相手は恵比寿に道場を構える国光拳闘会（のち中村ボクシングジム）の格下の選手である。

国光拳会長の中村信一と野口進は、近所の誼もあって仲のいい呑み友達だった。「三迫の胸を貸してくれ」と頼まれ、大金を借りていたわけでもないのに、酔った勢いでつい受けたのだ。

四戦連続となる日本人との試合に、さすがに三迫もうんざりした様子だったが、なんとか言い含めると「よし、派手に倒して世界戦の前祝いだ」と前向きに捉えるようになった。

会場は田園コロシアムに決まった。野外の大会場である。

「俺は全然心配していなかった。それより仕事はタイとの交渉。向こうの要求は『バンコクに来い』の一点張り。でも、東京でやらせたかった。結局、東京に決まったのは、親父がフィリピンの大統領やなんかと会ったときのコネクション、あれが、ここに来て物を言ったわけ」（野口修）

新聞記者

取材相手が、偶然に筆者の自宅の近くに住んでいることは、ままある。

この人物もそうで、電話でそのことを告げると「じゃあ、駅の改札のそばに、公衆電話が一台あるでしょう。あの前で待ち合わせませんか」と先んじて提案された。いかにも、記者生活の染みついた人らしいと思った。

約束の十分前に指定の場所に向かうと、件の人物はすでに待っていた。

行き交う人は、筆者に会釈を返した帽子の老人が、電話で調査していた時代のこととはいえ、視聴率92・3％を叩き出した人物とは、よもや思うまい。

矢尾板貞雄。一九三五（昭和十）年、渋谷区生まれ。高校時代は陸上競技で鳴らし、卒業後は、地元恵比寿の国光拳闘会に入門する。

俊敏さをいかしたファイトスタイルで、一九五五年九月のデビューから約一年間で十四勝三敗一分の好成績を収め、五六年度の日本フライ級新人王を獲得。五八年には、日本フライ級王座と東洋フライ級王座を立て続けに奪取し、世界フライ級1位に躍り出る。

「黄金のバンタム」と尊敬を集めたエデル・ジョフレ（ブラジル）、「ロープ際の魔術師」と恐れられたジョー・メデル（メキシコ）、「小さな巨人」パスカル・ペレス（アルゼンチン）と歴史に名を残す三人の軽量級選手と拳を交えたのは、日本人では矢尾板だけである。

人気、実力ともに日本を代表する選手となった矢尾板貞雄だったが、二度目の世界挑戦を目前に控えた一九六二年六月、膝の故障を理由に突如、現役引退を表明する。

当然、ファンも関係者も騒然となった。UPI通信は世界中にこのニュースを打電している。

引退の本当の理由は、所属ジムの会長である中村信一との確執にあった。

いくつかのジムが「違約金は立て替えるから、ウチに来ないか」と移籍を持ち掛けたが、矢尾板が首肯することはなく、二十六歳でグローブを置いた。

引退後、産経新聞社と社員契約を結んだ矢尾板は、新聞記者として第二の人生をスタートさせる。ボクシングと競馬を担当し、フジテレビのボクシング中継番組『ダイヤモンドグローブ』では四十年間にわたって解説席に座った。八十歳を超える現在も、サンケイスポーツの嘱託記者として健筆を揮《ふる》っている。

一九五七年八月十一日、世界フライ級2位の三迫仁志と対戦した無名の日本人選手とは、矢尾板貞雄のことである。このとき、矢尾板は日本フライ級9位で、B級（六回戦）からA級（八回戦）に昇格したばかりだった。

矢尾板は「大体の出来事は、資料を残している」と言うと、喫茶店のテーブルの上に、数点の新聞記事と雑誌、ノートを広げた。これらは、すべて現役当時からのもので、ノートには細かくメモ書きされていた。現役引退後に記者として声がかかったのも合点がいった。

初の十回戦となるこの試合の数日前、矢尾板にとって印象的な出来事があった。

ある会場で、後輩の試合を観ていると一人の男が近寄って来た。――三迫仁志だった。

「お前、今度の試合だけど、倒してやるからな。やめるなら今のうちだぞ。お前がこの俺に勝てるわけがないんだからさ」

そう捨て台詞を吐くと、三迫は立ち去った。

「なんでそんなことを言うのか不思議だった。向こうが格上なのに。俺は対戦相手を挑発したり、茶化すのは好きじゃないから……」

すげなく振り返る矢尾板だが、試合を数日後に控えた二十一歳のボクサーが、次の対戦相手からリング外で挑発されて、穏やかでいられたとは思えない。

パスカル・ペレスへの世界挑戦を控えた世界2位の三迫仁志と、日本9位の新鋭、矢尾板貞雄とでは、格、実力ともに大きな差がある。試合の関心も勝敗にはなく、「三迫が何回で倒すか」「それとも、また判定までもつれるか」に尽きた。

しかし、矢尾板には勝算があった。三迫を研究し尽くしていたのだ。

仇敵

一九五五年六月十四日、一人のボクサーがデビューしている。野口家次男の野口恭である。

十七歳の誕生日に行われたデビュー戦を3ラウンドKO勝ちで飾ると、以降二年間で十五勝一敗一分と非凡な戦績を残している。

その野口恭の十八戦目の相手が、過去に一度引き分けている矢尾板貞雄だった。それも「三迫対矢尾板」の三週間前の七月二十一日に、突如として決まったのである。

「本当のことを言うと、弟と矢尾板はやる予定はなかったし、やる意味もなかった」

野口修はうんざりしたように煙草をくわえると、堰を切ったように話し始めた。

「これもまた、親父が安請け合いしたんだ。もちろん俺は反対したよ。八月に三迫と試合があるんだから。でも『約束した』の一点張りでさ。

俺だって弟が負けるなんて思わないよ。でも、弟に負けた相手と、三迫を戦わせても面白くない。三迫だってやる気をなくすし、切符の売れ行きに影響するもの」

しかし、幸か不幸か、決着戦のつもりでリングに上がった野口恭は、矢尾板のスピードに翻弄され判定負けを喫してしまう。

野口家にとって手痛い敗戦となったが、八月の主催興行に奔走していた修にとっては、幸運な展開となったのかもしれない。「同門の御曹司の仇討ち」という構図が出来上がったからだ。

矢尾板貞雄の言うように、試合の数日前に三迫仁志が挑発して来たのも、このことがあったからとすれば腑に落ちる。

「三迫が派手に倒して、客も満杯になれば、そう悪くないんじゃないかって思った」（野口修）

そう言うと、野口修はくわえたばかりの煙草を、折るように揉み消した。

プロモーターデビュー

田園コロシアムと聞いて郷愁を覚えるのは、おそらく、四十五歳以上の読者だろう。

一九三六年のオープン以降、「全日本選手権」「大学対抗戦」「日豪戦」「レナウン国際杯」と、一九八九年の閉園までテニスのビッグマッチが開催された「日本庭球の聖地」である。

一方、野外の多目的スペースとして、ザ・タイガースやピンク・レディーのコンサート。ハービー・ハンコック、ロン・カーター、渡辺貞夫も出演したジャズフェスティバル。「スタン・ハンセン対アンドレ・ザ・ジャイアント」に代表されるプロレスの興行。極真空手の大山倍達と猛牛による二度目の死闘も田園コロシアムである。

野口修にとって、この日は特別なものだった。初めて自分が手掛けた興行だったのだ。「客は入るだろうか」「雨が降ったら困る」という二つの悩みがあったが、杞憂に終わる。

都心は曇天だったが雨は降らなかった。夏休みの日曜らしく家族連れも多く、当日券も売れた。「世界戦の前に東洋戦を戦う。それが挑戦者決定戦となる」と試合後に発表する腹積もりでいた。

控え室で関係者や記者と談笑していた父の進は、試合が始まると、大澤兄弟ら気の置けない仲間たちと、リングサイドの最前列で酒を呑み始めた。トレーナーを雇ってからは、父がセコンドに付くことはほとんどなくなっていた。

母の里野は、当日券売り場で、汗を拭いながら釣銭を客に渡すのがいつものことだった。試合が始まって客足が落ち着くと、贔屓筋にお茶や冷えたおしぼりを差し入れた。

セミファイナルで、新和拳の石川圭一が野口拳の熊谷泰志を判定に下すと、いよいよメインイベントとなる。

最初に矢尾板貞雄がリングに上がった。首からタオルを一枚かけただけの姿で、小刻みに身体を動かす動作も、初の十回戦で緊張しているように見えないでもない。表情は強張ったままで、拍手もまばらにしか起きない。

一方、分厚いシルバーのガウンを羽織って登場した三迫仁志には、メインイベンターの風格があった。浴衣姿の女性から花束が渡されると、慣れた手つきで高々と差し上げた。

子供の声援も聞こえる。少年誌によく採り上げられる三迫には、熱心な少年ファンも多かった。

修にとって、いつもと変わらぬ光景だった。違うのは、興行の責任者が自分であることだけだ。

真夏の夜の悪夢

1ラウンド。序盤から前に出て、左フックで攻める三迫。プレッシャーをかけ、硬さの取れない矢尾板に右ストレートをヒット。

2ラウンド。矢尾板のジャブが当たり始める。対する三迫は左フックを振りながら前に出る。矢尾板も左フックで応戦。三迫の口が切れる。

3ラウンド。三迫得意の左アッパーが炸裂。負けじと矢尾板も左ストレート。さらに、連打でロープに追う。矢尾板の意外な善戦に二千五百人満員の観衆も固唾を呑んで見守る。

4ラウンド。三迫のお株を奪うような矢尾板の左右フックがヒット。対する三迫は、左右を振りながら前進するも大振りが目立つ。フットワークで三迫の攻撃をかわしながら、強烈な左フックでグラつかせる矢尾板。しかし、深追いはせず、ひたすらジャブを当て続ける。三迫は打つ手なくホールドを繰り返す。

5ラウンド。三迫の左フックが、割って入ったレフェリーにヒットし試合は中断。矢尾板の左右フックで三迫は鼻からも出血。三迫の劣勢に客席がざわめく。

6ラウンド。三迫の左フックがヒット。主導権を奪い返そうと、大振りを繰り返す三迫に、矢尾板の狙いすました左フックが顎を打ち抜く。三迫ダウン。三迫仁志がダウンを喫するのは、山口猛戦以来二年ぶり。場内は騒然となる。

7ラウンド。なんとか巻き返そうと、序盤から執拗にボディアッパーを繰り出す三迫。過去、腹を打たれてのKO負けを二度も喫している矢尾板唯一の弱点である。

8ラウンド。ボディ攻撃の手を緩めない三迫、必死の攻撃で矢尾板を追い込む。しかし、ダウンを奪い返すまでには至らず。

9ラウンド。左右フックを顎から腹と上下に打ち分ける三迫だが、矢尾板もダウンを奪った左フックで応戦。フットワークで三迫を寄せつけず、さらに強烈な右をお返し。

最終ラウンド。終始、フットワークとリードジャブで、三迫の追撃を許さない矢尾板。強烈な左フックを当てたところで、試合終了のゴング。

レフェリー兼主審の林が4対1、副審の手崎が5対1、副審の阿部が8対2、3対0の判定で、日本9位の矢尾板貞雄が世界2位の三迫仁志を下した。大番狂わせである。

翌朝のスポーツ新聞は、当然、新鋭の大殊勲より世界ランカーの完敗を殊更に報じた。

《スタミナのないといわれる矢尾板がこの日はおとろえをみせず、堂々一方的に世界第二位の三迫を破った。それにひきかえ三迫の姿は目をおおうばかりのみじめさだった》（昭和32年8月12日付／スポーツニッポン）

《フットワークが悪かったこと、右を使わなかったこと、カウンターが打てなかったこと、そしてピンチに陥っても極め手のない三迫は最悪の場面ばかりを見せた。逆に矢尾板は意外な金的を射めたが、棄身のラッシュがものをいったものである。三迫の今後は益々困難なものになると思われるが、しばらくは休養をとって捲土重来の日を望みたい》（『ボクシングガゼット』第33巻第10号）

矢尾板貞雄は、六十三年前の大金星を、昨日のことのように振り返る。

「三迫さんには癖があって、打つ瞬間に必ず両方のグローブをパチンと合わせる。それを知っていたから『グローブを合わせたら、こっちから先に打ってやろう』って作戦を立てた。いざやってみたら何度も当たる。

そのうち向こうはカッとなって、ノーガードで突っ込んでくる。それも織り込み済みだった。打ち合わずにフットワークを使って、リードジャブを当てていく。相手が止まったところで左を打ち抜く。作戦通りだったね」

大金星を飾った矢尾板貞雄は、一躍、注目選手の仲間入りをするのである。

＊

野口修が初めて手掛けた興行は、想像していたものとは、まったく違ったものとなった。

これまで修は、何度も三迫の試合に立ち会ってきた。その中には、いくつかの敗戦も含まれる。しかし、こうまでうなだれた様子で、三迫がリングを降りたのは初めてだった。

鼻と口と瞼からおびただしく出血し、痛々しい顔の三迫が、控え室の椅子にぺたりと座り込むと、二、三の記者が話を聞き始めた。野口進は一敗地に塗れた愛弟子を放っておけず「いいか、何も言うな。何もなかったと思え」と記者を制すように言った。

本来ならここで、野口修は三迫仁志と並んで記者発表に臨む予定だった。修にとって、今夜はプロモーターのデビュー戦なのだ。集まった記者に見せるために、コシィから届いたレターも持参していたのだが、それどころではなくなった。

肩を落として、ぽつぽつと質問に答える三迫を見れば、誰もがその可能性が閉ざされたと悟ったに違いない。――しかしである。

こいつは試合に負けたかもしれないが、俺まで負けたわけではないのだ。初めて手掛けた興行が、こんな終わり方でいいはずがないし、一緒に肩を落としている場合でもない。

世界挑戦は諦めない。絶対、今年中に三迫をベレスと戦わせてみせる。

消えた新聞記事

一九五七年八月十一日に、田園コロシアムで行われた「三迫仁志対矢尾板貞雄」という、現在では、ほとんど語られることのないノンタイトル十回戦だが、取材を進めるうちに一つの疑問にぶつかった。

日本9位の矢尾板が、世界2位の三迫を破る大金星を挙げたにもかかわらず、この試合を一般紙が報じていないことだ。

永田町の国会図書館に赴き、試合翌日となる八月十二日の朝刊と夕刊を一通り閲覧したが、一般紙で報じていたのは産経時事（現・産経新聞）だけだった。

戦前の拳闘興行から、ほとんど報じてこなかった朝日新聞はともかく、ボクシングにおいて独自の取材ルートを持っていた運動部記者、伊集院浩の在籍した毎日新聞さえ、この試合を一文字も書いていない。結果すら載せていないのである。

伊集院浩はこの日、日本橋浪花町（現・中央区日本橋富沢町）の日本プロレスの道場で、ボボ・

ブラジル、ダニー・ブルックス、ロード・レートンという三人の外国人プロレスラーの公開練習を取材している。毎日新聞がプロレスを報じていた時代の話だ。

ただし、プロレスの公開練習は午後一時から一時間程度。新聞社を退職後、ボクシングジムの会長職に就いた伊集院浩が、六時半開始のボクシング興行に足を運んでいないとは考えにくい。

不可解なのは、戦前から「日仏対抗戦」や「ピストン堀口対笹崎僙」の日本フライ級タイトルマッチを開催してきた読売新聞である。

日本フライ級王座を獲得した一九五五年一月六日以降、二年半もの間、読売新聞は三迫仁志の試合をすべて報じてきた。一九五六年八月三日に行われた、梅田徹という名古屋の選手とのエキジビションマッチですら載せている。三迫が一万人の集客能力を持つ人気選手だからである。

では、なぜその三迫仁志が、格下の日本9位に完敗を喫した大ニュースを、毎日も読売も報じなかったのか。

「別の場所で大きな試合が組まれていたらしいんだよ。『記者のほとんどが、そっちに行った』って聞いていたもの」（矢尾板貞雄）

伝聞調の口振りから、矢尾板自身も理由を尋ねた形跡が窺える。世界2位を破る大殊勲をあげながら、翌朝の一般紙にまったく報じられていない現実に、肩を落としたはずだからだ。

矢尾板の証言を裏付ける記述もある。

《この日は横浜でも神奈川体育館で戸塚英雄対佐々木民雄等の試合があって、ジャーナリストの多くも横浜行きとなり、矢尾板の番狂わせに期待するものはほとんどいなかった》（『ボクシング百年』郡司信夫著／時事通信社）

訂正をすると、この日、神奈川体育館で行われたメインイベントは、「戸塚英雄対佐々木史郎」である。元日本バンタム級3位の戸塚が、元日本フェザー級9位の佐々木から五度のダウンを奪い、5ラウンド1分37秒、セコンドのタオル投入によるTKO勝ちを収めている。

戸塚はこれが復帰四戦目、両者ともランキング外の選手だったが「約千五百人のファンが集まった」と翌朝の読売新聞は伝える。

しかし、写真はなく、経過が手短に記されているにすぎない。「記者のほとんどが行った」とは考えにくく、世界2位の三迫仁志の出場する大会場の興行を無視してまで報じる試合とも思えない。

毎日と読売が三迫の敗戦を報じなかったのは、別の理由があったと考えるべきだろう。

正反対の道

これまで筆者は、生前の野口修本人から聞き取った証言に依拠しながら、本書を書き進めてきた。ただし、話の辻褄の合わないものや、彼の記憶違い、意図的な作り話については、精査した上で割愛してきた。

つまり、証言は筆者自身が事実と認めたものしか載せていない。本書がノンフィクションを謳う以上、当然のことである。

次に紹介する話は、荒唐無稽な印象を抱かないでもないが、これを覆す説得力のある証言も資料も得られず、事実と符合もしている。

ここでいう「事実」とは、件の新聞報道のことである。よって、著述に値すると判断した。

＊

世界戦の交渉状況を、試合後に発表するつもりでいた野口修だったが、もちろん、取り止めた。ランキングが下がれば世界戦は遠のく。「日本9位の矢尾板に敗れた」という情報は、遅くとも一週間以内に、世界最大のボクシング組織NBAに伝わるだろう。とすれば、世界2位に位置する三迫のランキングが下がるのは確実である。

《世界的には全く無名のボクサー矢尾板（全日本九位）に敗れた三迫を二位にとどめておくことは常識として考えられない》（昭和32年8月12日付／報知新聞）と、その件に言及する媒体もある。

挑戦者を抱える代理人の多くは「どうすれば、ランキングの下落を最小限に食い止めることができるか」を必死に考える。この夜の野口修が、他の代理人と違ったことは、試合直後に知恵を絞ったことかもしれない。

入場口付近で客を送り出していた母に、修がそっと近付いて耳打ちすると、母は黙って頷いた。

五分と経たないうちに、弟の恭がいくつも折り畳んだ新聞紙の束を、控え室まで持って来た。

身内に持って行かせる母の配慮を汲みながら、紙をめくると、千円札が二十枚入っていた。大卒初任給が一万九百円のこの時代の千円には、現在で二万円の価値があったと見ていい。

この頃、ボクシングやプロレスの興行で、記者やテレビ局員に渡された車代は、多くて五百円、少なくても二百円が相場だったという。とすると、相当奮発した額に違いない。

「それを持って記者一人一人捕まえては『今日の試合は書かないでくれ。書かれると世界戦ができなくなる』って金を渡した。『無理だよ』って言う記者もいたけど、とにかくバラまいた。こうするより方法が思いつかなかったから」（野口修）

受け取らなかった記者が二人いた。

「一人は毎日の伊集院さん。頑として受け取らない。車代自体いつも受け取らないんだ。翌朝、毎日新聞を開いたら、書いていなかった」

余談になるが、この五年後、定年より半年早く毎日新聞社を退職した伊集院浩は、力道山が経営するリキボクシングジムの会長に迎えられる。翌年、自宅で割腹自殺しているところを発見された。力道山に対する抗議の意味があったというが、詳しい事情は判らない。

もう一人は、産経時事の石川輝である。石川は修を見据えてこう言った。

「修君、君はこういった道を歩むのか。それは尊敬するお父さんと正反対の道だぞ」

慶応大学拳闘部主将として鳴らした石川輝は、卒業後、ジャーナリストの徳富蘇峰の興した国民新聞社（現在の東京新聞の前身の一つ）に入社する。産経に移籍後は運動部に配属されていた。

野口進に私淑していた石川は、目黒の道場はもちろん、東京温泉の雀荘にもよく現れた。野口家に泊まることもあった。しかし、このときはいつもの優しい石川ではなかった。

三迫の引き揚げた控室で、記者に囲まれた父が「三迫はもう一度六回戦からやり直させる。矢尾板君とは早ければ来月には再戦をやらせたい。世界戦のことは一度忘れさせる」と語気を強めた。

翌朝の新聞報道だが、スポーツ紙は全紙が「三迫完敗」を報じたが、一般紙は前述の通り、産経以外は一紙も書かなかった。

「インターネットのない時代は、各国の新聞を読んで情報を仕入れていた。テレックスはあったけど、火急の用でなければ新聞を読めばいい。それは海外も同じで、アメリカ人にとって日本の情報なんてその程度。新聞を読めば事足りる。それも海外に支局を持っている新聞社のもの。そうじゃないと手に入らないから」（元テレビ朝日スポーツ局次長の永里高平）

一週間経っても十日経っても、三迫仁志は世界フライ級2位に留め置かれたままだった。新聞報道が影響したとしか考えられない。

野口修の次の仕事は、事前の計画通りタイ側との交渉を進めて、速やかに、東洋フライ級タイトルマッチをまとめることである。

やり手の息子

「東洋一強いと証明すること」――これが、世界王者パスカル・ペレスの代理人、ラズロ・コシィが、野口家に宛てた要求だった。

矢尾板戦の一カ月前、「三迫戦に合意する。場所は東京でいい」と内諾を与えていたタイ側だったが、矢尾板戦後には「先月の合意は、一度白紙にしたい」と言い出した。

三迫仁志が矢尾板貞雄に敗れた情報は、欧米のボクシング関係者には伝わっていなくても、アジアの関係者には広まっていた。タイ側からすれば、三迫が世界2位の座から下がれば、戦うメリットがなくなるからだ。

「だったらそんな交渉はやめろ。三迫は矢尾板と再戦させるんだ。お前は余計なことをするな」

父に厳命されたら従うしかないが、修は釈然としなかった。そもそも、矢尾板との試合も酒の席での安請け合いから始まったもので、本来ならやる必要のないものだからだ。

数日後、国光拳会長の中村信一は再戦を断って来た。早い話が勝ち逃げされたのだ。

タイ側と交渉を再開した野口修は、先月に結んだ条件を白紙にすることに合意した。東京開催を諦めたことになるが、二千ドル（当時のレートで七百二十万円、現在の価値で約一億四千万円）の契約金も一旦は白紙となったので、損ばかりでもなかった。

また、三迫が世界2位の地位に留まったことも好都合に働き、交渉は順調に進んだ。車代がここにきて効いてきたのだ。

「敵地でもなんでも、この試合に勝ちゃいいんだ。贅沢は試合に勝ってから言いやがれ」

この期に及んで「海外は嫌だ」と泣き言を言う三迫に、修は怒気を含んで言った。こいつが矢尾板なんかに負けさえしなければ、秋に東京でやれたのだ。どのみち、耳を貸すつもりもなかった。

結局、試合は次のように決まった。

《プロ・ボクシング東洋フライ級前選手権者三迫仁志（野口＝世界第二位）はかねてから東洋フライ級選手権者ポネー・キングピッチ（タイ＝世界第七位）に対し挑戦申し込みを行っていたが、廿三日キングピッチ側から日本ボクシング・コミッショナー事務局あてに挑戦を受諾する旨の電報がとどいた。試合は東洋フライ級タイトルマッチ十二回戦、九月十五日バンコックで行われる予定。（中略）三迫は過去、三十年三月タニー・カンポ（比）および三十一年三月ダニー・キッド（比）に挑戦し、再度王座を獲得しており、これが三度目の挑戦である。

なお三迫はさる十一日、田園コロシアムで全日本フライ級第九位矢尾板貞雄（国光）に敗れ、また唇を三針縫う傷を負ったがすでに糸を抜き練習している》（昭和32年8月26日付／日刊スポーツ）

記事にもあるように、完敗を喫した矢尾板戦から十二日しか経っていないのに、再起戦で東洋王座の挑戦を取りまとめたのだ。前代未聞である。「野口さんのところのせがれは、なかなかのやり手らしい」といった評判を呼んだのは、このときが初めてだった。

ところで、新聞記事に「ポニー」とか「ポネー」と書かれている三迫の対戦相手だが、彼こそ、この三年後にタイ人初の世界王者となるポーン・キングピッチである。

ここで得たタイとの接点が、野口修のその後の人生を大きく転回させることになるのだが、この時点では、さすがに知る由もない。

三迫仁志の時代の終わり

ポーン・キングピッチ。タイ王国初のボクシング世界王者。

一九三五年、タイ王国プラチュワップキーリーカン県生まれ。少年時代にプロモーターのトントス・インタラットに見出され、十九歳で国際式（ボクシング）の選手としてデビュー。ムエタイ経験がありながら、プロボクサーとしてキャリアをスタートさせているのは異例と言っていい。

「そういうことは、ジムの会長かプロモーターが判断します。『下手に試合を積ませるより、国際式の方が向いているから、早くに慣れさせよう』って考えたんでしょう。

確かに、ポーンって、パンチが持ち味でフットワークも軽快。蹴りで得点を競い合うタイ式には向きません」（元プロボクサーで、現在はキックボクシング土浦ジム会長の山本幸司）

トントスの目に狂いはなく、デビュー二年でタイ国フライ級王座を奪取。その勢いで、フィリピンのダニー・キッドと王座決定戦を戦い、東洋フライ級王座を獲得する。初防衛戦の相手に指名したのが、前王者で世界2位の三迫仁志だった。

この試合が決まった背景には、三迫が世界2位から落ちなかったのも大きいが、「浮いた一万ドル」もあった。

前年、野口家は世界王者のペレス陣営に、三万ドルの契約金のうち、一万ドルを前払いしたことはすでに述べた。

もし、ポーン・キングピッチが三迫仁志に勝てば、今度こそ三迫のランキングは下がり、世界8位のポーンが、挑戦資格を持つ6位以内に繰り上がる確率は高まる。そうなった場合、この一万ドルを、ポーンの所属するトントスプロモーションに、無利子で貸しつける約束を交わしたのである。

「三迫が負けるなんて考えもしないから、それを条件に出したら、喰いついて来た」（野口修）

「ポーン対三迫」が、矢尾板戦の十二日後という異例の早さで実現したのには、右の事情もあったとすれば、納得できるのである。

かくして、紆余曲折ありながら実現した「王者・ポーン・キングピッチ対挑戦者・三迫仁志」の東洋フライ級タイトルマッチだが、野口修は、初めてタイに渡航したことが印象に残っているくらいで、試合内容はほとんど憶えていなかった。

戦った三迫仁志も「やったね、キングピッチと。あー、やったやった」と空返事を繰り返すだけで、試合の具体的な言及は避けた。記憶がないというより、話したくないように感じた。

実際の試合は次の通りである。

《【バンコック十五日発ロイター＝共同】プロ・ボクシングの東洋フライ級チャンピオン、ポニー・キングピッチ（タイ＝NBA世界第八位）対三迫仁志（日本野口＝NBA世界第二位）の東洋フライ級タイトル・マッチの十二回戦は十五日夜バンコックで七千の観衆を集めて行われたが、三迫は決定的なパンチを欠いて判定で敗れた。

キングピッチは最初から攻勢に出て優位に立ち、六回の三迫の反撃をかわし、さらに十回以後も反撃に出た三迫を退けて判定勝となりタイトルを防衛した》（昭和32年9月16日付／読売新聞）

この敗戦で、三迫仁志の世界挑戦は完全に断たれたのである。

＊

それでも、現役続行を表明した三迫は、翌月十四日にタイ人選手に判定勝ち。翌年二月九日には日本フライ級7位の浅見勝一に判定勝ちを収めるも、四月四日、日本10位の木村七郎相手に一方的に打ち込まれ、判定負けを喫してしまう。

「この後、野口先生と二人で飯を食いに行った。そのとき『お前には第二の人生がある。身を引け』って言われた。俺はまだやるつもりだった。そしたら先生が、この詩を聞かせたんだ。『花は桜木　人は武士　散るべきときに散らざれば　いかでか人に惜しまれん』

すべてを察したよ。潮時だって」（三迫仁志）

カケ出しテレビマン

三迫仁志の引退後のことにも触れておく。

大澤武三郎の援助もあって、三河島に「レストランみさこ」を開業すると、物珍しさもあって、連日満員の客で溢れた。

それでも本人は、レストラン経営に真剣になれず、店を人に任せて、夜毎遊び歩いたりしていた。

身を持て余していた三迫に声をかけたのが、一九五九年に開局した日本教育テレビ（現・テレビ朝日）だった。

「『ボクシング番組を始めるから、手を貸してくれ』って声をかけて来たんだ。暇だったし引き受けたの。新入社員だから、とりあえず一通りやらされた」（三迫仁志）

人気ボクサーの就職は、社内で事件となった。「あの三迫がいる」と別の部署の社員が運動部を覗きに来た。入社当初に、直属の先輩として指導を任された永里高平は当時を振り返る。

「上司に『お前、レスリングやってたんだから、同じようなもんだろ。面倒を見てやれ』って言われて、新人研修に付き合うことになった。

最初は後楽園球場に一緒に行って、試合を観ながらスコアブックの付け方を教えた。そのスコアを野球中継のディレクターに渡すのが最初の仕事。必死にやってたよ。レストランもそのうち畳んだんじゃなかったかな」

三迫の第二の人生は、次のように報じられた。

《こうして三迫君はこの六月日本教育テレビ社員になった。二十六歳、明大商学部卒業の学士として報道部勤務、スポーツにはタッチせずニュースのディレクターをやっている。（中略）課長から「君はあすでもスポーツならできる。その前にディレクターとしての基礎をみっちりやれ」といわれた。「全部ふり出しです。チャンピオンになる辛さを思えば何でもない。とにかく一人前以上になることです。そうすれば発言もできる。そう思っています」と割り切っていた。

カケ出しジャーナリストの感想は「なかなか辛いこともありますね。複雑なところがあって、組織のなかで働いたことがないから気を使うんだ。過去の名声は「自分じゃ忘れているつもり」そうだが、かえってマイナスになることもあるらしい》（昭和34年9月6日付／読売新聞）

記事にあるように、報道部に在籍した三迫仁志は、ニュース番組の総合演出を任されるまでになったが、一年半在籍したのち退社する。

「テレビの世界なんて、俺には向いてなかったんだ」と自嘲気味に話す三迫だが、指導役だった永里は「いや、出世したと思う。辞めるって聞いたときは、もったいないって思った」と回想する。

退社してすぐの一九六〇年十二月、江東区塩浜に三迫ボクシングジムを開設する。

大学ボクシングウェルター級王者の高橋美徳（のち国際ボクシングスポーツジム会長）や、東京五輪バンタム級金メダリストの櫻井孝雄など、アマエリートを軒並みスカウトし、一般会員だった輪島功一を世界王者に育てるなど、大成功を収めたのは周知のことである。

プロモーター・野口修

ラジオ東京テレビ（現・TBSテレビ）のボクシング中継番組『東洋チャンピオンスカウト』のディレクターを務めていた森忠大は、ある日、番組のメインスポンサーである東洋工業（現・マツダ株式会社）の社長に呼び出され、広島の本社まで出向いた。

社長は、「広島市内でウチ主催のボクシングの興行を打ちたい。番組でそれを流してくれないか」と呑気に言った。

森は頭を抱えた。映画『仁義なき戦い』の舞台として知られる広島は、そのモデルとされる山村組や岡組、安原会など、映画のように様々な組織が跋扈し、それらが複雑に入り組むことでどうにか均衡が保たれていた。

その広島でボクシングの興行を催すなど、「燃え盛る炎の中に、ガソリンとダイナマイトを同時に放り込むようなものだ」と森は戦慄した。対応次第では、発足間もない東京放送が広島やくざの食い物にされかねない。

森は目黒の野口家を訪ねた。「その方面に顔が利く」と以前から耳にしていたからだ。

「広島には適任の男がいる。心配は要らん」

会長の野口進はそう言うと、広島県モーターボート競走会会長の岩田幸雄を紹介した。

今日出海の小説『海賊』（毎日新聞社）のモデルとなる岩田幸雄は、児玉誉士夫が率いた児玉機関の幹部として、戦前、戦中と上海に滞在していた。つまり、野口家と交流を持っていたのだ。紹介状を懐に、森は夜行列車で広島に向かった。

そのとき、同行したのが野口修だった。

「修ちゃんと会ったのはそれが初めて。広島では心強かった。岩田幸雄からは可愛がられていたし『若いのに切れる男だ』とも感じた。無事に興行をやれて、肩の荷が下りたよ」

余談になるが、このとき、広島の岩田一族とつながりを持った森忠大は、後年、早大の同級生の吉原功が興した国際プロレスのスポンサーとして、岩田弘なる人物を吉原に引き合わせた。「三ツ矢乳業社長」の肩書を持つ岩田弘は、岩田幸雄の甥である。

＊

序章でも触れたように、筆者は本書の取材のために、作家の安部譲二を自宅に訪ねた。

戦後間もない時期から安藤組の組員として渡世を歩いた彼は、野口修とは浅からぬ因縁があった。

「なぜ、修なんかを書こうと思ったんですか」

筆者を見ながら、不思議そうに尋ねてきた。

「仏さんのことを、とやかく言いたくはないんだけど、あいつにはいい記憶がなくてね」

昭和三十年代前半のこの時期、野口修は野口拳の主催興行以外に、地方のボクシング興行に関係することが増えていた。

当時、安部譲二もボクシングの興行を頻繁に手掛けており、ある事情から、修に協力することになった。その場所がどこかは記憶にないという。

そのとき、安部は別の関係者から、妙なことを言われた。

「お前さん、野口さんの子分なんだって？」

修自身が吹聴していた。覚えのない扱いに、血気にはやる渡世人が怒るのは当然のことだ。

最終的に引けない場面までいった。修から詫びはなかった。

「その後、仲介に入った人がいて、その人の顔を立てたんです。結局、その興行から手を引きました。それ以来、修とは会っていません。

狭い世界だから見かけることはありましたよ。でも、顔は合わさないし口も利かない。ただ、同じような話を耳にしました。修は人と、そういう嫌な別れ方をするんです」

野口修が、プロモーターとして頭角を現わすのは、この時期からである。

第八章　散るべきときに散らざれば

二〇一五年五月二十二日、生放送のテレビ番組『バラいろダンディ』（東京MXテレビ）に、ビートたけしがゲスト出演した。新作映画のプロモーションに来たのである。

前身の番組を立案し、タイトルの命名者でもある筆者は、構成作家として番組に参加していた。

余談になるが、番組内で女性アシスタントを「バーディ」と呼称するのは、生前の野口修が、戦後の水商売の女性をそう呼んでいたことに由来する。「口うるさい小鳥」の意味である。

ビートたけしには、以前から訊いてみたいことがあった。さすがに、これほどの大物に取材を依頼して、受けてもらえるとは思えず諦めていたが、突如ゲスト出演の一報がもたらされた。

しかし、番組の構成を任されているとはいえ、接する機会は得られず、打ち合わせから生放送まで、あっという間に終了してしまう。このままでは話す潮合を逸することになる。

ポケットに両手を突っ込み、楽屋を後にしたビートたけしは、十人以上の取り巻きを文字通り引き連れるように、エレベーターの前まで歩を進めた。

これだけの数の人間が周辺を固めながら、誰一人言葉を発しようとしない、奇妙な静寂が場の空気を支配していた刹那、筆者は勇を鼓して背中越しに問うた。

「あの、師匠は、野口恭の試合はご覧になっていますか」

すかさず、本人が振り向いた。

怒られるのは覚悟していた。関係者の叱責も想像していた。それでも、何もしないよりはましだと思った。それができないのなら、ノンフィクシヨンなど最初から書かねばよい。虚勢ではなく本当にそう思う。

右のような想いが同時に去来した、ほんの数秒ののち、ビートたけしは特徴的なあの声のトーンで、こう言った。

「左だろう」

YESでもNOでもない意外な回答に何も返せないでいると、「野口恭の試合は観てるよ。中学生の頃に親父に連れられて、浅草の公会堂で。二、三度観てるかな。左のいい選手でさ」と言った。「左」とは、ボクシングにおけるサウスポースタイルのことである。

「そうですか」と返すのがやっとの筆者に、底意を察してくれてか、こうも言った。

「基本はファイターなんだよね。手数が多くて前に出る。それで脚も使うから上手い選手なんだよ。左がフィニッシュに来るのが判っているから、相手はなかなか入っていけない。そういう選手ってやっぱり強いよ」

昨日も今日も観たように、六十年前のことを話してくれた。優しい目をしていた。

「それはボクシングの話ですか。浅草公会堂でボクシングをやっていたんですか」

傍らに立っていたマネージャーと思しき、体格のいい男性が、たけしに話しかけた。

「そう、昔は浅草公会堂でボクシングをやってたんだよ。漫才で舞台に立ったとき『ああ、ここでボクシング観たなあ』って思ったもの」

中学生のビートたけしが観戦した浅草公会堂の興行だが、多くは野口家の手打ち興行だった。この時代、上野、浅草界隈の興行を仕切っていたのが、旧愛国社の大澤武三郎だったからである。

青年時代にヨネクラジムに通っていたというビートたけしだが、豊富な知識は評判に違わず、少年時代にボクシングに夢中になっていたことも窺えた。

ビートたけしへの質問は、実はある人物に指教されて試みたものだった。

「野口恭さんの試合？　それなら、たけしさんが詳しいと思う。俺はその時分、家にテレビがなかったし、観戦に行く金もなかったから、間に合ってないのよ」

そう教えてくれたのは、雑誌の取材で顔を合わせた片岡鶴太郎である。

「俺が本格的にボクシングを見始めたのは、『フライ級三羽烏』（ファイティング原田・青木勝利・海老原博幸）の頃。だから野口恭さんも、その前の三迫さんも全然観てない。でも、たけしさんなら野口恭さんの試合は観ているはずだから」

プロボクサーのライセンスを持っていた彼は、かつてビートたけしと同じ所属プロダクションの先輩後輩の仲にあった。二人がボクシング談義に花を咲かせただろうことは察しがついた。

ともかく、これまで多くの人物に取材をしてきたが、野口修の実弟、野口恭の試合を客席から観戦し、実相を詳しく伝えたのは、ビートたけし、ただ一人となる。

ベビーボクシング

三迫仁志が現役を引退すると、野口修は父に代わって、家業を任されるようになった。

手始めに修は「拳闘」の看板を外し「野口ボクシングクラブ」と改称する。

一九五九年十月には、興行会社として、株式会社野口プロモーションを設立、代表取締役社長に就任する。道場の代表は野口進のままだが、修は興行の責任者となった。

翌年の九月三十日には結婚もしている。相手は浅川和子という同い年の女性で、里野の薦めによるものだったという。

修の希望は、弟の野口恭に託された。白星街道を走る弟を、三迫仁志に続く、野口拳二人目の日本王座に就かせようと考えた。

《親に似ない子のことを、俗に、鬼ッ子だという。似ない、という点では、たしかにその通りだから、野口拳のフライ級選手、サウスポーの野口恭は鬼ッ子である。（中略）

野口一世の物すごかったファイトぶりを頭にえがきながら「なるほど、親父のオモカゲはカケラもない」と感に堪えるといっしょに、「まだ、ほんのグリーン・ボーイだが、カンはなかなかよろしい。これからの精進一つで、ものになるかも知れない」と期待したのであった。（中略）

むろん、すべてはこれからで、先はながいが、

サウスポーの有利さを、生かすことも、ようやく心得られるようになった様子》（『ボクシング・マガジン』1956年12月号）

ビートたけしも言うように、恭はファイター一辺倒の父とは正反対の技巧派で、この時代のボクサーには珍しいサウスポーだった。

では、ボクシング一筋の武骨な男かと言えば、そうでもない。兄に劣らぬアイデアマンとしての一面もあった。

《ベビー・ボクシングというのがある。その名の示すように、子供のボクシングだ。元祖はアメリカだが、日本でも一人の青年ボクサーの、子供たちに対する愛情から芽をふいた。東京にオリンピックが決まったとき、それまで四十人ぐらいの会員が一度に六十人以上にふえたという。ささやかながら〝ここにブームあり〟といえよう。その青年は、全日本フライ級二位の野口恭君（二〇）。（中略）

恭君がベビー・ボクシングをはじめるようになったのは、遊び場に飢えている子供たちと一緒に遊んでいるうちに思いついたからだという。（中略）

賞品はお菓子。最近は某製菓会社がスポンサーになってくれたので、お菓子にはこと欠かなくなった。費用は全部恭君のポケット・マネーから出ているから、子供たちに謝礼はいらない》（昭和34年6月14日付／読売新聞）

後年、金平正紀の協栄ジムに所属し、「日本人初の海外世界王座奪取」を成し遂げた西城正三は、このベビーボクシングの出身である。

「子供の頃、目黒に住んでいてね。行人坂をローラースケートで遊んでいたら怪我しちゃって、偶然通りかかった恭さんに手当てしてもらった。ベビーボクシングに参加するようになったのはそれがきっかけ。あのとき出会わなかったら、ボクシングはやっていないと思う」（西城正三）

教室は週に三回。準備運動に始まり、腹筋、縄跳び、腕立て伏せなど基礎体力を養うものから、シャドーボクシング、ミット打ち、サンドバッグと初歩的なもの。時々スパーリングを行い、泣き出す子をあやすのは里野の役目だった。新居浜で父が開いていた拳闘教室が原型にあった。

「お父さんの進先生は、子供たちに挨拶を教えていたね。『おはようございます』『ありがとうございます』『失礼します』そういうことをやかましく言っていた。だから親に好評でね。最終的には百人くらいまで膨れ上がったのかな」（西城正三）

野口恭の人柄に拠るところが大きかったというのは、次の証言からも判る。

「本当は恭坊にも、プロモーターの資質があったと思うのね。ベビーボクシングなんて、なかなかのアイデアだと思っていた。

でも、あいつは人がよすぎた。性格は本当に最高なの。月謝も取ればいいのに取らない。夏は子供たちを連れて海水浴に盆踊り。冬はクリスマスパーティ。それを、全部手弁当でやるんです。兄弟でも修なんかとは正反対だったね」（野口恭と終生親交を持った作家の安部譲二）

「プロモーターは儲からない」

日本フライ級1位となった野口恭は、当時の日本フライ級王者、米倉健司のバンタム転級にともなう王座返上で空位となったベルトを、2位の福本篤人と争うことになった。

下馬評では圧倒的有利の野口恭だったが、まさかの判定負けを喫する。

「福本は興伸か……興伸は銀座警察だなあ」

修は新聞記事を手にしながら呟いた。

「銀座警察」とは銀座界隈を仕切っていた新興のやくざのことで、興伸ジムのオーナーである。

「銀座警察は『興行権をくれ』と言ってきた。俺は『弟が1位だ』と譲らなかった。そしたら、福本のファイトマネーに十万円（現在の価値で約二百万円）を要求してきた。俺はそれを七万（同、約百三十万円）に値切ってやった。

向こうは『会場で酒を売る権利を寄越してほしい』とも言ってきた。それも断ったら随分と揉めたんだった。そしたら、弟は負けるし、俺もボロクソに叩かれた」（野口修）

多少の脚色はあろうが、右の証言をほぼ事実と判断するに、古参の会長や関係者を立てない態度が批判されるのは当然である。人に慕われる父や、愛される弟とは対照的に、修は敵を作りすぎていた。鬼子とは、むしろ修自身だった。

右のいきさつから、日本フライ級新王者となった福本篤人の所属する興伸ジムは、野口家の挑戦要求を一切無視した。日本1位にありながら、一年半もタイトルマッチから見放された野口恭こそいい面の皮である。

そこで修は、日本王座を飛び越え、東洋フライ級王者になっていた矢尾板貞雄への挑戦をまとめた。二年前に野口恭、三迫仁志と連続して煮え湯を飲まされた矢尾板は、野口家にとって是が非でも倒さねばならない相手だった。

そうでなくても、矢尾板貞雄の商品価値は高かった。世界フライ級2位の矢尾板に勝てば、王座奪取と世界ランキングが見えてくる。修は、三迫に対戦要求が殺到したのと同じ手を用いたのだ。

一挙両得を狙った東洋タイトルマッチだったが、ノンタイトル戦ながら世界王者のペレスを破り、東洋王座を二度防衛していた矢尾板貞雄は強く、野口恭は判定であえなく敗れてしまう。

「三迫のときも思ったけど、うまくいかないもんだと思ったね。いくらお膳立てしても、選手が勝たなきゃ意味がない。だから、プロモーターってのは儲からない商売だと思った」（野口修）

「プロモーターは儲からない」とは、真剣勝負を前提としての発言なのは明らかだが、その真意は「真剣勝負は金儲けには向かない」ということにほかならない。

親子日本王者

「おじいちゃんが父のことを相手にしなかったことは、一応は聞いていました。なんで、実の息子に冷たくしたかは判らないけど、多分よその家の子を、大事にしたい気持ちからだと思うの。

父は三迫会長には複雑な想いがあって……でも、父が亡くなったとき真っ先に駆けつけたのが、三迫会長だったのよね」（野口恭の長女、野口詩延）

孫娘も聞き知っているように、野口進は、三迫仁志に注いだ愛情の半分も、二人の実子には注がず、ほとんど関心を払わなかった。

競技には背を向け、プロモーターの道を歩んだ野口修が、父の存在を俯瞰して見たのに対し、競技の世界に飛び込んだ野口恭にとって、父は冷淡で理不尽な存在だったのかもしれない。

そもそも、兄や三迫仁志と同じように、明治大学に進学するつもりだった恭に、「お前は三迫の練習台なんだから、大学には行かせない」と、父は進学を断念させていた。愛情を注がないばかりか、犠牲まで強いていたのだ。

昔気質の野口進が三迫仁志への愛情を優先させたのも、指導者的見地に立てば珍しくはないが「食卓で三迫が箸を取るまで、家族の誰にも箸を取らせなかった」（野口修）のなら、多感な時期の少年が、複雑な感情を抱くのは当然だろう。

そんな状況下で二度もタイトルマッチの機会を得ながら、いずれも敗北を喫した野口恭を、父が歯牙にもかけなかったことは察しがつく。

「弟は三迫とはタイプが全然違う。三迫は不貞腐れても、遊びに連れて行けば、翌日はすっきりしている。でも、弟はいつまでもうじうじ悩んでいる。それで最後はお袋に泣きつく」

晩年、弟をそう評した修だったが、この頃はそう悠長に構えてもいられなかった。

銀座警察の事務所で直談判に臨んだ野口修は、風呂敷に包んだ三十万円（現在の価値で約六百万円）を差し出し、ようやく、王者、福本篤人との再戦をまとめたばかりだったからだ。

＊

猛練習を課しながら、勝負どころで結果の出せない野口恭にとって、最も必要なのは、ロードワークの距離でもスパーリングの数でもないことは、関係者の誰もが感じていた。

《野口は大試合に弱い。家族ぐるみの応援がかえって仇となり、決定戦のときも野口はすっかりイ縮してしまった。エンジンがかかるまでに福本にポイントを奪われると後半苦しくなる》（昭和36年4月27日付／日刊スポーツ）

試合前夜、父は恭にこう言い放った。

「明日、もし勝てないようなら、いくらやっても無駄だ。そうしたら、お前は拳闘からきれいさっぱり足を洗え。いっそ堅気になれ」

一九六一年四月二十八日、日大講堂に四千人の観衆を集めて行われた日本フライ級タイトルマッチは、序盤から得意の左ストレート、右フック、アッパーと、手数を多く繰り出した野口恭が王者を圧倒、野口拳二人目の日本王者誕生となった。

それ以上に特筆すべきことは「日本ボクシング史上初の親子日本王者」になったことだった。

その後、五十三年もの間、この記録に並ぶ親子は現れず、二〇二〇年九月現在、親子日本王者は三組だけしかいない（野口進・野口恭／カシアス内藤・内藤律樹／寺地永・寺地拳四朗）。

チャンピオンばんざい

「拳闘の判定は、按摩でも判るようなものでなくてはいけないんだ」

そう言って、新王者となった息子を怒ったという野口進だったが、喜びは隠せず、医師から止められていた酒を呑み始めた。

「それまでも先生は、何度も血を吐いて酒を止められていたんだけど、恭ちゃんの祝勝会からまた呑み始めた。みんな何も言わなかったけど、明らかに普段と違う呑み方をしていた。そこから、連日連夜、呑み続けたらしいんだ」（三迫仁志）

新王者となった野口恭は、試合の翌々日から、熱海一帯に勢力を張る稲川角二の招待で伊豆旅行に出かけた。修は興行の事後処理に忙しく、母の里野も後援者への挨拶回りで終日出払った。

自宅には父だけが残された。

結局、父は酒を呑み始めた。間の悪いことに、恭の戴冠祝いで一升瓶をぶら下げた来客が、ひっきりなしに目黒に顔を出した。それをいいことに、酒を呑み干してしまうのだ。

酒瓶が空になると、練習している選手に買いに行かせた。そしてまた酒を呑む。別の来客が来る。酒を呑む。そればかりを何日も繰り返した。家の中に空瓶が何本も転がった。

見かねた修がいくら止めても、父は狂ったように呑み続けた。最初は泣いて止めた里野が、そのうち何も言わなくなった。

呑み始めて五日目の夜、手洗一杯に吐血した野口進は、そのまま昏倒する。診察した医師は「脳溢血を起こしています。助かりません」と言った。

「この際、医者なんかあてにならないと思った。奇跡を起こしたかった」と野口修も回想するように、家族全員で必死の看病を行った。

三迫仁志ら門下生も集まった。僧侶、神主、祈禱師まで呼んだが、意識は戻らなかった。

佐郷屋留雄が霊媒師を連れて来た。しばらく何やら唸り続けた霊媒師だったが、程なくして「これは……」と絶句した。

「どうなすったんですか？」と里野が尋ねると、「もう、帰って来られませんな」と諦めたように霊媒師は言った。

野口恭の王座奪取から九日後の一九六一年五月七日、稀代の拳闘家にして右翼活動家の野口進は、五十三年の生涯を閉じた。

「野口氏についてはいろいろ語られているが、ともかく豪傑で、明治時代の体臭がプンプンしていた。大げさかもしれないが、〝明治〟がなくなってしまった感じだ」（ボクシング評論家の郡司信夫／昭和36年5月9日付／日刊スポーツ）

自宅の壁には、吐いた血を指でなぞって「恭チャンピオン　ばんざい」と書かれていた。

散るべきときに散らざれば

野口進の死に様について、《緩慢なる自殺を試みていたのかもしれない》（『月刊公論』１９９０年８月号）と書いたのは『ボクシング・マガジン』元編集長の山本茂である。

ただし、野口進にとって本来死ぬべきときは、上野駅頭で元首相の若槻礼次郎を襲撃しながら、はたせなかった一九三三年十一月二十一日ではなかったか。「武士」を自任していた彼にとって、討ち損じは恥辱でしかない。

仮に討ちはたしたとしても、死を選ぶのは、士道の倣いである。

日本社会党委員長の浅沼稲次郎を刺殺した、十七歳の山口二矢は、拘置されていた東京少年鑑別所でシーツを引き裂き、首吊り自殺をしている。野口進の死の前年のことである。

山口二矢の葬儀は、大日本愛国党の主催で盛大に行われた。日本中の右翼関係者が集った。野口進も列席している。志を貫き死んで詫びた少年に、彼は何を思ったのだろう。

世間を騒がす事件を起こしながら、《まだ見ぬ愛児への執着》（昭和8年11月25日付／東京朝日新聞）に、自死を踏み止まった野口進の後半生は、事件以降、至って受動的となる。出獄後に上海に渡ったことも、帰国後に新居浜に移り住んだことも、いずれも、要請を承諾してのことで、彼自身の素志ではなかった。

　新居浜で出会った少年、三迫仁志の存在だけが彼を能動的にさせた。

「こいつを日本一の拳闘家にする」――そのことだけが生きる動機となった。実子に関心を払わないのも、当然と言えば当然だった。

　それでも、常に〝死に時〟と〝死に場所〟を探していたふしがある。

「先生と一緒に行ったマニラ遠征。あのとき先生は本当に死ぬつもりだった。だって、遺書を書いていたんだもの。『お国のために死ねる』って、むしろ喜んでいた」（三迫仁志）

　死ぬつもりで渡航したマニラだったが、望外の歓待を受けてしまう。大統領にも面会した。多くのアジア人と酒を酌み交わし、語り合った。人脈も作った。最高の二カ月を過ごし、死ぬどころか気分をよくして帰国した。

　いよいよ、死に時が判らなくなったときに、唯一の希望だった三迫仁志が現役を引退する。多くの関係者も証言するように、これ以降は別人のようになり、受動的ですらなくなった。ここから「緩慢なる自殺」に進んだのではなかったか。

　そして、実子の野口恭が日本王者になったことで、生の目的は完全に達せられ、死の領域に踏み入れたとすれば判りやすい。

「散るべきときに散らざれば　いかでか人に惜しまれん」

　引退を渋る三迫仁志に贈った一首には、彼自身の本懐が込められていたのだ。

　野口進は葉桜のように散った。

＊

　家長が鬼籍に入ったことで、野口家を取り巻く環境はにわかに変化が生じた。

　未亡人となった野口里野が、野口ボクシングクラブの代表職に就いたが、実質的に家長の座に収まったのは長男の修だった。

　繰り返すが、修の評判は芳しいものとは言えない。閉鎖的で古い業界の体質もあったが、修自身の振る舞いによるところも大きかった。

　以前なら「野口先生の御長男だから」といった声が悪評を覆い隠したが、それがなくなった。野口家への風当たりは、自然と強くなった。
「もし、あの時期に先生が亡くならなかったら、修ちゃんはキックボクシングを始めなかったと思う。先生が許さなかっただろうし、本人もやる気を起こさなかったんじゃないの」（三迫仁志）
風当たりを防ぐどころか、修は自ら風を起こし始めた。

腸捻転

戦前以上の活況を呈していたボクシングに、この時期、接近したのが、新興のメディアのテレビジョンである。

白井義男の世界戦を独占中継していた日本テレビが、一九五四年十二月より『報知ダイナミックグローブ』の放映を始めたのを皮切りに、翌年にはラジオ東京テレビ（現・TBSテレビ）が『東洋チャンピオンスカウト』を、五九年二月からはフジテレビが『ダイヤモンドグローブ』をスタートさせている。

番組一回分の制作費は平均二十万円（現在の価値で約四百万円）。「五十万円は下らない」と言われた歌番組やドラマよりぐっと安く、この年、七月の電通の調査によると『ダイナミックグローブ』と『東洋チャンピオンスカウト』の視聴率は月平均25%を記録している。金曜夜十時と比較的遅い時間に放映していた『ダイヤモンドグローブ』でさえ月平均19%で局内1位となるなど、軒並み高い数字を弾き出した。

それを見て、ボクシング中継に乗り出そうとしたのが、大阪の毎日放送（MBS）だった。

毎日放送にとってのキー局は、現在のように、TBSではなく、日本教育テレビ（現・テレビ朝日）だった。不本意な「腸捻転ネット」での開局を余儀なくされるも、キー局との関係を強めようと、低予算で数字の取れるボクシング番組の共同制作を持ち掛けた。このとき、立ち上げに奔走した営業部の社員が、後年、毎日放送社長に就任する斎藤守慶である。

提案に乗った日本教育テレビは、プロモーターの人選に入った。中継を行う上でプロモーターが、試合のマッチメイクから興行の煩雑な問題の処理まで担っていたからだ。

日本テレビは帝拳ジム会長の本田明、ラジオ東京テレビは極東ジム会長の小高伊和夫、フジテレビはＡＯプロモーション代表の塚原崇司をパートナーに迎えていた。

日本教育テレビがパートナーに選んだのは、弱冠二十五歳の野口修だった。

放映料が一回につき十万円（同、約二百万円）と、他局より安かったことだけが理由ではない。同じく一九五九年三月にスタートした『大相撲ダイジェスト』（当初の番組タイトルは『好取組待ったなし』）の立ち上げに由来する。

「ＮＨＫが大相撲のテレビ放映を始めると、各局も右へ倣えで中継を始めた。でも、一場所の放映料が馬鹿高い上に、全局でやるもんだから反応も悪い。そこで『いっそ、勤め人も観られる夜に流しませんか。放映料も安く抑えましょう』って最初に提案したのは、実は俺だよ。

『株式会社相撲映画』っていう相撲協会の子会社が、映画館や小学校で流す用に全部の取組を撮影していて、そこに目をつけた。でも、伊勢寅彦っていうワンマン社長を落とさない限り、交渉のテーブルに着けなかったんだ」（当時、日本教育テレビ運動部に属していた永里高平）

策に窮した永里が、伊勢寅彦の周辺を調べると、神戸の嘉納健治の存在が浮上してきた。伊勢の父親が嘉納の子分だったのである。

往年の嘉納健治は、国技館の興行権を握っており、彼の死後も関係者の多くが、あまねく利権に与っていた。伊勢寅彦もその一人だった。

「それで、目黒に出向いて野口先生に事情を話したら、二つ返事で紹介してくれた。それもあって『大相撲ダイジェスト』が始まった。だから、野口家には恩がある。ボクシング中継を始めるとなって、そこに現れたのが長男坊の修だった」

同じ年に現役を引退した三迫仁志が、日本教育テレビに入社したのも、右のいきさつと無関係ではないのだろう。

国際戦の代償

この時代、大人気を博していたボクシングの興行だが、行われる試合の多くは、日本人同士の試合がほとんどだった。

世界か東洋のタイトルマッチ以外で、国際戦が組まれるのは稀だった。国際戦が組まれると、切符は飛ぶように売れた。一九五四年から放映が始まったプロレス中継も、外国人との試合が、熱狂的人気の要因となっていた。

ボクシングの興行においても、右の理由から国際戦が期待された。在日フィリピン人プロモーターのロッペ・サリエルが窓口になっていたことから、来日する外国人はフィリピン人が大半となる。では、それ以外のプロモーターが、独自に海外のルートを開拓していたかと言えば、そうもいかなかった。理由は主に三つある。

一つ目は、ルートがなかったことである。

この時代の海外渡航は、限られた人に許された特権であり、興行関係者も例外ではなかった。アジア諸国において、戦時中の記憶は濃厚で反日感情は根強かった。伝手もないのに海外のプロモーターと接触し招聘に乗り出すリスクは、想像以上に大きかったのだ。

二つ目は、費用の問題である。

1ドル＝三六〇円という固定相場制の時代に、輸入にかかる負担の大きさは現在の比ではない。その上、外貨の流出を防ぐために、国内に流通する外貨のすべてが政府の管理下に置かれ、自由貿易は事実上制限されていた。ただでさえ負担が大きいのに、大蔵省からの外貨割当では、補塡できないことも珍しくなかった。

三つ目は、真剣勝負の代償である。

外国人選手を招聘したプロレスが大人気を博したのは、ヒーローの力道山が、悪党の外国人を打ちのめしたからである。勧善懲悪のストーリーに世間が熱狂したのは、勝敗が事前に決められたプロレスだからこそ可能だった。

しかし、真剣勝負で行われるボクシングの試合において、日本人が必ず勝つ保証はどこにもなかった。特にアジアにおける最大の選手供給国で、すでに三人の世界王者を輩出するフィリピンは、多くの日本人ボクサーの壁となっていた。プロモーターにとって、日本人が敗北を重ねる危険性はなるべく避けたかったのだ。

この時代、国際戦をほぼ一手に担っていたプロモーターのロッペ・サリエルは、これらの問題をすべてクリアする、唯一のボクシングプロモーターだったことになる。サリエルに依頼すれば、条件に合致したフィリピン人選手が招聘できた。

日本のプロモーターが海外市場に魅力を感じなかったわけではまったくない。問題が解決されるまで、時期尚早と感じていたのだ。

くろがねサンデー・グローブ

野口修とタイのボクシング界の結びつきは、この二年前、東洋フライ級王者のポーン・キングピッチに、世界フライ級2位の三迫仁志が挑戦した試合に端を発する。

当初、野口修はロッペ・サリエルのように、積極的に海外から選手を招聘しようと考えたわけではなかった。

「三迫が負けたんだから、もう用なんかあるはずがなかった。でも、『ポーンが世界ランカーになれたのはあなたのお陰だ』なんて感謝されて、バンコクに何度も招かれた。『安くていいから日本に呼んでくれ』って、いろんなプロモーターを紹介された。

日本のプロモーターは、誰もタイに関心を持っていないからライバルもいないし、タイはフィリピンと違って親日国だから、仕事はしやすいだろうと思ったんだ」（野口修）

新番組のスタートまで二カ月を切った夏のある日、バンコクから帰国した野口修は、番組ディレクターの永里高平にこう話した。

「ウチの目玉はタイ人との国際戦です。AOプロがフィリピンならタイでいきましょう」

永里は不安を抱いた。視聴者の関心もそうだが、実力的にも、この時代のタイ人ボクサーは未知数だったのだ。

「他の興行から依頼があれば、招聘したタイ人を出場させてもいいか」という修の相談を、永里があっさり了承したのも、タイ人に特別な価値を見出さなかったからである。

「全然構わなかった。むしろ、よそで先にやってもらいたいくらい。だって、恭坊とか海老原とか、修の持っていたカードは、日本人だけでも充実していたからね」（永里高平）

永里が懸念したのは、野口プロの資金繰りのこともあった。タイから選手を一人呼ぶだけで、マネージャー、トレーナーと、最低でも二人分の経費がかかる。早大時代、アマチュアレスリングのトップ選手として国際試合を戦ってきた永里は、師八田一朗が無理を重ねて、海外から選手を招聘していたのを見ていたのだ。

「ウチは流すだけだからいいんだけど、あまり負担をかけると興行が赤字になる。最初から無理をしなくていいよ。気長にやろう」

永里がそう案じると、「心配には及びません」と、修はにべもなく言った。

＊

野口修がプロモートを担った日本教育テレビの新番組『くろがねサンデー・グローブ』（毎週日曜午後十時放映）の第一回目の放送は、十月十八日に浅草公会堂で行われる、野口プロモーションの主催興行に決まった。

新番組の全体会議には、日本教育テレビと毎日放送の社員からなるプロデューサー、ディレクターをはじめ、編成と営業の担当者、各技術職の責任者、さらには、後援のスポーツニッポン新聞社の役員と担当記者が集まった。

その席上でプロモーターの野口修は「四人のタイ人選手の招聘を決めた」と発表した。

四人とは、タイ国バンタム級王者のサノン・ETC、タイ国バンタム級1位のベラノイ・チールレーン、タイ国フライ級5位のチャンチャイ・ルクマツリー、ランキング外のワンチャイ・パカソポンの四名である。

仰々しく響いた彼らの経歴だったが、本当のところは判然としない。

なぜなら、彼らはプロボクサーというより、全員がタイ式ボクシングの選手だったからだ。

タイ式ボクシング

野口修への聞き取り取材は、主に恵比寿駅前のビジネスホテルの二階の喫茶店か、彼が内縁の妻と暮らした自宅に程近い、駒沢公園に面したカフェで行うことが多かった。

取材を重ねるにつれ、ほとんどが近所のカフェになった。鬱蒼と茂った公園の木々を窓越しに望むと、筆者も都会の喧騒を忘れた。

野口修はこの店を好んでいた。もちろん、彼自身が遠出に難儀するようになったのもあったが、他のどの場所で会うよりリラックスしていたことは、はっきりと見て取れた。

「先生は御自宅ですか」

豊富な口髭から穏やかな印象の店主は、二杯目の珈琲を注ぎ入れると、決まって修にそう声をかけた。「先生」とは内縁の妻のことである。

「そうそう、今日は家で休んでる」

普段からこの店に顔を出しているらしかった。というより、もとは内縁の妻の行きつけなのだろうか。ともあれ、彼の住む自宅は彼女名義で、修自身は立場上、同居人にすぎない。

前述したように、都合の悪い話や秘しておきたい過去については、「知らない。憶えてない」を繰り返すなど、取材相手としての野口修は、決して平易な存在ではなかった。

が、ボクシングプロモーターとして歩き始めた昭和三十年代前半の記憶は至って明晰で、傍証を取ってもほとんどの辻褄が合った。そういった話の多くは、この店で回想されたものだった。

ただし『くろがねサンデー・グローブ』のディレクターだった永里高平に話が及ぶと、表情を小さく曇らせた。

「久しぶりにお会いしたくないですか」と水を向けると「別にいい」と、すげなく言った。

＊

新番組『くろがねサンデー・グローブ』の立ち上げに際し、すでに触れたように、野口修は四人のタイ人選手を招聘した。

十月十八日に決まった第一回目の放映は「日本対タイ」の国際戦になると誰もが思ったが、会議の席上で野口修は意外な一言を発した。

「日本で初めて、タイ式ボクシングの試合を披露します」

タイ式ボクシング、つまり「ムエタイ」である。ただし、その呼称はまだ定着していない。この時代は「タイ式」「シャム拳」「タイ拳」「タイ拳法」などと呼ばれていた。本書では「タイ式ボクシング＝タイ式」に統一する。

「隔週で通常のボクシングとタイ式ボクシングの二枚看板で勝負したい」と修は言った。

永里は異論を唱えた。

「タイ式ボクシングと言うが、せっかくタイ人を招聘するなら、まずはボクシングで、日本とタイの国際戦を売りにするのが先じゃないか」

何人かの人間が頷いた。すると修は「それもやります」と、手際よく試合の写真を配った。

「これがタイ式ボクシングの試合です。派手な蹴り合いで勝負します。迫力が違います。今度ウチの道場でお披露目会をします。一度見てもらえたら納得してもらえるはずです」と、かわした。

それでも、永里らテレビスタッフが難色を示したのは、「制作費の安いボクシング中継で高い視聴率を取りたい」という番組立ち上げの大義名分があったからだ。

「この時点でタイ式なんて言われても、日本人は知らないんだから反対もするよ。どんなものかも見たよ。でも、ピンと来なかった」（永里高平）

ただし、これより前から、タイ式ボクシングに関する情報は、日本に伝わってはいた。

一九五五年、タイ警察に空手を指導するために渡航した、日本空手協会首席師範の中山正敏五段と岡崎照幸三段は、帰国後、観戦したタイ式ボクシングの所感をスポーツニッポンに寄せている。

また、スポーツ専門誌『スポーツグラフ』（1958年2月号）は「メロディーにのったボクシング〝シャム拳〟」と題した特集記事を四ページにわたって掲載した。永里はこれらのことを知らなかったのだろう。

「日本人がいないわけだから、興味を集めるなんてできっこない」とも語った永里だが、実際に本場のリングで戦った日本人もいた。

渋谷に本拠を構えた安藤組の幹部にして、和道流空手四段の肩書を持つ西原健吾は、一九五八年二月二十二日、バンコクのルンピニースタジアムで、ライト級王者のポンサック・ヴィッチチャイと戦っている（結果は西原の2ラウンドKO負け）。

さらに、この年の九月には、柔術出身のプロボクサー、永島八郎が同じくルンピニースタジアムで試合を行っている（結果は永島の4ラウンドKO負け）。

日本では一切報じられなかったこれらの試合を、テレビ局員の永里高平が知る由もないのだが、タイのプロモーターと関わりを持っていた野口修は、そのことを把握していた。

「永里さんに少しでも理解があったら、ボクシングとタイ式を交互にやれた。NET（東京）がボクシングで、MBS（大阪）はタイ式とか、面白いことができたのに」（野口修）

再度永里に尋ねたが、答えは同じだった。

「やっぱり反対したよ。だって、ボクシング番組を始めるってことで、枠を開けて番組を立ち上げたわけだ。共同制作っていう神経質な問題もあった。放送と関係ないところで、あいつが勝手にやるなら構わないよ。ウチもMBSもスポンサー探しに必死だったけど、『人気のボクシング』って殺し文句があったから、枠を売れたんだから」

また、「レスリングをやってきた俺は、蹴っ飛ばすのは好きにはなれなくて」とも言った。

しかし、反対意見ばかりでもなかった。

視聴率も制作費も直接の関係はない後援のスポーツニッポンは、「タイ式ボクシング」という聞き慣れない響きに飛びついた。新聞は売れなければ話にならない。

「本場バンコクで観ているのは、この中では野口さんだけです。尊重しましょう」と概ね同意した。改めて話し合われ、タイ人同士によるエキジビションマッチということで決着を見た。

興行当日、スポーツニッポンは朝刊の紙面を大きく割いて「タイ式ボクシングが日本初公開」と大きく見出しを打っている。

祈り

午後六時五十分から始まった「野口プロモーション旗揚げ興行」は、東日本新人王予選（四回戦）が六試合と、セミファイナルとメインイベント（六回戦）の合計八試合が組まれた。

それを、夜十時からの録画放映に間に合わせるために、二台のオートバイを使って、三試合分収録するごとに、浅草から六本木の日本教育テレビまで運んだ。最初の一台は往復となる。

放送局で待機している別のディレクターが、バイカーから収録済みの2インチテープを受け取ると、永里が記したメモ書きを参考に、試合をダイジェスト形式で編集する。当然、すべての試合の編集を終えるより早く、放映時刻の午後十時を迎えるため、編集し終えたテープから順に流す。

　最後のバイクに同乗して帰社した永里も、放映している横で、メインイベントの編集を済ませ、放送終了に間に合わせる。ディレイ放送のない時代の際どい手法と言っていい。

「CMを引いて五十二分とか……だったかな。足りないと、試合前の選手のコメントを多めに撮っておいたりして、どうにかつないだ。

　会場から会社に戻るときが、やばいんだ。やくざの車にぶつかって、追っかけられながら会社まで戻ったこともあったし、バイクがエンストして、タクシーを拾ったこともあった。今なら考えられんよな」（永里高平）

　試合が始まった。東日本新人王予選の六試合中、四試合が判定、二試合が引き分けに終わると、セミファイナルに出場するサノン・ETCと、ベラノイ・チールレーンの二人のタイ人がリングに上がった。

　二人はリング上で何やら動き始めた。謝っているようでも泣いているようでもある。不思議な動作に観客はぽかんとしている。

　それが終わると、二人はしゃがんだ体勢で、孔雀が大きく羽を広げるように、両手を大きく広げては、胸元で交差させる動作を三度繰り返した。その間、試合のない別のタイ人の演奏で、笛と太鼓が鳴り響いた。

　繰り返される奇妙な踊りと独特なメロディに、客席から笑いが起き始めた。

　彼らが見せたのは、「ワイクルー・ラムムアイ」と呼ばれる踊りで、「師（クルー）に礼を示す（ワイ）」という意味を持つ、タイ式ボクシングにおける試合前の儀式だった。

　現在、日本のキックボクシングのリングでも、タイ人との国際戦の試合前に、ワイクルーを披露する選手は時折現れる。笑いが起こる余地はなく、厳粛な空気に包まれるが、一九五九年の時点においては、儀式が珍妙に映ったのは、仕方がなかったのかもしれない。

　程なくして行われたエキジビションマッチは、緊張感のないものとなった。

《およそボクシングという概念からかけはなれた

〝格闘〟だった。演じたのはタイ国バンタム級選手権者サノン・ETC（二八）とC・ベラノイ（二〇）。はなれている時は互いに足を高くあげて相手の顔をねらう。接近するとひざでボデーをけり上げたり、ひじで顔面をたたいたりする。クリンチでもつれ合うと、面倒なとばかりに相手を首投げのようにして投げとばす。両手にはめたグローブをほとんど使わず、足による攻撃に重点がおかれている。（中略）

タイでは試合のたびに必ずタンカを用意しているというが、それほどの危険性は感じられなかった。試合の前に雅楽に似たメロディーに合わせて両選手がお祈りをしたり、試合中はそのメロディーが絶えず流されているので、むしろショーとしての要素の方が強かった》（昭和34年10月19日付／日刊スポーツ）

右のように報じられたこのエキジビションマッチが、日本で初めて行われた「打撃系格闘技」である。

＊

「修ちゃん、あれじゃあ、緊張感がない」

興行の翌日、六本木の日本教育テレビに顔を見せた野口修に永里高平は言った。昨晩のタイ式ボクシングのことである。

「さすがの修も、このときは返す言葉がなかったよ」と晩年の永里は苦笑する。

「日本でも成功間違いなし」と踏んでいた野口修だったが、そのまま導入してもうまくいかないことは、会場での冷笑と酷評が図らずも証明した。

二カ月後の十二月二十日に、再びタイ式ボクシングのエキジビションマッチを組んだ。このときも「サノン対ベラノイ」である。

「その後も何度かやったけど、義理でやっただけ。商売になるとは思わなかったし」（永里高平）

乗り気だったスポーツニッポンも、十二月二十日のエキジビションマッチは、結果だけ載せて、紹介記事すら書かなかった。

日本初上陸のタイ式ボクシングだが、当初の反応は散々だったのである。

第九章　死闘「ポーン・キングピッチ対野口恭」

野口修は、来日させた四人のタイ人ボクサーを、目黒の野口ボクシングクラブに住まわせた。道場には、かつての三迫仁志がそうしていたように、常時十人ほどの練習生が寝泊まりをしていた。タイ人ボクサーもここに放り込むことで、滞在費を浮かせたのだ。

おそらくこれは、在日フィリピン人プロモーターのロッペ・サリエルが、レオ・エスピノサ、ラリー・バターン、ロッキー・アラーデといったフィリピン人ボクサーを、自宅に泊めていたのを真似たものに違いなかった。自前の興行で独占せず、別のプロモーターから声がかかれば、出場させたのも同様である。

ただし、サリエルと違ったのは、野口修が招いたタイ人は、程々の選手ばかりだったことだ。

エスピノサのファイトマネーが、一試合十万円（現在の価値で約二百万円）を下らなかったのに対し、野口プロのタイ人選手は一万円（同、約二十万円）。テレビのボクシング番組が各局で始まった影響で、興行数が急増することを見越して、安く設定したのである。薄利多売である。

当時の各局の中継のラインナップを見ると、『くろがねサンデー・グローブ』が毎週のようにタイ人との国際戦を組むのは当然としても、他局でも、徐々にタイ人ボクサーが現れている。

十月二十八日「牧昭男対チャンチャイ・ルークマツリー」（ラジオ東京テレビ『東洋チャンピオンスカウト』）

十一月三十日「福本篤夫対ワンチャイ・パカソポン」（日本テレビ『報知ダイナミックグローブ』）

一月八日「矢尾板貞雄対チャンチャイ・ルークマツリー」（フジテレビ『ダイヤモンドグローブ』）

「選手が足りないのに目をつけて、修はタイ人をフル稼働させた。単価は安いからそんなに儲けも出なかったはずだけど、結果的にタイ人ボクサーが日本に定着することになった」(永里高平)

外国人ボクサーを滞在させ、マネージメントするという発想は、古い世代のプロモーターには考えもつかなかっただろう。ロッペ・サリエルは、仕組みを理解していたろうが、抱える選手が世界ランカーや東洋王者となれば、ギャランティを下げることはできない。

目黒に滞在した四人のタイ人ボクサーは、日本人選手と一緒に練習をした。

独特なリズムにシャープな動き、豊富なスタミナ、正確なペース配分など、学ぶべき点は多く、修はトレーナーを兼務することを彼らに命じた。

現在、日本のボクシングやキックボクシングジムの多くは、外国人を招聘して、トレーナーとして従事させつつ、選手として興行に送り出している。今となっては当たり前の慣習だが、この時代の野口修の発想に由来する。そのことは、もう少し記憶されていい。

＊

結婚して神楽坂に居を移した野口修だったが、タイ人ボクサーを練習生と同等に扱うのは、さすがにまずいと思ってか、自宅は彼らの住居に開放し、夫婦は近所のマンションに移り住んだ。

これより後の話となるが、当時のタイ人ボクサーの暮らしぶりが一般誌に紹介されている。

《プロモーターの野口修氏は、自宅(東京都新宿区矢来町58)を開放して、来日したタイ人ボクサーの宿にしている。

「ここなら同じ国の人たちといっしょで万事心強いし、お互いに励ましあってがんばるから調子は上上。それに日本の家庭生活を味わえ、ホテル住いでひとりぼっちでいるよりずっとよい」

と、なかなか好評。この一年あまりの間に、十人以上の選手が入れかわり立ちかわり寝泊りして、なかには半年以上も〝合宿生活〟を送った人もいる。(中略)

「今ではもう家族のようなものですよ。食事は口に合うようにと、うちのワイフがタイ料理の専門店へ味つけのコツを習いに行きました」と野口氏の話。はじめのうちは、ことばがわからなくてトンチンカンなことばかりだった。家事を切回しているお手伝いの中村ふみさん（55）も「毎日毎日がまるでエノケンの喜劇みたいでしたよ」と笑う》（『アサヒグラフ』1962年4月27日号）

ポーン・キングピッチ争奪戦

タイでは他業種で財産を築いたのち、プロモーターに転身する事例が少なくない。

不動産を営む傍ら興行の世界に足を踏み入れる者や、軍や警察の幹部から転身する者など様々である。ポーン・キングピッチの代理人であるトントス・インタラットも、もとは製薬会社を経営する実業家だった。

戦時中、日本軍から流れてきた薬品を拾うように集めて小売業を始め、程なくして、トントスプロモーションを設立。タイのボクシングビジネスに参入する。

少年時代からタイ式ボクシングの選手としてリングに上がっていたポーン・キングピッチとプロモート契約を結び、国際式（ボクシング）に専念させたことはすでに触れた。

転機となったのは、東洋王座の初防衛戦で、世界フライ級2位の三迫仁志の挑戦を退けたことである。世界5位までランキングを上げ、世界挑戦を現実のものとしたからだ。

一九六〇年四月十六日、ポーン・キングピッチは、六年間の長期政権を築いていたアルゼンチンのパスカル・ペレスを破って、タイ王国初の世界フライ級王者となる。結果的にではあるが、野口修が戴冠の橋渡しをした形となった。

これを機に、タイ人ボクサーは世界的に認められ、日本での待遇も格段に上がった。

同時に、野口修の人生も急旋回したのである。

＊

初防衛戦で前王者ペレスを退け、オプション（興行権）を摑んだポーン・キングピッチと、その陣営は、二度目の防衛戦に日本の関光徳を指名し、難なく判定に下した。

「つぎのタイトルマッチも日本で試合をする用意がある」（昭和36年6月28日付／読売新聞）と、代理人のトントス・インタラットが明言したことで、ポーン争奪戦の火蓋が切られた。

マスコミは、矢尾板貞雄の挑戦を熱望した。

世界フライ級1位の矢尾板貞雄は、前王者ペレスと二度にわたる死闘を繰り広げ、一階級上の世界バンタム級王者エデル・ジョフレと、敵地ブラジルで互角以上の戦いを見せるなど、経験と実績においてまったく申し分がない。

トントス自身も、「次期タイトルマッチの相手に矢尾板貞雄選手を選びたいが条件などの細目について日本側の回答を待っている」（昭和36年7月6日付／読売新聞）と具体的な交渉に言及している。

しかし、真っ先に交渉が整ったのは、矢尾板ではなかった。

《同月十四日＝トントス・野口会談は妥結。試合地は日本。キングピッチのファイト・マネーは五万ドル、諸経費（旅費、滞在費）七千ドル、合計五万七千ドル（二、〇五二万円）》（『週刊サンケイ』1962年1月1日号）

九月五日、単身バンコクに飛んだ野口修は、世界フライ級6位の野口恭を次期挑戦者にするため、いち早くトントスと会談を持った。

前回の関光徳戦における、契約金五万五千ドルを上回る金額を提示したのである。現在の価値で約八千万円に相当する。

「金はいくらかかってもいい。ウチも可能な限り助ける。世界戦をまとめてくれ」

NET（日本教育テレビから改称）運動部の永里高平は、東京を発つ前の修にそう伝えた。開局間もないNETにとって、世界戦を放映することで他局と肩を並べたい思惑があった。

こののち、モハメド・アリの世界戦の独占放送に始まり「モハメド・アリ対アントニオ猪木」「モスクワ五輪独占中継」など、スポーツ中継を看板に据えたテレビ朝日の原点は、このときのポーン・キングピッチ争奪戦にあったと見ていい。

しかし、話はこれでまとまらなかった。

《同月十五日＝契約書の調印まぎわに交渉は決裂。理由は、キングピッチ側が試合日を十一月七日から十日までのあいだと主張。野口側は十一月十三日にムーア・高山の世界フェザー級タイトルマッチが行われるので、不可能として同月二十日ごろ

を主張。ついに意見は一致せず、野口マネージャーは調印をやめて直ちに帰国》（同）

当時の心境を、晩年の野口修はこう詳述する。

「いつもの駆け引きだと思った。だから一端引いて、こっちからは連絡を絶った。それまでトントスは仲間だと思っていたから意外だったけど、まあ、これもビジネスだから」

修の言う「いつもの駆け引き」とは、前回の関光徳戦の際、調印寸前になって「東京の五月は寒すぎる。六月末を希望している」（昭和36年2月8日付／読売新聞）と日程に難癖をつけたことを指す。トントスの本心は日程にはなく、契約金の釣り上げにあった。

案の定、トントスから手紙が届いた。そこには「十一月か十二月に東京でノンタイトルをやらないか」（昭和36年10月9日付／日刊スポーツ）とあった。ファイトマネーは一万二千五百ドル（現在の価値で約千八百万円）だという。

これに対し、野口修は日刊スポーツの記者に、次のように話している。

「ノンタイトルで一万ドル以上など法外なので、さっそくことわりの手紙をだした。向こうからもう一度連絡があるまで、ほおっておくつもりだ」（同）

二十七歳の若きプロモーターは、売られた喧嘩を買ってみようと思った。

五万ドルの攻防

野口修との交渉が決裂すると、ポーン・キングピッチの代理人のトントス・インタラットは、矢尾板貞雄の所属する中村ボクシングジム会長の中村信一と交渉を始めた。

程なくしてAP通信は「ポーン対矢尾板決定」と打電している。十二月六日のことだ。

「俺は詳しい経緯なんか知る由もないし、現役のとき一度も知らされたことがない。『次の試合、決まったよ』って会長に言われて終わり。でもこのとき『キングピッチと試合が決まった』って聞かされたのは事実だよ」（矢尾板貞雄）

つまり、トントスと交渉していた中村信一は、ポーン・キングピッチへの挑戦権を一度は手にしたと認識していたことになる。

このとき「野口恭対チャチャイ・ラエムパファ（のち世界フライ級王者、チャチャイ・チオノイ）」のノンタイトル十回戦がルンピニースタジアムで行われたため、一報はバンコクに滞在中の野口修の耳に入った。というより、修がバンコクにいることを知った上で、トントスはこの情報を流したのかもしれない。

それでも、修は動かなかった。「矢尾板戦は絶対にまとまらない」と確信していたからだ。

なぜなら、トントスが中村と交わした契約金は、修が提示した額より二万ドル以上も安い三万五千ドル（現在の価値で約五千万円）であることを、摑んでいたのである。

「トントスの会社に薬を卸していた一人に、戦後も東南アジアに残った日本の軍人がいた。その人に情報を探らせていた」（野口修）

証言の真偽はともかく「矢尾板戦が決まったと知れば、野口は慌てて喰いついてくる」という、トントスの手の内が筒抜けだったのは間違いない。

事実、トントスは焦っていた。このままいけば、ポーン・キングピッチは世界1位の矢尾板貞雄と、敵地東京で、安い金額で戦わねばならない。これでは、なんのために難敵ペレスからオプションを奪い取ったか判らないではないか。

ポーンのトレーナーのソン・チットは「キングピッチのつぎの相手に全日本フライ級チャンピオンの野口恭選手（野口）を推す。（中略）野口をキングピッチのマネージャー、トントス氏に推薦する」（昭和36年7月20日付／読売新聞）と述べている。

トントス自身、「野口恭の方が矢尾板より組み易い」と見ていたのは明らかで、「次の防衛戦は野口で行く」というのは既定路線だった。中村信一と交渉に臨んだのは、契約金を釣り上げるためのブラフだったのである。

以降の経過を、産経新聞記者の石川輝は次のように書く。

《たまたま東京から某スポーツ専門紙の特派員某氏がかねてからトントス氏に接近していたが、トントス氏はこの某氏に野口マネージャーとの会見のあっせんをたのんだ。（中略）

そこで出たはなしは、当然ファイトマネーだったにちがいない。トントス氏が要求する五万ドルに対し、野口氏が切り出した額は三万ドル。その中間をとって四万ドル――という線が、どうやら当たらずとも遠からずではなかろうか。これにプラスの経費七千ドルで合計四万七千ドル（一、六九二万円）》（『週刊サンケイ』1962年1月1日号）

この結果、ポーン・キングピッチの三度目の防衛戦は正式に野口恭に決定する。

それも、最初に提示した金額より一万ドルも安く契約にこぎつけた。喧嘩に勝ったのだ。

仕掛けられた戦争

野口修は「契約金四万七千ドル（現在の価値で約六千八百万円）、もし挑戦者が勝ったら一試合分の興行権を譲渡する」という契約で、世界フライ級王者ポーン・キングピッチへの挑戦をまとめると、千駄ヶ谷の東京都体育館を押さえた。日程は三月二十三日に決まった。

総工費三億五千万円（同、約七十億円）をかけて一九五六年に竣工した東京都体育館は、収容人数が約八千七百人と、一九五四年に完成した蔵前国技館に次ぐ大会場だった。一九六四年の東京五輪では体操競技のメイン会場となっている。

野口修がここを会場に決めたのは、一日の利用料が五十万円（同、約二百万円）と格安だったのと、設営業者であるシミズスポーツサービスセンター（現・株式会社シミズオクト）に大学の後輩がいて、椅子とひな壇の設営が割安で収まる事情もあった。

九千人弱の収容人数は採算的にも合う。

入場料を平均千五百円と仮定して、六千枚捌けたとして九百万円、会場内での飲食代三割を多く見積もっても百万円、各方面からの祝儀は少なく見積もっても五十万円、協賛企業からの広告代八十万円、これに、テレビの放映料千五百万円と、TBSラジオの中継料四百万円を合わせて、三千万円（同、約一億二千万円）の総収入が見込める。

ここから、トントスプロに支払う千七百万円、会場使用料と会場の設営費、職人やアルバイトの食費、三割といわれる税金を引いても、八百万円以上が残る計算が立つ。

弟にファイトマネーの二百万円を渡しても六百万円（同、約二千四百万円）が純利益として残る。予定外の経費がかさんでも、どうということはない。

しかし、まったく思い通りにはいかなかった。トントス・インタラットは、手始めとばかりに、三月二十七日に変更を申し入れてきた。理由は判らない。四日後とはいえ、会場が空いているとは限らないのだ。

体育館の事務局に問い合わせると、首尾よく二十七日は空いており、業者にも日程の変更を伝えた。些細なようで、これらの手続きは思いのほか煩わしい。

しかし、これは序の口だった。試合前一カ月に迫った二月二十日、AP通信は次のようなニュースを配信した。

《【バンコク二十日＝AP】ボクシングの世界フライ級チャンピオン、ポニー・キングピッチと野口恭のタイトル・マッチは三月二十七日東京で行われることになっているがキングピッチのマネジャー、トントス氏は二十日「決められた期日にタイトル・マッチを行えるかどうか、あやしくなってきた」と語り、その理由として次の二点をあげている。

一、スポンサーがまだ決まっていない。

一、野口側から違約金支払いに関する条項の削除を申し込まれている。

また野口側はジャッジに予定されているナット・フライシャー（リング誌主筆）のかわりにフィリピンのジャッジを希望している》（昭和37年2月21日付／読売新聞）

これらの主張だが、いずれも世界戦を延期する理由にはならない。

「スポンサーが決まっていない」のはトントスプロの事情であり、「違約金支払いの削除」も修がトントスに配慮して言ったことだった。ジャッジの人選は、確かに話し合う必要はあったが、早急に決めるべき問題でもなく、そもそも、ジャッジのことで注文をつけてはいなかった。

野口修は、すぐに国際電話をかけた。

《その他の問題点も話し合いのすえ氷解した》（昭和37年2月22日付／読売新聞）と記事は経過を

伝えるが、実際は、スポンサーを日本からも募ることに協力させられ、ジャッジもアメリカ人のナット・フライシャーで了承した。違約金の条項だけは、野口側を尊重し削除したが、実際はどうでもいいことだった。

それどころか、旅費という名目で九千ドル（同、約千三百万円）の支払いを約束させられた。つまり、「氷解した」とは「妥協した」ことにほかならない。

「この九千ドルって、旅費でもなんでもなくて、余計に取られただけ。切符は半分くらいは売れていたし、業者にも前金を払っていて戻らない。だから、要求を呑むしかなかった」（野口修）

これで解決したかに思われたが、五日後、トントスは次のように発表した。

「三月二十七日に予定していた野口恭とのタイトル・マッチは、ポニーの右手負傷により延期せざるを得ない。（中略）ポニーは去る十九日ノンタイトル戦でフィリピンのベビー・デミリオネスをKOした際、右のナックルを負傷、さらに先週のスパーリングで悪化させた。（中略）試合の延期は不本意ながら、五月二十七日とするよう野口修マネジャーに電報する」（昭和37年2月27日付／読売新聞）

電報を手にした修は、目眩がしたという。

「大口の得意先が見つかって、千枚分のチケットを買ってもらったばかりだった」

デミリオネス戦を観戦し、試合後もバンコクに滞在していた修は、トントスやポーンと一緒に食事をしており、ポーンが指を痛めていないことは判っていた。また、試合後、一週間の休暇を取っていたポーンは、スパーリングどころか練習した気配すらなかった。そもそも、指を痛めていたなら練習などしないだろう。

それこそ、契約違反である。気まぐれに日程を変更させて、事態を混乱させているのは明らかだ。訴追の準備に入ろうとしたところで、違約金の条項を削除したばかりということに気付いた。

トントスが仕掛けたのは、紛れもなく戦争だった。契約金の一件でプライドを傷つけられ、怒り狂っていたのだ。

初のビッグイベント

結局、要望を受け入れ、五月下旬の変更に同意するしかなかった。

会場は東京都体育館にこだわった。同じ会場なら席番を変更せずとも済む。すでに売ったチケットも、払い戻し以外は回収しなくていい。回収した分は招待券か当日券に回して、印刷の手間を省こう。そのためには宣伝に力を入れて、なるべく、払い戻しされないようにしよう。青年らしく前向きに考えた。

しかし、東京都庁まで出向くと、貸し出しを断られた。二度のキャンセルが理由である。

「また、中止にならないとも限りませんのでね」

と女性の職員はすげなく言った。

日程は五月三十日、会場は蔵前国技館に変更した。四千枚以上捌いた前売り券はすべて払い戻し、チケットは新しく刷り直した。会場使用料は規約によって半分しか戻らず、業者に支払った前金は返って来なかった。この時点で八百万円（現在の価値で約三千二百万円）の損害である。

悪いことは重なるもので、前売券の売れ行きは一向に伸びなかった。営業部員には一日百件をノルマに、会社や工場を回らせたが、ほとんど効果はなかった。旧愛国社の人間を営業専門に雇ったら、一時的に売り上げが伸びたが、「あちこちで、恐喝めいた方法で切符を売りつけている」と警察に呼び出された。「右翼の悪い癖だ」と修は臍を嚙んだ。

NETと後援のスポーツニッポンも一丸となって、世界戦の宣伝に本腰を入れた。NETにとっては、開局以来初のビッグイベントなのだ。

「運動部の社員には一人十枚のノルマを課した。副部長になりたてで（世界戦の）特番のプロデューサーになった俺は、五十枚を自分に課した。俺が頼るのは八田（一朗）さんくらいしかいない。泣きついたら、三十枚くらい買ってくれた。だからこの日は、早稲田の運動部の学生がたくさん観に来た」（永里高平）

売り上げは、ほんの少しだが伸びを示し始めた。それでも、世界戦が決まった二月頃の勢いには到底及ばない。

「一度延期になった試合の売り上げは伸びない。余程じゃないと『もう一回買おう』ってならない。中止する一番の代償ってそういうところ。不思議なもので、これが同じ会場なら、そうでもない。

　それと、テレビの普及も少しは影響があった。昔は街頭の受像機くらいだったのに、銭湯とか、観られる場所が増えていたしね」（野口修）

　大会まで二週間を切ったある日、鬱々としていた修の許に一本の電話が入った。

「しばらくだな、元気でやってるか」

　電話の主は児玉誉士夫だった。

黒幕の足腰

《安保改定の黒子から日韓国交正常化の立役者》（『児玉誉士夫　巨魁の昭和史』有馬哲夫著／文春新書）という一文が示すように、この時期より、政財界の黒幕としての立場を顕在化させていた児玉誉士夫は、戦前の府中刑務所で、野口進と交誼を深めたことで、出獄後に上海への移住と、租界での慰問興行を要請した当事者である。交流は戦後も途絶えることなく続いた。


「いつも御招待いただいていましたから、小学生の頃より、ボクシングを観に行っていました。浅草公会堂ですよ。この頃は、何かを一緒にやることはなかったですが、ウチとは仲良しでした。

　両家で一緒に食事をしたこともありましたね。お父様の野口先生がお元気な頃で、お母様もいらして、修さんがマネージャー、恭さんが日本ランキングに入ったかどうかという売り出し中の時分で。私は恭さんの試合を何度も観ていましたから、『隣に座りたいなあ』なんて、そわそわしたもんです」（児玉誉士夫の三男の児玉守弘）

　試合が近付くにつれて、新聞は両陣営の様子を、重箱の隅を突くように報じた。若きプロモーターの野口修が、老獪なトントス・インタラットに翻弄される様子も伝えられた。児玉誉士夫は、こういった事情をも把握していたに違いない。

　児玉はまず、二千枚ものチケットを買い取った。蔵前国技館の収容人数は一万一千人。この時点で前売券は、未回収分も含めて二千枚弱しか売れておらず、修は頭を抱えていた。

「これは本当に有難かった。いやあ、本当に」

晩年の野口修も嘆息するように、興行を仕切るプロモーターにとって実券収入は生命線で、これほどの救済行為はなかった。

　おそらく、二千枚のチケットは、招待券として夜の街に出回ったか、児玉の息のかかった施設や団体に寄付されたか、配下の人間による必死の営業活動で転売されたのだろう。

　それとは別に、児玉は暇さえあれば、小口の買い手を次々と紹介してくれた。

「やっぱり全員がやくざでしたか」と訊くと、

「いや、やくざはいなかった。町工場や紡績工場の社長、水道屋とか土建屋とかそういう人ばかり。児玉さんの知り合いにしては、小規模の経営者ばかりだったね」

　この挿話から、児玉誉士夫の足腰とも言うべき、地盤の強さを感じる。政治家が児玉詣でを繰り返した背景には、右翼にやくざ、大手ゼネコンばかりではない、地域の中小企業との交流に源泉を見出すこともできる。

　経営者の中には、北関東の観光会社も含まれた。それぞれの会社を訪ねた修は、東京観光のバスツアーの目的地として、世界タイトルマッチ観戦を組み込ませた。これが好評を呼び、観戦だけのバスツアーも組んだ。五月三十日には何台もの観光バスが蔵前に押し寄せることになる。悩みの種だった売り上げも目途がついた。

　児玉誉士夫の一連の厚意が、無償の親切心によるものか、打算の利己心もあったのか、その情実については、ここでは問わない。問わないが、修が命拾いをしたのは確かである。

実力はともかく人情で

　野口修は多忙だった。チケットを売り捌くだけが仕事ではない。世界戦に関する業務が波のように押し寄せた。

　国技館を管理する日本相撲協会との様々な折衝に始まり、業者との打ち合わせ、スポンサーの接待、食事会や激励会などの宴席。

　三週間前の五月八日には日大講堂で、父、野口進の「一周忌追悼興行」を開催している。日本のトップ選手を勢揃いさせ、世界戦の景気付けの意味合いもあった。

宣伝を兼ねたマスコミ対応も欠かせない。

追悼興行の翌日には、来日したポーン・キングピッチの歓迎レセプションを開いた。ホスト役として走り回り、その後の懇親会では、高いビフテキを食わせて記者連中に媚びを売りまくった。後援のスポニチはともかく、日刊やサンスポしか読まない読者の関心を惹くには、それしか方法がない。言うまでもなく「車代」も渡した。

多忙の合間を縫うように、三迫仁志、金平正紀ら一門の高弟を引き連れ、浅草田原町の真福寺にて父の一周忌法要を行ってもいる。弟には墓前で必勝祈願をさせた。ここでも宣伝に余念がない。

加えて、通常のテレビのレギュラー中継のプロモートもこなさねばならない。この時期は金曜夜八時に移動し、番組タイトルも『ゴールデン・ボクシング』と改称していた。文字通り、ゴールデンタイムの看板番組に成長していたのだ。

修自身も宣伝に駆り出された。十四日には元大洋ホエールズ監督の小西得郎、メルボルン五輪レスリング金メダリストの笹原正三と「野口プロモーターを囲んで」と題した座談会を行い、翌朝のスポニチの紙面を飾った。

十九日には、フジテレビの人気番組『スター千一夜』の収録に弟とともに臨んでいる。

《世界フライ級タイトル・マッチを二日後に控えて、整調に余念のない野口恭を迎えての十五分間。名付けて「キングピッチを迎え撃つ」

野口恭は全日本フライ級選手権者。今まで五十戦、三十五勝、六敗五引き分け四エキジビションうち五TKO勝ち。

世界タイトル挑戦が決定すると野口株は上昇、今では彼の左腕に日本のボクシング界の期待がかかっている。タイトル・マッチをどう戦うか、同席は実兄の野口修氏で、二人がともどもにタイトル・マッチの抱負を語る》（昭和37年5月28日付／スポーツニッポン）

記事にあるように、この模様は、試合二日前の五月二十八日にフジテレビで放映された。

繰り返すが「ポーン対野口」の世界戦をテレビで生中継するのはNETである。つまり、この時代のボクシングの世界戦は、放送局の枠を越えた国民的行事だったのだ。

スポーツニッポンは、その日の動向を伝えるだけでなく、連日にわたって特集記事を組んだ。試合前日の五月二十九日には、各界の著名人の勝敗予想を載せている。

「うまさからいったら断然キングピッチのものだろうが、勝負というものはゲタをはくまで本当にわからないものだからね。左の強打一発を買って野口だ」（長嶋茂雄）

「野口に勝たせてやりたい。しかし対関戦でのキングピッチのうまさがあまりにも印象的で6―4くらいの力の相違になるのではなかろうか」（藤田元司）

「キャリアもパンチもちがうのではないか。野口ではまだ経験不足」（柏戸）

「野口恭。若さとファイトを買う。なんとしても勝たせたい」（佐田の山）

「キングピッチの方が体がいいし技術も上だ」（力道山）

「野口恭。実力はともかく人情でね。ラッキー・パンチでキングピッチがぐらつくと若いだけに案外ということも考えられる」（石原裕次郎）

「キングピッチ。12回KO。経験とスタミナの点で野口は一歩おとる」（高倉健）

「正直いってキングピッチの方が強そうだが、ここはぜひ野口に勝ってほしいですね。勝つとすれば判定ということになるでしょう。ノック・アウトにしてもらいたいのはヤマヤマですが……」（坂本九）

この頃の野口修は、ポーン陣営への対応に忙殺され、弟の調子を把握する余裕がなかった。

非道なタイ人

五月四日午後十一時五十三分、スカンジナビア機で羽田空港に降り立ったポーン・キングピッチとトントス・インタラットは、午前二時になってようやく姿を見せた。

「遅くなったのは五万ドルについて確かめてみただけだ。もちろん日本で支払ってくれれば問題ない」（昭和37年5月5日付／スポーツニッポン）とは建前で、実際は出迎えた野口修に、三千ドル（現在の価値で約四百万円）の増額を迫っていた。

修は渋々二千ドルを小切手で渡した。

七日のスポーツニッポンは、「新しい練習場を用意できなければ、移動代として五百ドルを払え」と、トントスがごねたことを報じ、十五日には、日本バンタム級1位の青木勝利とのスパーリングを直前にキャンセルしている。当然ながら、関係者は激怒し、興行の責任者である野口修の管理不行届とされた。

一行の食事代や買い物代は、すべて野口プロモーションに請求が回され、その額は現在の価値で一千万円にのぼった。

夜の街に繰り出したタイ人トレーナーがトラブルを起こすこともあった。その都度、修は所轄の警察署に呼び出され、土地の親分に頭を下げた。最初は散々文句を言われたが、そのうち「あんた、いつも大変だね。まあ、お茶でも飲んでって」と同情された。

諍いは修を疲弊させた。何もかもが嫌になった。「日本人二人目の世界王者を誕生させたい」という大義だけが支えだった。――しかしである。

ポーン陣営の悪評が伝わるたびに「非道なタイ人を懲らしめて下さい」といった電話が、何度も目黒の道場にかかってきた。ついでに「指定席を三枚」とチケットの注文をしていくのだ。

修が苛々を募らせるほど、チケットは飛ぶように売れていった。

＊

リングに立つポーン・キングピッチを仰ぎ見た野口修は、その大きさに驚いたという。

これまでも、間近でポーンを見てきたが、減量中ということもあってか大きさを感じなかった。

それが、土俵の上に設えたリングの中央に立つと、フライ級とは思えない圧倒的な存在感を示している。対照的に、弟がやけに小さく映って心許ない。

それは印象だけではなかった。実際にかなりの体格差があった。

減量に苦しみ、当日の計量をフライ級のリミット112ポンド（50・802kg）でどうにかパスした王者に比べ、挑戦者の野口恭はフライ級の契約体重の最低ライン（108ポンド＝48・988kg）に満たず、むしろ増量に苦しんでいた。体重差が大きいと攻撃が効かなくなるのだ。

《ウエート不足の野口選手、モリモリと食べて体重増加につとめる》（昭和37年5月18日付／スポーツニッポン）

「心配されたウエートも少しずつふえているので問題ない」（トレーナーの近藤新四郎／昭和37年5月20日付／スポーツニッポン）

「四月二十日からスパーリングに入り試合まで55ラウンズを予定しているが、現在まで49ラウンズを動き、二十五日まであと7ラウンズを終わる。ウエートは現在一一〇ポンド（四十九・九キロ）でやや少ないが、これはいままでのハード・トレーニングのため。食事も十分とっているから試合にはリミット一ぱいの一一二ポンド（五〇・八一キロ）で出場させる」（チーフトレーナーの吉本武雄／昭和37年5月22日付／スポーツニッポン）

　右の記事からも判るように、練習量を減らす理由が、オーバーワーク予防である前に体重を落とさないためだった。現在なら、二階級下のミニマム級が野口恭の適正階級になろう。

　一方、身長１７０㎝と、フライ級にしては長身のポーンは、フェザー級程度の印象を抱かせる。両者が並び立つと体格差は歴然とする。

　筆者は、野口恭の遺族から借り受けたＶＨＳテープで、この一戦を鑑賞することができた。

死闘「ポーン・キングピッチ対野口恭」

　一九六二年五月三十日、午後八時七分、試合開始のゴングが鳴った。

　王者はまず左のリードジャブで様子を窺う。挑戦者の野口恭は、ガードを固めながらノーモーションの左ストレート。サイドに回ってのフックと、積極的に打って出る。

　かといって乱打戦に持ち込むわけではない。ポーンのアッパーをスウェイングでかわし、打って来たところにカウンターを合わせるなど、アウトボクシングに徹している。

　フットワークで翻弄しながら、顔から腹に打ち分けると、場内はどっと沸いた。時折、フェイントを織り交ぜながら、右のフックを幾度となく当てると、早くもスーツ姿の客が立ち上がった。斬れるブロウであることは、筆者のような素人にも判る。上々の滑り出しと言っていい。

3ラウンド終了後に、焦ったポーンが右フックを浴びせて、セコンドの吉本武雄がレフェリーに猛抗議をする一幕もあった。4ラウンドには、激しい打ち合いでポーンが右目から出血する。場内のムードも「勝ってほしい」から「勝てそうだ」に変わる。古い映像からもその空気は伝わる。

5ラウンドまでの採点は、ジャッジ三者のうち、アメリカのナット・フライシャー、タイのサンワン・ヒラニヤレッカがともに48対48。日本の阿部幸四郎が50対46で野口恭のリード。タイ人ジャッジでさえイーブンにしているのは大きい。

ただし、後方に設えた中継席に陣取っていた、番組プロデューサーの永里高平は、モニターから映し出される映像を見て、いくら打たれてもポーンが動じていないことに気付いた。

「前回の関のときより、チャンピオンはやりにくそうだった。それで作戦を変えたんだ。前半は遊ばせて後半に巻き返そうっていう。今と違って十五回まであったしね。

でも、恭坊もスタミナさえ切らさなきゃいける。倒そうとしなくていい。ペースを握り続けてほしい。そうなりゃ、ウチも日テレやTBSと肩を並べられるって思ってさ」

＊

状況が一変したのは8ラウンドである。ポーンの猛攻が始まったのだ。

踏み込んでの右アッパー、右ストレート、左ボディ。接近戦に持ち込んでペースを握り返したポーンは、フットワークでかわそうとする挑戦者に、身体ごとぶつけるようにロープに詰めて、クリンチしながらボディアッパーを細かく連打するなど、体格差を利した攻撃を繰り出すようになる。

それでも、ポーンのプレッシャーをはねのけ、ワンツーからレバーブロウのコンビネーションを見せると場内はどっと沸いた。ところが、再びインファイトに持ち込まれてしまう。

眼を凝らして見ると、ポーンはクリンチに見せかけながら、細い腕を首に絡ませてロープやコーナーに押し込んでいる。タイ式ボクシングにおける首相撲の応用である。

タイ式のキャリアをさほども積まずに、プロボクサーとなったポーン・キングピッチだが、少年時代に体得した技術は忘れるものではない。野口恭の鼻と口から大きく出血しているのが、古い映像からも確認できる。

「クリンチしながらグローブの紐の箇所で、ゴシゴシと傷口を擦ってきた。コーナーからはっきり判ったから、抗議したんだけど、タイ人のレフェリーは傷口をチェックするだけで、何もしてくれなかった」（野口修）

その後も、幾度となく反撃を試みる挑戦者だが、アッパーとストレート、ダーティテクニックと、なりふり構わぬ攻撃で、王者の一方的な展開となってしまう。体格差が試合を左右し、序盤に王者を翻弄したアウトボクシングは、ほとんど見られなくなった。

試合終了のゴングが鳴ると、勝利を確信して、両手を挙げる王者と対照的に、挑戦者は肩を落とした。会場からも大きな溜め息が漏れた。

ナット・フライシャーが148対138、サンワン・ヒラニヤレッカが148対136、阿部幸四郎が146対138と、大差の判定で、王者ポーン・キングピッチの王座防衛を支持した。

しかし、挑戦者の健闘は、多くの関係者から称賛された。

「野口のファイトは見事なものだ。きょうのポニーは苦戦だった。ポニーの試合はほとんど見ているがいままでの対戦者のなかでは一番いい選手だ」（副審のナット・フライシャー／昭和37年5月31日付／スポーツニッポン）

「ポニーにとってはもっとも手ごわい相手だったが、ポニーのボクシングの技術とキャリアにはついに打ちかてなかった。しかしその善戦ぶりは予想以上のもので特記すべき試合であった」（読売新聞記者の下田辰雄／昭和37年5月31日付／読売新聞）

「4回目でチャンスをつかみ、6、7回と押しまくっていたのだからここで一気に勝負をつけるべきだった。それなのに一息入れたため、8、9回ポニーに反撃の機会を与えてしまった。実に惜しい逸機だ」（東映フライヤーズの張本勲／昭和37年5月31日付／スポーツニッポン）

永里高平は、記憶を絞り出すように、試合を振り返る。

「後半は正面から付き合っちゃった。そうでなきゃ、恭坊も勝てたのになあ」
もちろん、野口恭にとって、そうするだけの理由があった。
「6ラウンドの半ばからものが二重にみえるようになり、それで不利と思いながらもアウト・ボクシングからイン・ファイトに戦法を切りかえた。13ラウンドからは視力零で戦った」（昭和37年5月31日付／読売新聞）
野口兄弟の世界戦は終わった。

＊

「明日にでも、トントスと交渉を行います。もう一度チャンスをもらいたい」

試合後、記者団に囲まれた野口修は、即座に再戦をアピールした。試合直後のリング上で「ミスターノグチ、いい試合だった。もう一度やらせてもいい」と、トントスに言われたからだ。

また、この日の国技館には、平日にもかかわらず一万人もの大観衆が押し寄せた。売り上げの一割を持っていかれる前売券と違って、純利益となる当日券が二千枚近く売れた。ビールや弁当も飛ぶように売れて、業者も嬉しい悲鳴を上げた。一時は大赤字を覚悟したが、結果的に五百万円（現在の価値にして約二千万円）が残る黒字興行となった。

「映画の撮影で来られない」と聞いていた石原裕次郎が、撮影の合間を縫ってリングサイドに姿を見せるハプニングもあった。リングアナウンサーが気を利かせて「今、裕ちゃんが見えました」と来場を告げると、場内は大いに沸いた。

最前列の中央に陣取った児玉誉士夫は、「結果は残念だったけど、よくやった。お父さんも喜んでいるよ。次は早いうちから協力させてもらうからな」と支援を約束してくれた。

修は希望に胸を膨らませた。世界戦は終わったのではない。ここから始まったのだ。再戦が正式に決まれば、今夜の敗戦は予告編となろう。

二十八歳にして世界戦興行を成功させたプロモーター、野口修の評価は高まった。

第十章　弟

かつて、六本木交差点から外苑東通りを飯倉方面に五分ほど歩くと、イタリアンレストラン「ニコラス六本木」の看板が見えてきたものである。

一九五四年に開店したこの店は、アメリカ人ジャーナリストのロバート・ホワイティングが著したノンフィクション『東京アンダーワールド』（角川書店）の主人公で「東京のマフィア・ボス」と畏怖された、イタリア系アメリカ人のニコラ・ザペッティが創業したことで知られる。

大学生の頃よりニコラ・ザペッティと親しく付き合ってきた野口修は、隠れ家の風情を残す、いわくつきのこの店に足繁く通っていた。

店主のニコラも、勝ち気な修に何くれとなく、目をかけてきた。先述したが、不良少年だった海老原博幸を野口家に紹介したのは、この縁がきっかけである。

世界戦の翌日、修は王者一行をここに招いて、ささやかなフェアウェルパーティを催した。ピザを食べたことのない彼らへの礼遇のためだが、この店が芸能人や裏社会の人間だけでなく、皇太子明仁が婚約者の正田美智子とお忍びで訪れるほどの、ステイタスのある空間だったことも無関係ではなかったはずだ。

修はこれまでの因縁を水に流したかった。それは、新たな交渉のスタートを意味していた。

あれほどいがみ合っていたのが嘘のように、両陣営は和やかな時間をすごした。

鉄仮面みたいに寡黙なポーン・キングピッチが、存外に饒舌なことに修は驚いた。左眼に大きな眼帯をした野口恭も、昨夜の死闘が夢の中の出来事のように、戦友と語り合った。

「お母様、今度はバンコクにいらして下さい。市内をご案内します」と、トントスが里野に言うと「楽しみだね。じゃあいっそ、トントスプロのマネージャーになろうかねえ」と返してどっと沸いた。宴は深夜まで続いた。

一同がひけた午前一時すぎ、トントスが修に告げた。

「ミスターノグチ、少し話がしたい。時間は大丈夫か」

修は一行の泊まる帝国ホテルまで同行した。

「真剣に再戦に向けて話したい。他のプロモーターでは話にならない。日本でビジネスができるのはミスターノグチしかいないと思っている」

そう言うと、トントスは鞄から一枚の紙を取り出した。タイ語で書かれているこの紙は誓約書で、「$47,000」という数字だけが、ここを見ろとばかりに浮かび上がっていた。

「いくらビジネスとはいえ、今回は私も冷静さを失ってしまった。そのことは謝りたい。今度こそ四万七千ドルで手を打とう。開催地は東京でいい。十月なら対戦は可能だ。あくまでも仮のものだが、承諾してもらえるならサインをしてほしい」

トントスは、どっぷりした風体に似合わない、細く白い指で、テーブルの上の誓約書を滑らせた。もちろん、修に異存はなかった。しかし、こうまであっさり再戦が決まるものだろうか。

呑めない酒を散々呑まされ、警戒心が薄れていた。無事に興行を終えた安堵感と「ここで署名しないと、交渉権を奪われかねない」といった不安も頭をもたげた。

矢尾板貞雄の所属する中村ジムの中村信一が、滞在中のトントスに何度も接触を図っていたことは、修の耳にも入っていた。水面下では早くもポーン争奪戦が始まっていたのだ。

「判った」と言うと、修は自分でも驚くほど躊躇なくペンを走らせた。

「ありがとう。帰ったら契約書を作る。整い次第、正式に契約を交わそうじゃないか。そのときは、またバンコクまで来てほしい」

トントスは右手を差し出して言った。

「今度はお母さんを必ず連れて来てくれ。約束通り、市内を案内する」

修は笑顔で握り返した。

最強・矢尾板貞雄

一週間後、読売新聞朝刊に、信じられない記事が載った。

《【バンコク五日発＝ＡＦＰ】ボクシングの世界フライ級チャンピオン、ポニー・キングピッチ（タイ）のマネージャー、トントス氏は五日「ポニーは十月十日東京で矢尾板貞雄（日本＝中村）とタイトル・マッチを行なう」と語った》（昭和37年6月6日付／読売新聞）

のちに判明したことだが、野口修が去った直後、トントスは中村信一と、フジテレビのスポーツ部長の倉田充男を、密かにホテルの自室に招き入れ、署名の入った誓約書を示したという。

「この通り、私はノグチと再び契約を交わすつもりだ。ただ、これには法的な拘束力はない。あなた方の条件次第で考え直してもいい」

そう迫ると、中村は三千ドル高い契約金五万ドルを提示し、トントスは了承したのである。つまり、修の署名は契約金を釣り上げる道具に使われたにすぎない。

「なんてこった」——頭を抱えたが後の祭りだった。修は自分の未熟さを悔いた。

程なくして、世界フライ級タイトルマッチ「王者・ポーン・キングピッチ対挑戦者・矢尾板貞雄」が正式に決まった。日程は十月十日。会場は蔵前国技館。フジテレビで午後八時から一時間十五分の生中継も併せて発表された。

＊

四度の東洋フライ級王座防衛。ノンタイトル戦ながら、世界王者のパスカル・ペレスを大差の判定に下し、一階級上のエデル・ジョフレやジョー・メデルとも死闘を繰り広げた矢尾板貞雄は、挑戦者に相応しいトップコンテンダーである。

これまで、トントスが矢尾板陣営との交渉を避けたのは、もちろん、条件面の不一致もあったが、矢尾板の底知れぬ実力を恐れたことが大きかった。指名試合のなかったこの時代は、王者はいくらでも挑戦を避けることができたのだ。

もし、ポーン・キングピッチと矢尾板貞雄が拳を交えたら「矢尾板が勝つだろう」と、野口修でさえ踏んでいた。

矢尾板が勝てば、リターンマッチを戦うことになるはずだ。ダド・マリノの代理人だったサム一ノ瀬も、パスカル・ペレスの代理人だったラズロ・コシィも、ポーン・キングピッチの代理人のトントス・インタラットも、負けた場合の保険として二試合分の契約を要求していた（※現在は特例を除いて、原則的にダイレクト・リマッチは禁じられている）。

リターンマッチも矢尾板が制したら、矢尾板陣営はオプションを得て、自由に挑戦者を選ぶことができる。そうなれば野口修は、弟を挑戦者に契約をまとめれば済む話に思えるが、この時代はそういうわけにはいかない。

現在では信じられないことだが、当時の日本のボクシング業界は、日本人同士による世界戦を忌避しており、野口修もそれに従っていた。

ちなみに、日本人同士の世界戦が初めて行われたのは「王者・沼田義明対挑戦者・小林弘」の世界ジュニアライト級タイトルマッチが行われた一九六七年まで待たねばならない。それでも「同士討ち」といった批判に晒された。日本人同士で世界王座を懸けて戦うのは、禁断のカードだったのである。

となると、矢尾板がポーンを破り、リターンマッチでも返り討ちにすれば、二度と野口恭に世界戦のチャンスは回って来ないことになる。バンタムに階級を上げる選択肢も考えられたが、前述の通り、増量に苦しんでいた恭はフライでも重いくらいだった。転級は自殺行為に等しい。

三迫仁志を叩きのめし、野口恭に二度も苦杯を嘗めさせた矢尾板貞雄は、野口家にとって仇敵以外の何者でもない。修が矢尾板より先に、世界王座を奪おうと躍起になったのは当然だった。

矢尾板の強さは修も重々判っていた。軽快なフットワークも、突き刺すようなリードブロウも、的確なカウンターも、威力十分のフックも、悔しいことだが弟よりも上だろう。

その上、ポーンは、弟との試合でアウトボクシングへの弱さを露呈させていた。矢尾板のフットワークに翻弄されるのは目に見えている。加えて矢尾板は、バンタムやフェザーの選手と戦っても見劣りのしない体軀の持ち主だった。ポーンに体格負けすることもない。一発の破壊力も矢尾板の方が重い。つまり、矢尾板が負ける要素は皆無ということだ。

その矢尾板貞雄の世界挑戦が正式に決まったとあっては、白井義男に次ぐ二人目の日本人世界王者は誕生したも同然である。

奴隷みたいな生活

しかし、事態は急変する。

世界戦が決まって、心身共に充実していると見られていた矢尾板貞雄だが、突如、現役引退を表明したのである。プリモ・ファミロ（フィリピン）を破って、東洋王座の五度目の防衛を果たした二日後のことだった。

「矢尾板君から現役をしりぞきたいという話があったので、私と森田弥一（日大二高理事）さんで再三にわたって翻意をすすめたが、受け入れられなかった。われわれとしては矢尾板君はまだまだやれると思ったが、本人が左足の神経を痛めたことと、力の限界がきたというので、説得のしようがなかった」（昭和37年6月27日付／読売新聞）

矢尾板貞雄の後援者で、当時の渋谷区長の斎藤清亮はそう訴えるが、そんなことを信じる関係者は、誰もいなかった。所属ジム会長の中村信一との確執が原因なのは、一部で報じられていた。

「いくら中村会長と険悪でも、世界戦が決まった以上、現役を続ける選択肢はなかったんですか」

筆者は八十歳を過ぎた矢尾板に尋ねた。しかし、彼の意志は六十年近く経った現在も、まったく変わっていなかった。

「引退以外の選択肢はなかった。後悔も全然ない。仮に白井さんの次の世界王者になれたとしても、奴隷みたいな生活が変わるわけではないしね。そんなチャンピオンになんの価値があるのか。

一番許せなかったのは、『お前ら親子は、俺が面倒を見てやってんだ』と言われたこと。自分のことだけなら我慢もできる。でも、両親のことまで言われては、我慢も限界だった」

引退後、新聞記者として第二の人生を送った矢尾板貞雄は、十年後に中村信一と和解している。しかし、このときの怒りだけは、六十年経った現在も収束していなかった。

矢尾板貞雄の突然の引退によって、ポーン・キングピッチ争奪戦は振り出しに戻った。野口修は「世界戦の契約を、ウチに譲ってもらえませんか」と、すぐさま中村信一に連絡を入れている。すると中村は、「すまんな、契約はフジテレビに渡したんだ」と力なく返答した。

とはいえ、世界1位の矢尾板が引退したのだから、代わりは世界6位の野口恭以外ありえない。現時点で日本人のフライ級世界ランカーは、この二人だけしかいないのだ。

野口恭の試合はNETが独占契約を結んでいる。再戦となれば放映権は移動する。

するとフジテレビは、驚くことに、矢尾板に代わる別の挑戦者を捜し始めた。つまり、矢尾板貞雄という切り札は失ったが、テレビ中継だけは予定通りに行おうと考えたのだ。

このときの経緯を、NET運動部にいた永里高平は、朧気ではあるがこう記憶している。

「俺が聞いた話では、『楽な相手を用意してくれたら受ける』ってキングピッチ側は希望したらしい。それでフジテレビは『任せろ』と。フジはなんとか話をまとめたかった。俺はそれを見て、『そうは言っても、結局キングピッチは恭坊と再戦することになるから、準備だけはしとこうぜ』って高を括っていたんだけど、とんとん拍子で原田に決まっちゃったんだ」

ノーマークの新鋭

一九六〇年に十六歳でデビュー。以来二十五連勝を飾り、青木勝利、海老原博幸とともに「フライ級三羽烏」として将来を嘱望されていたファイティング原田は、弱い選手では決してない。

しかし、この時点では、東洋王座はおろか、日本王座にすら挑戦したことがなかった。当然、世界ランキングにも入っていない。

減量に苦しんでいた原田は、バンタムへの転級を念頭に、世界バンタム級7位のエドモンド・エスパルサ（メキシコ）と戦った。しかし、この試合で2対1の判定負けを喫してしまう。

「原田のパンチはエスパルサのブロック技術とクリンチ・ワークにはばまれ、感じほど効果をあげられなかった。（中略）チャンスも原田のラッシュ以上の威力をみせるエスパルサの右アッパーカットにつぶされてしまい、逆に最終回には完全にやられた格好となった。結局は技術的にもパンチでも世界七位と原田には開きがあるということだ」（白井義男／昭和37年6月15日付／日刊スポーツ）

　おそらくトントスは、このキャリアのなさに着目したのだろう。加えて「アウトボクシングの技術がないなら勝てる」と踏んだに違いない。

　矢尾板貞雄の引退会見から三週間後、世界フライ級タイトルマッチ「王者・ポーン・キングピッチ対挑戦者・ファイティング原田」が発表された。

　ただし、この時点においても、原田は世界ランキングに入っていない。八月三十日にWBA（世界ボクシング協会＝NBAから改称）が発表したランキングで、ようやく世界フライ級10位にランクインしている。

　筆者の推測だが、フジテレビは親会社の産経新聞社や、経営に参画していた経団連に支援を仰ぎ、大金を融通させてランキングにねじ込んだのかもしれない。すでに触れたように、この時代のボクシングの世界戦は国家行事だったからだ。

　一連の出来事を、野口修は他人事のような気分で眺めていた。

「どうせ原田は負ける。問題はこの次だ。次こそ再戦をまとめないといけない」（野口修）

　しかし、試合は意外なものとなる。

　戦前の評価が嘘のように、十九歳のファイティング原田は、臆することなく初回からラッシュを仕掛けた。鞠が弾むようにリング上で躍動すると、王者はいいように打たれ続けた。

　刺すような王者のリードジャブをかいくぐり、左右のフックを浴びせ、追おうとして上体ががら空きのボディに、強烈なストレートを叩き込む。原田は世界王者を終始圧倒した。空席の目立つ蔵前国技館は、まさかの展開に沸き立った。

　迎えた11ラウンド、左右の連打で棒立ちとなった王者は、ついに赤コーナー付近でロープダウン（現在のスタンディングダウン）を宣告される。続行を促すレフェリーの声を無視するように、しゃがみ込んだ世界王者に、立ち上がる体力も気力も残されてはいなかった。

2分59秒、ファイティング原田はポーン・キングピッチを破り、日本人では白井義男以来となる、世界フライ級王座を奪取したのだ。

野口修は客席で言葉を失った。ノーマークの新鋭、ファイティング原田が、日本人二人目の偉業をあっさりと実現させてしまったのである。

「終わった」――弱気な言葉をつい洩らした。

しかし、これで終わったわけではなかった。波乱は、むしろここから始まった。

やくざ対策

本書を著述するにあたり、筆者は多くの人物に会って、その話に耳を傾けてきた。

中でも忘れ得ぬ一人となったのが『くろがねサンデー・グローブ』と『ゴールデン・ボクシング』のディレクターとしてボクシングプロモーター時代の野口修と関わり、数々の証言を残してくれた永里高平である。

早大時代にアマチュアレスリングで鳴らした永里は、三年生だった一九四九年に関東学生選手権フリースタイル61kg級で優勝したのを皮切りに、全日本学生選手権二連覇、三連覇を含む国体五度制覇、一九五〇、五一年と全日本選手権を連覇した正真正銘の一流レスラーである。

卒業後、開局前年の日本教育テレビに入社した永里は、運動部に配属され『大相撲ダイジェスト』の立ち上げに関わった。その際、野口家と接点が生じたことはすでに述べた。

その後も『ワールドプロレスリング』『エキサイトボクシング』『英国プロサッカー中継アーセナル』などのレギュラー番組のほか、「キンシャサの奇跡」と呼ばれた『世界ヘビー級タイトルマッチ・モハメド・アリ対ジョージ・フォアマン』の宇宙中継。「世紀のスーパーファイト」と称された『格闘技世界一決定戦・アントニオ猪木対モハメド・アリ』。日本ではテレビ朝日の独占放送となった『モスクワ五輪中継』といった特別番組に携わった。定年退職後は新日本プロレスに出向し、専務取締役として経営に参画している。

二〇一三年に八十五歳で鬼籍に入るまでの約二年間、筆者は本書の取材を通じて、永里高平と交流を持った。

本書の取材を終えても、筆者は永里と会った。往年のプロレスや格闘技にまつわる挿話の多くが、知られていない秘話ばかりだったからだ。

早大OBらしく、臙脂のストライプの入った〝稲門ジャージ〟を羽織って現れた永里は、「また、修の話かあ」と呆れながらも、嫌な顔一つせず、自宅から程近い、小田急線梅ヶ丘駅前の小料理屋に筆者を引っ張った。

カウンターに並んで座ると、永里の長男と小中学校の同級生という板長が、忙しそうに手を動かしながら、「いい？　今日は呑むだけじゃなくて、ちゃんと食わなきゃ駄目だよっ」と永里に釘を刺した。小料理屋という場所柄、取材に名を借りた酒席となるのは必然だった。

酒仙の永里は、不思議なことに、呑めば記憶が立ちどころに明瞭となった。となると、筆者も付き合わないわけにいかない。豪快な永里とはいつも楽しい酒だった。

アマチュアレスラーとして輝かしい実績を残しながら、五輪選考会に漏れたのち、テレビ局に就職した経緯を問うと、「八田さんに命じられて嫌とは言えなかった。それと『どうしても来てくれ』ってテレビ局の大人に頼まれたのもある」

とはいえ、学生時代にレスリング漬けの毎日を送った永里に、テレビクリエーターとしての才能が溢れていたとは、なかなか考えにくい。

「いやさ、要はやくざ対策なんだ。早い話が番犬みたいなもん。俺だけじゃなくて、柔道部や空手部、応援団のやつとか、結構この時代のテレビ局に引っ張られているから」

つまりは、こういうことである。

新聞社や出版社、映画会社など、この時代のメディアにとって、裏社会の人間との関わりは職掌上必然で、そのための手法も手順も持ち合わせていた。しかし、新興のメディアであるテレビ局は、その手のことに精通しているとは言い難く、対処法どころか免疫すら有してはいなかった。

そこでテレビ局は、渡世人相手でも臆することがないと思われた体育会の猛者を、こぞって入社させたのだ。人気ボクサーだった三迫仁志が、現役を引退した直後にテレビ局に就職したのも、そのことと無関係ではなかったはずだ。

そんなテレビ局のストレスを利用したのが、当時の早大レスリング部監督で「日本レスリングの父」と呼ばれた八田一朗である。

八田は永里にそうしたように、教え子にマスコミの仕事を斡旋した。それは親心ばかりではなく、マイナースポーツだったアマチュアレスリングを広めるためでもあった。

戦前の全日本王者の西出武を東京放送（TBS）に送り込んだのをはじめ、のちに『レスリング入門』（川津書店）を著す倉岡正（日刊スポーツ）、レスリング52kg級の白石剛達（テレビ東京）、後年は政治家となり、運輸大臣や自治大臣を歴任する奥田敬和（北國新聞）など、多くが八田一朗の口利きで就職している。いずれにせよ、自衛を目的とした採用があったことは間違いないらしい。

「でも、やくざに迷惑を被ったことは、思いのほか少なかった」と永里は言う。

「芸能もそうだけど、あの頃のボクシングの関係者はやくざが多かった。親分がジムの会長で、組員がマネージャーとかざら。でも、意外とトラブルにならない。連中は心得ていたから」

「その点、野口さんはどうでしたか」と水を向けると、こう答えた。

「野口家は古くからの右翼の家だけど、修はあの通り小柄な優男でしょ。下戸だしね。背広をパリッと着て、右翼っぽい臭いは一切消していたね。番組をやっていく相棒として初めて会ったときは、拍子抜けしたもん。

だからってわけじゃないんだろうけど、やくざ以上にやりすぎな面があった。それに、ツイてなかったこともあって、俺も庇い切れなかった」

そう言うと永里は、何杯目かのジョッキに口をつけた。そして、白い泡を口許に残しながら、こう付け加えた。

「でも、結果オーライだったんじゃないの。だって、あのままウチと組んでても、修にとって、そんなに可能性なかったと思うもん」

ブルファイターブルース

矢尾板貞雄の突然の引退によって、世界挑戦が転がり込んで来たファイティング原田が、大方の予想を裏切って、世界フライ級王座を獲得したのは一九六二年十月十日のことである。

　程なくしてJBCは、世界フライ級6位で日本フライ級王者でもある野口恭に「日本王座を返上するか、防衛戦を行うか」を迫った。というのも野口恭は、日本フライ級王座の防衛戦を一年以上も行っていなかったのだ。

　現在なら考えられないことだが、JBCは世界戦の計画を進めていた野口家への配慮から、防衛戦の不履行を黙認していた。しかし、ファイティング原田が世界王者となり、一連の計画が留保されたことで、今回の措置となったのである。

　野口家にとって、世界再挑戦の見えない現時点においては、日本王座の防衛戦を重ねて金を稼いだ方がましだった。

　これまでも述べてきたように、ボクシングの王者はランキングに名を列ねた選手の中から、最も好条件を提示した陣営を挑戦者に選べばいい。すなわち、王座を防衛し続けるということは、まとまった金を定期的に得られることにほかならない。

　そこで、野口恭の代理人である野口修は、挑戦者の選定に入った。このときの日本フライ級1位は金平ボクシングジム（のち協栄ボクシングジム）に所属する海老原博幸である。

　野口拳出身の海老原は、アルバイトの雇い主でもある金平正紀が引退し独立すると、追随するように金平ジムに移籍していた。

　同門意識の希薄な現在と違って、野口拳から暖簾分けした金平ジムの海老原が、一門宗家の御曹司に挑戦するというのは考えられなかった。そうでなくても、恭と海老原は日頃から仲がよかったので『やらせない』と修は判断した。

　挑戦者は日本フライ級2位の選手に決まった。ファイティング原田と同じ笹崎ジムの、斎藤清作という右のインファイターである。

　世界王者を輩出した余勢を駆ってか、斎藤の所属する笹崎ジムは、七十五万円（現在の価値で約三百万円）という高額のファイトマネーを提示してきたのである。日本タイトル戦にしては法外で、断る理由はどこにもない。

　東北訛りの朴訥とした喋り方に、頭部だけ刈り込んだ独特の髪型で「河童の清作」と呼ばれた斎藤は、変則的なリズムから右の強打を放ち、怒濤のラッシュから乱打戦に持ち込む、典型的なファイタータイプだった。ノーガードで向かっていく異様なスタイルは、対戦相手を凍りつかせ、会場は常に沸き返った。

とはいえ、世界王者と互角に渡り合った野口恭の敵ではないというのが大方の予想で、負傷した左手は完治していなかったが、防衛戦の名を借りた調整試合になると見られていた。

斎藤清作の所属する笹崎ジム会長の笹崎僙の思惑は、別のところにあった。

というのも、世界王者のファイティング原田は、一月十二日に前王者ポーン・キングピッチとのリターンマッチが決まっていた。この初防衛戦に原田が勝てば、笹崎ジムはオプションを奪い、この先は自由に挑戦者を選ぶことができる。

しかし、もし負ければ、オプションが取れないばかりか、王座も奪い返される。そうなった場合、次の挑戦者には、世界6位の野口恭が再び名乗りを挙げてくるのは間違いないだろう。

そこで笹崎は、ブルファイターの斎藤清作を野口恭にぶつけることで、勝てないまでも大善戦を演じさせ「野口恭に世界再挑戦の資格なし」を印象付けようと目論んだのだ。ファンの意識とマスコミの報道は馬鹿にできない。そうなれば、原田が再び世界に挑戦する機運も高まる。

つまり、斎藤清作はヒットマン以外の何者でもなかった。

自軍の格下の選手を使って強力なライバルを潰そうとするのは、ボクシング業界ではさほど珍しいことではない。以前の野口拳においても、世界ランカーの三迫仁志を守るために、同じフライ級の金平正紀がその役割を担っていた。やはりと言うべきか、金平もブルファイターだった。

笹崎は破格のギャランティを献上してまで、日本タイトル戦という舞台を利用して、原田を守ろうとしたわけである。

日程は十二月二十八日、場所は後楽園ジムナジアム（現・後楽園ホール）に決まった。野口修は笹崎の魂胆に気付きながら、深刻に考えず、世界再挑戦にしか関心を持たなかった。

トントス・インタラットから国際電話がかかってきたのは、この頃である。

「一月のリターンマッチでポーンがハラダに勝てば、次は間違いなくノグチに挑戦権を与える」

策士のトントスの言うことは信用できない。しかし、挑戦者を選べるのは彼自身で、正当な権利を行使しているにすぎない。これがボクシングビジネスというものである。

「そうなることを願っています」とだけ告げて、電話を切った。

そうは言っても、結局は五万ドルを用意しないと、まとまらないだろう。

原田に先を越されたことは悔しい。しかし、弟に世界を獲らせて大金を稼げば、そんな想いは吹き飛ばせる。

投資した金を回収するには、それしかないのだ。

＊

日本フライ級王座の防衛戦を三週間後に控えた、十二月四日のことである。

午後九時すぎ、帰り支度をする選手を眺めながら、修は道場の隅の事務机で帳簿を付けていた。

この時期、野口ボクシングクラブには百人近い会員が在籍し、二十人近いプロ選手がいた。仕事は弟のことだけではない。選手の命運は、修の双肩にかかっているというのは言いすぎではない。

五ヵ月になる長女に、まったく構ってやれない。毎日が本当に多忙だった。

茶でも入れようと、立ち上がったときである。

「野口修さんはいますか」

野太い声が玄関から聞こえてきた。コートを着た二人の男が立っていた。

一目見て刑事と判った。

「私ですが」と言うと、小柄な中年の男が、「野口修さんですか。お尋ねしたいことがあります。警視庁まで御同行願えますか」と言った。

「目黒署じゃないんですか」と訊くと、もう一人の若い男が、「警視庁です」と警察手帳をかざしながら答えた。

黙って頷いた修は、そのまま車に乗せられた。

闇ドル

「心配はいらない。すぐに帰る」

母と弟にそう言い残して、警察の車に乗せられた修だが、翌朝になっても戻って来なかった。

代わりに数名の警察官が訪ねて来た。里野は「ガサですね。令状を見せて下さいな」と何食わぬ様子で言ったので、警察は一様に面喰らった。

夫が事件を起こすたびに、家宅捜索を経験していた里野にとっては造作もないことで、若槻事件のときは、里野自身も身柄を拘束されているのである。

二時間程度で終わった家宅捜索だが、目黒の自宅と道場だけでなく、神楽坂の修の自宅とタイ人の寮など、都内五カ所で一斉に行われた。

夕刊に事のあらましが報じられた。

《プロ・ボクシング世界フライ級タイトル・マッチ、ポーン・キングピッチ（タイ）対野口恭選手のファイト・マネーの支払いをめぐりヤミドルが使われているとの情報を追及中の警視庁防犯課は四日夜、野口恭選手の実兄東京都目黒区下目黒一の一二七野口プロモーション株式会社代表取締役野口修（二八）と港区芝田村町二の一三喫茶店「夜来香」社長兼野口プロ取締役呉三宝（二八）を外国為替法違反容疑で調べていたが一部事実を自供したので二人を逮捕するとともに、二人の自宅、「夜来香」、野口ジムなど五か所を家宅捜索し関係書類を押収した》（昭和37年12月5日付／読売新聞）

「ヤミ（闇）ドル」——すなわち、違法な手段で円と交換された外貨（ドル）のことである。

現在まで随時改正されてきた外国為替及び外国貿易法（外為法）だが、この時期は「外国為替と外国貿易の管理」を目的として施行された一九四九年のもので、外貨の国外流出の防止に主眼が置かれていた。

修が抵触したのは、外為法四十五条「円の密輸出」だった。それには五十二条「輸入割当制」の把捉も要する。海外と取引を行う会社は経済産業省に申請し、決められた割当を得る。一九六二年当時は旧大蔵省が当該省庁で、大蔵省から割り当てられた外貨でやりくりしていた。

読売新聞は、次のように概略を伝える。

《ポーン対野口のタイトル・マッチはさる五月三十日東京・蔵前国技館で行われた。そのさいの契約はファイト・マネー約五万ドル（約千八百万円）、旅費、滞在費九千ドルだったが大蔵省からの外貨割り当ては二万ドルだけだった。割り当て外貨だけではポーンのマネージャー、トントス・イントラット氏が承知しないので差額三万ドルのねん出に困った野口修は呉三宝と共謀、日本円を香港でドルにかえ支払うことにした》（同）

記事にあるように、香港に渡った野口修は、呉三宝の友人で、船舶会社社長の池大征なる男を訪ね、日本円をドルに換金している。固定相場一ドル＝三百六十円の時代に、三百九十円で三万ドル分を換えたというから割高なレートに違いない。

それでも背に腹は代えられず、ドルを作ると、そのままバンコクに渡って、三万ドルのバンスを支払ったのである。

「憶えている。このときの修はツイてなかった」

と証言したのは作家の安部譲二である。当時の闇ドル事情についても詳しく教えてくれた。

「銀行でドルに換金できない時代だから、あっちこっちに闇ドル業者がいて、法外なレートでドルに換金していた。でも、こういうところで換金するのは小遣い程度。プロはこういった業者を利用することはありえない。足が付いちゃうんで」

さらに、こうも言う。

「ドルが欲しいのは修だけじゃない。興行をやってる人はみんなそう。みんな足りなかった。割当だけじゃ足らない人ばかり。それで、しっかりしたところからドルを集めていた。

例えば、力道山はハワイにそういう伝手があって、沖識名（※当時の日本プロレスの名物レフェリー）がその窓口だった。沖縄の米軍基地まで出向いて換金しているジャズマンもいた。そういうところは、大体堅い。足が付かない。

修にとって不運だったのは、手堅いルートを持ってなかったこと。だから、こんな危ない橋を渡るしかなかった」

なお、共犯者として名前の挙がった呉三宝なる在日中国人は、修とは学生時代からの遊び仲間で、この前後より野口プロモーションの役員に名を列ねていた。ドルの入手が急務だったためだろう。

背徳

この事件で最も動揺したのは、弟の野口恭だったかもしれない。

日本王座の防衛戦を三週間後に控えながら、負傷した左手の状態は芳しくなく、加えて兄の逮捕である。

それも、自身の世界戦に起因するものだったから、神経の細やかな恭にとって、これほどの呵責はなかったろう。恵まれた環境から来る甘さを、度々指摘されてきた恭だが、事件が影を落としたことは想像に難くない。

逮捕の余波は、当然、世界戦をテレビ中継したNETにも及んだ。世界戦の特番を担当した永里高平も、任意で事情を訊かれている。

これまで、そのほとんどにおいて、饒舌に過去を振り返ってきた永里だが、事件については言葉を濁した。委細構わず追及すると「修が闇ドルでバンスを払ったことは知っていた」と、ばつの悪そうな顔をした。

「でも、警察に訊かれたときは『知らなかった』ってしらばっくれた。会社を守るにはそうするしかなかったから。それに、修に限らずみんなやっていたことだもん。

なんで、修だけがパクられるのか判らなかったし、そもそも、世界戦は国家行事だから、お上も目をつむってたのに。だから、これはタレこみだと思った。それも何度もね。警察も無視できなくなって、見せしめもあって逮捕に踏み切った。俺はそう見ている」

その結果、と言っていいかは判断しかねるが、NETに責任が及ぶことはなかった。

永里と同期入社で、同じくNET運動部に在籍した丹羽俊夫（のちテレビ朝日番組審査専任局長）は、顚末を次のように補足する。

「大昔のことなので細かくは記憶していないけど、それがあって野口プロを切ったんだと思う。永里さんが通告して。私個人の記憶で言うと、野口って人にいい印象はないね」

なお『ゴールデン・ボクシング』自体は一九六四年七月十六日を最後に終了し、『エキサイトボクシング』が始まる一九七四年七月までの十年間、NETでは、ボクシング中継のレギュラー番組が立ち上がることはなかった。

筆者は永里高平の証言を、そのまま、野口修に伝えた。

「あの人も、まだ、そんなつまんないことを憶えてるんだ」と苦笑しつつ、「まあ、大体、そんなもん」と大筋を認めた。

加えて「警察に密告したのは誰か」という二人の推測も一致を見た。

ファイティング原田が世界王座の初防衛戦で敗れることを強く望み、野口家の内情にも深く通じながら、野口恭の世界再挑戦さえも愉快に思わない人間。――そう仮定すれば、人物の輪郭は絞られてくる。

弟

一九六二年十二月二十八日、日本フライ級タイトルマッチ「王者・野口恭対挑戦者・斎藤清作」が行われた。

「野口恭の楽勝」と見られていたこの試合だが、まったく予想外の展開となった。

開始早々、強烈な右フックを炸裂させ、早くもラッシュを見せる挑戦者に対し、野口恭は、らしくない鈍重な動きで防戦一方となる。3ラウンドには顔面は血まみれ、得意のアウトボクシングも、斎藤の接近戦に封じ込まれ、手も足も出ない。

「相手が左を打って、当てるたびに、逆に苦痛の表情を浮かべていた」と後年の斎藤自身も回想するように、恭の左手は完治どころか、むしろ悪化させていた。

終始ペースを握った斎藤が、大差の判定勝ちを収め、日本フライ級新王者に輝いた。

《斎藤はいま日の出の勢いの笹崎拳に四つ目のチャンピオン・ベルトを持ち帰ったが、それよりも世界フライ級タイトルマッチに臨む笹崎会長と同僚原田に、またとないプレゼントを贈ったのだ》（昭和37年12月29日付／スポーツニッポン）

原田への援護射撃のみを期待した笹崎僙にとって、笑いが止まらないとはこのことだろう。一方の野口恭は日本王座を失ったばかりか、世界再挑戦の可能性まで絶たれてしまったのだ。

「ファンの皆さまにはみっともないところをお見せして全く申し訳ないが、私としては全力を尽くしてやった。だから悔いはないつもりだ。一応チャンピオンの任務は果たしたし、斎藤君におめでとうをいいたい」（野口恭／同）

対照的だったのが母の里野である。

「負けたから引退するというのでは困るので引退させない。野口拳は腰抜けと思われたくない。現在の恭坊は病人同様だし、体を直してもう一度やらせる」（同）と、亡き夫が憑依したかのように、記者の質問に答えた。

目を惹いたのが、釈放されたばかりの修だった。翌朝の日刊スポーツが報じたところでは、静まり返った敗者の控え室で「俺が馬鹿だったんだ」と叫んで、声をあげて泣き出したという。

弟の左手が万全ではないことを知っていながら、防衛戦を回避しなかったことはもちろん、逮捕によって余計な動揺を与えたことも、慟哭の理由だったのかもしれない。

晩年になっても、「斎藤清作なんて負ける相手じゃない。あの試合だけは、弟にすまなかったと思っている」とこぼした。

「では、どうすればよかったと思いますか」と質したら「ベルトなんて返上させて休ませりゃよかった。ギャラを多めに積まれて、楽な相手だと思って真剣に考えなかった。世界戦のことだけ頭にあって、それ以外のことが頭に入らなかった」

さらに、こうも言った。

「左手がそこまで悪いなら、金なんてすぐ返して、試合を中止させていたよ。でも、拘置所にいたから指示を下しようもなかった」

ここまで、野口修と何度も会って話す中で、筆者は彼の癖を見抜いていた。苦い記憶が甦ったときは、吸い始めの煙草を折るように消すのである。このときもそうだった。

半年後、左手の回復を待って、新王者の斎藤清作に挑戦した野口恭だが、またもや初回から一方的に打ち込まれ、前回よりも救いのない展開で、5ラウンドKO負けを喫した。

この試合を最後に、野口恭は現役を引退する。二十三歳だった。

「もちろん『まだ早い』って言った。でも、弟は、『左は元に戻らない』って言う。気持ちが戻らなければどうしようもない。これぱかりは、どうしようもない」（野口修）

進、恭と親子二代にわたる、野口家の拳闘家の系譜は、一度ここで終止符が打たれた。

ちなみに、このとき野口恭から日本フライ級王座を奪い取り、引導を渡した斎藤清作は、現役引退後、由利徹に弟子入りし喜劇役者に転身する。七十年代から八十年代にかけて異色タレントとして活躍した、たこ八郎である。

ホームタウンデシジョン

一九六三年一月十二日、世界フライ級王者のファイティング原田が、敵地バンコクで前王者ポーン・キングピッチを相手に初防衛戦を戦った。以前は動画サイトのYouTubeで、完全版を視聴することができた（二〇二〇年九月現在はダイジェストのみ）。

1ラウンドから左のリードジャブでリズムを作り、強烈な右ストレートに飛び込んでの左のフックと、敵地のプレッシャーをまったく感じさせず、原田は果敢に攻め続けた。

ポーンも得意のアッパーで応戦するが、単調で突破口を開くまでには至らない。原田はペースを握ったまま、試合は中盤に差し掛かる。

「クリーンヒット（有効打）」「アグレッシブ（手数）」「ディフェンス（防御）」「リング・ジェネラルシップ（主導権）」の四つがボクシングの採点基準である。筆者から見て、いずれも原田が制しているように映った。

この時代のファイティング原田を描いたノンフィクション『「黄金のバンタム」を破った男』（PHP文芸文庫）で著者の百田尚樹も指摘するように、「挑戦者として臨んだ前年のタイトルマッチより調子がいいかもしれない」という見方には、筆者も同意するしかない。

8ラウンドには、右ストレートでポーンからダウンを奪っている。ダメージの蓄積から、決定打になり得る一撃に映った。

誰もが「勝負あった」と思った次の瞬間、レフェリーのザングビエンはポーンの右腕を持ち上げて、無理やり立たせ、挙句にラウンド終了を宣告した。少なく見積もっても残り十五秒はあっただろう。恐るべき不正である。

続く9ラウンドも、怒濤のラッシュでダウンを奪った原田に対し、レフェリーはスリップと判断し、ダウンと認めなかった。

後半は手数を増やして挽回に出たポーンだが、筆者には大勢に影響があるようには見えなかった。それどころか、最終回15ラウンドは原田が再び攻勢に転じている。

しかし、ジャッジペーパーの集計結果は、心胆寒からしめるものだった。

主審のサングビエン（タイ）は72対67でポーン。副審（ジャッジ）の石渡戸は69対69でドロー。副審のナットフライシャー（アメリカ）は71対67でポーンと、挑戦者ポーン・キングピッチが2対0の判定勝ちを収めたのである。

「私はこれほど左を使うポーンを見たことがない。しかしこの判定はまったくフェアなものだ」（副審を務めた石渡戸春雄／昭和38年1月13日付／読売新聞）

日本人初の世界王者誕生となった「白井義男対ダド・マリノ」でレフェリーを務めるなど、この時代の日本ボクシング審判団の第一人者でもある石渡戸春雄だが、右の発言は到底納得のいくものではない。誰かに脅迫でもされていたか、別の事情があったとしか考えられない。

酷いホームタウンデシジョンとしか言いようのない一戦だが、ともかく、ポーン・キングピッチは世界王座を奪い返しただけでなく、オプションも失わずに済んだ。原田はこの試合を最後にフライ級に別れを告げ、バンタム級で二階級制覇を目指すことになる。

再び世界フライ級王座のベルトを腰に巻いた、ポーン・キングピッチへの挑戦者として、次に名乗りを挙げたのは、にわかに世界ランキングに入っていた金平ジムの海老原博幸である。

野口一門初の世界王者

一九六三年九月十八日、世界フライ級タイトルマッチ「王者・ポーン・キングピッチ対挑戦者・海老原博幸」の一戦が東京都体育館で行われた。

この試合もＹｏｕＴｕｂｅで視聴できる。現役を引退したばかりの野口恭が、テレビのゲスト解説に招かれているのは皮肉なものだ。

開始早々、左のボディストレートを炸裂させた海老原は、フェイントを織り交ぜながらの右フックに、左右の連打と積極的に攻める。

これまで、日本人相手に三度行われたポーンの世界戦を参考にしたのは間違いない。いずれも初回は動きが悪く、ポイントを奪われているのだ。

二分に差し掛かろうとした頃である。海老原が左にステップを踏んだ次の瞬間、ノーモーション気味に左ストレートを放つと、まともに喰ったポーンは、もんどり打って倒れた。

ふらふらと立ち上がったポーンに、海老原は猛然と襲いかかった。左右の連打からアッパー、左フックで二度目のダウンを奪うと、王者には立ち上がる体力も気力もなかった。1ラウンド2分7秒KO勝ちである。

映像では、真っ先に躍り込む会長の金平正紀に次いで、番組の提供スポンサーであるアサヒビールのTシャツを着た三迫仁志も、リングに飛び込んで、海老原に抱きついているのが確認できる。

「このときは三迫さんもセコンドに付いていていましたね。協栄ジムにとっての世界王者第一号ですけど、野口一門にとっての初でもあるわけです」

（野口拳OBで、このとき海老原のチーフトレーナーを務めた、湘南山神ジム会長の山神淳一）

歓喜に沸く海老原の控え室には、野口進の遺影が置かれ、里野や恭の顔もあった。佐々木民雄と康史の兄弟もいた。尾崎尊もいた。野口門下生が勢揃いして一門初の世界王者誕生を祝った。ニコラ・ザペッティの姿もあった。もちろん、野口修もこの場にいた。

修の胸中は複雑だった。弟が斎藤清作に負けていなければ、この世界戦は実現していないのだ。

「弟に世界を獲らせてやれなかったのは、一生の悔いだよ。弟は海老原の勝ちを喜んでいたけど、悔しかったと思う」

こうも付け加えた。

「でも、プロの世界は勝った方が正しいから」

選手だけではなく、プロモーターもそうだと言いたいのだ。そしてこう言った。

「闇ドルを警察にチクったのは金平だよ。それ以外、考えられない」

それだけ言うと、修は折るように、煙草を消した。

母、野口里野（左）と野口恭。（写真提供・野口詩延氏）

キングピッチ対野口恭の世界戦広告。

第十一章　佐郷屋留雄の戦後

外為法違反で逮捕された野口修だが、微罪として処理され、処分保留のまま釈放された。

自由の身となったが、深刻なダメージを負った。NETのボクシング中継『ゴールデン・ボクシング』のプロモートから外され、現在の価値で、一週につき三百万円という定期収入を失った。

その上、弟の野口恭が日本王座から転落し、リターンマッチにも敗れ、現役を引退した。興行収入で大金を稼ぐ道も閉ざされた。

金平正紀が野口門下生という立場にありながら、「闇ドルの情報を警察に渡した」というのは、野口修の一方的な推測にすぎず、生前の金平本人に確かめたわけではない。

「金平は俺が金策に走り回っていたのも知っていたし相談に乗ってくれてもいた。内情を詳しく知る立場にあったから」と野口修は強調する。

本当にそうなら絶縁してもいいはずだが、二人の付き合いに変化はなかった。

ただし、往年の金平正紀が、野口修に過剰なまでの競争意識を抱いていたことは、複数の関係者から何度も耳にしたことでもある。

「親父は織田信長が好きで、自分を信長に喩えて、そういう話ばかりしていた。三迫も金平も散々聞いているはず。金平にしたら『いつまでも家臣じゃない』ってことなんだろうね」（野口修）

となると、我が子以上に寵愛された三迫仁志は、自分を森蘭丸と想像したかもしれず、雅叙園のコックから成り上がった金平正紀は、羽柴秀吉のつもりでいたのかもしれない。

野口修は、秀吉や家康の下僚に甘んじた、信長の息子が脳裏をかすめても不思議はない。そうならないためには、自分が先んじるしかないのだ。

とはいえ、事件を機に、修が苦境に立たされたのは間違いなく、必然的に新たな分野への開拓を迫られることになる。

タイで有名な日本人

この頃、タイから一人の青年が来日している。

大手貿易会社の日商（現・双日株式会社）に入社し、夜は野口ボクシングクラブの練習生となった、ウクリッド・サラサスである。

二〇一九年三月までＪＢＣの公式審判員として、プロボクシングの公式戦に携わってきた彼も、このときは二十歳の青年だった。

タイの陸軍士官学校の生徒だったウクリッドが来日したのは、父のソムワン・サラサスの勧めによるものだ。三船久蔵に柔道を教わり、戦時中はタイ陸軍の大尉として日本軍に協力するなど、親日家のソムワンは、戦後も日泰交流を盛んに行っていた。その一環として、息子を日本企業に就職させたのである。

余談になるが、二〇一六年五月二十六日に老衰で死没するまでの六十七年間、主に井の頭自然文化園で飼育されたアジアゾウのはな子は、ソムワンが寄贈したものである。

士官学校在校中に、教練でタイ式ボクシングを習得し、国際式でアマ戦績二十戦のキャリアを持つ長男のウクリッドは、「東京でも練習を続けたい」と父に願い出た。ソムワンは仕事に支障を来さないことを条件に許可した。

そこで、警察幹部でもあったピチャイなるプロモーターが紹介したのが野口修だった。

「修社長はよくタイに来られていて、顔が知られていました。当時、バンコクで一番有名な日本人のプロモーターだったと思います。

私が『住む家が決まってない』と言うと『じゃあ、選手の寮に住めばいい』って言って下さって、それで東京生活が始まったんです」

二〇二〇年現在、七十七歳になるウクリッド・サラサスの姿は、筆者もボクシング会場で目に留めてきた。それどころか、一九九七年二月二十五日の「王者・星野敬太郎対挑戦者・ルビリアル茨城」の日本ミニマム級タイトルマッチの折、観戦後、採点に異議を申し立てたことすらある。

その当人に取材をするのは、妙な感じがしないでもなかったが、温厚な彼はそれすらも面白がり、丁寧に筆者の質問に答えてくれた。

「日本で最初に出会ったのが野口家の人でよかった。出会いって大切でね、最初に悪い人と出会うと、その国の印象もずっとよくない。でも、里野母さん、修社長、恭先生……みんないい人で、毎日が楽しかったですよ」

　ウクリッド・サラサスが来日した一九六三年当時、野口家は次のような状況にあった。

「引退してすぐの恭先生は、指導に専念していました。修社長は定期的に興行を打って、それ以外はマッチメイカー。要請に応じて試合を組むんです。その頃は恭先生が引退して、大きな興行を打つことがなかったから、やっていたんでしょう。

　例えば、帝拳の先代の本田会長とか、仲良しだった木村七郎さんのリクエストに応じて試合を組むんです。だから国際戦となると、修社長がタイのボクサーをブッキングしていました」

　つまり、この時期の野口修にとって、タイとのパイプだけが最後に残されたカードだった。


ただし、その後どうすべきか、この時点においては、はっきり見えていなかった。

天候に左右される

　定期収入を失ったこの時代の野口修は、手足をもがれたに等しい状況にあった。

　凡百のボクシングプロモーターなら、事業の縮小をまず考えるだろう。従業員を減らし、ジムの会員を増やし、一人でも多くプロデビューさせ、多くの興行に選手を送り出す。自主興行も定期的に打ちながら選手を育てる、堅実経営に立ち返るのだ。

　気の遠くなる非効率的な手法に映るが、大半のボクシングジムはこうして経営基盤を作り、次代のスター選手を生み出している。一般会員を増やすか、国体やインターハイの優勝者などのアマエリートをスカウトするかの差はあるが、これしか方法がないとも言える。

　具志堅用高、渡嘉敷勝男、竹原慎二、飯田覚士と四人の世界王者のトレーナーを務めた福田洋二は、筆者にジム経営の苦労を次のように語った。

「選手を育てるのって凄く根気がいるんです。手間暇かかるんです。やっと一端のボクサーになったところで、辞める子も出てきます。

理由？　いろいろです。女、酒、友達、進学、就職、家庭の事情……若いうちはいろいろありますす。『こっちは、どれだけ労力使ったんだ』って文句の一つも言いたくなります。『どれだけお前の試合を組むために、頭を下げたと思ってんだ』って泣きたくもなります。

そう思うとね、選手を育てるのって農業に似ているかもしれませんねえ。農業は天候に左右されるでしょう。選手の環境は天候みたいなものです。どうにもならないことが多いものですから」

若くして興行を打ち、幾度となく日本タイトルマッチを仕切り、世界戦まで手掛けた野口修にとって、福田の言うように、地道に選手を育てることは合理的ではなかった。

三迫仁志や金平正紀と違って、選手経験を持たない修は、選手の育成にさほどの興味を持たなかった。早い話が、興行を打つこと以外に関心がなかったということだ。

そんな野口修の目が、タイに向いたのは必然だった。この時代のタイとのルートを独占していた唯一の日本人プロモーターだったからである。

目をつけたのは、タイ式ボクシングだった。

本場の興行をそのまま日本に持って来て、自身が感じた興奮を提供する。主催者たる自分は、間違いなく日本での興行を独占できるが、はたしてうまくいくか。

「条件を言ってくれさえすれば、いつでも選手を送るよ」と、タイのプロモーターも声をかけてくれていた。ポーン・キングピッチが国際式の世界王者になれたのは、この日本人が一役買っていることを、彼らはよく理解していた。

それでも、決断できぬまま時間だけが過ぎていった。定期収入はもうない。世界戦で得た収益はまだ残っていたが、前例のない興行を打つには、リスクが大きい。

そうでなくても、四年前に、タイ式ボクシングを初めて公開したときの酷評は記憶に新しい。あの失敗が、修の決断を鈍らせていたのである。

男子一生の仕事

ＪＲ川崎駅の中央南改札を出て右に進み、エスカレーターを降りると、「アゼリア」という地下街がある。入口付近のコーヒーチェーン店が取材場所である。

騒がしい店内が想像されたが、指定された以上は従うしかない。通路から店内を覗くと、医大の学長でも務めていそうな、厳めしい雰囲気の白髪の老人が奥の席に座っていた。

老人の名は川名松治郎といった。往年のスポーツ紙の記者である。

野口修と同じ一九三四年生まれ。厳めしさの理由は射るような視線にあった。取材の趣旨が電話でうまく伝わらず、注意深く様子を窺っていたのだ。

「野口修の本？　はあ、難しいテーマに取り組むんだね」

取材意図を理解すると、ぽつぽつと話し始めた。

専修大学経済学部在学中より、流行していたダンスパーティに通い始めた川名は、高じてジャズバンドのボーヤ（付き人）となる。水が合ったのか、ドラマーをへてマネージャーに転身する。

仕切りが評判を呼び、気付いたら五組のグループを束ねていた。のちに『黒い花びら』で第一回日本レコード大賞を受賞する、水原弘がボーヤとして付いていたハワイアンバンドもあった。

結局、川名は大学を二年で中退して、マネージャー業に専念する。

「ああ、そうだよ。ナベシン（渡辺晋）や堀（威夫）がそうしたみたいに、俺もあのとき起業しておけは、今頃は芸能プロの草分けの一つになったかもしれんね。彼らと同じことをしていたわけだから。でも、俺はそうしなかった」

ジャズで稼いだ金で、新宿伊勢丹裏に「コロンビア」なるカフェまで経営していたが、いずれも、男子一生の仕事とは思えなかった。

そんな頃「新聞社で働かないか」と誘われた。ルポライターの竹中労も在籍していた夕刊紙の毎夕新聞（のちスポーツ毎夕）である。渡りに船とばかりに、マネージャーもカフェも人に譲り、川名は新聞記者となった。

警視庁、神奈川県警と〝サツ回り〟を経験したのち、ボクシング担当に異動になった。そこで、野口拳のマネージャーだった野口修と出会った。

「でも、この頃の俺は、笹崎とか中村とか古株の会長にくっついていたから、野口拳はそれほど、縁があったわけじゃない。恭坊の試合もたいして観ていないしね。ただ、記者連中と麻雀をやるとき、修がよく顔を出していた」

その後、スポーツニッポンに移籍した川名は、NETの『ゴールデン・ボクシング』を会社が後援していた関係もあって、野口修と頻繁に顔を合わせるようになる。

ある日、修に呼び出された川名は、こう切り出された。

「バンコクで地元のプロモーターと協力して興行を打つ予定だ。大きく載せてくれないか」

川名はボクシングの試合だとばかり思った。

「タイトルマッチでも決まったの?」と質すと、修はかぶりを振った。すべてを打ち明けるわけではなく、話がどうにも見えない。日程もまだ決まっていないという。

「じゃあ、行かない。何人か選手を連れて試合させるだけだろ。恭坊も引退して、これってタマもいないのに、大きく載せられるわけないから」

そう言うと「違うんだ、タイ式の興行を打って選手を出すんだ」と修は慌てて返した。

余計に意味が判りかねた。この男はバンコクに移住でもするのだろうか。

「実は、対抗戦をやろうと思ってさ。柔道でやるような五対五の勝ち抜き戦。ルールはタイ式。会場はルンピニーで、テンブンには話を通してある。それをスポニチで盛り上げてほしい」

「ルンピニー」とはタイ式ボクシングの二大殿堂の一つ、ルンピニースタジアムのことで、「テンブン」とは、スタジアムの興行を仕切っていたプロモーターの名前である。

アイデアは悪くないと思った。こういった興行はなかったし、根回しもそつがない。

「じゃあ、日本人は誰が出るの?」と訊くと、黙ってしまった。口説き落とせそうなところまで来ているらしい。そこで、口約束でもスポニチの後援が欲しいということなのだ。

誰に接触しているのか、気にならないわけではなかったが、これ以上は踏み込まなかった。中堅記者の一存で決められることでもないのである。「世間が喰いつくような試合を作らないと、ウチも得しない。それができるなら書くし、ある程度なら盛り上げてやる」とだけ言った。

＊

厳めしそうな雰囲気は次第に薄れ、饒舌に過去を振り返った川名松治郎だったが、鋭い視線だけは変わらなかった。二十八歳の川名のそれは、今以上だったはずである。

野口修と関わった関係者は、「右翼」「格闘技」「芸能」の三つに類別される。それらが交わることは、ほとんどない。

しかし、川名松治郎は「芸能」と「格闘技」のどちらにも顔を出す稀有な存在である。

他流試合の道場マッチ

「ボクサーなら目黒の道場にたくさんいたわけですよね。彼らを何人か選抜して、タイ式の選手に育てようとはしなかったんですか」

筆者は以前から気になっていたことを、野口修に尋ねた。ボクシングとキックボクシングが、歴史的に地続きの印象を与えないのは、当時の彼の判断によるところが大きいからだ。

それに対し「こういうことがあったんだよ」と苦笑をまじえつつ答えた。

ある晩のことである。二人のタイ人トレーナーが、練習の合間にふざけて蹴り合いを始めた。

以前にも触れたように、彼らは普段トレーナーを務めながら、選手としても時折ボクシングの試合に出ていた。ウクリッド・サラサスがそうであるように、彼らも少年時代からタイ式ボクシングの経験は一通り積んでおり、プロ経験がある者も珍しくなかった。

その様子を見ていた一人の日本人ボクサーが、「俺にも蹴りを教えてくれ」と言い出した。タイ人は面白半分に教え始めた。数人のボクサーも、同じように蹴りの練習を始めた。

臨時のタイ式練習が一段落ついた頃、「パンチだけでタイ式の選手に勝てるか」と誰かが言い出した。何人かが話の輪に加わった。

「蹴りの届かない距離で戦って、隙を見て中に入って腹を打てば勝てる」と言う者がいれば、「ついでにアッパーも入れたらいい」と言う者や、「少々の蹴りを食らっても効かない脚を作って、気にせず前に出続ければ勝てる」と言う者など様々な意見が飛び交った。

共通するのはいずれも、「ボクシングの技術だけでタイ式に勝てる」という結論だった。タイ人はニヤニヤするばかりで何も言わなかった。

離れた場所から会話を聞いていた道場主の野口恭が、頃合を見計らって口を開いた。

「素早く踏み込めばパンチは当たる。合気道の摺り足の要領で中に入って、懐に入ればワンツーは当たると思う。ただ、攻撃をもらうことは覚悟しないといけない。この方法でタイ式に勝てるのは、世界ランカー以上じゃないと難しいだろう」

指導者らしく理論的に分析した。それでもタイ人は顔を見合わせるばかりである。

ここで野口修が、輪の中に入って言った。

「じゃあ、試しに1ラウンドやってみよう。お前、動けるか」と、ボクシングの勝利を声高に主張していた若い選手を指名した。四回戦ボーイで階級はフェザー辺りだったという。

「悪いけど、あいつの相手をしてやってもらえないか」とタイ人にも声をかけた。フライからバンタムに属する彼は笑顔で頷いた。

修は、緊張気味に10オンスのグローブをはめているボクサーに「お前が倒したら、今月の月謝は払わなくていい」と耳元で囁いた。四回戦ボーイの目つきが変わった。

急遽「ボクシング対タイ式ボクシング」の他流試合が始まった。自由に戦っていいオープンルールである。ヘッドギアはなし。レフェリーは野口恭が務めた。

開始と同時に、ボクサーは恭が提言したように素早く踏み込んだ。ガードを下げたままのタイ人は頭を振ってかわす。この攻防がしばらく続いた。

力量を試すように、タイ人が軽くミドルキックを繰り出した。「バシン」という重く鈍い音が道場に響くと、ボクサーは顔をしかめた。続いて、ジャブからローキックというコンビネーションを見せるも、ボクサーは反応できない。

さらに、抱きつくようにふわっと組みついたタイ人は、首相撲で振り回した。小柄な男のどこにそんな力が宿っているのか、ボクサーは為す術なく振り回された。

そこからタイ人は、膝蹴りを三発ほど繰り出した。ボクサーはたまらずダウンを喫する。腹を効かされただけでなく、平衡感覚を失ったのもあったのだろう。

立ち上がったボクサーに「いつも通りやれ」と仲間の一人が声をかけた。レフェリーの恭も、「落ち着いてやれ」と声をかけた。

小さく頷いたボクサーは、気を取り直すように細かくステップを踏むと、リードジャブを繰り出した。スイスイとかわすタイ人だったが、そのうちの一発が鼻先を捕えた。

ここぞとばかりにボクサーが踏み込むと、タイ人の膝蹴りがボディに炸裂した。カウンターで合わされたボクサーは、マウスピースを吐き出し、そのまま悶絶した。

試合は終わった。相手にならなかった。

「ボクシングの技術だけでは、タイ式には絶対に歯が立たない」と野口修が痛感したのは、この夜のことがあったからだという。

では、ボクサーが蹴りを習得すればいいかというと、そうとも思わなかった。ステップを踏む、細くて美しい脚をも失うことになるからだ。

修は決意した。

「タイ式ボクシングと戦わせるのは、ボクサーでは無理だ。空手家だ」

佐郷屋留雄の戦後

その邂逅は、父、野口進の愛国社時代の後輩である、佐郷屋留雄（戦後は嘉昭と改名）からもたらされた。

日本史上における佐郷屋留雄とは、現職首相だった浜口雄幸の狙撃犯として知られる人物である。そのことは第二章で述べた。

まず、この時期の佐郷屋留雄について触れておきたい。

戦後、公職追放となった佐郷屋だが、解除後の一九五四年、血盟団の指導者だった井上日召と、右翼団体「護国団」を結成、副団長に収まる。

しかし、モーターボート事業で莫大な財を成した笹川良一や、大陸から持ち帰った資財で政財界を操った児玉誉士夫と違って、実情はまったく華々しいものとは言えない。

護国団への密着取材を行った読売新聞は、結成から一カ月後の六月十三日、「頭を上げた右翼」という特集記事を組んでいる。

《井上日召氏（元血盟団団長）主宰のこの団体（中略）はさる天皇誕生日に明治神宮で発会式をあげたばかり。大金庫をデンとすえた事務所の壁には井上団長はじめ小沼正（血盟団事件）三上卓（五・一五事件）佐郷屋嘉昭（旧名留雄、浜口首相事件）松木良勝（同）らの幹部名がズラリ。

護国団が発足と同時に手がけたのは資金カンパ。称して「護国百万人講」一口千円。目標総額十億円。（中略）実際には資金難の悩みは深刻らしく、全国の博徒を背景にした大日本国粋会の協力を求めたりしている》（昭和29年6月13日付／読売新聞）

記事でも示唆されている通り、この直後より、金にまつわる団員の犯罪が頻出している。

六月二十日には、財政部長の辻宣夫が入団を断った青年への暴行で検挙され、借金の取り立てを依頼された団員が、監禁と傷害の容疑で逮捕されている。平和相互銀行神田支店の貸付係長に取り立てを依頼された団員が、飲食店の店長を拉致するという事件も起きる。淀橋署（現・新宿警察署）は本部事務所を家宅捜索し、日本刀、棍棒九本、発煙筒三本を押収している。

自民党議員への脅迫もあった。脅された代議士には後年首相となる岸信介も含まれる。

暴行や傷害ばかりではなく、有価証券の偽造にまつわる詐欺行為もある。

右のように犯罪を重ね、その都度大々的に報じられた当時の護国団について、佐郷屋留雄の長男の佐郷屋嘉洋はこう詳述する。

「実は内部に公安のスパイが潜り込んでいて、徹底して悪事を働かせて新聞に書かせた。共産党にやったことと同じなんだ。だって、『金を強奪した』なんて書かれても、ウチは夕飯のおかずにも困るくらいだったもの」

「公安スパイ」の行状に言及した右の証言の真偽

だが、信憑性はなくもない。かつて、政治家と財界人を襲った首謀者や、現職首相を狙撃した右翼活動家と元海軍将校が幹部に列なる組織が、当局から警戒されるのは当然だからだ。

事実、幹部の一人である三上卓はこの七年後、戦後唯一のクーデター未遂事件「三無事件」に加わった容疑で逮捕されている。スパイを送り込んで組織を壊滅に追い込むのは、有史以来、日本警察の常套手段である。

拳闘に助け起こされた野口進と違って、佐郷屋留雄の戦後は未だ隘路の中にあった。

＊

この時期、イギリスの労働党系の新聞は、「日本は右翼団体復活を放置」と題した記事を載せている。書いたのはジョン・ホランドという記者で、要旨は次の通りとなる。

《一、日本では〝護国団〟〝殉国青年隊〟その他の団体が警察の鼻先で再び一つの脅威として復活しつつある。警察は小規模の愛国的秘密団体員はこれ見よがしに捕まえるが、大物団体となると強力すぎるので手をつけぬまま放ってある。

一、護国団はいま小沼正、佐郷屋嘉昭らの指導下にあるが、この二人とも戦前政治的暗殺の記録をもっている。これらの秘密団体は毎日団員に訓練や講義をやっているが、その中には空手、柔道、剣道などがある》（1955年3月12日付／レイノルズ・ニュース　※昭和30年3月14日付／読売新聞より引用）

イギリス人記者も指摘するように、護国団には多くの武道家が参集していた。剛柔流の空手家でもあった佐郷屋は、武道家を集めて組織を盛り立てようと考えていたのだ。

そこで、筆者はこういった記事を見つけた。

《東京警視庁では杉並署、田無署と協力、十二日朝（中略）右翼団体護国団（団長井上日召氏）を手入れし、同団松木理事長ら四人を暴行強迫の疑いで逮捕したが、その際逃走した同団体本部内居住青年行動隊副隊長山本輝治（二五）同隊員逢坂忠（二八）同黒崎明（二五）の三名は同日午後二時半杉並署に出頭、同署では荻窪、田無両署に分散留置して取調をはじめた》（昭和31年1月13日付／読売新聞）

記事自体は、末端の護国団員の逮捕を報じただけの、取り立てて珍しいものではない。

しかし、黒崎明なる二十五歳の団員については看過することはできない。

空手家、黒崎健時の若き日の姿である。

鬼の黒崎

黒崎健時は一九三〇（昭和五）年、栃木県桑村（現・小山市）に生まれた。

「少年時代より腕力、脚力が強く、剣道、柔道、空手の修練を積んだ」と自伝にはある。「開拓団一の暴れん坊だった」と書く専門誌もある。

剣道師範の福田久一郎に師事し、二十二歳のとき剛柔流の空手家、大山倍達の門下生となる。

立教大学裏のバレエスタジオを間借りして大山道場が開設されると、師範代として、大山茂（のち国際大山空手道連盟総主）、中村忠（のち世界誠道空手道連盟代表）、芦原英幸（のち新国際空手道連盟芦原会館館長）、添野義二（のち世界空手道連盟士道館館長）ら、黎明期の極真会の空手家を鍛え上げる。


大山道場が「国際空手道連盟極真会館」に組織を刷新すると、七段最高師範を拝命し、現場の責任者として采配を振る。

極真空手の海外普及を率先して行ったのも黒崎である。

「今のオランダ目白ジムのヤン・プラスなどはその弟子にあたるわけですが、彼は今でも先生を神様のように思っていますからね。先生は身を以て真剣にカラテ、武道を我々オランダ人に教えてくれた、と言っています。（中略）オランダに行ってみると分かるんですけど、極真といえば〝クロサキ〟というくらいに先生の名前が知れ渡っていて、それがずっと前から今に伝えられています」

（大山道場出身の松永秀夫／『ゴング格闘技』1996年1月8日号）

その黒崎健時も二度のくも膜下出血で、戸田市に本部を置いた黒崎総合格闘技スクールを二〇〇九年に閉鎖。上尾市で次女の介護を受けながら静かに暮らしてきた。近年、消息が伝わることはなかったが、筆者が得た情報によると、二〇一八年に八十八歳で他界したという。

彼の長い生涯において、ほとんど語られることがないのが、青年時代に本名の黒崎明で、右翼活動に奔走した過去である。

剣道の師である福田久一郎が国士舘の一期生で、愛国学生連盟に属していた。その縁で福田は、愛国社の先輩である佐郷屋留雄に、黒崎を預けたのである。先述のように、自身も空手家である佐郷屋は、若い空手家を引き入れることで組織の強化を図っていたからだ。

黒崎健時は、こう回想している。

《（福田）先生の紹介で、私は先生と同期の方のところへ行き、その人の紹介で善隣倶楽部へ、さらにそこから佐郷屋留男《ママ》先生に預けられた。私は先生の下で武道の修行をした。しかし、私はここでも私を持て余し始めたのである。佐郷屋先生はそんな私の心内を見抜いて、しばらく田舎へ帰っているように命じられた》（『必死の力・必死の心――闘いの根源から若者たちへのメッセージ！』黒崎健時著／スポーツライフ社）

ここにある「善隣倶楽部」とは、現在の一般社団法人国際善隣協会の前身となる、国際善隣倶楽部のことである。一九四二年発足の「満洲交友会」を源流とし、引き揚げ者の連絡団体の性格を帯びていたこの組織に、黒崎は在籍していたのだろうが、彼はその詳細にも触れていない。

さらに、五十頁にわたって黒崎健時を特集した専門誌『ゴング格闘技』（1996年1月8日号）も、佐郷屋留雄を「武道家」と衒いもなく書いている。つまり、佐郷屋を右翼思想家としてではなく、武道の師として披瀝しているにすぎない。

そもそも、黒崎自身は護国団員の前歴を公表していない。「私を持て余した」とは何を指し、佐郷屋が黒崎の何を「見抜いて」故郷への帰省を命じたのか、さっぱり判らない。

自伝を上梓した一九七九年は、黒崎が格闘技プロデューサーとして名を馳せていた時期と重なる。右翼青年の過去も、本名さえも秘しておきたかったのだろうか。

邂逅

白伝は大山倍達との出会いにも及んでいる。

《ある日、佐郷屋先生から呼び出しがかかった。

行ってみると、「お前を大山倍達という空手家に預ける」ということだった。

先生の話によると、大山先生が尋ねてこられて、武道の方で見込みのありそうな若い者が居たら入門させて欲しい、といって来たのだという。佐郷屋先生はすぐさま私の顔を思い浮べ、「それなら黒崎だ。黒崎以外いない」といって、即座に私を推挙したそうだ。

こうして私は、まだ道場もなく、野天の空地で稽古を重ねていた大山道場に入門したのである。昭和二十八年、私が二十二歳のときのことだ》（同）

ここで気になるのは、一九五六（昭和三十一）年に、護国団員の立場で逮捕された一件である。大山倍達に弟子入りして三年後となる。となると、この記述も過去を隠すためだろうか。しかし、もしそうなら、紹介者として佐郷屋留雄の名前を出す必要がない。

おそらく、護国団に籍を置いたまま、大山道場に入門したということではないか。野口進が大日本拳闘会に所属しながら愛国社に加わり、拳闘と右翼活動を並行して行ったのと同じことだ。

「その通り。黒崎は右翼と空手を同時にやっていた。でも、自伝にそう書いてあるなんて知らなかった。ウチにいたことが知れては、都合の悪いことでもあったのでしょう」

そう言うのは、佐郷屋留雄の長男の佐郷屋嘉洋である。彼の回想は貴重である。

「黒崎健時はウチに下宿していた。書生というか門人。子供だった俺はよく遊んでもらってたね。

黒崎を大山倍達に紹介したのは確かに親父。だけど、それは大山さんと前から知り合いだったから。親父は若い武道家や学生を集めてワイワイやるのが好きで、しょっちゅう飯を食わせていた。お袋はやりくりが大変だったと思うなあ。

その席に大山さんも時々顔を出していて、黒崎は書生だから、当然、顔を合わせるわけ」

ちなみに、野口修や三迫仁志が宴席に招かれることもあったという。

「大山倍達も黒崎健時も初めて会ったのは佐郷屋さんの家だった。ただし、大勢いる中の一人。大山さんは空手の人だし、黒崎健時は佐郷屋さんの書生だった。俺も学生だったし。でも、ウチの親父は前から大山さんとは顔見知りで、目黒に遊びに来たことはあったんだよ」（野口修）

大山倍達の履歴において、戦前の右翼人脈は避けては通れない。石原莞爾の主宰する東亜連盟の同人となり、戦後はフィクサーの田中清玄を後見人としている。すなわち、野口進や佐郷屋留雄もその一群に漏れなかったということだろう。

本部会館建設秘話

繰り返すが、筆者は佐郷屋留雄の長男である佐郷屋嘉洋と、本書の取材を通して知り合った。

頭山満に列なる戦前の右翼団体、愛国社の盟主、岩田愛之助を祖父に持ち、現職首相を狙撃したテロリストにして、戦後は右翼指導者となる佐郷屋留雄を父とする彼は、その嫡孫、嫡男と思えない物静かな紳士である。

あるとき、彼はこんなことを口にした。

「西池袋の極真の本部会館。あれはウチの親父が金をどうにか工面させて着工の資金にしたんだよ。本当だよ。知らなかった？」

大言壮語を好まない彼の証言の数々を、これまで筆者は信用に足るものと感じていた。しかし、この件については、すぐには同意しかねた。証拠と言えるものもなく、らしくない誇張の匂いを嗅ぎ取ったからである。

格闘技史に、さほども現れない亡父の心情を思えば、「これくらい口を滑らせても、さしたる罪にはなるまい」と、この紳士ですら考えたのかもしれない。よって「参考の一つに留めておくのが賢明」と当初は判断した。

その数カ月後、次のような証言を目にした。

「表には出ないが、影で縁の下の力持ちになって大山空手、極真空手を盛り上げていこうという人が数多くいた。例えば会館を建てる時に、黒崎先生が影でものすごい苦労をしたのを、今では知る人は少ないでしょうねえ」（中村忠／『フルコンタクトKARATE別冊　大山倍達と極真の強者たち』福昌堂）

ここにある「ものすごい苦労」が、具体的に何を指すのかまでは判らないが、先の佐郷屋嘉洋の証言がぼんやりと甦った。

そんな矢先『ゴング格闘技』の初代編集長だった舟木昭太郎が、自身のブログに以下のことを書いていた。

《極真会館本部（豊島区西池袋）の建設資金が果たして何処から出たかという話で（中略）会館新築の原資は、豊島区内のタクシー会社の労働争議のスト破り報奨金（昭和30年代）という途方もない裏金であった、と知ったら極真関係者ならずとも驚くであろう。件のタクシー会社は、労働組合の長期ストライキに困り果て、人を介して「スト破り」を大山道場に依頼してきた。（中略）

当然裏社会の仕掛け人となれば、黒崎健時師範代（当時）を於いて他に人はいない。（中略）

兎も角もその成功報酬が今日の金額で何んと3000万相当だったという。

このお金が極真会館新築原資になったというわけだ。当然経営者から強引に毟（むし）り取った金だろう。黒崎先生だ、いずれにせよ、最後の詰めは怠るまい》（『舟木昭太郎の日々つれづれ』2016年1月19日更新）

大山倍達や黒崎健時をよく知る立場にあった舟木昭太郎が、突如、右の内容を明かした。「タクシー会社の組合のスト破り」という具体的な方策まで示しているのだ。

問答いらぬ

筆者は国会図書館に赴き、昭和三十年代の「タクシー会社のスト破り」を探した。

すると「江東区のタクシー会社のストライキ」を報じた新聞記事に引っかかった。

深川に本社を構える「大和交通」なるタクシー会社において「労働組合を結成しようとした運転手に、社長が月給の支払いを停止したことで、ストライキが始まった」という記事がそれだった。

《大和（やまと）交通会社の運転手労組結成をめぐる争議は、いぜん歩みよりの気配がみえず、七日新宿区信濃町国産自動車協会で行われた初の団交も物別れとなったが、会社側は八日午前九時社内の仮眠所に立てこもる従業員切り崩しのため、護国団、三坂ボクシング協会などから約五十人の応援員をよびよせ、事態はますます険悪となった。

（中略）

この日「日章旗」を先頭にかけつけた制服姿の護国団員たちは警備員の腕章をつけて〝にわか社員〟に早がわり「仮眠所をわれわれの詰所にする」と組合側と押問答のすえ、五十平方メートル（十五坪）タタミ敷きの仮眠所を二分して、シキイを三十八度線に双方が使用することになったが、組合員が赤ハチマキで労働歌をうたえば、背中合せの護国団側はこれを横目でにらみ文字通りの〝にらみ合い〟深川署も係官五十人を待機させ警戒している》（昭和33年8月8日付／読売新聞）

ここにある「大和交通」とは、山岸敬明という人物が、戦後に起業したタクシー会社である。

山岸には前歴があった。

戦前の五・一五事件の際、首相の犬養毅邸に乱入して「問答いらぬ、撃て」と叫んだ主犯格の海軍中尉がこの山岸だったのだ。当時は「山岸宏」と名乗っていた。

このとき、山岸に呼応して犬養を撃ったのが、同じ海軍中尉の三上卓である。戦後、三上が護国団の幹部になったのはすでに述べた。一方の山岸はタクシー会社を興して成功を収めていた。

ワンマン社長が、海軍時代の盟友にスト破りを依頼した構図が浮かび上がる。そこで出動したのが記事にある通り護国団だった。二十八歳の黒崎健時も、おそらくこの中にいたはずだ。

「強引に（三千万円を）毟り取った」とは悪い冗談にも程がある。仮にも社長は「五・一五」の首謀者である。二十代の下っ端の団員が大きく出られる相手ではない。

その頃、井上日召に代わって護国団を率いていた佐郷屋留雄は、当然、事情を把握していたはずで、前述の「極真会館の建設資金」と符合する。黒崎健時が舟木昭太郎に話した「昭和三十年代のタクシー会社のスト破り」とは、この一件である可能性が高い。

ただし、記事を追うと、ストライキは組合側の全面勝利に終わっている。成功報酬百五十万円（現在の価値で約三千万円）が支払われたかどうかは、さすがに判然としない。

とはいえ、腕力が重用されたこの時代に、大金を稼ぐ手段として、新聞に載らない同様の案件をいくつもこなしていたのかもしれない。

「表に出せない金で、極真の本部会館を建てたんだ」と黒崎健時は言いたかったのだ。

ともかく、この時代の大山倍達や黒崎健時が、右翼人脈の中で生かされていたことだけは、疑いようがないと言っていい。

＊

彼らの証言が、どこか偶然を強調したきらいがあるのは、背景に横たわる人間関係を省略していることと無縁ではない。
彼らは、殊更に右翼との関係を語らなかった。もちろん、取材をする側の問題もある。「愛国社」と聞くと著述者の多くは、岩田愛之助が興した右翼団体のそれとは思わず、通念としての「愛国者」と勘違いしたまま記事にしてしまう。当然、辻褄の合わない記事が出来上がる。取材者としては致命的な齟齬である。
大山倍達、黒崎健時、野口修の人間関係の中心にいた佐郷屋留雄の名前が出て来ないのは、右の事情によるものと見て間違いないだろう。
佐郷屋留雄とはいかなる人物だったのか。戦後間もなく安藤組を興し、解散後は俳優に転じた安藤昇の証言がある。
「俺より十八ほど年長だったかな。『佐郷屋先生』『安藤君』と呼び合っていた。一緒に何かをしたわけでもないし、そんな程度のつき合いだったけど、横井英樹襲撃事件（昭和三十三年）のとき、佐郷屋さんは横井に掛け合って減刑嘆願書を取ってくれた。（中略）
俺が頼んだわけじゃなく、佐郷屋さんのほうがそうしてくれたんだけど、恩着せがましいことなど、これっぽっちも言わない。たいした人だったね」（『安藤昇の戦後ヤクザ史　昭和風雲録』安藤昇著／ベストブック）
笹川良一や児玉誉士夫のように、富を築き財を成したわけではない。しかし、現在につながる日本の格闘技を動かす役割を果たしていたのが、この時代の佐郷屋留雄だったのである。

第十二章　空手家・山田辰雄

二〇一二年に上梓した処女作『坂本龍馬はいなかった』(彩図社)において、筆者は、坂本龍馬という無名の武士が認知された経緯を詳述した。

そこで、土陽新聞(現・高知新聞)に連載された小説『汗血千里駒』の著者である、民権運動家の坂崎紫瀾という人物に焦点を当てた。この新聞連載がきっかけで「坂本龍馬」という名前が初めて世に出たからである。

幕末の志士のはずの坂本龍馬は、実際は明治十六年になって存在が明るみに出た。それも小説の主人公としてである。

それから八十年経った一九六二年に、奇妙なことが起きた。

おそらく『汗血千里駒』に着想を得た直木賞作家の司馬遼太郎が、産経新聞の夕刊で『竜馬がゆく』の連載を始めた。これによって、坂本龍馬の存在は「明治維新の立役者」として独り歩きをするようになる。

小説は売れに売れて映画やテレビドラマにもなった。司馬遼太郎はこの作品で「国民的作家」の称号を得た。作品に感銘を受けた、いや、作品を読んでもいない多くの日本人までが、坂本龍馬を尊敬するようになった。くどいようだが、実際は小説の主人公でしかない。

司馬遼太郎はその後も、土方歳三を描いた『燃えよ剣』や、斎藤道三と織田信長を通して戦国時代を描いた『国盗り物語』、秋山好古・真之兄弟と正岡子規を主人公に明治期と日露戦争を描いた『坂の上の雲』など、一九九六年に鬼籍に入るまで、いくつもの「代表作」を世に送り出した。

司馬が続々と快作を発表し、坂本龍馬が実在の偉人として認知される過程において、「龍馬の生

み の親」である坂崎紫瀾の名前は忘れ去られた。知られることも、人の目に留まることもなくなった。歴史に埋もれたのである。

実は、これと似たようなことが、昭和の格闘技界でも起きていた。

『巨人の星』や『あしたのジョー』などで知られる漫画原作者の梶原一騎が、一九七一年に『週刊少年マガジン』において『空手バカ一代』の連載を開始すると、主人公である大山倍達と、彼が興した極真空手の名前は一躍世間に広まった。

これによって、寸止めが主流だった空手界に一石を投じた実戦空手の第一人者として、大山倍達と極真会館の地位は確立された。それは今も揺らぐことはない。

しかし、そうなることで、大山より早い段階から実戦空手を標榜し、それどころか、現代のM・M・A（Mixed Martial Arts＝総合格闘技）にも通じる、武道競技の成立を目指した空手家の存在は完全に埋没した。

一連の経緯を眺めると、野口修も少なからず関係していた。

その人物こそ、日本拳法空手道（※澤山宗海を開祖とする日本拳法とは無関係）の創始者である山田辰雄である。

空手家・山田辰雄

山田辰雄は一九〇五（明治三十八）年、兵庫県明石市に生まれた。

柔術家の父のもと、少年時代より竹内三統流柔術を体得。また、松濤館流空手の開祖、船越義珍に空手の手ほどきを受けてもいる。

十九歳のとき、より実戦的な空手を体得しようと、船越と同じ沖縄出身の空手家である本部朝基に入門する。これが山田の人生を大きく旋回させた。本部朝基の主宰する唐手術普及会では、師範代に該当する助教師に任じられ、一九二七年には師とともに上京する。

東洋大などで指導する傍ら、各所で催されていたイギリス人ボクサーとの他流試合に出場し賞金を稼いだ。つまり、柔拳試合である。

「しょせん、小銭稼ぎの不良外人ばかりで本格的に拳闘を学んだ者はごく僅かだった。むしろ、勝って当たり前の相手ばかりだった」（『フルコンタクトKARATE』1994年5月号）と述懐する山田辰雄だが、ここで出会ったのが、野口修の父、進だった。

野口進が柔拳試合に出場していたことは第一章で述べた。意気投合した二人の友情は生涯続き、山田辰雄は、目黒の自宅はもちろん、上海や新居浜も訪ねたことがあったという。

戦後は柔道接骨師として生計を立てながら、日大歯学科や理工学部で空手を指導し、一九五五年、飯田橋に日本拳法空手道の本部道場を開いた。ここから寸止めの伝統空手とは完全に一線を画し、「打・投・極」を含めた新しい空手競技を構想するようになる。

「山田先生は、どの空手家より早く、相手を打ち倒す空手を実践されていました。それも顔面打ちもありです。投げ技と寝技もありました。それらを競技にしたんです。昭和三十年代初頭の話ですよ。先生は関節技や絞め技のことを『勝負技術』と呼んでいましたね」（日大理工学部時代からの山田の弟子である萩原茂久）

筆者の手許に一冊の冊子がある。表紙に「空手競技仮規則」と記されたこのテキストこそ、日本拳法空手道の公式ルールブックである。

一九六二年に大会を行うにあたって、山田が作成したものだ。十四条にも及ぶこの公式ルールの重要な点のみ紹介すると、以下の通りとなる（カッコ内は筆者）。

一、試合は五・三m～六・二m以内のリングで行う。

二、選手は、上半身は裸体、もしくは半袖シャツを着用。下半身はショートパンツかロングタイツ。足は素足。保護カップ（ファウルカップ）は必ず着用する。両手に軟式グローブ（ボクシンググローブ）を、両肘には布製の特製サポーターをはめる。

三、軽量級（56・25kg以下）・中量級（56・25～67・5kg）・重量級（67・5～78・75kg）・超重量級（78・75kg以上）の四階級に分類して、それぞれの階級で試合を行う。

原則として上の階級の選手が下の階級の選手に挑戦できないが、下の階級の選手は介添人（セコンド）の許可さえあれば挑戦できる。その際、三貫（11・25kg）の体重差がある場合、上の階級の選手は小さいグローブをはめることが義務付けられる。

四、審判は主審（レフェリー）一名、副審（ジャッジ）が三名とする。

主審は反則を注意、警告し、命令に従わない選手を失格させることができる。また、試合展開が一方的な場合や、負傷で試合続行が不可能と判断した場合、試合を止める権限を持つ。

五、介添人（セコンド）は二人まで認められる。

六、競技時間は三分を一回（1ラウンド）とし、三回以上五回以内とする。なお競技間の休憩（インターバル）は二分とする。

七、勝敗は次の通り決せられる。

判定。棄権。反則。打倒（KO）。技術勝ち（関節技、絞め技による一本）。

八、反則は以下の通り。グローブの親指で相手の眼への攻撃。相手の耳より後ろ（後頭部）への攻撃。噛みつき。膝への蹴り。顔面への頭突き。急所打ち。倒れている相手への攻撃。立ち上がりかけている相手への攻撃。ロープを摑んでの攻撃。相手や主審への暴言。

現代の総合格闘技のルールを、誰よりも早く考案し整備したのは、修斗創始者の佐山聡である。それには、筆者も異論を挟む余地はない。

しかし、山田辰雄なる古流柔術出身の空手家が、昭和三十年代に、先鋭的で合理的ですらあるルールを、すでに作成していた。このことを筆者は知らなかった。いや、わずかの有識者を除いて、ほとんどの格闘技関係者は認識していないはずだ。

山田辰雄と佐山聡の共通点を挙げるなら、二人とも、あらゆる武道や競技の要素を採り入れ、参考にしながらも、最終的にはたった一人で作成したことにある。

では、山田が佐山と異なる点はと言うと、あくまでもこれを、実戦空手のルールとして思い描いたことだろう。

殉教者

素顔の山田辰雄とはどんな人物だったのか。

同じく古くからの山田の高弟で、現在は新潟市内で、空手道場の拳心館を主宰する近藤建は、苦笑をまじえつつ、ある挿話を聞かせてくれた。

「山田先生は、次男の侃《ひろし》さん（山田侃）と私を連れて、日本中の空手道場を訪ね歩きました。静岡、名古屋、大阪、岡山、広島、福岡、熊本、鹿児島……三十カ所くらい回りましたかね。突然押しかけるんです。道場破りと一緒ですよ。

そこで先生は、まず映写機を取り出して、自分の道場の稽古の様子を見せるんです。『空手は直接当てなければならない。寸止めなんておやめなさい』と言うわけです。そんなことを言えば揉めますよ。そうでなくても、山田辰雄という名前は異端で通っていましたから。

侃さんと私は、話し合いが決裂したときの組手要員でした。でも、実際に打ち合ったのは三カ所だけ。ほとんどやっていません。すぐに『お引き取り下さい』となるからです」

直接打撃ですら異端視された当時の空手界において、ボクシンググローブをはめての顔面打ちに、投げ技と寝技を含むという山田の理想が、理解されるはずもなかった。

それでも、山田は一人一人と会って、賛同者を増やそうと考えたのだ。情熱と行動力は並大抵ではない。殉教者そのものである。

「邪道」「異端」と煙たがられた山田辰雄だが、飯田橋の本部道場には決まった顔があった。

「大山先生です。大山倍達先生。よくお見えになっていました。弟子を連れて来られることもあれば、お一人のときもある。大山道場と山田道場は交流していましたから、我々が池袋の大山道場に行くことも何度もありました。

ただ、山田先生と大山先生は、年齢も随分と離れていますし、経歴も山田先生の方が古いですから、大山先生が私淑していたようにお見受けをしました」（萩原茂久）

孤高の山田辰雄にとっての理解者とは、戦前の柔拳試合をともに戦った野口進と、慕って来る大山倍達だけだったのは事実かもしれない。

野口進と山田辰雄の関係は、そのまま長男の修に引き継がれる。

拳法空手競技会

一九五九年、ボクシング中継『くろがねサンデー・グローブ』の放映開始に併せて、プロモートを請け負った野口修が、タイ人ボクサーを招聘したことはすでに述べた。

実はその頃、日本拳法空手道の道場にタイ人ボクサーが現れ、山田辰雄の次男である山田侃とスパーリングをしている。

《昭和34（1959）年12月に東京・浅草公会堂で元ウェルター級1位のムエタイ選手だったというタイ国軍人「カウイ」と日本人初と思われる公式スパーリングを行った》（『フルコンタクトKARATE』2004年7月号）

この浅草公会堂とは前述の通り、野口プロの主催興行である。そこに山田侃が出場し「公式スパーリング」を行った事実はない。つまり専門誌の誤謬なのだが「道場でスパーリングをやったのは事実」と近藤建は言う。

『くろがねサンデー・グローブ』において、ボクシングとタイ式ボクシングの試合を、隔週で見せようと目論みながら、NET運動部の反対に屈した野口修だったが、同じ時期に山田辰雄に協力を仰いでいたとすれば、その機会だけは諦めていなかったことになる。

山田辰雄も、野口修に協力を依頼している。

一九六二年十月二十九日、山田は「拳法空手競技会」なる大会を開いた。資料を手繰ると、このときの会場は「後楽園ジムナジアム」と明記されている。これは、同じ年の四月十六日にオープンしたばかりの後楽園ホールのことである。

今ではまったく語られることのないこの大会は、無料ではあったが一応は興行であり、野口家も関係していた。

というのも、後楽園ホールを管理する株式会社後楽園スタヂアム（現・株式会社東京ドーム）は、当初はボクシング興行以外に、ホールを貸すことは、ほとんどなかった。そこで山田は、後楽園社長だった田辺宗英と所縁の深かった野口家に依頼し、野口家の名義で借りたのだ。

「このとき、山田さんに頼まれて後楽園ホールを借りたのも、スポーツ紙に大会の結果を載せたのも俺なんだよ。お袋だって受付を手伝ったし、弟も裏方として駆り出された」（野口修）

大会の告知やスタッフの募集、イベントの進行と、現代においても、試合以外の細部の充実が興行の成否を決めることは往々にしてある。

「格闘技クリエイターの元祖」とも呼ぶべき山田辰雄だが、興行は未知の領域だった。これまで、いくつもの興行を打ってきた野口家を頼ったのは、当然のなりゆきだったかもしれない。

では、このときの「拳法空手競技会」がいかなるものだったか、前述の公式ルールで行われたこと以外、ほとんど伝わっていない。

伝える人物も年々減っている。この日、最終第七試合に出場し、先輩の神山義郎に「2ラウンド打倒負け（KO負け）」を喫した近藤建は、貴重な証言者である。

「盛り上がっていないことは、ないと思うんですが、お客さんに戸惑いはあったでしょう。ボクサーが履くトランクスを履いて、殴って蹴って投げて寝技もある……キックボクシングすらない時代に、不思議に思った人はいたと思います」

近藤も言うように、こういう試合形態はなかったし、想定すらされていなかった。それを一九六二年の観客に提供して、理解しろというのは無理な話かもしれない。

「よく判らない大会だった。二度目はなかったと思う。あったかもしれないけど、ウチは関係していない。客も入っていないしね」（野口修）

日刊スポーツは、大会をこう報じている。

《柔道か、空手か、ボクシングか、ちょっと首をかしげたくなる。（中略）

ふつう空手試合といえば危険を防止するために〝突き〟でも〝けり〟でも直接相手を打つことはなく、相手のからだにふれる寸前でわざをとめるが、この日の競技会はいくら相手をけろうが、なぐろうが、いっこうに反則はとられない。（中略）「空手競技大会」とはいうものの、ふつうの空手とはおよびもつかぬほどスピードに欠け、そうかといってダルマ大師で有名な中国の少林寺拳法のように激しいものでもない。

ちょうどタイ式ボクシングを想像されるのが一番よい。（中略）
パンチもボクシングほどスピードがなく、けりも空手のきびしさにはほど遠い中途半端なもの。今後に課題が残りそうだ》（昭和37年10月30日付／日刊スポーツ）
ルールと試合内容が、記者に理解し難かったのもあろうが、以前から日刊スポーツは、伝統空手の最大組織、公益社団法人日本空手協会が大会を開くたびに、後援に名を列ね、賑々しく報じてきた。その敵にもなりうる「直接打撃の異端空手」など認めるわけにいかない。新聞社が大会の後援に付いて大きく報じる目的は、今も昔も購買数を増やすこと以外ないのだ。
対照的に、ライバル紙のスポーツニッポンは、次のように報じた。同じ大会とは到底思えない、躍動感の伝わる記事である。
《初の競技会だったが熱心な観客一千名が、目新しさと気力にあふれる選手の健闘に拍手を送っていた。拳法空手は現在行われている空手と異なり、防具（ヒジ当て、グローブ、ノーファウルカップ）をつけて登場するもの。
試合は一ラウンド三分。リズムに乗りスムーズなフットワークからくり出される足げり、ストレート、フックとスピードも十分で全試合が打倒勝ち（KO）という激しいもの。
チャンスをつかむと、足、手とすべてを使ってラッシュする攻撃は迫力がありすさまじいばかり。体を一回転して相手の顔面にヒジ打ち、同じく体を一回転してこんどは逆げりと技は多彩で防御に回った方も受け即攻撃とスピードにあふれていた》（昭和37年10月30日付／スポーツニッポン）
無記名となっているが、この記事を書いたのは川名松治郎である。
「このとき『いいように書いてくれ』って、修に頼まれた気がするなあ……でも、今までにないものだし、客席もそれなりに沸いていたし、率直に面白かったんだ」
時系列で言うと、この大会の一カ月後に野口修は外為法違反で逮捕され、NETの『ゴールデン・ボクシング』のプロモートから外されてしまう。そこから、川名松治郎に打ち明けたように、バンコクでの対抗戦を計画する。

つまり、タイ式ボクシングとの対抗戦において、野口修が日本側の代表として想定していた空手家とは、山田辰雄率いる日本拳法空手道の精鋭だったということだ。顔面打ちの適応力に加え、選手も揃っている。長年の両家の交流もしかりである。

しかし、意外なことに、山田辰雄が提案に首肯することはなかった。

勝負を賭けたイベント

新たな収入源を欲する野口修は、本場バンコクのスタジアムで行う、タイ式ボクサーと日本人空手家の対抗戦に活路を見出そうとした。

「そういうのをやることは恭坊から聞いていた。恭坊とは、ちょいちょい呑みに行ってたから、『兄は今度こんなことをやるんです』なんて逐一報告してくれていたんだよ。

こう言うのもあれだけど、ウチ（NET）が修との契約を切らなかったら、バンコクの興行は絶対にやっていない。断言していい。修だってやろうなんて思いつかなかっただろう」（永里高平）

「あのルンピニーの大会は、修社長が国際式以外でも興行を打って、成功させられるかどうか、それが一番の目的です。社長にとって大変な時期でしたから」（ウクリッド・サラサス）

その日本代表として野口修が選んだのは、旧知の山田辰雄率いる日本拳法空手道の門下生だった。グローブの使用を早くから採り入れていたこと。トランクス姿で試合を行い、空手着への執着がなかったこと。何より選手が揃っていること。ここまで適任の集団は、日本中どこにもいない。

スポーツニッポン記者の川名松治郎も、彼らの試合ぶりを観て好感触を抱いた。修もルンピニースタジアムのプロモーターに彼らの資料を送って、内諾を得ていたという。

「そんなことになっていたなんて、全然知りません。話すらまったく聞いていません」と戸惑うのは、山田門下生だった近藤建である。

「たた、このときの私はまだ十九、二十歳の子供です。法政大学に通いながら稽古に励んでいた子供ですよ。大人の世界のことを知らされなくても不思議はないんです。

実際、山田先生は稽古以外のことで、弟子に何かを言ったりするということは、ほとんどありません。先生は弟子との間に、余計なことを持ち込まないように、一線を引く方でしたから。私は同じ屋根の下に住む内弟子でしたが、知らなかったことも、あるにはあるんです」

近藤が知らされなかったのも無理はない。内定のつもりで話を進めていたのは野口修だけで、山田辰雄はそうではなかった。むしろ、山田は出場に難色を示していたのである。

「ルールだよ。山田さんは『公平なルールでやりたい』と言って聞かない。『これは日本空手とタイ式ボクシングの戦争だ』なんて言う割に、『全面的に向こうのルールなんか呑めない。それは軍門に降るということだ』って言い張ってどうしようもない。『相手はタイの国技です』っていくら言っても『それは譲れない』って」（野口修）

修によると、山田は絞め技や関節技もルールに含むように主張していたという。それが事実なら、土台無理な相談ではある。

山田にとっては「自分が作成したルールで堂々と戦いたい」「実際の実力がどの程度か知っておきたい」という思惑があったのかもしれない。

山田の気持ちも判らないでもない。一方、修の苦悩も伝わる。悩ましい想いでこの話を聞いた。

「それで、話は平行線のままで『今回は御遠慮願おう』となった。もう時間もなかったし。

別に仲違いはしなかった。そういう人だってことは子供の頃から知っていたし、ウチに遊びに来たって、親父とよく口論になっていたもの。で、翌朝はケロッとしている。ただ、山田さんには、これがいい商売になることは、見せておく必要があるとは思った」（野口修）

かくして、人選は振り出しに戻った。とはいえ、選択肢はもう一択しかなかった。

修は至急、佐郷屋留雄に仲介を頼んだ。

異存はないかね

朗らかな一人の少年がいた。

少年の父は池袋で菓子屋を営み、母は耳鼻咽喉科の女医だった。三人兄弟の末っ子である少年は、両親や兄弟の庇護の下、健やかに育った。

剣道の道場に通っていた少年だったが、大学の空手部に在籍していた二人の兄の影響もあり、十四歳のとき、自宅から程近い小さな空手道場に入門する。珍しいことにそこは、剛柔流の流れを汲みながら、「型」を重視しなかった。稽古も寸止めではなく、直接当てる過激なものだった。

道場は大山道場といった。

身体の大きい先輩と組手をすると、何度も蹴り飛ばされ、吹っ飛ばされた。腹を効かされ、うずくまることもしばしばあった。それでも少年は、先輩に喰らいついた。

「強くなったねえ」と先生はいつも褒めてくれた。大山倍達という人で、稽古は厳しいが根は優しい人だった。褒められると嬉しくなって、少年は毎日道場に通った。

めきめきと上達した少年は、十六歳の秋に最年少で黒帯を允許された。この記録は系列の道場も含めて現在も破られていない。

一浪の末、日大理工学部に進学してからは、稽古と指導の傍ら、趣味の登山や映画鑑賞に夢中になった。友人と旅行にも出かけたし、コンパにも繰り出した。ごく普通の大学生活をすごした。

卒業後は普通に就職して、空手は趣味程度に続けようと考えていた。

しかし、人生を一変させる出来事が起こる。

「大学三年の春休みを間近に控えた時期だった」

と彼の自伝にはある。早生まれで一浪していることから換算すると、おそらくそれは、一九六三年の早春ということになろう。

「君、話があるから、明日は早く道場に顔を出してほしい」と大山倍達に命じられた。行ってみると師範の黒崎健時、先輩の岡田博文、大山泰彦、後輩の藤平昭雄の姿があった。

全員が揃うと、師は口を開いた。

「このほど、我が大山道場は、タイ式ボクシングと対戦することを決定した。ついては黒崎師範をリーダーに、君たち四人にタイへ行ってもらいたい。行く以上、必ず勝たねばならない。諸君らを選んだのはそれを踏まえてのことである。

無論、この大山、諸君らが私の気持ちに応え、勇躍敵地に乗り込んでくれるものと信じている。それぞれ事情はあるだろうが、期待に応えて、大山空手の名を、世界に轟かすよう努力してほしい。諸君らに異存がなければ、タイ遠征はこちらの予定通り進めることにする。いいか」

「押忍」

四人は一斉に返事をした。

＊

以上の主なやりとりは、極真会館初代首席師範にして、現在は世界誠道空手道連盟誠道塾を主宰する中村忠の自伝『人間空手』（主婦の友社）から引用したものである。

大山倍達にとって、タイ式ボクシングとの試合は、道場の命運を賭けた一大決戦だった。そのことは文中からも読み取れる。

実現までの経緯については、極真側から発信された情報が、そのまま正史となっている。大まかに言えば次のようなものだ。

度々タイに足を運んでいたボクシングプロモーターの野口修は、現地でタイ式ボクシングを観て、日本空手との対戦を思いつく。

帰国後、日本中の伝統空手の道場を訪ね歩いて計画を打診するも、行く先々で断られた。そこで実戦空手の流派として知られていた大山道場に対戦を持ちかけた。

「空手よりタイ式ボクシングの方が強い」と挑発する野口修に対し、大山倍達は「いや、空手だ。大山空手だ」と返した。双方譲らず「じゃあ、実際戦ったらどうなるか」という提案を大山は堂々と受けて立った。——というものである。

『ゴング格闘技』初代編集長の舟木昭太郎はこの件について、「『大山空手は一撃で倒せるよ。タイ式なんかに負けるわけない』と野口さんに言ったことで、のっぴきならないことになり、最後は黒崎師範が受けざるを得なかった」（『ゴング格闘技』２００４年１月号）と、それを定説として披瀝している。

四人の中の一人である大山泰彦は、自身が主宰する国際大山空手道連盟の公式サイト内のエッセイで、次のように振り返る。

《確か、タイの人に、日本の武道を馬鹿にされたとか、カラテ道をバカにされたとかそれで、意地になってムエンタイに挑戦してやろうと決意し、日本各地の空手道場を回ったのだが実際に突きや蹴りを当てて稽古しているところは無く、頭を痛めていた。

そこに極真会の話を人から聞いて来たのだと、実際に稽古を見てこの流派なら行けると思った。先生是非やりましょうと、だいたい、こんな感じだったように思う》（国際大山空手道連盟公式サイト『エッセイ・汗馬の断き　第13話　ムエンタイ、キックボクシング』２０１１年7月4日更新）

また、中村忠は大山倍達自身の言葉として、「そこまで言われて挑戦を受けないとしたら、日本の空手家すべてが臆病者の烙印を押されることになるわけですね。野口さん、よろしい。極真会から選りすぐった屈強の人間を出しましょう」と対戦に踏み切ったいきさつを自伝に記している。

委細はそれぞれ異なるが、大山道場が逃げない姿勢を強調していることに変わりはない。

確かに彼らは逃げなかった。よくぞ決断したと思う。そのことに筆者も異論はない。

しかし、実現までの経緯は、必ずしもそういうわけではない。

タイ式ボクシングにかなわない

野口修は、山田辰雄との交渉が物別れに終わると、佐郷屋留雄の自宅で時折顔を合わせていた、大山倍達のことが脳裏をよぎった。

すぐさま、佐郷屋留雄に事情を説明すると、二つ返事で話をつないでくれた。

「親父は自分がしゃしゃり出たりはしない。あくまでも黒子。このときも、修ちゃんに頼まれて、まず黒崎に話をしたわけよ」（佐郷屋嘉洋）

「黒崎、修君が困っている。力になってやってくれないか」と佐郷屋留雄が頼むと、黒崎健時は、「私に異存はありません」と即答した。それを聞いて佐郷屋はこう言った。

「よし、善は急げだ。大山君をすぐ呼べ」

この時期、日本の右翼団体の連合体である全日本愛国者団体会議（全愛会議）の初代議長に推戴されるなど、斯界で重きをなしていた佐郷屋留雄の要請とあれば、人脈の恩恵を被っていた大山倍達にとって、無視できるものではない。

一九六三年というと、先述したように池袋の総本部会館の建設に汲々としていた時期である。韓国の軍事政権とも太いパイプを持つ、佐郷屋の機嫌を損ねるわけにはいかないのだ。

佐郷屋邸で大山倍達と対面した野口修は、対抗戦への出場を改めて要請した。そのとき、大山が発した言葉は意外なものだったという。

「空手家は強いです。でも、タイ式ボクシングにはかないません。絶対に勝てません」

この証言は筆者にだけでなく『ゴング格闘技』（2004年1月号）で、書評家の吉田豪に対しても同様の発言をしている。

こうした発言を耳にしたと思しき大山泰彦は、前出のエッセイで、「故総裁と野口氏の席上に私が居た訳ではないが、故総裁がタイ式にはかなわない……等と言う訳がない」と反論する。

ただし『大山倍達正伝』（新潮社）の著者である小島一志は、タイ式ボクシングとの邂逅について、生前の大山倍達の述懐を披歴している。

「私はボクシングの心得もあるからグローブには慣れていたし、ゴングと同時に金的を蹴ってやった。反則もクソもないよ。だって相手の土俵で戦うのは私なんだから。次の瞬間、左逆突きでノックアウトしました」

右の証言を事実と判断した上で言うなら、勝つ自信があれば金的など蹴らないはずである。「相手の土俵だから反則をしていい」とは理解に苦しむ。要するに、勝てる見込みがなかったということではないか。

「大山先生は、この時代より『素手で打ち合う空手』と声高におっしゃっていました。でも、それは顔面を打ち合うことではないんです。

私は彼らを批判する意図は、まったくありません。しかし、当時の大山道場は、顔面打ちまでは踏み込んでいなかった。山田先生と大山先生は、異端同士でも、そこが大きな違いです。

しかし、大山先生は野口修の提案に乗った。顔面打ちも含む他流試合に打って出た。未知の領域に踏み出した。それは事実です。だから、これは相当な決断が要ったと思うし、今考えても、私は本当に感服していますよ」（近藤建）

＊

佐郷屋邸で野口修にタイ式ボクシングとの対抗

戦の出場を要請された大山倍達は、弱気な発言を口にした。

なんとか対戦を回避したかったのかもしれない。組織の長として敗北を免れたい気持ちは判らないでもないからだ。

「俺は弱っちゃってね。今さら山田さんに戻すわけにもいかないし、『そう言わず、なんとかなりませんか』って言ったんだ」（野口修）

そのとき、佐郷屋留雄はこう言ったという。

「大山君、人間というのはな、一か八かの勝負をせんと、大きな成功は覚束んのだぞ」

そう言うと、佐郷屋は浜口雄幸を狙撃した三十三年前のことを揚々と話し始めた。

神妙そうに耳を傾ける大山倍達を見ながら、「どうにか了解してくれ」と修は願った。

「いいから行って来い。負けたっていい。そしたら胸を張って帰って来い。この佐郷屋が責任を持って、お前たちを出迎えてやる」

右翼の大物である佐郷屋留雄にそうまで言われて、四十歳の大山倍達と、三十三歳の黒崎健時に抗弁できるはずもなかった。


この瞬間、タイ式ボクシングとの対抗戦は大山道場の出場が、事実上決まったのである。

責任者である大山倍達にとって、無理難題とも言える要請だったはずだが、これを引き受けた勇気と決断こそが、現在まで続く「極真最強伝説」「大山カラテ最強神話」の嚆矢となった。そのことを思えば、無理難題もまったく無駄ではなかった。

対照的に、野口修の要請を拒んだ山田辰雄と、彼の率いる日本拳法空手道が、格闘技の歴史に埋もれたのは、残酷なことを言うようだが、必然だったのかもしれない。

タイ式ボクシングとの対抗戦を前に、野口ボクシングクラブで行われた合同練習でのスナップ。左から野口修、藤平昭雄、大山泰彦、１人おいて中村忠、黒崎健時。（写真提供・UPPER）

全国行脚中の日本拳法空手道の面々。右から山田辰雄、山田侃、近藤建。（写真提供・近藤建氏）

第十三章　タイ式ボクシング対大山道場

「日本の格闘技の歴史で一番のターニングポイントと言えるのは、昭和三十九年の大山道場とムエタイの他流試合でしょうね。もし、あれがなければ、その後の日本の格闘技界って全然違ったものになっていたはずです。あれこそが、プロ格闘技の走りなんですよ。

プロレスにだって、UWF的なものは生まれなかったと思うし、極真もあそこまで大きくならなかったでしょう。ということは、僕も空手を始めたかどうか判りません。そうなると、K－1もなかったってことになりますから」（K－1創始者で新日本空手道連盟正道会館館長の石井和義）

野口修が企画した、タイ式ボクシングと日本人空手家の対抗戦は、共通の後見人である佐郷屋留雄の取りなしもあって、大山倍達の率いる極真会大山道場の出場が決まった。

この興行に出場したことで、極真空手がようやく認知されたとする意見は多い。

『夕やけを見ていた男——評伝梶原一騎』（斎藤貴男著／新潮社）によると、梶原一騎は、《それほど密接な関係だったわけでもなかった》大山倍達に、「今後、先生の話をマスコミに出す時は、全部この俺に任せてもらえませんか。他の人間には書かせないでほしいんです」と懇願し、大山も了承したとある。

それまで、著述者として大山倍達と付き合ってきたのは、作家の森川哲郎だった。帝銀事件の平沢貞通死刑囚の再審運動で知られる人物である。

往年の時代小説の文芸誌『剣豪列伝集』（九十一号・昭和三十八年十一月一日発行）には「タイ国拳法に挑戦する日本空手道」と題し、特集記事に加え、大山倍達と道場生による座談会が載っている。これも森川の筆による。森川哲郎が極真空手を伝える役割を担っていたことが窺える。

しかし、一行がバンコクから帰国してすぐの、一九六四年二月下旬、梶原一騎は、自身が連載する少年雑誌『まんが王』（1964年3月号）の「読切連載スポーツ小説・世界のチャンピオン第3回」に大山倍達を採り上げている。

確認する限り、それまで梶原一騎は大山倍達のことを一度も書いていない。バンコク決戦を機に、森川と入れ替わるように、梶原がその任に就いたように見えないでもない。

バンコクに乗り込んだ大山道場生の勇姿こそが、梶原をして『虹をよぶ拳』や『空手バカ一代』の着想を抱かせたとすれば、作風も含めて符合する。

ともかく、石井和義も言うように、タイ式ボクシングと大山道場の対抗戦は、その後の日本に「プロ格闘技」を根付かせる転機となった。

しかし、出場を受諾した大山倍達も、仕掛人である野口修も、そうなることを、まったく想像していなかったのは奇妙と言うしかない。

天才でハンサム

夏の前のある日、野口修は池袋の大山道場を訪ねた。対抗戦が十月に内定したことを報せるためである。

「日本空手の強さを、大山道場の強さを見せて下さい」と修は道場生を激励したという。

そこで黒崎健時は、八月二十日から一カ月間、選抜メンバーを引き連れ、自身の故郷に程近い、栃木県の鬼怒川で強化合宿を行った。

10㎞のロードワークに始まり、ダッシュ、腹筋、腕立て伏せ、スクワット、一人五十回連続の相撲、川の急流を使っての水泳と、午前中は主に体力トレーニングに費やした。

午後は、ヘッドギアとボクシンググローブを着用しての実戦練習を延々と行った。「顔面を打つ空手」に踏み込んだのだ。メンバーの一人である大山泰彦は次のように振り返る。

《とにかく力を付けるのと、スタミナ、グローブを付けてのファイトに慣れるため、グローブを付けて組手をやった。

蹴り技を使わないで、パンチだけの組手もやった。12オンスか15オンスか忘れたが構えたグローブを、顔面の前に持ってくると、グローブが大きいので顔が見えなくなった。それでも相手の良いパンチをもらうと、食事の時に上手く噛めない事があった》（国際大山空手道連盟公式サイト『エッセイ・汗馬の斷き　第13話　ムエンタイ、キックボクシング』２０１１年7月4日更新）

四年前の時点で、すでにボクシンググローブをはめて、タイ人とスパーリングを行っていた日本拳法空手道と比較すると、大山道場の遅滞ぶりは明らかなのだが、短期間で顔面有りの技術を体得しようとする必死さは伝わる。

一カ月の合宿を終えて帰京すると、野口ボクシングクラブに在籍するタイ人ボクサーとスパーリングを行った。合宿の成果を試すのに格好の相手である。

《道着に着替えて身体を動かしていると、野口氏の実弟と言う人が挨拶に来た。礼儀正しい人であった。（中略）

身体をほぐしながら待った。何と2人のムエンタイ選手（国際式のボクサーでもあると言っていた）食事の後か、楊枝を使いながら母屋の方から現れた。これにもビックリしたと同時にこの野郎バカにして……と思った。（中略）こちらは緊張している。相手は楊枝を使っている。その違いはショックであり、気合が狂った》（同）

右の不安を一蹴したのが、中村忠である。

軽快なフットワークに、正確なストレートのフォーム。オフェンス（攻撃）もディフェンス（防御）も完璧と言ってよく、「明日にでもプロデビューさせていいレベルだ」と、その場にいたボクシング関係者が舌を巻いた。

加えて、空手家らしく一撃の威力は凄まじく、サンドバッグがくの字に折れた。スパーリングでタイ人を戦意喪失に追い込み、日本人ボクサーとも唯一手合わせをしている。そこでも見劣りしなかった。

中村はたった一カ月間の合宿で、顔面有りの適応力を身につけていたのだ。彼自身もこの日のことが印象深かったのか、後年になって次のように振り返っている。

《初めて見るムエタイの構えはどこか捉えどころがなく、それだけで不気味さに満ちていた。私は構わず中足でみぞおちに蹴りを入れていった。何度かそれが決まると相手の顔に苦痛の表情が浮かび始めた。（中略）

引き続いて私は足を使わずに手だけで、新人王をとった野口ジムの選手と一ラウンドだけ戦った。初めてのボクシングの練習試合であった。私は見よう見真似でストレート、フック、ジャブと繰り出した。すると、見る間に相手の耳が腫れ上がってきて、もう防戦一方である。誰の目にも私のパンチの破壊力が上回っているのは明らかだった。

「中村君、随分やるじゃないか」

リングを下りると、そう言いながら真っ先に野口さんが近づいてきた。私のボディブローやフックを見ていて感心したらしいのだ》（『人間空手』中村忠著／主婦の友社）

生前の野口修に自伝のコピーを見せた。窮屈そうに老眼鏡を上下させながら、「中村忠って、まだ生きてんの」と筆者に尋ねた。

「健在ですよ。ニューヨークにいます」と答えると、小さく頷きながらこう言った。

「他の連中とは全然モノが違った。天才でしょう。ハンサムだし」

現代日本の格闘技を救う

しかし、試合は年末まで延期となった。

大山倍達と黒崎健時が「野口は当てにならない」と話していたことを、大山泰彦は前出のエッセイで明かしている。

ただし、どういう理由で延期になったかは、誰も述べていない。延期した事実だけが、それぞれの自伝などで列記されるのみである。極真側の情報だけに依拠すると、野口修がいかに杜撰だったかという結論に帰着する。

「これもまた、ルールが問題なんだよ」

野口修は、うんざりしたようにこぼした。

「山田さんほどではないけど、黒崎健時もルールにうるさくてねえ。話し合いは主に佐郷屋さんの家でやっていたけど、ルールについては、佐郷屋さんも黒崎の肩を持つもんだから、突っぱねることができなかった」

メンバーの一人である藤平昭雄も、後年、ルールが問題になったことに触れている。

《空手はあくまでも素手で結構ということだったのだが、急にグローブをつけて試合を行う、投げてはいけないなど、まったくムエタイ・ルールをそのまま適用してきたのである。これには大いに抗議したのだが、プロモーターの野口氏の顔を立てて、グローブだけはつけることにした》（『大沢昇伝 小さな巨人』松永倫直著／スポーツライフ社）

グローブの着用には合意した黒崎だが、「投げ」と「頭突き」の採用だけは固執した。大山倍達からの指示もあったのだろう。

試合は年明けにずれこんだ。

これまで一丸となって「打倒タイ式」に取り組んで来た選抜メンバーの足並みも乱れた。一番の年長者でリーダー格の岡田博文と、副将格の大山泰彦が正式に出場を辞退したのだ。

選手を束ねる立場の黒崎健時が、出場を考えるようになったのもこの頃からである。

中村忠も迷っていた。大学の卒業試験に差し掛かっていたのだ。両親は学業を優先させるように言う。悩んだ末に「これ以上あてどない話に付き合わされるより、すっぱり断ろう」と考えた。

師走のある日、意を決して「自分も出場を辞退します」と告げた。

それを聞いた大山倍達は、「御両親がそうおっしゃるなら仕方がない。黒崎、君と藤平だけでは人数が少なすぎる。この話はなかったことにしよう」と肩を落とした。

《私は館長と黒崎先生の沈痛な表情を目にして、胸を強く揺すぶられる思いであった。（中略）これまで並々ならぬ情熱を注いで遠征を成功に導こうと努力されてきた黒崎先生のことを考えると、自分だけが我がままを言うのは悪いような気がした。私は決心した。「大山先生、仮にこの遠征で卒業できないようなことになっても、僕を行かせてください。大丈夫です。学費くらい自分で土方してでも稼ぎます」

「忠君、そうか、行ってくれるか。ありがとう。どうだ、黒崎、これでタイ遠征は実現可能になったぞ」》（『人間空手』中村忠著／主婦の友社）

黒崎健時もこの日のことは印象に残っているら

しく、後年次のように回想する。

「中村師範だけが、学校があって、行かねば留年になってしまうと言うときに、『イヤ、いいですよ』と言ってくれた。

卒業試験が確かあったんだな。それでも、それを蹴って、行くと言ってくれた。うれしかったな」(『フルコンタクトKARATE』1992年11月号)

このときの中村忠の決断がなければ、対抗戦は実現しなかったはずだ。いや、野口修のことだから、でっち上げた可能性はある。となれば、結局は手駒のボクサーに落ち着いたのではないか。もし、そうなっていた場合、この興行が語り継がれることはなかっただろう。

石井和義も述べたように、極真空手が現在のような大組織に発展することも、まずなかったはずだ。その後の日本の格闘技がどうなったか、見当もつかない。

野口修の人生も、この瞬間に大きく動き出すことになる。

すなわち、二十一歳の中村忠が大学留年と引き換えに、大山倍達を救い、黒崎健時を救い、野口修を救ったのだ。

キックボクシング誕生

《空手がタイに遠征、タイ式ボクシングと他流試合をする。遠征する空手修行者は極真会(会長・大山倍達八段)の師範代・黒崎健時四段、中村忠二段、藤平昭雄初段の三人で、一行は十五日午前九時二十分羽田発の日航機で出発、二十一、三十の両日バンコクのナショナル・スタジアムで対戦する。(中略)
黒崎四段は「空手はこれまで神秘的なものとして育ってきた。ほんとうのことをいうと、私は空手の強さに対して疑問を持っている。タイ式ボクシングのルールで対戦することは、私たちの方が不利なことはわかっているが、このさい私は空手の強さを身をもってためしてみようと思う」》(昭和39年1月14日付/日刊スポーツ)
バンコクに到着した三人は、野口修の用意したブンラットジムに滞在することになった。
しかし、試合はここでも延期される。

「この時点で、ルールの問題は解決していなかった。記事を書かせたのも、三人をバンコクにやったのも、東京にいたら『やっぱりやめる』とか言い出しかねないから」（野口修）

佐郷屋留雄の長男の嘉洋が、帰国後に黒崎健時から聞いたところによると、このとき野口修は、全員のパスポートを取り上げて金庫にしまったのだという。

それでも、中村忠の回想は、至って前向きなものである。

《もっとも、私たち遠征軍にとってはこの延期が結果的に幸いしたといえるかもしれない。試合までの一カ月の間、私たちはたびたびムエタイの試合と試合場を下見することができた。（中略）

また、タイの選手が住むようなバラック風の建物に一カ月間寝起きしたため、結果的にタイの気候や環境にすっかり慣れてしまった。その上、練習の面でもかなり的確なトレーニングができた》（『人間空手』中村忠著／主婦の友社）

一月二十三日には、世界フライ級王者の海老原博幸が、前王者のポーン・キングピッチと戦った初防衛戦に、全員で応援に駆けつけている。

その間も野口修は、スタジアム側とルールに関する協議を続けた。

「投げ」と「頭突き」の採用は、黒崎健時が言い出したことだが、この頃になると、黒崎が憑依したように修自身の主張にもなっていた。話し合いは平行線を辿った。

ある晩のことである。プロモーターのテンブンが「たまには食事でもしよう」と修を誘った。向かったのは馴染みの日本料理店である。

舌鼓を打ちながら「ルールのことがなければ、楽しい夜なんだがな。本音では認めてもいい。ただ、この店みたいに日本式ならね」とテンブンは軽口を飛ばした。

「そのときだよ。『あ、これだ……』って閃いたんだ」（野口修）

＊

試合は二月十二日に正式に決まった。

三日前、野口修はバンコク市内のレストランで行われた、大会のレセプションに出席した。

懸案となっていたルールだが、通常のタイ式ボクシングのルール（1ラウンド3分・2分のインターバル）に、「投げ」と「頭突き」を認めるという、折衷案の特別ルールが発表された。

つまり、日本側の言い分が全面的に認められたのである。タイ式ボクシングが変則ルールを認めるのは異例のことだ。

野口修はこう宣言した。

「三日後に行われる大会は、記念すべきもので、歴史に残るものになるのは、間違いないでしょう。そこで、私はこの大会を新たに作った競技として、『キックボクシング』と名付けることにします」

和製英語

日本人が英単語をつなぎ合わせたり、微妙に言い換えたりすることで、実際の英語らしく作った言葉を、和製英語という。

「ガソリンスタンド」「ナイター」「ベッドタウン」……いかにも、それらしく用いられるこれら和製英語が、英語圏の国で用いられることはまずない。日本語の解釈の範疇で作られたためである。

そんな中、実際の英単語と同様、本来の意味の通りに使用されているものもなくはない。

その代表的な一つが「キックボクシング」である。意味が明快なことと、競技自体が欧米でも広まったことが理由として挙げられる。

名付け親は、野口修である。

《[Kick boxing] キックボクシングは動きの速い格闘技で、ボクシングの技と武術（主に空手）のけりを組み合わせたもの。伝統的なタイ式ボクシング（ムエタイ）やフルコンタクトに似ているが、キックボクシング自体は1966年に野口修が考案したスポーツである。勝敗は、ノックアウト、あるいは相手への打撃で獲得したポイント数によって決まる》（『スポーツ大図鑑』レイ・スタッブズ編／ゆまに書房）

右の記述に「1966年に考案した」とあるが、実際は一九六四年二月のバンコク決戦が、キックボクシングのスタートだったのだ。

「ルンピニー興行の少し前かな。修から名前をどうするか相談された。というのも、すでにあいつは新しい競技にすることを考えていたから。『タイ式ボクシング』だと格好がつかない。『タイ拳法』も『タイ空手』もパッとしない。

俺は『東京に本部を置くんだからタイを外せばいいじゃないか』って提案した。そのうちに『蹴りのあるボクシングだから、キックボクシングってどうか』って、あいつの口からふと出た」（スポーツニッポンの記者だった川名松治郎）

必死の力・必死の心

一九六四年二月十二日、タイの首都バンコクで行われた「タイ式ボクシング対大山道場」の対抗戦は、多くの有識者も言うように、その後の日本の格闘技を変えた。

もしくは「ここから日本の格闘技興行が始まった」とも言うべき記念碑的な大会である。

しかし、必ずしも、正確な情報が伝わっているとは言い難い。

興行を打った野口修は、開催した事実は述べても、詳細を伝えることにさほど熱心ではなかった。その後、さらに印象的な事績を始めた彼にとって、特に喧伝する必要がなかったからである。

しかし、そうではなかった人物がいる。

《私の人生を大きく変えたタイ式ボクシングと極真空手との対決マッチの話がもちあがったのは、昭和三十七年の夏であった。当時、プロモーターの野口修氏は、キック・ボクシングというものを日本に根付かせようと考えており、その手始めとして、日本国内でこの格闘技の中心になる選手や団体を探していた。そして、実戦空手としての極真会館に目を付け、ムエタイと空手との対戦を持ちこんできたのである。いくつかの経緯があって、私はこの話を、黒崎個人として引き受けることにしたのだ》（『必死の力・必死の心――闘いの根源から若者たちへのメッセージ！』黒崎健時著／スポーツライフ社）
昭和三十七年夏というと、野口修にとって、ポーン・キングピッチと弟の野口恭の世界戦を終えたばかりで、秋には再戦を実現させようと奔走していた頃である。王者側との駆け引きに翻弄されながら、ＮＥＴの『ゴールデン・ボクシング』のプロモートにも忙しく、タイ式ボクシングと極真空手の他流試合どころではなかった。
年代の表記は、黒崎健時の記憶違いだろうが、

《黒崎個人として引き受けることにした》という記述は、誤認とも違う彼の意志が汲み取れる。

確かに、大山道場の中で、最初にこの話を野口修から聞いたのは黒崎本人である。指導も含む責任ある立場にあったのも間違いはないだろう。

ただし、この一文からは、そういう実務的な解釈とも違う「あくまでも自分の一存」を主張する含意が感じられなくもないのだ。

自伝『必死の力・必死の心——闘いの根源から若者たちへのメッセージ！』は、著者の黒崎健時が自身の多難な半生を振り返りながら、副題にもある通り、悩める若者への啓発的な要素も含んだ内容で、多くの格闘技ファンに読まれた。一九七九年刊行とある。

この頃の黒崎は、自らが興した新格闘術連盟の総帥として多忙を極めていた。

前年には、愛弟子の藤原敏男がタイ人以外で初めて、タイ式ボクシング二大殿堂の一つ、ラジャダムナンスタジアムの王者となるなど、師である黒崎健時の名声も高まっていた。

翌年には梶原一騎と組んで、プロレス対極真空手の異種格闘技戦「アントニオ猪木対ウィリー・ウィリアムス」の実現に動き、映画製作にも取り組み、競輪選手の育成にも乗り出すなど、この時代は指導者としてだけでなく、プロモーターとしても絶頂期にあった。出版社もそれを見て書籍化を持ちかけたはずだ。

対照的に、黒崎健時の師である大山倍達は、往年のタイ式ボクシングとの対抗戦について、取り立ててコメントを残していない。

ともにタイ式ボクシングとの決戦に打って出た中村忠や藤平昭雄も極真から離れて久しく、対抗戦に直接関わった人間は、このとき、極真会館の内部には一人もいなかった。

「実戦空手の総本山」として確固たる地位を築いていた極真空手にとって、今さら往年の他流試合を持ち出されるのは、存外、都合の悪いことだったのかもしれない。「今日の極真会館の繁栄は、タイ式ボクシングとの対抗戦から始まった」と解釈されるのは、『空手バカ一代』で広まった通史を、否定しかねないからである。

先駆者

往年の黒崎健時が最もこだわっていたのは、意外なようだが、試合順についてである。

《私がまず最初に試合することにした。私の試合を大沢（※藤平昭雄のこと）と中村に見せて、タイ式の闘い方を観察させ、対決を有利に導こうと考えたのである》（『必死の力・必死の心——闘いの根源から若者たちへのメッセージ！』黒崎健時著／スポーツライフ社）

また、対談、講演などにおいても、黒崎は「自身が先鋒を務めた」と広言している。そうすることで、この逸話は流布され、事実として定着することになった。筆者もそう認識していた。

「あのときは、黒崎師範が若い二人に戦い方を指南したんだ。黒崎師範だけは早いうちから、対ムエタイを徹底研究していたんだよ」（元極真会館師範代にして、世界空手道連盟真樹道場を率いた真樹日佐夫）

黒崎健時にとって「先鋒は自身である」と語り継がれなければならない理由があった。

一つは「極真空手の歴史において、最初に他流試合に打って出た」という先駆者の栄誉を欲したことである。他流試合を行わなくなって久しい、師大山倍達と峻別する正当な理由ともなる。

もう一つは、弟子の藤原敏男がタイ式ボクシングの王座を奪取した偉業と、自らの評価を直結させるためである。

「藤原君が王者になったとき、取材や講演が舞い込んだ。俺の知り合いにもその手の依頼をしたのがいて、決まって連中は『黒崎先生も御一緒に』と注文を出した。テーマは必然的に『初めてタイ式と戦った師と、雪辱を晴らした弟子』となる。あの快挙がつながるわけだ」（真樹日佐夫）

かくして「黒崎健時こそ、誰よりも早くタイ式ボクシングと戦った」という〝史実〟は定着した。

しかし、一つ問題が生じた。

出場選手の一人だった中村忠が、一九八八年に上梓した例の自伝で「極真側の先鋒は私であった」と書いたことである。黒崎健時がそう広言していることは知っていたかもしれないが、中村は気にする様子もなく書き残した。

記述の違いは、よくある記憶の齟齬の一つとして、話題にのぼることはなかった。試合順など、些細な問題と思われたからだろう。

しかし、黒崎健時が重視したように、これは非常に重要な意味を持つ。

野口修がこのとき何を構想していたか、実は試合順にこそ反映されているからだ。

＊

二月十二日に迫った対抗戦に向け、バンコク市内の各所に、大会のポスターが貼り出された。

しかし、そこに「日本人どもを墓場に連れて行ってやる」と書かれていたことまでは、メンバーの誰一人として理解していなかった。彼らの世話を焼いていた日本大使館の職員も、さすがに訳さなかったのだろう。

一九六二年に創刊された、タイ国内最大の発行部数を誇る大衆紙「タイ・ラット紙」も、大会前日に対抗戦の特集記事を組み、日本空手の不気味さを徹底して書き立てた。日程が正式に決まってからというもの、主催者側は興行を盛り上げようと躍起になっていたのだ。

プロモーターのテンブンとブンラット、野口修の三人は、ここでも協議を重ねた。

興行を盛況のうちに終わらせるのはもちろん、修にとっては、「キックボクシング」と名付けて初めて行う以上、勝ち越して終わらせなければならない。

そうでなければ、新興スポーツであるキックボクシングを日本に逆輸入できない。日本のメディア、特にテレビジョンの人間は、即戦力にしか興味がないからだ。

試合順は次のように決まった。

第一試合「中村忠対タン・サレン」

第二試合「黒崎健時対ラウィー・デーチャチャイ」

第三試合「藤平昭雄対ハウファイ・ルークコンタイ」

野口修の真意は、次の通りとなる。

「記念すべき緒戦は、中村に是が非でも派手に勝ってもらいたい。すまないが、黒崎には泣いてもらおう。三戦目の藤平で勝負だ」

極秘のレッスン

この時代、タイ式ボクシングの興行における他流試合は珍しくなく、これまでも、日本人空手家やボクサーが、本場のリングに上がっていた。アメリカ人のプロレスラーが、完膚なきまでに叩きのめされたこともあった。

しかし、今回は日本人プロモーター、野口修による精力的な運動もあって、他流試合をメインイベントに据える異例の特別興行である。

宣伝の甲斐もあってか、この日、六千人近い観衆がルンピニースタジアムに押し寄せた。

前座試合が終わり、いよいよ「タイ式ボクシング対大山道場」の対抗戦が始まった。

五十六年前のこの日の模様だが、タイのテレビ局のチャンネル4（現・チャンネル9MCOT HD）が撮影していたほか、バンコク市内で歯科医を開業していた日本人、マノロン新野（新野芳四郎）の長男、新野敬一が野口修に頼まれ、8ミリカメラで撮影していた。それとは別に、ドイツ人カメラマンが撮影していたという話もある。

第一試合に登場したのは、野口修が最も期待を寄せる中村忠だった。

「先鋒は中村忠だよ。若くて強い中村で緒戦を取ろうと思った。黒崎？　いやいや、違う。それは勘違いしているんでしょう」（野口修）

さらに、修は次のようなことを明かした。

「バンコクに行く直前、中村だけ目黒に呼んで、特別にボクシングのレッスンをした。どうしても勝たせたかった。それも、ただ勝つだけじゃ駄目で、KOで勝たせたかった。大事な先鋒だから、インパクトが大切。そのためには、ウチでできることをしておきたかった。

黒崎も藤平も呼んでない。中村だけ。秘密にしていた。藤平は呼ぼうかどうか迷ったけど、呼ばなかった。弟が中村をマンツーマンで指導したがっていたのもあったし」

中村忠の自伝には、目黒での練習は一度しか記されていないが、実際はそうではなかったことになる。ない話ではないと筆者は思う。現代でも、タイ人相手にダウンを奪うには、蹴りよりパンチの方が確率は高いからだ。

中村忠の対戦相手は、タン・サレンという若い選手だった。三日前のレセプションで握手を拒まれ、薄ら笑いを浮かべられたことに中村は腹を立てていた。彼を中村忠の対戦相手に選んだのは、言うまでもなく野口修である。

中村忠の試合だけ映像がなく、インターネットでも見つからない。この試合は、野口修の証言と中村忠の自伝を引きながら、試合を追ってみたい。

格闘技史に残る一勝

アップライトに構えリズムに乗るように、上体を動かすタン・サレンに対し、開始早々から一気に突っ込んでいった中村忠は、前蹴りからミドルキックで、いきなり攻め立てた。

タンはバックステップでかわし、軸足を払うと、中村はバランスを崩した。立ち上がった中村が、ボディをめがけてミドルキックを放つと、まともに被弾したタンはダウンを喫した。

跳び上がって喜ぶセコンドの黒崎と藤平だが、レフェリーはカウントを数えなかった。中村がニュートラルコーナーに向かわなかったからだ。

程なくしてタンは立ち上がった。修は「相手をよく見ろ。次は手を出せ」と声をかけた。

《場内は異様に騒がしくセコンドの指示は一切聞こえなかった》と中村は自伝に記すが、直後の動きは、指示を全うするに相応しいものだった。今度はストレートをボディに叩き込み、二度目のダウンを奪ったのである。

タンがどうにか立ち上がると、ラウンド終了のゴングが鳴った。

上々のスタートに見えた中村忠だが、実際はそうとも言えなかった。

「中村はたったの1ラウンド終わっただけなのに肩で息をしていた。このままだと負ける。それで俺は中村にアドバイスしたんだ」（野口修）

中村自身も、そのことを書いている。

《コーナーに戻ると、野口さんが「あっちはプロだ。ペース配分もうまいから、とにかく今度のラウンドで勝負をかけろ。いいな、わかったか」と駄目押しをしてくる。もちろん私もそのつもりだ。一ラウンドでもたいへんな疲労感なのだ》（『人間空手』中村忠著／主婦の友社）

2ラウンド。開始と同時に距離を詰めた中村は、再びボディにストレートを突き刺して、三度目のダウンを奪った。「秘密特訓の成果」と修はほくそ笑んだ。

《明らかに相手はダメージを受けていた。それでもふらふらになりながら起きあがってくる。私はフィニッシュに出た。「もう起きるな、立ち上がるな」という気持ちだ。最後はストレートだった。それがきれいに顎を捉えて炸裂した。ガクッと膝が折れ、サレンの身体はスローモーションフィルムのようにゆっくりと傾き、マットの上に崩れ始めた。（中略）

勝った、ついに勝った。私は騒然としたリングの上でそう思った。野口さん、黒崎師範、藤平が飛び出してくる。私たちは抱き合って喜んだ》（同）

この勝利は大きかった。目論見通り緒戦をもぎ取ったこともそうだが、単なる一勝ではない。日本格闘技史に残る一勝である。

野口修がリングサイドに戻ると、プロモーターのテンブンが、「君の言う通り、ナカムラはいい選手だ。次は定期戦に出してほしい」と声をかけてきた。「気が早いですよ」と、やりすごした修だったが、満更でもなかった。

「中村忠を自分の手許に置くことができたら、どれだけいいか」――修は本気でそう思った。

アンダードッグ

次に登場したのが黒崎健時である。

黒崎の相手は、ラウィー・デーチャチャイという上背のあるウェルター級の選手だった。

このラウィーは「伝説の英雄」とも呼ばれた前ルンピニースタジアム王者のアピデ・シッヒランとも死闘を繰り広げた強豪で、このとき二十五歳と脂の乗った時期を迎えていた。

このラウィーを、黒崎にぶつけたのも野口修である。もちろん、三十三歳の黒崎健時が勝てる相手とは思わず、一勝一敗という展開を欲していたのは判然とする。つまり、黒崎はアンダードッグ（噛ませ犬）にされたのだ。

事実、実力差は歴然としていた。黒崎は両手こそアップライトに構えているが、上体は硬く、下半身もすり足のように上下に動かすだけで、ステップを踏むわけではない。

《対戦者はフットワークを使ってうまく攻撃のタイミングを計ってくる。クリンチワークも実に巧妙で、相手の身体を抱えながらビシビシ肘打ちを決めてくるのだ。これに黒崎師範の攻撃スタイルは空手そのものだった。かかとをつけて擦り寄ろうとするのだが、フビー（※ラウィー）のフットワークにまったく追いつけない。ムエタイの戦法に関する限り、差は歴然としていた》（『人間空手』中村忠著／主婦の友社）

黒崎は、渡航後の練習で負った傷を悪化させており、その傷が完治していなかったことも、中村は苦戦の理由に挙げている。

とはいえ、黒崎はよく戦っている。ラウィーの繰り出すキックとパンチ、肘、ヒザと、すべての攻撃を真正面から受けながら、倒れることなく、前進しているのだ。次第に若いラウィーの表情が怯えているようにも映る。

特筆すべきは、組むと裏投げや小外刈りなどの柔道技で、ラウィーを投げ倒している点にある。武芸百般の黒崎健時は、特別ルールを最大限に生かしている。

さらに驚くのは、倒した後、すぐにサイドポジションで組み伏せ、次の瞬間には、相手の喉元に上腕を押し当てている点にある。この体勢を事前に想定していたのは明らかだ。

後年のことになるが、黒崎の弟子である藤原敏男は、タイ人との試合に向けて、柔道やレスリングを練習に採り入れている。いずれも、黒崎の指示だった。このときの経験から、投げ技がスタンスの高いタイ人の体力を消耗させることを知っていたのである。

投げて相手の体力を奪ったところで反撃しようというのが、黒崎健時の作戦だったとすれば、作戦通りに進んでいたことになる。実際、ラウィーは倒されるたびに、肩で息をしている。

黒崎は自分に強豪がぶつけられたことを悟っていたのかもしれない。負け役として差し出された立場も理解していたかもしれない。そんなプロモーターの皮算用を、引っくり返そうとしていたのではないか。

しかし、勝負は非情である。2分過ぎに額に肘打ちを受けた黒崎は、続けて強烈なフックを喰ってダウンを喫した。カウントを数えていたレフェリーもすぐに試合をストップする。1ラウンド2分35秒KO負けである。

黒崎健時は後年になって「あの試合は肘で切られて止められた」と広言している。ある関係者によると、映像を回収して世に出せないように動いたともいう。

映像で見る限り、肘で切られたわけではなく、パンチでKOされている。彼にとって倒されての敗戦は、恥辱でしかなかったのかもしれない。

しかし、胸を張っていい、立派な敗戦ではないか。

ともかく、注文通り一勝一敗となった。

＊

タイ式ボクシングがギャンブルとして定着したのは、実はこれより随分と後の話で、賭けながら試合を観戦していた観客は、この頃は全体の三割程度にすぎなかった。

ただし、野口修が言うには、このとき三人のプロモーターは、それぞれが十万バーツ（現在の日本円の価格で約百二十万円）ずつ張って、どちらが勝ち越すか握っていたのだという。テンブンとブンラットはタイ側の二勝一敗、野口修は大山道場の二勝一敗に張った。

第三戦が始まる前のことである。テンブンが申し訳なさそうに、修の顔を見て言った。

「ナカムラの実力なら、次の相手でよかった」

すかさずブンラットも言う。

「さっき、ナカムラと試合をしたのは大学生で、実際のキャリアは、ほとんどないんだ」

修は驚いた。

「君は『ナカムラを絶対に勝たせたい』と言っただろう。だから、いい相手を用意したのさ」

要求したのは事実だ。しかし、そうと知っていたら、中村忠の相手にはぶつけなかった。

修は愕然となった。秘密特訓まで施した最強の中村忠に、最弱の相手をぶつけて無邪気に喜んでいたのだ。

「そんなことを今さら言われてもって、あのときも参ったよ」

野口修は、すっかり冷めた珈琲に口をつけながら、どことなく愉快そうに話す。

五十代半ばのテンブンとブンラットは、三十歳になったばかりの野口修に、何くれとなく親切で、それだけに二人のことは、同じタイ人のプロモーターでも、トントスとは違って気を許していた。

そんな彼らですら、親子ほど年齢の離れた日本人から金をせしめようとするのだ。ビジネスである以上、最後まで何が起こるか判らないことは、トントスから散々学んだはずなのに、再び痛い目に遭おうとしている。

「これで十五万バーツはいただきだ」

「悪く思わないでくれ。興行は成功したんだ。そのことだけでも祝おうじゃないか」

程なくして、小柄な日本人が、必死の形相で花道を歩いて来た。

終わらない稽古

都営三田線千石駅を出て、白山方面に向かって五分ほど歩くと、一軒のイタリアンレストランにぶつかる。

間接照明の凝ったその店は、カウンターに四席、テーブルが三つ、十人も入れば満員となる小さなレストランである。ただし、シェフが本格的なイタリアンを志向していることは、修業先を店名にしていることで想像がつく。

ラストオーダーの過ぎた午後十時頃、白のTシャツ姿にエプロンを締めた白髪の男が、厨房の奥から、のそっと顔を出した。

黙々と皿やグラスを洗っていたと思しき彼は、シェフの父親のようである。皿を片付けながら、テーブルを拭く女性は母親らしい。

日の終わりを惜しむように、老夫婦は常連客と取り留めもない話に興じていた。男は笑うと小さな眼が垂れ下がって、柔和な表情になった。それでも声質は太く肩幅も広い。彼の健全な日常を感じ入りながら、筆者は残りのシャルドネを喉奥に注ぎ入れた。

彼こそ、ルンピニースタジアムでタイ式ボクシングと戦った一人、藤平昭雄である。

藤平昭雄は一九四二（昭和十七）年、品川区荏原に生まれた。東京大空襲で家を焼かれ、一家は父の故郷である千葉県南東部の夷隅郡に移り住んだ。

中学卒業後は家計を助けるために、池袋にある編機製造工場に就職する。中卒の少年少女を「金の卵」と呼んだ高度経済成長期、彼も町工場で、朝から晩まで働いた。

ある日、自宅の近所で「空手道場・生徒募集」の看板を見つけた。場所は池袋西口で職場からも近い。「少し気分転換がしたい」という軽い動機で入門する。この道場が大山道場だった。

155cm、50kgの藤平は、入門当初、体格の大きな先輩たちにまったく歯が立たなかった。しかし、気の遠くなるような練習量を自らに課すことで、秘めた才能を呼び覚ました。

師大山倍達は、藤平を次のように評する。

《なによりも、稽古熱心であった。稽古をはじめると、七～八時間、多い時は一〇時間つづけて稽古した。その間、一分と休まないんだ。いつも四時ごろ道場へきて、稽古をはじめると、筋肉が次々と運動を要求して止まらない。ときには、そのまま夜中の一時くらいまで、ぶっつづけに稽古していることがあった》（『マス大山の正拳一撃』大山倍達著／市井社）

タイ式ボクシングとの対抗戦の話が持ち上がった際、大山倍達は野口修に、「どこに出しても恥ずかしくない四人を選びました」と告げた。その中に藤平昭雄の名前もあった。

「岡田さんが一番年長で、やっちゃん（大山泰彦）は先輩だけど同い年。忠さんは俺より学年は一つ上。俺自身はその中に選ばれて、嬉しいとかそういうのより……鬼怒川の合宿は、なんだか楽しかったねえ」（藤平昭雄）

度重なる試合の延期もあって、岡田博文と大山泰彦がメンバーから外れ、中村忠までが辞退を考える中、合宿中に勤務先を解雇された藤平は、別段多忙ではなかった。

筆者は「中村忠の決断こそが、大山倍達、黒崎健時、野口修を救った」と書いた。確かにそうなのだが、藤平昭雄の存在がなければ実を結んでいないのも事実である。

「野口さんっていうのは、いわゆる興行師。タイの選手を日本に呼んで試合をさせた初めての人だよ。それまでタイなんて見向きもしなかったんだから、その功績は相当でかいよ。

俺自身の野口さんの印象は……『この人、乗せるのが上手いな』。悪い印象は全然ない。極真にはああいうタイプの人はいなかったしね」

バカヤロー

野口修は後悔していた。

タイに渡る前、中村忠だけ目黒に呼んでボクシングの練習をさせた。藤平昭雄は迷った末に呼ばなかった。後悔とはそのことである。

現役を引退したばかりの弟の恭が、中村忠を指導したがっていたのは嘘ではない。もちろん、中村忠を取り込みたかったのもある。

若くて実力とルックスの備わった中村忠は、キックボクシングを立ち上げる上で、最も適任だった。三十歳半ばに差し掛かっていた黒崎健時はもちろん、藤平のことも修は眼中になかった。

しかし、一勝一敗で迎えた第三戦、勝ち越しを賭けた日本側の命運は、小柄な藤平昭雄の双肩に託された。

「帰国したら、出版社とテレビ局を訪ね歩いて、キックを売り込もうと考えていた。そのためには、勝ち越さないと船出できない。『藤平、勝ってくれ』それればかり考えていた」（野口修）

藤平の対戦相手のハウファイ・ルークコンタイは「ブラックコブラ」の異名を持つ軍人から転向した選手だった。「ランキングには入ってないけど、七十戦くらいはしていたはず」（藤平昭雄）

というだけに、いくら藤平が過酷な練習を積んできたとはいえ、デビュー戦で戦う相手ではないだろう。

からくりを聞かされ、肩を落としていた野口修の前を、空手着に身を包んだ藤平昭雄が「バカヤロー、バカヤロー」と叫びながら、必死の形相でリングに向かった。

「黒崎先生を担架で運んだ後だよ。忠さんに『絶対に先生の仇を取れ』って言われてさ。言われなくても判ってるんだけど、それはもう、絶対に負けられないからね。負けたら日本に帰れない。そう思っていたら、自然と『バカヤロー』って出ちゃったんだよねえ」（藤平昭雄）

ビッグハート

リングの中央で、藤平昭雄とハウファイ・ルークコンタイが向かい合った。

空手着を脱いだ藤平は黒のトランクス。モノトーンの映像でも褐色の肌と判るハウファイは白のトランクスである。

対照的なのは身長だ。160㎝に満たない藤平に対し、ハウファイは軽量級の選手にしては珍しく、180㎝近い長身である。

試合開始のゴングが鳴った。

スタンスを大きく開けながら、藤平は右のローキックを叩き込み、前進しながらワンツー、もう一度ローキック、組んできたハウファイにショートの連打を浴びせて、払い腰で投げる。スタミナ度外視の短期勝負を仕掛けているのは明らかだ。

対するハウファイは、綺麗なフォームの右ミドルから、首相撲で捕まえて膝蹴りを連打する。しかし、驚くことに藤平は、組まれたまま強引に投げを打つ。しばらくその攻防が繰り返される。ハウファイが手を焼いている様子は、古い映像からも見て取れる。

離れての打ち合いは、さすがにハウファイに分がある。ノーモーションから飛び込んで右ミドルという変則的な蹴りも見せる。藤平はほとんど対応できない。というより、黒崎健時と同様、防御の姿勢すら取らない。

しかし、どれだけ攻撃をもらおうと、藤平は前進して遮二無二パンチを繰り出す。気圧されたハウファイは後ろに下がるしかない。

ハウファイは、またもや首相撲で藤平を捕まえては膝蹴りを放つ。それでも意に介さず、今度は内股の要領でハウファイを組み伏せ、黒崎と同様にサイドポジションを取る。

すぐにブレイクが命じられるが、組んでは投げ、組まれては投げを繰り返すのは、距離を取ってステップを踏んだ中村忠とは異なる、黒崎と藤平に共通した戦法である。

2ラウンドに入っても藤平の前進は続く。当初は、がむしゃらに打つだけだったパンチも、左でリードジャブを突いて、返しで右のボディを打つなど、多彩さを見せ始める。

「コンビネーションなんて意識してない。咄嗟に出ただけ。無我夢中だもん」（藤平昭雄）

序盤では組まれてから打っていた投げ技も、このラウンドでは自ら腰に抱きついて倒したり、後ろに投げたりしている。――次の瞬間、疲労の表情のハウファイが、不用意に出した膝蹴りに合わせて、右ストレートがカウンターで炸裂する。ハウファイまさかのダウンである。

カウント8で立ち上がるも、藤平が身体ごとぶつかっていくと、頭突きがアゴにヒット。腰が崩れ落ちる瞬間に、首を巻き込んでの強引な払い腰と、やりたい放題である。

どうにか立ち上がったハウファイだが、足許が覚束ない。勝負と見た藤平はここぞとばかりに、パンチの連打を放つ。「五発目が当たった」の記憶通り、五発目のロングフックが見事テンプルを打ち抜いた。二度目のダウン。カウント6で立ち上がるハウファイだが、レフェリーは試合をストップする。2ラウンド1分40秒、藤平昭雄のKO勝ちである。

「勝った瞬間？　嬉しさなんてない。とにかく俺は怒っていた。『ふざけんな。日本人をなめんな』ってリング上で怒鳴りまくってた。『客全員を相手にしてやろうか』って思ったもの。そしたら、野口さんが腰を引っ張って、俺をリングから降ろそうとするんだよ」

試合映像を観た修斗創始者の佐山聡は、次のような感想を洩らしている。

「凄い試合ですね。この試合に勝利したことで、いわゆる今の日本式のキックボクシングの原型が出来上がったと思います。もし、タイ人にだけ教わってキックボクシングというものが始まっていたら、今あるものとは違うものになっていたでしょうね。それくらい大きい勝利ですよ、これは」

（『実録！大山道場&黒崎健時〜甦る43年前の極真空手伝説』／UPPER　DVD）

新闘技「キックボクシング」

《日本から遠征した三人の空手修業者対タイ式ボクサーの他流試合「キック・ボクシング」と名づけた初の試合は、十二日バンコクのルンピニー・スタジアムで行われ、日本勢が2―1で勝った。

試合はグラブこそつけたが、打つ、ける、なぐる、投げる、組み伏せると何をやってもいい殺ばつなものであり、いろいろの批判も生まれたが、観衆も六千人を集め、カケ好きの地元の人たちのカケはたいへんだったという。（中略）

「キック・ボクシング」といっても、実質的にはグラブをつけ、けることを許されているタイ式ボクシングに近い。グラブをつけたことのない空手修業者は、大きなハンディを背負わされている。（中略）しかし、ともかく2―1で勝った。従来のカラを破って実戦をやった空手は、よきにしろあしきにしろ、得るところがあったことはたしかである》（昭和39年2月24日付／日刊スポーツ）

一九六四年春、東京五輪を半年後に控え、日本中が浮き足立っていたこの時期、キックボクシングは、これ以上ないスタートを切った。

バンコクから帰国後、野口修は映像を持って、計画通りマスコミを回った。

『週刊現代』（1964年4月23日号）は《タイ式拳法日本に上陸　第二のプロレスを迎え撃つ空手界とボクシング界》という特集記事を組み、『週刊少年マガジン』（1964年6月7日号）は《きょうふのスポーツ　キック＝ボクシング》と題した読み物を載せている。

選手の確保も急務となる。

繰り返すが、野口修はキックボクシングのエースに中村忠を想定していた。今回の勝ち越しで、中村の師である大山倍達は御機嫌で、修は大山と頻繁に会うようになった。

一方、対抗馬を用意するのも怠らなかった。今回は出場を見送った日本拳法空手道の山田辰雄は、週刊現代の取材にこう答えている。

「現在の空手は、型の提示や徒手体操の変形にすぎません。（中略）私は、真の空手とはそんなものではないということを大衆に理解してもらうためにこの道四十年も苦労して来たのですが、私の周りは四面楚歌。結局、プロ化して人々の支持を摑む以外方法がないということで、今度の野口氏の相談に応じたわけです」（『週刊現代』1964年4月23日号）

山田は「すでに三十人程の選手を準備している」とも語っている。明らかにやる気なのだ。

実戦空手の二大流派の協力を得て、競争心を煽りながら、タイ式ボクサーを迎え撃つ。それが当初、野口修の描いたキックボクシングの構想だった。

修はこの時期、次のように抱負を述べている。

「これは、日本伝統の空手の強さを世界に広く知らしめようという意図から発展して、ボクシング、プロレスとは違った、スリルあるプロ・スポーツの誕生にまで持ってゆこうというものです。なぐる、ける、なんでもOK。タイの国技といわれるタイ式ボクシングをもとにして新ルールを確立し、タイ式の選手と日本の空手の選手とを戦わせようというもの。……このものすごい新闘技は、必ず全国的に爆発的ブームをまき起こすと、信じています」（同）

驚くのは、組織もルールもない、実体のともなっていない状況にもかかわらず「ブームを巻き起こす」と啖呵を切る信念である。

後年、招来する事実を思うと、数々の自己啓発本が推奨する有言実行の精神を、この時代の野口修は立証していたと言っていい。

高山勝義

ただし、この時期の野口修は、キックボクシング一本に絞ったわけではなく、従来通り、ボクシングのプロモーターも続けていた。

大金を稼ぎそうな選手が現れたからである。

デビュー三戦目から連勝街道をひた走り、十八戦目にはノンタイトル戦で日本フライ級王者の斎藤清作に判定勝ち。その後も勝ち続け、最終的に三十二連勝という前人未到の記録を打ち立てた、高山勝義である。

野口修は、高山の所属する木村ボクシングジム（現・新日本木村ボクシングジム）会長の木村七郎に「高山の世界戦のプロモートは、俺に任せてくれ」と申し入れた。このときの世界フライ級王者は、タイのポーン・キングピッチである。

「木村会長は、修社長のタイのコネクションを利用したかった。では、修社長がしたかったことは、今の帝拳の本田会長が、村田諒太だけじゃなくて、他のジムの選手もプロモートするでしょう。ああいう感じです」（ウクリッド・サラサス）

野口恭の挑戦を退けたのち、ファイティング原田、海老原博幸と日本人の世界ランカーに連続して敗れながら、いずれもリターンマッチで王座を奪い返した世界王者のポーン・キングピッチは、通算四年にわたる長期政権を築いていた。

ポーンは原田から王座を奪い返した直後、トントス・インタラットとのプロモート契約を解消し、実兄のヒラン・シドクブアブを、新しい代理人に据えた。そのヒランが、高山勝義の代理人である野口修と交渉を開始したのは、一九六四年三月のことである。

快進撃を突き進む高山勝義は、七月に世界フライ級4位のヘビー・ロロナ（フィリピン）を9ラウンドKOに下し、世界ランキングに入った。後は条件次第である。

《【バンコク十七日発＝AFP】プロ・ボクシングの世界フライ級チャンピオン、ポーン・キングピッチのマネジャー、ヒラン氏は十七日当地で記者会見し、次期タイトル・マッチの挑戦者に高山勝義（木村）を選ぶことについて「二十日までファイトマネーについて回答を待つ」と語った。ヒラン氏は現在、当地に滞在中の野口修マネジャーにファイトマネー五万ドル（千八百万円）（旅費・滞在費別）を要求している》（昭和39年7月18日付／読売新聞）

約束の二十日を迎えて、次の結果に落ち着いた。

《プロ・ボクシング日本フライ級三位、世界十位、高山勝義（木村）が、この十一月、東京で世界フライ級チャンピオン、ポーン・キングピッチ（タイ）に挑戦することにきまったと、二十日バンコクで交渉に当たった野口修プロモーターから木村拳に報告があった》（昭和39年7月21日付／読売新聞）

五万ドルで合意に達したことと、一万ドルをバンスとして支払っていることから「契約は問題ない」と判断した野口修は、帰国後フジテレビと話をつけ、日程を十一月六日、会場を蔵前国技館、八時から一時間十五分の生中継をまとめた。

唯一、WBAが未だに認可を下さないことが引っかかったが、気にならなかった。

「認可料を吹っかけられるくらいだろう」と修は高を括っていた。

WBAの認可が下りない

しかし、十日後、タイボクシング協会の事務局長、ポーン・パニトパクは、次のように発表した。

「ボクシング世界フライ級選手権者ポーン・キングピッチ（タイ）はアルゼンチンのベルナルド・アカバロ（アルゼンチン＝WBA世界三位）から四万ドル（千四百四十万円）で挑戦の申し出を受け取った。試合地はブエノスアイレスとなっている」（昭和39年8月1日付／読売新聞）

五万ドルより一万ドルも安い額で、別の挑戦者を迎えるという信じられない話だった。

直接問い質そうと、野口修はバンコクに飛んだ。連勝記録を更新中の高山勝義の世界戦とあって、前売券の半分近くが売れていたからだ。

修がオフィスに顔を見せると、ヒランは「心配いらない。弟は必ずタカヤマとやらせる。手違いが起きているだけだ」と釈明した。その後、記者を集めて「ポーンが再びトレーニングをはじめしだい、契約にサインする」（昭和39年9月2日付／読売新聞）と説明している。

しかし、いつまで経っても、世界王座を管理するWBAから認可が下りなかった。高山陣営がいくら金を積もうと、王者側に認可が下りない以上、防衛戦はできない。強行すれば、たちまち王座を剝奪されてしまうだろう。

WBAが認可しないのには理由があった。

海老原博幸から世界王座を取り戻し、二度目の世界王座返り咲きをはたしたポーン・キングピッチに対し、WBAの本部は「次の防衛戦は、必ずランキング1位の選手を挑戦者に迎えること」と釘を刺していたのだ。

一九六〇年に世界王者となってからというもの、初防衛戦こそ前王者のパスカル・ペレスだったが、それ以降は、関光徳、野口恭、ファイティング原田、海老原博幸と、挑戦者はすべて日本人で占められていた。

二年前、前身のNBAから組織を改編した際、WBA本部は、タイと日本の間で移動を繰り返すフライ級王座を、「アジアのローカルタイトルになり下がっている」と断じ、各国から均等に挑戦者を選ばせようと考えたのだ。正論である。

そんなことは知る由もない日本のファンは、高山勝義の豪快な勝利を願いながら、こぞって前売券を買い求めたのである。

二重契約

不可解なのは、資料を手繰っても、野口修がこの件に対し、手を打とうとした形跡がないことだ。というのも「ポーン対高山」を手掛けつつ、大山倍達と組んで、興行会社の設立にも奔走していた。修は多忙だった。多忙すぎたのである。

程なくして、修の許にヒランから連絡があった。読売新聞は顚末を次のように報じる。

《【バンコク二十五日発＝AP】ボクシング世界フライ級チャンピオン、ポーン・キングピッチ（タイ）は二十五日、サルバトーレ・ブルニ（イタリア＝世界同級一位）とのタイトル・マッチを受諾した。これはマネジャーのヒラン氏が同日発表したもの。このため高山勝義（木村）とのタイトル・マッチはできなくなった。

ポーンは、去る一月の対海老原戦後、ブルニと契約をしたという報道があった。また、木村側はプロモーター野口修氏が、バンコクで契約をして、一部前渡し金を渡しているので、二重契約の疑いが非常に強い。なお、野口氏は現在バンコク滞在中》（昭和39年9月26日付／読売新聞）

血相を変えて問い詰める修に対し、ヒランは悪びれる様子もなく「世界戦は不可能らしい。ノンタイトル戦で手を打とう」と呑気に提案をした。到底納得のいく話ではない。

それを聞いたフジテレビの倉田充男は、「世界戦だからゴールデンタイムの枠を空けたんだ。ノンタイトル戦なら話が違う」と放映中止を匂わせた。放映料が入って来なければ、修が自腹で費用を負担することになる。

また、ノンタイトル戦に変更となれば、チケットの払い戻しが頻発するのは目に見えている。

窮地に立たされた野口修は、ようやく一手を打つ。

東京五輪の開会式から一夜明けた一九六四年十月十一日午後十時四十五分。羽田着のタイ航空機で、世界フライ級王者ポーン・キングピッチが、兄のヒランとひっそりと来日した。

到着後、会見を開いたポーンは「私は十一月六日、蔵前国技館で高山勝義と世界タイトルマッチを行うつもりで東京に来た」と記者団に話した。

修は王者を強引に来日させることで、既成事実を突きつけ、WBAの決定を覆そうと考えたのだ。

惨敗

この時代の世界戦において、建前上は国内の統括団体を交渉の窓口にしていた。日本では、日本ボクシングコミッション（JBC）となる。

当時のJBCは、ルールの制定、試合の認定、ランキングの制定、ジムの統括、選手の健康管理に加え、海外との交渉、及び国内団体の補佐という役目も請け負っていた。

野口修はJBCの事務局に赴き、この件を強く訴えると、事務局長の菊池弘泰は苦い顔をした。

初代コミッショナー、田辺宗英に長年仕えてきた菊池は、野口修を高校生の頃からよく知る人物である。しかし、いつもの気安さがまるでない。

「修ちゃん、あの、キックボクシングの件なんだけど……」と切り出した。

修はきょとんとした。キックボクシングが、この問題となんの関係があるのか。

「キックボクシングを引っ込めてもらえないと、動けないいんだ」

野口修が父の後を継いで、日本ボクシング協会（現・日本プロボクシング協会）理事という重職に就きながら、新しい競技を始めたことへの反発の声は、JBCにも届いていた。

「現在のボクシング界が、一人の世界チャンピオンを作れなくて苦慮しているとき、いくら金のためとはいえ、インターナショナルに背を向けるのは残念だ。同業者として目先の欲に走るのは自重してもらいたいな。大体、なぜタイ式ボクシングと日本の空手が黒白をつけなければならんのかね」（笹崎ボクシングジム初代会長の笹崎儣／『週刊現代』1964年4月23日号）

「やはりボクシングに力を注ぐことが本筋だ。もしボクシングに見切りをつけるのならよいが、両天秤でやって行くのはいけない。そのために、ボクシングに不利であれば、キック・ボクシングという名称は止めてもらわなければならない」（帝

拳ボクシングジム先代会長の本田明／同）

つまり、菊池弘泰が言いたいのは、こういうことである。

「君がキックボクシングさえ止めてくれれば、調停に乗り出さなくはないし、フジテレビになんらかの働きかけをしなくもない。しかし、我々になんの相談もなく、ボクシングの偽物を立ち上げた以上、手助けすることはできない」

程なくして、ＪＢＣはこの件についての見解を述べた。

《日本ボクシング・コミッションは、十六日、十一月六日東京で行われる予定の世界フライ級チャンピオン、ポーン・キングピッチ（タイ）対高山勝義（木村）戦をタイトル・マッチとして認めないと発表した。

これは、同日午後五時、都築コミッション諮問委員、菊池同事務局長が記者会見して日本もＷＢＡの見解に従うのは当然である、という見解からこの態度を明らかにしたもの》（昭和39年10月17日付／読売新聞）

右の決定を受けて「防衛戦は無理」と悟ったポーン・キングピッチ一行は、二十二日早朝、宿泊代、食事代など四十万円（現在の価格で約百六十万円）を未払いのまま、麻布のプリンスホテルをチェックアウト。午後零時三十分の羽田発バンコク行きのタイ航空機に乗って離日した。

フジテレビも、生中継の中止を正式に発表した。

＊

近くから一部始終を見てきたというウクリッド・サラサスは、「これで、修社長の信用は一気に落ちました」と顔をしかめた。

「修社長は、全部泥を被りました。ノンタイトル戦も結局やりませんでした。興行自体がなくなったので、興行を買い取った分のお金も戻って来なかったのです。

社長は信用と居場所を、同時になくしました。

プロモーターとして、とても痛かったはずです」

しかし、一番の問題は、莫大な損失を被った結果、キックボクシングの旗揚げに必要な資金まで吐き出したことである。

第十四章　大山倍達との袂別

大山倍達は一九二三年（二二年の説もある）、日本統治下の朝鮮半島南西部、全羅北道金堤郡龍池面（現・大韓民国金堤市）で生まれた。本名、崔永宜。

少年時代から快活で腕力も強く、将来は帝国軍人になって、零戦に乗ろうと考えていた。

十八歳で渡日。京都の義方会道場で剛柔流空手を学ぶ一方、アジア主義に傾倒し、石原莞爾の主宰する東亜連盟に参加する。零戦に乗ることはなかったが、田中清玄や佐郷屋留雄ら著名な右翼活動家の知己を得た。

戦後は東京に残り、一九五四年には目白の自宅庭に大山道場を開設する。その前後より「崔猛虎」「大山猛虎」「大山猛」と改名を繰り返し、池袋の立教大学裏に道場を移転した五七年頃から、「大山倍達」を名乗る。

一九六四年春、一般財団法人極真奨学会を設立し、併せて「国際空手道連盟極真会館」と改称する。会長に迎えたのは、この年の秋に第六十一代内閣総理大臣となる佐藤栄作である。

六月には、西池袋に本部会館と総本部道場を竣工し、十月十五日には落成式を盛大に行った。有形無形の協力をした佐郷屋留雄はもちろん、野口修も列席している。このときの修の肩書は単なる来賓ではなく「ビジネスパートナー」となろう。

世界戦中止の一件で、批判に晒されていたこの頃の修にとって、楽天的な大山の存在は心を和ませるものだったという。

もちろん、中村忠の存在も大きかったはずだ。対抗戦を成功裏に終えると、修は大学を留年した中村忠に何度も接触している。意気投合していた弟の恭に様子を探らせもした。

「なんなら、支度金や月々の給料、大学の学費も払ってやろうと思っていた」（野口修）
中村自身も次のように明かしている。
《実はタイ遠征後、私は野口さんから盛んにボクシングに転向するように勧められた。
「世界チャンピオンまでは保証しかねるが、東洋チャンピオンなら半年のうちに絶対とらせてみせる」
これが野口さんの口説き文句だった。もちろん私に空手をやめる気持ちはまったくなかったが、幾多の名選手を育ててきた名門野口ジムの会長にそう言われて悪い気はしなかった。というより、その誘いは狭い極真空手しか知らない私にとってはたいへんな励みになった》（『人間空手』中村忠著／主婦の友社）
中村忠の一本釣りを諦めた野口修は、選手供給源として極真会館を重視し、大山倍達と共同で、キックボクシングを進めることにしたのだ。

旗揚げ前夜

一九八〇年二月二十七日、蔵前国技館にて、プロレス対極真空手「アントニオ猪木対ウィリー・ウィリアムス」が行われた。

対戦までの経緯から、試合内容、結末に至るまで物議を醸したこの一戦について、大山倍達は終始反対の立場を貫いた。対戦を強行したウィリーを破門。その師匠である大山茂に禁足処分を下した。これ以降、極真空手とプロ興行の接近は、ほとんどなくなった。

大山倍達の死後、後継者となった松井章圭は、一転して、K－1などのプロ興行に選手を派遣し、「一撃」なる興行組織まで立ち上げた。

その松井に多くの関係者が非を鳴らしたのは、生前の大山倍達が、空手のプロ化、プロ興行への出場そのものを否定していたからだ。

しかし、実際はまったくそうではない。

戦後間もない時期は、プロボクサーとしてピストン堀口とも拳を交え、渡米後の一九五二年には、グレート東郷や遠藤幸吉とプロレスのリングにも上がっている。帰国後の一九五六年には田園コロシアムで、猛牛との決闘まで公開している。

ルンピニー決戦の直後には、こう述べている。

「空手は、近代スポーツとして脱皮せねばなりません。現在のようなものでは、いずれはあきられるでしょう。しかも大衆にアピールするスポーツにするため最も手っとり早い方法は、外人と試合すること。そして必ず勝つことです。プロボクシングの人気が下ったのは、外人に負けるからだし、プロレスがたとえショー的なものであってもこれだけ人気があるのは、外国の大男を日本人が投げとばすからです。プロ・スポーツは、国際試合をしなければうそですよ」（『週刊現代』１９６４年4月23日号）

つまり、この時期の大山倍達は、極真空手のプロ化を目論んでいたのである。

大山は腹心の黒崎健時に命じ、成増支部に「タイ式ボクシング専門家養成所」の看板を掲げさせ、キックボクシングの練習を督励した。タイ式ボクシングとの対抗戦が、その方針に向かわせたのは間違いない。

「大山さんと出会った頃は楽しかった。あの人は喋り始めると止まらない。『早く進めようよ』ってよく急かされた」（野口修）

前述の通り「ポーン・キングピッチ対高山勝義」が実現不可能となり、莫大な負債を被ったことで資金が底をつき、野口修はキックボクシングの旗揚げの延期を余儀なくされた。

皮肉なことに、選手の確保は順調に進んだ。修は池袋の極真会館に行くときは、タイ人トレーナーを帯同させた。選手の指導のためである。

「野口社長がタイの選手を大山道場に連れてきたような記憶はあるんだよ。昔のサンドバッグの蹴り方は中足でピシ、ピシ、と蹴るんだけど、社長が大きくないの（ムエタイ選手）と来て、それがサンドバッグを蹴ったらスネでサンドバッグを落ちる手前でバン、落ちる手前でバン。ずっと上がってて『何だ、これは⁉』って、ショックを受けたのを覚えてるよ」（極真門下生だった神村榮一／『蘇る伝説「大山道場」読本』日本スポーツ出版社）

それは、極真だけではない。

「山田先生からは『いつ試合が決まってもいいように、準備だけはしておきなさい』って何度も言われていました。

ウチの道場は寝技の練習もあったけど、自分はほとんどやっていません。やる暇がなかった。頭にあるのはキックボクシングだけ。顔面打ちの本家の自負もありましたからね。当時このルールで、侃さん（山田侃）以上に強かった人は、日本にはいなかった。それは断言していいです」（日本拳法空手道の門下生だった錦織利弘）

極真会館と日本拳法空手道という実戦空手の二大流派が、キックボクシングの発進を心待ちにしていたのだ。

日大にいいのがいる

他方、キックボクシングの旗揚げを待ち望んでいたのが、藤平昭雄である。

「空手の技術だけではタイ式に勝てないし、付け焼刃の稽古では意味がない」と悟った藤平は、バンコクから帰国後、周囲の反対に耳を貸さず、ボクシングのヨネクラジムに入会する。パンチの技術を学ぶためなのは言うまでもない。

藤平の非凡な才能を見抜いた会長の米倉健司は、その年の十二月にデビュー戦を組んだ。

大山倍達と黒崎健時から一字ずつ取って「大崎昭雄」と名乗った藤平は、デビュー以降、十一戦十勝一敗という好成績を収める。

このまま、プロボクサーとして大成すると誰もが思ったが、一年半在籍したのち引退する。

「黒崎先生が海外に極真空手を教えに行くことになって、『成増支部を頼む』って言われてさ。それで極真に戻ったわけ。米倉会長には随分と引き留められたよ。でも、本物の技術を手にすることもできたから未練はなかった」（藤平昭雄）

＊

野口修は、極真会館と日本拳法空手道から全面協力の確約を得ながら、自前の選手の確保にも、余念がなかった。

大学の空手部や同好会、町道場に通う若者に至るまで、片っ端から声をかけては、面接を繰り返した。

「五十人には会ったと思う。よさそうなのは目黒に通わせるんだけど、試合が決まらないからってみんな離れていった。そのままボクサーになったのも何人かいたな」（野口修）

一九六五年初夏のことである。

「日大にいいのがいる」という連絡が入った。

友人が言うには、脚が高く上がって蹴りの見栄えがよく、学生王者にもなったらしい。

日大藝術学部に在籍するその青年は、脚本の勉強をしており、俳優として舞台にも立ち、気乗りしない様子だったという。

会うだけ会ってみることにした。名前を聞いて、貴公子みたいな印象を抱いたからだ。

青年は白羽秀樹といった。

ニューフェイス

白羽秀樹は一九四三（昭和十八）年、日本人土木技師の次男として、旧満州の新京（現・中国吉林省長春市）に生まれた。

祖父より義和団由来の中国拳法の手ほどきを受けるなど、少年時代から武道を体得した。

戦後、日本に引き揚げると、一家は東京の青山に居を構えた。白羽と小中学校の同級生だった人物に、話を聞くことができた。

「白羽君とは青山中学校のとき同じクラスになりました。クラスメイトですから一緒に遊んだりしたものです。仲もよかったですよ。

私の実家は空手の道場をやっておりまして、彼のおじいさんも武道家だということは聞いていました。でも、この頃は一緒に稽古をしたことはありません。彼は子供の頃はボクシングを習いに行っていたと記憶しています」

実は白羽少年には、空手やボクシングより夢中になったものがあった。

小学生の頃から「劇団そらまめ」という児童劇団に入り、子役として舞台に立っていたのだ。

思春期に入ると、ジョエル・マックリー主演の西部劇映画『死の谷』に魅せられ、海が割れるシーンで有名なチャールトン・ヘストン主演の『十戒』は三度も観に行った。将来の夢は、石原裕次郎のような映画スターになることだった。

チャンスはすぐに訪れた。中学三年生のとき、映画会社、新東宝の新人オーディションに合格したのである。「城哲也」という芸名を与えられ、ニューフェイスとして売り出された。早くも夢を摑んだのだ。

高校二年生のときには、フジテレビの連続ドラマ『黒いパトカー』に犯人役で出演している。撮影中、本物の犯人と勘違いした通行人に取り押さえられるハプニングもあった。それだけ演技力が高かったということだ。

高校三年間だけで、八本の映画とドラマに出演したが、期待されたほど売れず、新東宝の倒産もあって、名物オーナーで有名な永田雅一の経営する大映に移籍している。

大映の幹部は、白羽にこう言ったという。

「このままでは一生芽が出ないだろう。そこでだ。この機会に一から、映画のこと、演劇全般を勉強してみてはどうか」

白羽に選択の余地はなかった。高校卒業後の、一九六一年四月、日本大学藝術学部映画学科に入学する。いわゆる〝日藝〟である。

この進学が、白羽秀樹の運命を大きく変えることになる。

白羽君の名誉を守りたい

日本大学。一八八九年創立。十八の学部に十九の研究科を有し、学生数七万六七七人。事業活動収入は一八八二億円（いずれも二〇一五年度、東洋経済ＯＮＬＩＮＥ調べ）と国内の大学では最大規模を誇る。

運動部も三十四の競技部と、三百三十九の体育系クラブ・同好会がひしめいている。

しかし、競技部とクラブ、サークルは似て非なるものである。競技部は保健体育審議会の傘下にあり、推薦入学も多く、トップアスリートとして育成される。近年「悪質タックル事件」で世間を騒がせたアメリカンフットボール部（日大フェニックス）や、大相撲力士を何人も輩出してきた相撲部、富山英明や小林孝至など五輪金メダリストを輩出したレスリング部などが列なる。

一方、各学部がそれぞれの予算で運営するクラブや同好会は、学生部体育団体連合会の傘下にあり、あくまでも、サークル活動という位置付けにすぎない。

白羽秀樹が入部した空手部は後者だった。保健体育審議会傘下の日大空手部ではなく、藝術学部に属する剛柔流空手道部のことだ。

「同じ空手ですので、どっちが上とかはないんですが、流派が違います。我々日大空手部は和道流、日藝の空手部は剛柔流です。医学部や理工学部にも空手部はありますが、やはり流派が違うし、練習時間も違ったので交流はありませんでした。そもそも、学部直轄の空手部は同好会の扱いです」（元日本大学空手部OG・OB会長の内田勝利）

俳優として成功を収めるために日藝に入学した白羽にとって、空手はあくまでも趣味であり、サークル活動にすぎなかった。大映からは月々の給料も出ていたはずだから、寮に入って空手一色の生活を送っていたわけではない。

しかし、空手の稽古は楽しかった。楽しすぎたのかもしれない。

祖父から教わった中国拳法の素地もあったし、法政一高時代はバレーボール部に入部し「六大学附属高校対抗試合」にも出場している。並外れた運動神経の持ち主だったのだ。

大学三年生のときには剛柔流三段を取得し、才能を開花させた。「蹴りの白羽」と呼ばれたのも、運動神経に依るところが大きいのだろう。

気になる戦績だが「六十戦六十勝」という情報もあれば「二十六戦二十六勝」という情報もある。「全日本学生空手道選手権大会で優勝した」という記述もある。

それだけ強かったということだろうが、「優勝」や「連勝」の根拠となる正確な記録を見つけることはできなかった。

日藝空手道部OB会の公式サイトの沿革には、「昭和36年　S剛柔会関東選手権大会（組手の部）第一位」と過去の記録が記されていた。名前を示すSのアルファベットは、「白羽」を指すのかもしれないが、大学一年生で関東大会を制したとは考えにくい。同好会であっても、大学空手のレベルは決して低くはないからだ。

白羽秀樹と小中学校の同級生だったという前出の人物は、大学で白羽と再会している。同じく、日藝の映画学科に進み、剛柔流空手道部に入部したのだ。この時期は、稽古でともに汗を流したという。

しかし、大学時代の話となると、電話口から伝わる彼の口振りは途端に重くなった。

「あなたが、白羽君の許可を取れば話しますが、それがなければもう話せないし、私の名前を出されては困ります」と彼は言った。

「許可は取っていません。それに、白羽さんの連絡先を知りません」と告げると、彼はこう返した。

「私も彼の連絡先を知りません。長い間会ってもいません。ＯＢ会に彼が顔を出すこともないです。ともかく、これ以上話すことはできません。彼の名誉のためでもあります。私は古い友人として白羽君の名誉を守りたい」

筆者は、白羽の大学時代の行状を殊更に暴き立てるつもりはなく、若き日の人となりが伝わる、エピソードを知りたかっただけなのだが、彼はそうは受け取らなかった。

これまで筆者は、多くの人物に取材をしてきた。快く取材を受けてくれる人ばかりではなく、拒む人も多かった。しかし、右のような理由で拒んだのは、この人物だけである。

なぜ、青春の記憶を封印することが、白羽秀樹の名誉を守ることになるのか、腑に落ちない想いがしないでもなかった。

しかし、彼の言わんとすることは、なんとなく想像がついた。理解したいと思った。

この白羽秀樹こそ、のちに沢村忠となるからである。

出会い

野口修が初めて白羽秀樹と会ったのは、定説では「一九六六年の早春」とある。

キックボクシングの旗揚げ直前に、野口修は白羽秀樹と出会い、半ば挑発し、リングに上がるように仕向けたことで、白羽はさしたる準備もせずリングに上がった。——というのが概略となる。

当時のインタビューや、自身が主人公となったコミックでも、その場面は繰り返される。「沢村忠物語の序章」とも言うべき、重要箇所と言っていい。

直木賞作家の寺内大吉は、その場に居合わせていたかのような筆致で伝える。

《「だがいくら唐手で強くてもあれは型だけだからな」

野口は挑発的にいった。

「型をこえて、実際に蹴ったら相手は死んじゃいますよ」

沢村は笑って相手をしない。

「いいや、そんな蹴りをくらったって、びくともしない連中が二万人もいるよ」

「なんです、それは」

「タイの、タイ式ボクサーたちだ」

「ああ、あのボクシングは手のパンチだけじゃなくて、蹴りもありましたね」

「ありましたねじゃないよ。タイ式の特徴は蹴りさ。君の蹴りがやつらに通じるかな」

「冗談じゃありません。イチコロですよ」

「じゃ、やってみろよ」

「タイ式とですか」

「唐手とタイ式とどちらが強いかやってみるんだ」

誘いの手とは知りつつも沢村は一歩もあとへ引けぬ立場へ追い込まれた。

「いいですよ、やりますよ」

野口にことばたくみにだまされたとだけはいいきれない。沢村自身、一度は祖父や師から教えこまれた空手の力をためしてみたい気持ちがうずいていたからである》（「英雄誕生　必殺！真空飛びひざげりの沢村忠」寺内大吉・文／『月刊明星』1969年1月号）

しかし、白羽秀樹は、一九九七年に刊行されたムック本のインタビューで「出会ったのはその前年だった」と打ち明けている。

「ああ、そういうことじゃない。要はね、野口修会長と前から会ってましたし、それでタイ式がものすごく強いと、日本のあらゆる格闘技はおよそかなわない、という話を聞いたんです。『そんなのがあるんですか』ということがきっかけですから。試合はいきなりやったわけじゃないんですよ。一年後です」（『フルコンタクトKARATE別冊格闘王⑥ムエタイの本』福昌堂）

主人公が物語の導入部分をあっさり覆したのである。話がここから始まっている以上、些細な記憶違いで片付けていいとは思えない。

この件について、物語の戯作者とも呼ぶべき、野口修本人に尋ねると「昔のことだから、よく憶えてないねえ」と、ぼかした。それでも筆者は、当時の状況をしつこく問い質した。

「まあ『空手が強い』とは言っていたよ。『そこまで言うなら、実際にタイ式とやってみたら?』ってことは伝えた」

「そこは定説の通りなんですね。ただ『実は一年前からキックボクシングの練習をしていた』と本人は話していますが」

「別に、たいした問題じゃないでしょう」

「挑発した末に急にリングに上げたか、一年前から準備させてリングに上げたか、それは大きな問題だと思います。その回答によってキックボクシングの歴史が変わってくるからです」

「よく憶えてないね」

「前者なら、定説通り、この時点で誰も出場する選手がいなかった。後者なら、他に用意していた選手がいた。僕が知りたいのは、そのどっちだったかということです」

「本人がそう言うんなら、そうじゃないの」

「一年前から練習させていたと。つまり、一九六五年の時点で他に選手はいたんですね」

「大山さんと山田さんもいたからね」

「協力関係にあった極真空手と日本拳法空手道ですね。すなわち、白羽秀樹を控えに回せるくらい戦力が備わっていたことになります」

「たくさんいる分には困らないでしょう」

「となると、白羽と出会ったとき、険悪な空気にならなかったんじゃないですか」

「険悪な空気?」

「本なんかに書いてあるように、『空手が強い』『いや、タイ式が強い』で口論になって、という例のエピソードです」

「ああ……ああいうのは、寺内和尚や梶原さんが上手く書いてくれたからねえ」

日本キックボクシング協会

本書がノンフィクションを謳う以上、事実に沿って、話を進めるよりほかない。

先述の通り、一九六五年の時点で野口修は、極真会館と日本拳法空手道と協力し、キックボクシングの旗揚げを目指していた。それは確認できる資料や証言からも間違いない。

エースは、前年のルンピニー興行の緒戦でKO

勝ちを収めた中村忠を想定していた。中村はセンスがいい上にルックスもよく、これほどの適任はいなかった。

中村忠に次ぐ二番手として思い描いたのは、日本拳法空手道の創始者、山田辰雄の次男の山田侃だった。父の英才教育を受け、極真より四年も早く顔面打ちに取り組んできた、グローブ空手の先駆者である。

山田侃自身、キックボクシングに並々ならぬ意欲を持っていたのは次の談話からも判る。

「野口さんには、一流の選手を呼んでもらいたいといってあります。なんでもはじめが肝心ですからね。条件がどうあっても、精一杯やるだけです。好きな道ですから、死んでも後悔はしませんよ」

（『週刊現代』1964年4月23日号）

「中村忠と山田侃なら、即戦力として本場のタイ人を堂々と迎え撃つことができる」というのが野口修の見立てだった。いくら興行とはいえ、実力がともなわない限り長続きはしないし、ファンの支持を集めることはできないからだ。

また、二人を戦わせても面白いと思った。山田に一日の長があるように思うが、体格に勝る中村が倒すこともあり得るだろう。興行的に目玉は多いほどいい。

選手の育成は急務だが、二大流派に任せておけば心配は要らない。門下生は腐るほどいるのだ。

自分の手駒もいるに越したことはないが、すぐ試合には出さず、手許に置いてじっくり育てよう。ウチにはタイ人のトレーナーもいるし、弟はボクシングのエキスパートである。

白羽秀樹は、当時をこう振り返っている。

「僕は一人で野口社長が買ってきたビデオを見て、目黒ジムっていうか、当時の野口拳でね、ボクシングの練習が終わった後、8時ちょっと過ぎくらいから一人で練習。もちろん野口社長もきて、もっとああだ、こうだということはあったけれど」

（『フルコンタクトKARATE別冊　格闘王⑥ムエタイの本』福昌堂）

すなわち、一九六五年夏の時点において、野口修にとっての白羽秀樹とは、育成目的で預かった、単なる練習生にすぎない。

＊

一九六六年一月三十日、赤坂三丁目の高級ラウンジ「月世界倶楽部」で、日本キックボクシング協会の発会式が行われた。

会長には衆議院議員の山中貞則、副会長には実業家の岩田秀男と大山倍達が就任した。岩田秀男とは、元児玉機関の岩田幸雄（広島県モーターボート競走会会長）の甥である。

後年、通産大臣や環境庁長官を歴任した山中貞則を会長に据えたのは、名誉職という以外ないが、岩田秀男を副会長に迎えたのは、メインスポンサーだったからだ。

大山倍達にも副会長のポストを渡したのは、指導全般を任せようと考えたからである。現場のトップとして懐柔しようとしたということだ。

野口修は役職に就かなかった。この時点でまだ日本ボクシング協会の常任理事だったこともあり、裏方に回った方が何かと都合がよかった。

「早い話が役割分担のつもりだったんだよ。テーソク（山中貞則）はコミッショナー。秀男さんはスポンサー。バイタツ（大山）は指導監督。山田さんは最高顧問。弟はボクシングのコーチ。それで俺がプロモーター。最初はそうやって回していこうと思ったんだ」（野口修）

旗揚げ戦は四月十一日に決まった。ただし、東京ではなく会場は大阪府立体育会館である。資金難もあって興行権を売ったのだ。買い取ったのは大阪のプロモーターの西尾日出である。

それでも、メインイベントには中村忠を、セミファイナルには山田侃の出場を決めていた。

キックファイト

蜜月関係にあった大山倍達と野口修だが、次第にしっくりいかなくなった。

まず名称である。

「キックボクシングだとボクシングの亜流という印象は拭えない」と難色を示した大山倍達は、「キックファイト」を強く推した。公の場でもそう呼び続けた。

しかし、それは瑣事にすぎない。

「とにかく、金にうるさくて『顧問料と指導料をよこせ』『この先、選手を出すんだから契約を取り交わそう。契約金は……』と何かにつけて金を

要求して来た。少しは払ったよ。でも、満足のいく額じゃなかったんだろうねえ」(野口修)

繰り返すが、この時期の野口修は金銭的に苦しい状況にあった。もし「ポーン対高山」の世界戦が計画通り行われていれば、早くて一九六四年秋、遅くとも一九六五年春には、キックボクシングの日本初興行を開催できたはずだ。つまり、無心に応じたくても応じられなかったのである。

大山倍達にも言い分はあった。

「キックに関しては野口に騙されたようなものだよ。弟子をタイに連れて行っていい結果を出したらかなりの報酬をくれる約束だったが、黒崎があんな負け方をするものだからギャラはゼロだと言う。黒崎はコーチで行ったのだから試合に出れば負けるのは分かっていたのに、勝手に試合に出てぶざまに負けた。それを理由に報酬ゼロと言う、そんな野口を信じられるはずないじゃないのよ。

(中略)

そのうち野口が大口のスポンサーを見つけてきて勝手にやり出した。私はキックファイトでやりたかったのに、いつの間にかキックボクシングになった。私は裏切られたんだね」(『添野義二 極真鎮魂歌──大山倍達外伝』小島一志著/新潮社)

右の証言通りなら、金にまつわる意見の相違は、二年前のルンピニー興行の時点ですでに起きていたことになる。

しかし、黒崎健時が負けたからと言って、全員分のファイトマネーが支払われないとは、考えにくい。このとき、スタジアムのリングに上がった藤平昭雄にそのことを質した。

「あの、ルンピニーのギャラを誰から受け取ったかって? ……さすがに憶えてないね。ただ、結構いい金だったのは憶えているよ。だって、その金でカラーテレビも買ったし、しばらくは仕事しないで暮らしていけたんだもん。

館長だったら、そんなにくれなかったと思うから、多分、野口さんから渡されたんだろうねえ」

すなわち、大山道場を通して支払うべき三人のファイトマネーを、野口修は直接手渡したことになる。とすれば、大山の懐には一円も入らない。

こうした行き違いが、抜き差しならないところまで来ていたのは間違いなかった。

本来ここで間に入るべきは、二人を引き合わせた佐郷屋留雄だったのかもしれない。しかし、この頃の大山にとって、恩人のはずの佐郷屋とも、良好な関係にはなかった。

大山倍達は、念願の本部会館を建設すると、それまで協力を仰いできた佐郷屋留雄や、空手の師である曺寧柱らと疎遠になり、佐藤栄作や毛利松平（のち環境庁長官）に接近したという。

日本拳法空手道の山田辰雄も、大山の増長ぶりを懸念していた。

「ある日、山田さんに『あまり大山君には依存しない方がいい。食い物にされないとも限らない』って忠告された。山田さんの耳にもいろいろ入っていたんでしょう」（野口修）

それでも、中村忠がいる以上、大山倍達との関係を絶つわけにいかないのである。

宴のあと

一九六五年四月、日本大学理工学部建築学科四年生となった中村忠は、卒業後の進路を決める時期に差し掛かっていた。

ルンピニー興行への出場を決断したことで、一年留年した中村だったが、卒業後はいくつもの進路が用意されていた。

三菱電機や日立製作所のような大手電機メーカーに入り安定した生活を送ること。有名建築家の助手となり、夢だった建築家の道に進むこと。

また、こういう話もあった。

この頃、三島由紀夫の小説『宴のあと』（新潮文庫）の舞台のモデルとなった白金台の料亭「般若苑」で、のちに総理大臣となる三木武夫と、八幡製鉄副社長の藤井丙午の前で、中村忠は空手の演武を披露する。大山倍達も臨席してのことだ。

所作の美しさと折目の正しさを気に入られ、後日、三木からは通産省に、藤井からは八幡製鉄に誘われている。宴席の世辞ではなく正式な求人だった。

しかし、中村忠が選んだのはこのどちらでもなかった。極真会館の職員となったのだ。

「始めるなら早い方がいい」と日大在学中より、時間の許す限り職員業務に就いた。大山倍達は、さぞかし鼻が高かっただろう。

中村の身の振り方に関心を寄せていた野口修も、胸を撫で下ろした。なまじ就職でもされたら、キックボクサーとしての活動に支障を来すし、霞が関の役人になられたら手も足も出なくなる。

バンコクでの鮮やかなKO勝ちは、二年経っても修の脳裏に焼きついて離れず、タイのプロモーターも中村の素質に太鼓判を押していた。

「中村忠をエースに据えれば、キックボクシングは成功する」というのは修の信念にもなっていた。それを思えば、大山の度重なる要求にも応じるしかないのである。

余談になるが、極真史における中村忠の功績は、指導者としても計り知れない。

「白・茶・黒」の三つしかなかった帯の色を「白・青・黄・緑・茶・黒」の六色に改め、昇級するごとに帯の色が変わる決まりを設けたのは、中村である。これによって、道場生の練習意欲を促し、総本部道場は連日大勢の会員で賑わった。

夜間だけだった一般練習を「朝・昼・夜」に分けたのも中村だ。あらゆる職種の人を取り込み、会員の数は飛躍的に増加した。

「稽古の時間を分けたら、道場生の関係が希薄になりかねない」と危惧した先輩の意見をヒントに、交流を目的に、現在も多くの極真諸派が恒例行事とする「夏合宿」を始めたのも中村だった。

「初期極真最大の功労者は中村忠師範」と、今も極真関係者の多くは口を揃えて言う。

この頃の中村忠にとって一番の生き甲斐は、極真空手を広めることだった。それこそが何物にも代え難い喜びで、黒崎健時や藤平昭雄のように、グローブを付けてのキックボクシングには一切の関心を持たなかった。

中村忠にとってのキックボクシングとは、タイ人相手に快勝した一九六四年二月十二日で完結していた。

「自分の空手は間違っていなかった。他流試合に、これ以上付き合う必要はない。極真空手をさらに追究しよう」——そう決めたのだ。

大山倍達との袂別

一九六六年が明けてすぐ、野口修は佐郷屋邸に顔を出した。協会の発足を報告するためである。

そこには、黒崎健時の姿もあった。

「修君、まずはおめでとう。それはそれとして、黒崎から伝えたいことがあるそうだ」

黒崎健時は、改まった様子でこう告げた。

「急遽オランダに行くことになった。二月に出発、期間は一年。だからキックボクシングを手伝うことはできない」

修は驚いた。支部長を務める成増支部をグローブの練習に費やすなど、極真きってのキック推進派である黒崎健時は、日本キックボクシング協会において核となるべき存在だったからである。

「なんで黒崎さんが行くんですか」

「館長の命令だ。従うしかない」

旗揚げ前のこの時期にオランダ行きを命じるということは、キックボクシングに関係させないということ以外ない。

「正直、今の館長にはついていけない。ただ、ここらで、海外の空気を吸うのも悪くないとは思っている」

大山倍達は、黒崎に渡蘭を命じた理由を、後年次のように述懐している。

「スポンサーを見つけるのが黒崎の仕事だったのに、私の弟子たちを私が知らないところで引き抜いてキックの練習をやらせたりね、藤平（昭雄）や加藤（重夫）らを勝手に自分の子飼にしてね。黒崎のお陰でまた野口との関係がマズくなった。だから黒崎をオランダに飛ばしたのよ」（『添野義二　極真鎮魂歌――大山倍達外伝』小島一志著／新潮社）

もし、これが事実であるなら、実に些細な理由である。「自分に許可なく、黒崎が門下生を成増支部で練習させたことが気に食わない」とは、すなわちコミュニケーションが取れていなかっただけのことだ。

「俺への当てつけじゃないか」と野口修が考えたのも無理はない。黒崎健時が日本から離れて一番困るのは、成増支部の戦力を頼みにしていた自分以外いないからである。

大山倍達への不信感が高まったところで、さらなる驚愕の事態が起きた。

大学卒業を目前に控えた中村忠が、目黒の野口家を訪ねて来たのである。

「野口さん、今までお世話になりました。実は四月からニューヨークに行くことになりました。支部を任されることになったんです」

「……どういうこと？」

「このたび、館長から『春からニューヨークに支部を作るから、お前に任せる』と言われまして」

修は目の前が真っ暗になった。

四月十一日には中村忠をエースに据えて、大阪でキックボクシングの旗揚げを行う予定でいるのだ。当人がいないというのは、計画は白紙にするしかないではないか。

金銭的要求に応じないことへの、大山倍達の意趣返しとしか考えられなかった。

私は手を引くよ

この件について、筆者は当初、野口修から次のような回答を得ていた。

「中村忠？　いやあ、ニューヨークに行こうと、どこだろうと、別にたいしたことじゃなかった。眼中にない。いてもいなくても一緒」

筆者も、右の証言に沿って筆を進めた。

半年後、駒沢公園のベンチに座って木々を眺めながら話していたら、不意にその話題になった。

「あのときは驚いたよ」と野口修は言った。

「何がです？」

「中村忠がニューヨークに行くって聞いてさ、驚いたのなんの」

驚いたのは、筆者の方である。

「でも野口さん、『中村忠がニューヨークに行くなんて、別にたいしたことなかった』って以前おっしゃいませんでしたか」

「そんなこと言ってない。びっくりしたよ。中村忠をエースに持ってきて、それでスポンサーまで集めていたからねえ」

なぜ、野口修が前言を翻したか判らない。どういった理由で心境が変化したのか知る由もない。

「老人特有の」と言ってしまえばそれまでである。以前の音源を聴かせようかと思ったが、そこまではしなかった。

無思慮の謗りを受けるかもしれないが、前後の事実を見るにつけ、これこそが本音だろうと解釈したからだ。

＊

「話が違う。中村君がニューヨークに行くって、一体どういうことですか」

池袋の総本部道場に出向いた野口修は、館長室で大山倍達に詰め寄った。

「だって、本人がどうしても行きたいって言うんだから、仕方がないのよ」

大山は木で鼻を括ったように答えた。

「仕方がないはないでしょう。『キックボクシングに中村君は必要だ』って、あれほど言ったじゃないですか。黒崎さんだってオランダに行かせてしまうし、一体どうしてそんな決定をするんですか」

「お黙りなさい。キックボクシングじゃないよ、キックファイトよ。黒崎や中村がいないだけで成功しないなら、最初からうまくいくはずないよ。もうおしまい。私は手を引くよ」

指導者として大山倍達に全幅の信頼を置いていた野口修だったが、この頃は「年半分は興行権を差し出しなさい。そうでないと協力しない」と別の難題も吹っかけられていた。

年半分は無理としても、いくつかは興行を渡すべきか妥協しかかっていたのも、中村忠の存在があったからである。

しかし、キックボクシング部門の責任者である黒崎健時がオランダに去り、エースと目した中村忠までがニューヨークに去るとなれば、もはや、その必要はない。

「いいでしょう。お世話になりました」

この瞬間、極真会館の日本キックボクシング協会への参加はなくなった。

第十五章　日本初のキックボクシング興行

飯田橋から成宗（現・杉並区成田東）に移転した日本拳法空手道の総本部道場では、道場生が連日稽古に汗を流していた。

突きや蹴りを繰り返す者、シャドーボクシングをする者、一心不乱にサンドバッグを叩く者、腹を踏ませている者、ボクシンググローブを付けて激しいスパーリングをする者。――彼らの多くが、来るべきキックボクシング参戦を見据えていた。

大山倍達と別れ、極真会館のキックボクシングへの参入がなくなったことで、野口修の頼みの綱は、日本拳法空手道だけとなった。

「二番煎じと思ってもらっては困る。我が流派こそ実戦空手の先駆けだ」

山田辰雄は、会うたびにそう釘を刺した。「軽んじるな」と言いたかったのだ。

武道家らしく固陋な山田は、野口修にとって、決して組み易いパートナーではなかった。世代間の隔たりもある。ましてや、亡父の盟友である。

しかし、極真と関係が切れた今、日本拳法空手道の協力は不可欠だった。中村忠のような華のある存在はいないが、即戦力の選手は極真以上に揃っているのだ。

現在、インターネットで検索すると、一九六六年四月十一日に大阪で行われた「日本初のキックボクシング興行」のチケット画像が見つかる。

表面には「山田侃対ラクレー・シー・ハヌマン、錦織《ママ》和明対キンケウ・バンギーカン」と印字されている。旗揚げ興行に日本拳法空手道の参戦が決まっていた何よりの証拠と言っていい。

「私はこの時分は就職して、第一線から離れていましたので、詳しい話は聞いていないのですが、山田先生と野口さんが何かを始めようとしているのは、小耳に挟んでいました。
ただ、先生は徹頭徹尾、武道家です。口数も少ない。逆に野口さんはいかにも興行師。商売の人です。口もうまい。『二人はうまくいかないだろうな』――そう漠然と考えていました」（日本拳法空手道の古参の門下生の萩原茂久）

練習に明け暮れていた門下生だったが、正式に試合の日程を聞かされてはいなかった。名前が印字されたチケットが出回っていたにもかかわらずである。

「チケットに自分の名前が載っていたのは後で知りました。毎日練習ばかりやっていたわけだから、試合を正式に発表してほしかった。やるとは聞いてもいつか判らない。それでも練習をやめるわけにいかないじゃないですか」（錦織利弘）

筆者は錦織に尋ねた。

「この時期、来日したタイ人が成宗の道場に来たことはありませんでしたか。もしくは、目黒の野口拳の道場でタイ人と顔を合わせて、一緒に練習したり、スパーリングをやったりとか？」

錦織は怪訝そうにかぶりを振った。

「ないです。一切ない。このとき来日したタイ人となんか会っていないし、ましてやスパーリングなんか。一体どういうこと？」

なぜ、こんなことを訊いたのかというと、二月末に来日したラクレー・シー・ハヌマンは、この翌年、タイ式ボクシングの専門誌『ムエサヤーム』（1967年1月号）に、日本での一部始終を手記として残している。そこには「空手家と事前にスパーリングをした」と書かれているという。

筆者は現物を入手しようと、相当な時間を費やしたが、結局叶わなかった。「記事を読んだことがある」と言う人物によると、書かれているのは以下の通りである。

一九六六年四月十一日の「日本初のキックボクシング興行」に出場が決まったタイ人選手一行は、まず、二月末に来日した。

一行とは、タイ側のプロモーターであるブンラット・ラートプリチャー。選手は、ラクレー・シー・ハヌマン、サマン・ソー・アディソン、テーパリット・サーミチャイ、キンケウ・バンギーカンの五名である。

羽田空港に到着すると、彼らはある場所に連れて行かれた。そこには道着を纏った空手家が勢揃いしていたという。

「着いたばかりですまないが、今から彼らとスパーリングをしてもらいたい」

プロモーターの野口修がそう告げると、タイ側の代表者のブンラットは快く応じた。タイ式ボクシングによるスパーリングだから、断る理由はないと考えたのだろう。

事実、勝負は呆気なかった。

タイ人は長旅の疲れも見せず、次々と空手家を倒した。一人で何人も相手にしても、問題にしなかった。空手家はグローブ技術に慣れていないのだから、当然と言えば当然である。

実力差をまざまざと見せつけられた野口修は、ブンラットに試合を作るように依頼した。

「試合を作る」とは、すなわち「負けてくれ」ということである。

はたして、右のような出来事は本当にあったのだろうか。

日本最強のストライカー

「私は知りません。それは初耳です。実際そういうことがあったのかもしれないけど、私はその場にはいない。呼ばれてもいない」

強い口調で、錦織利弘は再度否定した。

筆者は、もう一人の出場予定選手だった山田侃に話を訊いてみようと思った。錦織の知らない事実が隠されているかもしれない。

一九三九（昭和十四）年生まれの山田侃は、キックボクシングの杉並ジムの会長職にあり「今も後進の指導に当たっている」と聞いていた。取材の約束を取りつけるのは容易いと思った。

ジムに電話をすると携帯電話に転送されて、女性が出た。山田侃の妻だという。要件を話すと、「主人は、もう一年以上も前から入院しておりまして……」と切り出した。

「食事を喉に詰まらせて意識を失ったんです。なんとか、一命は取り留めたんですが、ずっとその状態で……ですので、取材は無理かと」

半世紀前、おそらく、日本最強のストライカーたった山田侃は八十歳を過ぎた現在昏睡状態で、病院のベッドに横臥しているのだ。

痛ましい話に気分が沈んだ。電話を切ってしまおうかと思ったが、一応、訊いてみることにした。

「ところで、一九六六年、昭和四十一年というと、もう結婚されていたんですか」

「まだです。でも、主人とはもう出会っていました」

「一九六六年四月十一日、日本で初めてキックボクシングの興行が行われました。場所は大阪府立体育会館です。山田侃さんはメインイベントに出場する予定で、チケットにも名前が印刷されています。しかし、結局出場しませんでした。なぜ出場しなかったのか。その辺りのことを、御主人から詳しくお聞きになっていませんか」

すると、妻は戸惑うような口調で「大阪かどこかという場所まではよく判りませんが『決まっていた試合に出なかった』というのは、聞いたことがあります」と答えた。

「それは、キックボクシングですか」

「ええ、キックボクシングと申していました」

その後、山田侃がキックボクサーとしてリングに立つことも、ラインナップされることも一度もなかった。彼の生涯におけるキックボクシングの試合とは、一九六六年四月十一日の大阪大会以外ないのである。

「詳しく教えていただけますか」

筆者は、逸る気持ちを抑えながら質した。

「随分と昔の話なもので、正確ではないかもしれませんが……『試合が決まっていたけど、やらないことにした』と言っていたのを憶えています。『八百長でタイ人に勝たせてやると言われて、馬鹿馬鹿しいので蹴った』と。そういうこともあるんだと思ったものです」

妻の証言は、そのまま、ラクレー・シー・ハヌマンの手記と一致する。

つまり、八百長の依頼はあったのだ。

売り興行

ラクレー・シー・ハヌマンほかタイ人選手が、都内のどこかで、日本人の空手家を軒並み倒したのは、おそらく間違いないのだろう。

その中に、山田侃や錦織利弘がいたかどうかは判然としない。錦織の反応を見る限り、いなかったのかもしれない。とすれば、タイ人が一蹴した空手家とは、野口修が以前から集めていた大学生や町道場の空手家だった可能性が高い。

圧倒的な実力差を思い知った野口修は、「これでは興行は成立しない」と踏んだに違いない。「旗揚げ興行で日本人を負けさせるわけにいかない」と考えるのは、プロモーターとして当然だからだ。それどころか、キックボクシングという新しい競技が、一夜にして終わってしまう危険性さえある。

そこで修は、メインイベントに出場する山田侃に、タイ人を相手に八百長で勝つことを持ち掛けた。——という仮説は十分に成り立つ。

この手記が事実なら、非常に重要な記録である。硬質な世界に身を置くボクシングプロモーターの野口修が、エンターテインメントの世界に移り住もうとした形跡と言えるからだ。

しかし、そうした取り引きを、山田侃はおろか、その父親である山田辰雄が呑むはずがない。彼らは徹頭徹尾、武道家なのである。

「この件に関しては、まったく知らない」と言う錦織利弘だが、次のエピソードは鮮明な記憶として残っているという。

「結局、四月の大阪大会には、ウチの道場生は誰も出ませんでした。それで、大阪大会が終わってしばらく経った頃に、野口さんが突然道場に姿を見せたんです。

山田先生に駆け寄って深々と頭を下げました。先生は無言、でも見るからに怒っていました。野口さんはずーっと頭を下げていました。五分か十分か……とにかく異様な光景だったので、はっきり憶えています」

八百長を持ち掛けた野口修に対し、山田辰雄は断固拒否し、激怒したということではないか。出場が決まりながら、なくなった理由も、これなら合点がいく。

「それ以降、山田先生の前では『キックボクシング』は禁句になりました。二人の間で、どういう会話があったかはまったく判りません。それくらい怒らせたということだろうと思います。なぜなら、それ以降、野口さんは我々の前に一切姿を見せなくなりましたから」

一九六六年春の、キックボクシングの旗揚げ直前に、野口修が極真会館に続いて、日本拳法空手道とも決裂したのは、以上の理由によるものと見て間違いない。

普通のプロモーターならば、興行を中止にするだろう。おそらく、野口修もそう考えたに違いない。大山倍達だけでなく山田辰雄とも仲違いし、出場選手がいなくなったのだ。常識的にそう考えるべきところである。

しかし、すでに触れたように、このときの大阪大会は売り興行だった。

興行を買ったプロモーターの西尾日出は、大阪府東部に位置する布施や八尾一帯の大地主、西尾家の御曹司で、このとき二十四歳。父親が神戸の嘉納財閥と付き合いがあり、その縁で野口家ともつながりがあった。

実はこのとき、野口修は興行権を三百万円（現在の価値で約千二百万円）で西尾に売っていた。相場よりやや高値で売ったのは、資金的に苦しかったためだが、それを知ってか、西尾は気前よく即金で払った。

しかし、興行を中止にすれば、西尾に払い戻しをすることになる。その上、ミナミの中心部で行う興行である。収益の何割かが、土地を仕切る組織に入るのはもちろん、場内で売られる弁当や酒などの飲食は、その系列の店舗が担う。近代化以前の興行の仕組みとは、往々にしてそういうものである。

いくら野口家が、神戸の嘉納健治の系譜に列なり、その筋に顔が利くと言っても、義理をはたせないとなれば話は別だ。これ以上の負債を抱える体力はもうない。

とすれば、採るべき方法は、ただ一つ。

前座を務める無名の空手家だけで、興行を強行する以外ないのである。

沢村忠誕生

無名の空手家の中で、派手な上段蹴りに目を見張るものがあったのが、日藝剛柔流空手道部出身の白羽秀樹である。

高校時代にバレーボールで培われた跳躍力は抜きん出ている。大映に籍を置く俳優なのだから、表現力も優れている。

「こいつをメインにして、とりあえず、大阪は乗り切ろう。その後のことは終わってから考えればいい」と野口修は考えることにした。

売り興行だから、余程の不義理でもしない限り、西尾に売った三百万円を失うことはないのだ。

このとき「タイ式は空手より強い」と野口修に挑発され出場を決断したという定説は、梶原一騎や寺内大吉の創作に端を発し、事実と異なることは、野口修自身も認めた。

ただ「出場するにあたって、次の条件を白羽が出してきたのは本当だ」と野口修は言う。

「名前が出てはまずい。城哲也では出られない。本名もまずい。剛柔流の関係者に知れては申し開きできない。別名を用意してほしい」

俳優としての芸名で出場できないのは判るが「剛柔流の目が気になるから、本名で出られない」というのは、白羽自身に後ろめたさがあったからとしか考えられない。

つまり、最初から「仕事と割り切って出場に踏み切った」ということだ。

「白羽秀樹」という可憐な名前を気に入っていた野口修は、その申し出に肩を落としたというが、

「それに同意さえしてくれれば、大阪には出る」

という言質だけは取った。

＊

大会開催の二日前の四月九日、野口修は大阪市内のホテルでスポーツ紙の記者を集めて「日本初のキックボクシング興行」の記者会見を開いた。

「第一試合は所三男対大島達夫。第二試合は加山高夫対白井実……」

当日の試合を発表しながら、それぞれの選手の特徴を伝えた。しかし、全員がアマチュアで無名の空手家ばかりである。聞いていた記者は、さぞかし、退屈だったに違いない。

配布した資料の中で、メインイベントに出場する日本人選手の箇所が空欄になっていた。対戦相手はラクレー・シー・ハヌマンである。資料を作成する段階においても、白羽秀樹の別名をどうするか、考えていなかったのだ。

「第八試合、メインイベント、日本……」と言った次の瞬間、野口修の口から飛び出したのが、「沢村忠」という名前だった。

「何も考えずに出てきた。本当に口から出まかせで言ったんだよ」と晩年の野口修本人は言った。何度訊いても、繰り返しそう答えた。

では、もしそうだとして、なぜ「出まかせ」でも、そんな名前が口をついて出たのか。

答えは、はっきりしている。

本来、この日のメインイベントに出場させる予定でいたのが、極真会館の中村忠だったことは、これまで何度も述べてきた。彼の存在が脳裏から離れなかったのも、先述の通りである。

つまり「白羽に別名を名乗らせるなら、名前だけでも中村忠に似せよう」と考えたのだ。

日本の格闘技史上最大のスーパースターとなる沢村忠は、こうして誕生した。

日本初のキックボクシング興行

一九六六年四月十一日、月曜日。大阪市浪速区の旧大阪府立体育会館にて、日本初のキックボクシングの興行が行われた。

繰り返すが、野口修にとってこの大会は、自らがすべてを手掛ける手打ち興行ではなく、土地のプロモーターに興行権を売って開催する売り興行だった。記念すべき旗揚げ興行が大阪で開催された理由は、右の事情による。

とはいえ、高みの見物を決めていいとはならない。不入りとなれば、競技自体の成否と判断されるのは目に見えている。

この日の大阪市内は、終日の小雨模様に年度頭の月曜日ともあって、気を揉んだのは想像に難くない。そうでなくても、出場するのはアマチュアの空手家と無名のタイ人である。集客につながるとも思えない。

「西尾までが『誰も知らない選手ばかりだから百人も来ないかも』なんて言う。そうなったら通行人を片っ端から入れようと思った。もちろんタダ。本気でそうするつもりだったよ」（野口修）

しかし、いざ蓋を開けると、客はぽつぽつと集まり始めた。「二千人あまり」とスポーツニッポン記者の川名松治郎は書く。

二十四歳の青年プロモーターの西尾日出は、連日、チケットを売り歩いていたのだ。それは単に収支だけが目的ではなかった。

「後から聞いた話ですけど、このとき会長（西尾日出）は赤字覚悟で興行を買うたらしいです。それは、キックボクシングをスタートさせられることが理由でした。

だって第一回目の大会です。いくら野口さんが名付け親とは言っても、それより前に日本でキックボクシングの大会はない。どういう形でも記録に残る。もし、この先キックボクシングが成功したら、『最初の大会は大阪で開いた。手掛けたんは西尾はんや』ってなる。そしたら、また次の興行も買えるやろうし、その次も買える。赤字もそのうち取り返せる。

仮に、この日の旗揚げ興行が不入りで、結果的にキックボクシングが定着せえへんかったとしますわな。そしたら野口さんも手放すでしょう。『そうなったら、興行を知る自分が、責任持って一から始めたれ』と思ったそうです。どっちにしろ損はしない。

でも、最初は成功した方が利益はでかい。『せやから、切符を売りまくったった』って言うてましたわ。目のつけどころが違うと感心したもんです」（元キックボクシング日本フライ級王者で、現在は大和郡山市でシュートボクシング黒澤ジムを主宰する黒澤久男）

このとき採用されたキックボクシングの公式ルールは、タイ式ボクシングをベースにした現行のルール（1ラウンド3分・インターバル2分・パンチ・キック・膝蹴り・肘打ち）に加え、一本背負いなどの投げ技と、頭突きも認められていた。

つまりこれは、二年前の「タイ式ボクシング対大山道場」のルールを踏襲したものだった。

通常のタイ式ボクシングのルールで戦うとなると、グローブ技術を持たない日本人には不利なことこの上なく、興行は成立しにくい。

しかし、タイのプロモーターと協議して作成した対抗戦のルールは、投げの得意な日本人にも配慮し、互角とまではいかなくても、優位に戦える可能性を残している。事実、大山道場は二勝一敗と勝ち越しているのだ。

それでも野口修は、失敗しないための手は打っていた。

レフェリーがいない

旗揚げ興行は、合計八試合が組まれた。
試合順は次の通り。

第一試合「所三男対大島達夫」
第二試合「加山高夫対白井実」
第三試合「折田行夫対高坂良」
第四試合「吉田守対松本達夫」
第五試合「白江久対石丸幸雄」
（以上、3分3ラウンド）
第六試合「磯山正対キンケウ・バンギーカン」
セミファイナル「サマン・ソー・アディソン対テーパリット・サーミチャイ」
メインイベント「沢村忠対ラクレー・シー・ハヌマン」
（以上、3分5ラウンド）

出場した日本人選手は、前年から野口修が個人的に集めていた若い空手家だが、数日前に召集された選手も中にはいた。

「日本空手対タイ式ボクシング」の雰囲気を高めるため、修は日本人全員に空手着を纏うように命じた。タイ人はもちろんトランクスである。

また、白羽秀樹が「沢村忠」と名乗ったように、別名を用いた選手は他にもいたという。今となっては、その判別は難しい。

午後七時、セレモニーもルール説明も別段行われることなく、日本初のキックボクシングの興行は始まった。

第一試合に出場する所三男と大島達夫がリングに上がった。どちらも無名の空手家だったが、この試合が正真正銘、日本で初めて行われたキックボクシングの試合である。

開始早々に異変が起きた。

ゴングが鳴っても、両者は向かい合ったまま、微動だにしない。臆しているわけでもなければ、戦う意志がないということでもなく、何やら戸惑っているようだった。

「お前ら何をやってる。早く動けっ」

本部席に座る修が怒鳴った。それでも両者はためらうばかりで、手を出そうともしない。

そもそも、客席の様子もおかしい。そこかしこから笑いが起こる。どういうことか。

レフェリーがいないのだ。

変事に気付いて、修は慌ててリングに上がった。こうなった以上は、自分がレフェリーを務めるしかない。実家がボクシングジムの彼にとって、レフェリーの真似事をするのは、習わぬ経を読むようなものだからだ。

雑事に追われていた野口修は、審判の用意まで気が回らなかった。当然、採点をするジャッジもいない。これまで、何度もボクシングの興行を打ってきた修だが、審判団はＪＢＣの管轄下にあり、プロモーターが手配をする必要がなかった。

しかし、誕生したばかりのキックボクシングに組織の概念はまだなく、興行の総責任者である自分が責任を取る以外ないのである。

結局、第一試合から第五試合までは、修がレフェリーを務め、判定は自分の見立てで決めた。第六試合からメインイベントまでは、客として来ていた西尾の友人のプロボクサーが買って出た。

この顚末から、日本初のキックボクシング興行がどの程度のものだったか、大方の察しはつく。

ただし、言えるのは、前座試合はすべて真剣勝負で行われたということだ。

「この時点で序列もないし、次の展開を作る余裕もないしね。前座は俺の知る限り全部ガチンコ。そもそも、全員アマチュアだから、小細工なんてできないもの」（当日会場にいた元スポーツニッポン記者の川名松治郎）

もっと蹴って蹴って

レフェリーが用意されていないという失策がありながら、意外な収穫もあった。

「当たり前の話だけど、リング上は客の反応が四方から伝わる。どういう場面だと客が沸くのか、静まるのかはっきり判った。反応がいいのはキック。『バシッ』と音が鳴ると客席は沸く。蹴り合えば客は興奮する。だからレフェリーをやりながら、『ほらほら、もっと蹴って蹴って』って発破をかけたりして――（野口修）

また、「ＫＯ勝ちを収めたら、ファイトマネーとは別にボーナスを出す」と約束すると、選手は目の色を変えて戦った。その甲斐あってか、前座試合は蹴りの応酬で異常に盛り上がった。

前半戦の結果は以下の通り。

第一試合　○所三男（2ラウンド2分20秒ＫＯ）大島達夫
第二試合　○白井実（1ラウンド2分8秒ＫＯ）加山高夫
第三試合　○高坂良（1ラウンド2分58秒ＫＯ）折田行夫
第四試合　○吉田守（判定）松本達夫
第五試合　○石丸幸雄（3ラウンド2分14秒ＫＯ）白江久

五試合中、四試合がＫＯで勝負がついた。唯一の判定となった吉田と松本の試合も、投げと頭突きの飛び交う派手な展開だったという。

第六試合、空手着を纏った磯山正とトランクス姿のキンケウ・バンギーカンがリング上に揃うと、他流試合の雰囲気で客席はざわめいた。

「この試合は、興奮した客がリングに乱入するくらい盛り上がった」（野口修）ということは、一進一退の白熱した試合だったのだろう。

しかし、タイ国フェザー級2位の肩書を持つキンケウと、初のグローブマッチとなる磯山では、大きな実力差があったはずである。

「私の想像ですけど、タイ人は野口さんから『試合を引き延ばしてくれ』と『試合を盛り上げてくれ』の二つを言われていたのでしょう。彼らの技量からすれば容易いことです」（タイ式ボクシングに精通するフォトグラファーの堀田春樹）

おそらく、キンケウは磯山に攻めさせ、いなしながら試合を成立させたと見ていい。

実は、これは現代においても珍しいことではない。多くのタイ人選手は、実力の劣る日本人キックボクサーと試合をする際に、1ラウンドから倒しにいくことは、ほとんどない。

前蹴りで突き放しつつ、首相撲で振り回して時間を稼ぎ、終盤でボディを効かせてのＫＯ勝ちか、肘で額を切ってのＴＫＯ勝ち、もしくは大差の判定勝ちをものにするのが定番となる。

試合は、4ラウンド2分45秒、ボディへの膝蹴りでキンケウが磯山を降している。いい仕事をしながら、実力差を見せたということだ。

この結果、メインイベントの「沢村忠対ラクレー・シー・ハヌマン」は復讐戦という構図が出来上がった。

ムエタイショー

かつて、JR綾瀬駅前に「オーエンジャイ」というタイ料理店があった。

店内にはリングが常設され、週末ともなると「ムエタイショー」が催された。客はタイ料理に舌鼓を打ちながら試合を楽しむ。テレビの情報番組で何度も紹介されていたので、知っている読者も多いかもしれない。

筆者も一時期この店に通った。常連が高じてリングアナウンサーをやるようになった。

休憩を挟んで二時間程度のムエタイショーは、勝敗をつけないエキジビションマッチや、相撲でいう初っ切りのような試合もあったが、日本人同士の試合は、「肘なし」という条件だけ設けての真剣勝負が大半だった。デビュー前の選手にとって、公式戦より先に実戦経験が積めるとあって、週末のたびに無名の若者がこのリングで戦った。

しかし、メインイベントのタイ人同士の試合は、筆者の知る限りにおいて、真剣勝負はただの一度もなかった。ハイキックやバックハンドブロウなどお互い派手な技を繰り出しながら、最後はどちらかがバタッと倒れて試合は終了する。

常連客にとっては見慣れた光景でしかないが、初めて足を運ぶ者は、生の迫力に圧倒され、多くは真剣勝負と信じ切っていた。

筆者はタイ人の技術に目を見張った。

「どうして、そんなに上手くやれるの？」

リングを降りたばかりのタイ人に尋ねたことがある。

「子供の頃からやってるもの。普通の試合もやってきたけど、お祭りでこういうのも随分とやってきたから」と、彼はすげなく言った。

上手く見せるためのコツは、大まかに次の通りだという。

フォームは美しく」

「打つときは必ず急所を外して」

「蹴りはグローブで受けて大きな音を出す」

「パンチは顎を引いて額で受ける」

「パンチをもらって倒れるときは、眠るようにゆっくりと後方に」

「キックをもらって倒れるときは、痛そうに前のめりに」

「フルラウンドまで試合を持たせるスタミナだけは備える」

「これらをこなせたら楽だよ」と、彼はかんらかんらと笑った。

　特筆すべきは、右の極意を身につけているのは、彼らに限った話ではないことだ。

　優劣はあろうが、大多数のタイ人選手にとって比較的容易いことだという。本場バンコクのリングで八百長試合を行った選手に、永久追放の厳罰が即座に下されるのは、こういった背景も影響している。

　ファーキャウ・ナ・パタヤ、バンラントーン・ルークボーライ、カチャヤスック・ピサヌラチャン、アラビアン・ケッソリバー……一九九七年当時店舗に隣接する東京北星ジムには、主にこれらのタイ人選手が揃っていた。

　彼らは、ほぼ毎週ショーのリングに立った。中には日本人女性と結婚した選手もいれば、支援者を得て都内にジムを開いた選手もいる。

　その多くはジムに寝泊まりしながら、昼間は肉体労働に従事し、夜は東京北星ジムに所属する日本人選手のトレーナーを任されていた。オファーがあれば真剣勝負のリングに立ち、日本人選手の壁となった。そして週末は「ムエタイショー」である。

　よくできたシステムだと筆者は感心していたが、一九六六年に、野口修は似たようなことをしていたことになる。

　一九六六年四月十一日、日本初のキックボクシング興行のセミファイナルは、タイ人同士の試合が組まれ、ジュニアライト級8位のテーパリット・サーミチャイが、フェザー級7位のサマン・ソー・アディソンを5ラウンド0分39秒、右ハイキックで倒しKO勝利を収めた。

二千人の観衆は、初めて観るタイ人同士の激しい打ち合いに、息を呑み、声をあげ、立ち上がり、そして、劇的な結末に惜しみない拍手を送ったのである。

＊

メインイベントに出場する白羽秀樹と、ラクレー・シー・ハヌマンがリングに上がった。

「沢村忠」とコールされると、空手着姿の白羽秀樹は顎を引くように、ぎこちなくお辞儀をした。

スポーツニッポンとデイリースポーツ大阪版が結果を報じるだけで、詳しい試合内容については一切判らない。

「いやあ、素晴らしい試合だった。凄いと思った。こいつに賭けようと思った」（野口修）

この激賞を額面通りに受け取るわけにいかないが、諸々の事情を知ってからは「案外、本心かもしれない」と思うようになった。

白羽秀樹と対戦したラクレー・シー・ハヌマンが、翌年に手記を残したことはすでに述べた。現物を入手できなかった筆者は、彼の心境を正確に伝えることはできない。

しかし、実現までの経緯と顚末を知った以上、「日本で目の当たりにしたことを、書き残しておきたい」と思い至った、ラクレーの本音を汲み取ることはできる。

初めてグローブマッチに挑んだ剛柔流三段の沢村忠と、タイ国フェザー級5位のラクレー・シー・ハヌマンの一戦は、《沢村がシーハヌマンののどもとにとび上がってけりをきめて》（昭和41年4月12日付／スポーツニッポン）3ラウンド0分50秒、ＫＯ勝ちを収めている。

つまり、ラクレーは花を持たせたのだ。

劇的な結末に、観客の多くは満足して帰路に着いたに違いない。

野口修は、こう考えた。

「沢村忠を力道山にしよう。もしかしたら大成功するかもしれない」

ここから、キックボクシングは始まった。

第十五章　日本初のキックボクシング興行

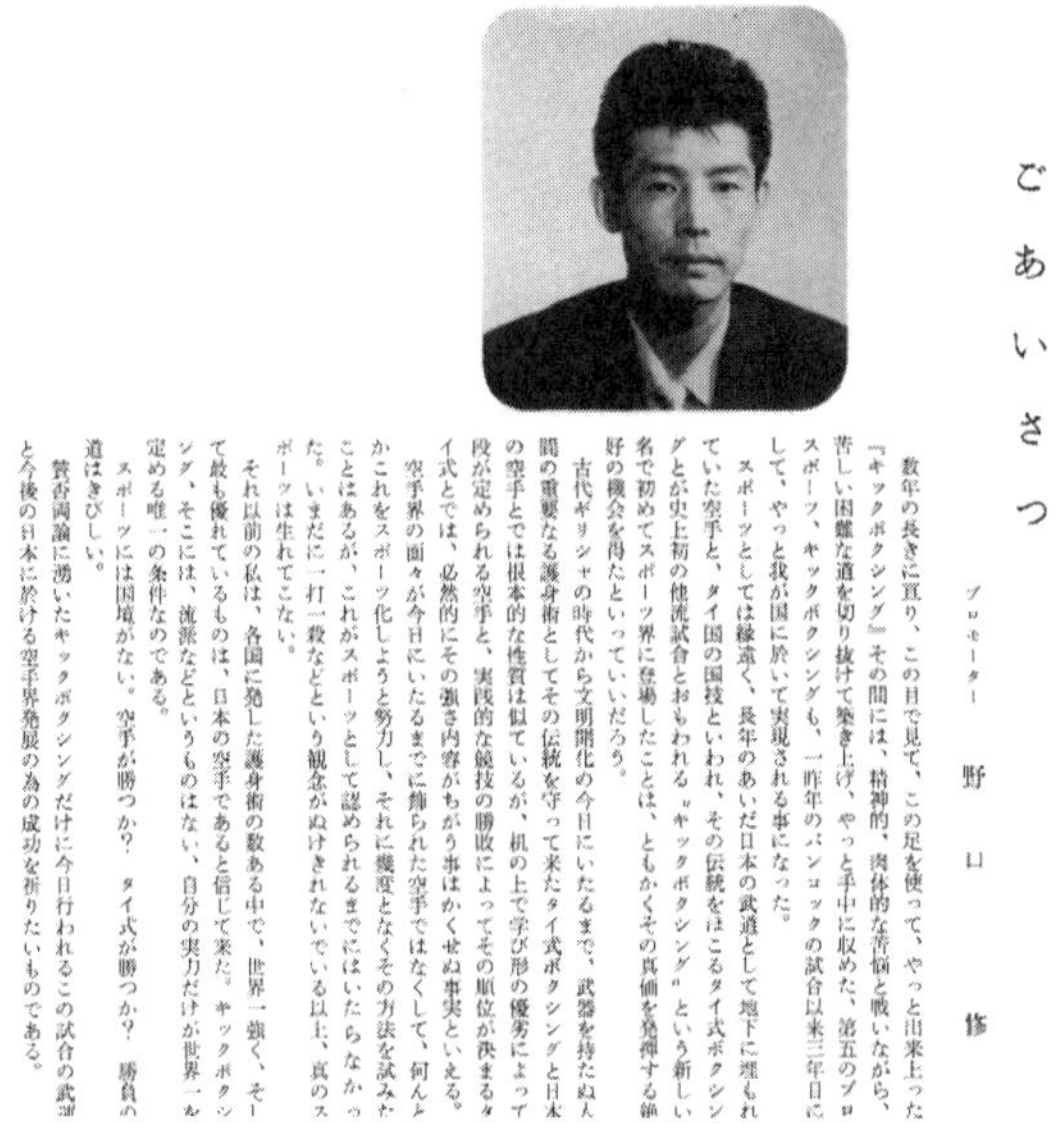

ごあいさつ

プロモーター　野口修

数年の長きに亘り、この目で見て、この足を使って、やっと出来上った『キックボクシング』その間には、精神的、肉体的な苦悩と戦いながら、苦しい困難な道を切り抜けて築き上げ、やっと手中に収めた、第五のプロスポーツ、キックボクシングも、一昨年のバンコックの試合以来三年目にして、やっと我が国に於いて実現される事になった。

スポーツとしては縁遠く、長年のあいだ日本の武道として地下に埋もれていた空手と、タイ国の国技といわれ、その伝統をほこるタイ式ボクシングとが史上初の他流試合とおもわれる〝キックボクシング〟という新しい名で初めてスポーツ界に登場したことは、ともかくその真価を発揮する絶好の機会を得たといっていいだろう。

古代ギリシャの時代から文明開化の今日にいたるまで、武器を持たぬ人間の重要なる護身術としてその伝統を守って来たタイ式ボクシングと日本の空手とでは根本的な性質は似ているが、机の上で学び形の優劣によって段が定められる空手と、実践的な競技の勝敗によってその順位が決まるタイ式とでは、必然的にその強き内容がちがう事はかくせぬ事実といえる。

空手界の面々が今日にいたるまでに飾られた空手ではなくして、何んとかこれをスポーツ化しようと努力し、それに幾度となくその方法を試みたことはあるが、これがスポーツとして認められるまでにはいたらなかった。いまだに一打一殺などという観念がぬけきれないでいる以上、真のスポーツは生れてこない。

それ以前の私は、各国に発した護身術の数ある中で、世界一強く、そして最も優れているものは、日本の空手であると信じて来た。キックボクシング、そこには、流派などというものはない、自分の実力だけが世界一を定める唯一の条件なのである。

スポーツには国境がない。空手が勝つか？　タイ式が勝つか？　勝負の道はきびしい。

賛否両論に湧いたキックボクシングだけに今日行われるこの試合の武運と今後の日本に於ける空手界発展の為の成功を祈りたいものである。

リキ・スポーツパレスで行われたキックボクシング第二戦のパンフレット。

第十六章　沢村忠の真剣勝負

一時は開催が危ぶまれた、大阪でのキックボクシングの旗揚げ興行だったが、どうにか終えることができた。

タイ人の技量に助けられたのは当然としても、メインイベントに抜擢した白羽秀樹が、予想以上によくやった。「沢村忠」という名前も悪くない気がする。この感じでやれば、東京でもうまくいくかもしれない。

胸を躍らせた野口修だったが、五月六日に渋谷のリキ・スポーツパレスで予定していた第二回目の興行は、六月二十一日に延期させた。

自らが常任理事を務める日本ボクシング協会から「ボクシングの名を騙った別種の興行」と中止を勧告されていたからである。この時点においても、野口修はボクシング業界に身を置いていた。というより、離れようとすらしていない。

そこで、六月十六日午後一時から、レストランの後楽園グリルで行われる常任理事会で、この件について話し合うことになった。

協会長の岡本不二は、三つの条件のうち一つを選ぶように迫った。

一、キックボクシングの興行を今後も続けるなら、今すぐ常任理事の職を辞する。

二、キックボクシングの興行を今すぐ停止するか手を引けば、常任理事の座に留まることを認める。

三、名称から「ボクシング」を外せば、興行の開催を許可するし、常任理事の座に留まることも認める。

一と二に比べて、三は大幅な妥協案だった。

「不二さんの本音は、修ちゃんを残したかった。センスを認めていたし、タイという伝手を持っていたこともあった。何より、お父さんの野口先生の功績は大きい。先生は日本のボクシングの大功労者だからね。だから懐柔しようとしたの。それに協会って言っても、基本的には親睦団体だから、波風は立たせたくないんだ」（三迫仁志）

しかし、修が選択したのは一だった。常任理事を母に、理事を弟に譲って、ＪＢＣが発行したプロモーターライセンスも返上した。

野口修にとっては、感情論とも違う離れるべき理由があった。

何度も述べているように、自らがプロモートした「ポーン対高山」が中止に追い込まれ、資金と信用を同時に失ったことで、修がボクシングで大金を稼ぐ道は断たれていた。もはや、魅力のあるビジネスではなくなっていた。

また、日比両国を往来しながら、フィリピン人選手の招聘に尽力した瓦井孝房のように、市場を独占することは不可能ではなかったが、外国人選手の招聘は、同じことの繰り返しで退屈だった。

それに、生涯マニラを愛して邸宅まで構えた瓦井と違い、バンコクが特に好きだったわけでもない。

「それより、キックボクシングを大成功させて、世間をあっと言わせたい。閉鎖的なボクシングの連中を見返してやりたい」

三十二歳の野口修の本心はそこにあった。だから、関係者の厚意を突き返したのである。

「このとき、修が協会に残っていたら『日本の格闘技』は、今よりもっと大きくなっていたと思う。今はボクシングと格闘技は別個のものでしょう。それが一括りになれたかもしれない。無論、ボクシングとキックを同時にやれたということ。修に突きつけられた条件は、そういう可能性を含むものだった。そのオプションは修だけが持っていた。三迫でも金平でもなく修だけがね」（当時、東京12チャンネルの運動部の白石剛達）

空手家がどう変わっていくか

ボクシング界から離れた野口修は、キックボクシングの窓口だけは、形式上移転させた。

近所に住む高校時代の友人の遠藤進丈が、銀座八丁目に構えていた不動産会社の事務所を、半分間借りすることになった。

筆者は、今も目黒に住む遠藤進丈を訪ねた。高級マンションと見紛うような瀟洒な門構えに、ホテルを思わせる来客用のロビーと、いかにも資産家の豪邸に通された。

遠藤家は、江戸時代から目黒の地に根を張る、豪農の家系だという。偶然を装って、連日会社に現れる修の魂胆を遠藤は見抜いていた。

「学年は私が一歳下で学校も違う。でも、野口家が目黒に来てからの友達だったんです。話に付き合ううちに、事務所を提供することになった。

修は自分のペースに巻き込むのが上手い。三迫の試合なんか毎回一家で応援していたし、恭ちゃんの世界戦のときは、百枚以上も切符を買わされた。だから、このときも事務所を貸しただけじゃなくて、運転資金として三百万も貸している。今なら一千万になりますよ」（遠藤進丈）

また、野口プロモーションのマネージャーとして、遠藤進丈の弟の晴大を雇い入れた。

「当時は生業に就いていなかったから、二つ返事で引き受けた。まあ、兄貴の協力を得るとなったときに、その弟が社員としているというのは、何かと都合がよかったんだと思うよ」（遠藤晴大）

修は遠藤家から借り入れた資金を使って、五反田の自宅の庭に小さなプレハブを建てた。タイ人ボクサーを住まわせるためである。

タイ人の役割は、従来通りのボクシングトレーナーに加え、空手家にタイ式ボクシングの技術を習得させることだった。リング上では敵役のタイ人だが、実際は教師だったのだ。

「この頃の野口ボクシングクラブは、前からいるボクサーと、キックを始める空手家で溢れていました。同時に練習をするものだからギクシャクしていました。トラブルも多かったし。

そこで『八時までは国際式、八時からはタイ式』と練習時間を区切りました。ボクサーにとっては、八時になったら練習が終わるのですから、不満はあったでしょう。

私も八時には帰ろうとするんですが、恭先生が『もう少し残ってよ』って言うんです。通訳こなるからです。私も空手家がどう変わっていくのか興味がありました。その中には沢ちゃん（沢村忠）もいましたね」（ウクリッド・サラサス）

野口修がサラサスにレフェリーを依頼したのも、このときからだった。

「仕事に無理のない程度に、という約束で受けたんです。長く続けるつもりは全然なかったの、本当に。人生って不思議だよねえ……」

その後、キックボクシングのレフェリーを八年間続けたのち、数年のブランクをへて、JBCが認可するプロボクシングのレフェリーに転身する。二〇一九年三月まで続く、ウクリッド・サラサスの審判員としてのキャリアは、キックボクシングの旗揚げとともに始まったのだ。

第五のプロスポーツ

一九六六年六月二十一日、渋谷のリキ・スポーツパレスで、キックボクシングの第二回目の興行が行われた。

東京で初めての開催となり、初の手打ち興行である。これを実質的な「キックボクシングの旗揚げ戦」と見る向きもある。

会場は満員となったが、大半は招待客だった。修は、柳橋の芸者や赤坂のホステスを招待して、最前列に座らせた。

若い女の興味を惹かないと大衆は見向きもしないのは、学生時代のダンスパーティで学んだことだった。同時にキックボクシングという新しい競技の、それも東京で行う初の大会とあって、興行の古臭い印象を少しでも払拭したかった。

そうでなくても、この日のリキ・パレスには、NHKも含む全局の社員が駆けつけていた。安上がりで目新しいものを欲するテレビマンに、PRをする絶好の機会である。

この大会から配布したパンフレットの挨拶文からは、ようやく旗揚げにこぎつけた喜びと、新しいプロスポーツを誕生させた不安の入り混じった、複雑な心情が読み取れる。

《数年の長きに亘り、この目で見て、この足を使って、やっと出来上った『キックボクシング』その間には、精神的、肉体的な苦悩と戦いながら、苦しい困難な道を切り抜けて築き上げ、やっと手中に収めた、第五のプロスポーツ、キックボクシングも、一昨年のバンコックの試合以来三年目にして、やっと我が国に於いて実現される事になった。

スポーツとしては縁遠く、長年のあいだ日本の武道として地下に埋もれていた空手と、タイ国の国技といわれ、その伝統をほこるタイ式ボクシングとが史上初の他流試合とおもわれる〝キックボクシング〟という新しい名で初めてスポーツ界に登場したことは、ともかくその真価を発揮する絶好の機会を得たといっていいだろう。

古代ギリシャの時代から文明開化の今日にいたるまで、武器を持たぬ人間の重要なる護身術としてその伝統を守って来たタイ式ボクシングと日本の空手とでは根本的な性質は似ているが、机の上で学び形の優劣によって段が定められる空手と、実践的な競技の勝敗によってその順位が決まるタイ式とでは、必然的にその強さ内容がちがう事はかくせぬ事実といえる。

空手界の面々が今日にいたるまでに飾られた空手ではなくして、何んとかこれをスポーツ化しようと努力し、それに幾度となくその方法を試みたことはあるが、これがスポーツとして認められるまでにはいたらなかった。いまだに一打一殺などという観念がぬけきれないでいる以上、真のスポーツは生れてこない。

それ以前の私は、各国に発した護身術の数ある中で、世界一強く、そして最も優れているものは、日本の空手であると信じて来た。キックボクシング、そこには、流派などというものはない、自分の実力だけが世界一を定める唯一の条件なのである。

スポーツには国境がない。空手が勝つか？　タイ式が勝つか？　勝負の道はきびしい。

賛否両論に湧いたキックボクシングだけに今日行われるこの試合の武運と今後の日本に於ける空手界発展の為の成功を祈りたいものである。》（※原文ママ）

これまで筆者は、本書の取材のために多くの関係者に会ってきた。中には「キックは野口修じゃなくて俺たちが創ったようなものだ」と強弁する人物がいないでもなかった。

しかし、キックボクシング誕生までの経緯を辿れば、それは虚言にすぎない。「キックボクシング」と命名し創設したのは、一九六三年から六六年にかけての野口修しかいない。前掲の一文はその痕跡を示すものである。

＊

この日も、大阪と同様、日本人の空手家同士の前座試合が五試合組まれた。

第四試合は「橘五郎対藤本勲」である。十日前に出場を打診され「腕試しのつもりで出場を決めた」と、七十八歳を迎えた藤本勲は振り返る。

「不安はなかったです。空手が一番強いと信じていましたから。最初は『タイ人と戦う』って聞かされていましたが、蓋を開けたら相手は他流派の空手家でした。どういう人かは、その後会っていないから全然判りません。

空手家同士なのにタイ式のルールで試合をするのは、妙な気がしないでもなかったのですが、深く考えませんでした。ファイトマネーは一万円。悪くないと思いました」

開始のゴングが鳴ると、藤本は無我夢中で手を出した。蹴りは何発か当たった。職場の同僚の声援も聞こえた。「いける」と思って大きく踏み込んだところで、相手のストレートが当たった。

その衝撃で気が付いたら倒れていた。1ラウンド2分55秒KO負けである。

「悔しくてね。『空手はおしまい。キックボクシングを始めよう』そう思ったんです」

前座試合は第一試合を除いて、すべてKOで勝敗が決まった。初めて観るキックボクシングに、リキ・パレスの観客は大いに沸いた。七年前、浅草公会堂でタイ式ボクシングのエキジビションマッチを披露したときの閑寂が嘘のようである。

あとは、大阪大会と同様、沢村忠が飛び蹴りを決めてくれたら万事うまくいく。――はずだった。

日系人社会の顔役

四月の大阪、六月の東京と、二度にわたって行われたキックボクシングの旗揚げ戦には、四人のタイ人選手が出場した。

二月末に来日した彼らは、到着してすぐ日本人の空手家とスパーリングを行い、赤子の手を捻るように、軒並み倒したことはすでに述べた。

一行はバンコクに一旦帰国し、試合二日前の四月九日に再来日した。

このとき、彼らを引率していたのが、タイのプロモーターのブンラット・ラートプリチャーと、バンコク在住の日本人歯科医のマノロン新野（新野芳四郎）だった。

博多生まれの新野は、一九二七年にタイに渡り、バンコク市内のチャルンクルン通りに歯科医院を開業する。「英語が通じる歯科医師」として欧米人や政財界の要人と昵懇となり、バンコクの日系人社会の顔役となっていた。その縁で野口修と知り合い、選手の招聘を請け負ったのである。

このときに来日した四人のタイ人選手を指して、「二流選手ばかりだった」というのが、現在まで伝わる通説である。野口修も生前「最初は弱いのばかり集めた」と筆者に語った。

実際は次の通りである。

元ラジャナムダンスタジアム・バンタム級王者のラクレー・シー・ハヌマン。

元ラジャダムナンスタジアム・フライ級王者のキンケウ・バンギーカン。

ルンピニースタジアム・フェザー級8位のサマン・ソー・アディソン。

ラジャダムナンスタジアム・ジュニアライト級8位のテーパリット・サーミチャイ。

肩書だけで判断すれば、現役の一線級ばかりで、必ずしも弱い選手とは思えない（※キンケウ・バンギーカンは八百長に関与した疑いで、タイ国内から永久追放処分を受けていた）。

野口修は彼らに「選手の育成」と「大会の成功」を懇願すると、全員が笑顔で応えたという。

事実、四月十一日の大阪大会のメインイベントで、沢村忠と対戦したラクレー・シー・ハヌマンは、派手な飛び蹴りを受けて鮮やかに倒れた。

八百年の歴史を持つとも伝わるタイ式ボクシングの元王者が、グローブ経験を持たないアマチュアの空手家に派手な蹴り技で敗れるなど、まずありえないことである。

それを「ラクレーの人情」と言ってしまえば、それまでだが、おそらく、マノロン新野の存在が大きかったはずだ。海外の日系人社会の顔役とは、本土に住む我々が想像する以上に、大きな力を持っているものである。

＊

前回の大阪での旗揚げ戦では、メインイベントに出場した沢村忠だが、この日は二試合下がって第六試合に出場した。相手は前回のラクレーより格下のサマン・ソー・アディソンである。

「ボスが引き受けたのだから、子分も承知するだろう」――野口修は楽観視したに違いない。

しかし、当のサマンは「呑まない」と言い出した。「なんで、俺より弱いやつに負けなきゃならないんだ」と言うのである。

「あのときはサマンが拒んだんです。サマンはラクレーより格下でした。それでも要求を受け入れなかった。詳しい理由は私には判りません。

修社長は頭を抱えました。私もです。この日が初めてのレフェリーでしたから、どうなるかと思ったものです」（ウクリッド・サラサス）

理由は、案外些細なことかもしれない。

「タイ人は先生でした。日本人はジムで彼らに教わっていましたから。ラクレーもキンケウも、サマンの姿もありました。私が大会の数日前にジムに顔を出したとき、彼らはもういました。ということは、前からいる沢村さんは、彼らからずっと教わっていたはずです」（藤本勲）

サマンにすれば「日頃教えている生徒を相手に、なぜ負けなければならないのか」ということになる。プロモーターの要請とはいえ、呑めない相談だったのかもしれない。

「それで、あの試合は、沢ちゃんは真剣勝負でやったんです。本当ですよ。あの試合はそうです。だから私は『沢ちゃん、度胸あるなあ』って思いました」（ウクリッド・サラサス）

サクセスストーリー

「パンパカパーン」で有名なアルフレッド・ニューマン作曲『20世紀フォックス・ファンファーレ』が流れると、蓮台に乗った空手着姿の沢村忠と、金色のガウンを身に纏ったサマン・ソー・アディソンが入場してきた。

おそらくだが、これが日本国内における、プロレスラーやプロボクサー、格闘家が入場するテーマソングの嚆矢かもしれない。

ジャイアント馬場ら日本プロレスの所属レスラーの入場時に、黛敏郎作曲『スポーツ行進曲』（日本テレビのスポーツテーマ）を流すより三年早く、国際プロレスに来日したアメリカ人プロレスラー、スーパースター・ビリー・グラハムの入場時に、アンドリュー・ロイド・ウェバー作曲『ジーザス・クライスト・スーパースター』を流すより八年早いからだ。

この試合は『〝キックの鬼〟沢村忠　真空飛びヒザ蹴り伝説』（ＴＢＳＤＶＤ）で、ダイジェストで視聴できる。

1ラウンド。開始早々サマンは、左右のミドルキックをリズムよく放つ。右、左、左、右、左。対する沢村も、左のミドルキックと右のハイキックを放つが、射程圏外で当たらない。サマンは距離を詰め、首相撲で強引に振り回している。

向き直ると、沢村は飛び蹴りを見せた。しかしサマンは「付き合わないよ」とばかりに、左にスッとかわすと、再びミドルキックの連打、さらにショートのフック。

サマンがロープを背にしたところで、沢村はもう一度飛び蹴りを出した。今度は肩口にヒットする。確かに、沢村の跳躍力には見るべきものがあるが、リアルファイトにおいて、この手の派手な技はさしたる意味を持たない。

2ラウンド。サマンが左ミドルキックの三連打を放つと、直後に沢村もミドルキックの三連打を返す。気の強さは間違いなくプロ向きである。

それでもサマンは意に介さず、ジャブで距離を測りながら、前進する沢村にまたもや左ミドルキックを合わせる。沢村も返すが空振りに終わる。致命的なのは、やはり距離感である。

3ラウンド。沢村は空手着をはだけさせながら、ガードを下げて半身の体勢になっている。相手の打ち終わりを狙うデトロイトスタイルのようだが、実際は、蹴りが効いて腕が上がらないのだろう。サマンはハイキックを狙ってもよさそうなものだが、相変わらずミドルキック一辺倒なのは、いささか不可解である。

戦局を打開しようと、沢村はサマンの蹴り足を摑んで倒すが、次の場面では、逆に蹴り足を奪われ倒されている。レフェリーのウクリッド・サラサスに促されて立ち上がる沢村は、見るからに疲労困憊である。

首相撲から膝蹴り、ミドルキックにパンチと、サマンの攻撃が面白いように当たる。沢村はロープにもたれかかり、自ら倒れ込んだ。おそらく、効いたというよりスタミナが切れたのだ。

レフェリーのサラサスは、すかさずカウントを数え始めた。立ち上がった沢村に、サマンは止めを刺すでもなく、相変わらずミドルキックを放つ。もはや、勝敗は時間の問題である。

4ラウンド。沢村に戦闘意欲は感じられない。体力は皆無に等しい。すかさず、サマンが大きく踏み込んで右のストレートを打ち込むと、顎を打ち抜かれた沢村は、前のめりに倒れた。4ラウンド1分55秒、KOでようやくケリがついた。

「切符が手に入ったので、この日、足を運びました。相手のタイ人は倒そうとしていなかった。タイ人ならではの、試合の流し方に見えました。

沢村忠を悪く言うつもりはないです。むしろ、彼はよくやった。でも、私から見れば、この試合はガチンコだったとしても、スパーリングに似たものと言わざるを得ません」(日本拳法空手道の錦織利弘)

エース候補が完敗を喫したことで、計画は軌道修正を強いられることになる。

＊

《高熱は一週間も続き、その間、頭は割れるように痛んだ。意識はあるのだが、気が付けばうなり声をあげている。サマンとの試合で秀樹は十六度のダウンを喫し、全身を37カ所も打撲、肘打ちを食った後頭部は陥没していた。さらに出血が13カ所で、奥歯が5本も抜けている。

「高い崖から転落しても、こんなにひどく打撲はしない」

診察に当たった医師は驚嘆の色を隠さなかった》(『真空飛び膝蹴りの真実――〝キックの鬼〟沢村忠伝説』加部究著／文春ネスコ)

筆者が視聴した「沢村忠対サマン・ソー・アディソン」のVTRは、4ラウンドを5分間に編集したダイジェスト版で、試合すべてを収録したものではない。

とはいえ、右のような凄惨な試合でなかったことは、レフェリーのウクリッド・サラサスや、観戦していた錦織利弘の証言からも明らかだ。

重傷を負ったという沢村忠だが、二カ月後の八月三十日、大阪での第三回大会に出場し、キンケウ・バンギーカンを相手に、2ラウンド2分50秒KO勝ちを収めている。

それどころか「七月二十五日に京都で興行を打って、そこにも出場させた」とは、野口プロのマネージャーの遠藤晴大の証言である。

「私が直接診察したわけではないので、はっきりしたことは言えませんが、本当に後頭部陥没という重傷なら、整形外科だけではなく脳神経外科の領域も含みます。程度によりますが、脳挫傷の疑いも見るべきでしょう」（整形外科医の庄隆宏）

では、なぜ「三十七カ所打撲」や「後頭部陥没」といった定説が流布されるに至ったか。

沢村忠に無敗街道を走らせようと、野口修は考えたはずだ。興行において、絶対的エースの存在が不可欠なのは、経験上よく知っている。

しかし、サマンに完敗を喫したため、当初の方針を捨てざるを得なくなった。その代わりに、「生死の境を彷徨うような、凄惨な敗北を喫しながら、逆境から這い上がる」というプロットに変更したということだ。

そしてそれは、キックボクシング自体のサクセスストーリーになったのである。

TBS運動部の雄

「森さん、あの人、お知り合いですか」

海外出張を終えて、十日ぶりに出社した森忠大に、女子社員が怪訝そうに声をかけた。

彼女の視線の先を見ると、ワイシャツ姿の細身の男が茶を淹れていた。男はここ数日、無断で会社にやって来ては、頼まれもしないのに、社員に茶を注いで回っているらしい。

「あの人、毎日顔を出しているんです」

男の顔を見て、森は「あっ」と小さく声をあげた。――野口修だった。

TBSテレビ運動部の副部長職にあった森忠大にとって、野口修はよく知る存在だった。

いや、「恩人」と言っていいのかもしれない。

＊

森忠大は一九三〇（昭和五）年、群馬県太田市に生まれた。

少年時代は柔道で鳴らし、早大入学後も柔道部で汗を流した。一方、政治の道を志し、竹下登や海部俊樹ら、多くの首相経験者を輩出した有名サークル、早大雄弁会にも在籍した。

卒業後は新聞社への就職を望んだが、叶わず、ラジオ東京（現・ＴＢＳラジオ）に入社する。ラジオの政治記者としてキャリアを積んでから、政界に打って出ようと考えたのである。

しかし、配属されたのはテレビ部門の編成部スポーツ班（のち運動部。現・スポーツ局）だった。報道記者の道が断たれたのに、少し嬉しかった。少年時代から拳闘が大好きだったからだ。

一九五五年からボクシング中継『東洋チャンピオンスカウト』が始まると、担当ディレクターとして現場を切り回した。その一方、「ボクシング教室」なる少年を対象にした企画を立ち上げてもいる。政治家になる夢はとっくに消えていた。

ボクシング以外にも、大相撲のニュース素材を手掛けた。また、『ＴＷＷＡプロレス中継』では、初回視聴率32・3％（ビデオリサーチ社・関東地区調べ）を叩き出してもいる。ＴＢＳ運動部になくてはならない存在となっていた。

森忠大と野口修の出会いは、『東洋チャンピオンスカウト』がきっかけだった。

番組のメインスポンサーたっての希望で、広島市内でボクシングの興行を行った際、興行の根回しのために、森と一緒に広島に赴いたのが野口修だったことは、第七章で述べた。

修が、広島県内の右翼人脈からなる興行関係者を森に引き合わせたことで、不測の事態も起きず、興行は成功裏に終えた。

後年のことになるが、森忠大がＴＢＳテレビの広島支局長に栄進したのは、このときに得た人脈も無関係ではなかったのだろう。ともかく、野口修は広島大会の陰の立役者だったのだ。

その後、二人は取り立てて親しくなったかというと、そうでもなかった。会場で顔を合わせても挨拶を交わす程度で、むしろ「あの野口のせがれは高飛車だ」などの悪評を耳にした。

それでも、森が悪印象を抱くことはなかった。件の恩義もあった。「いつか一緒に仕事をしたい」と思ったが、その矢先、野口修はボクシング界から離れたのである。

そんな強気一辺倒のプロモーターが、恥も外聞も捨て、テレビマンに茶を注いで回っている。

その心情を慮ると、森はぐっときた。

可愛い人

「なぜ、あなたがこんなところで、お茶汲みなんかやっているんですか」

来客用のソファで、森忠大は呆れたように訊いた。

「いやあ、選手がバンコクに武者修行に行っていましてね。しばらく興行の予定がないもんですから、じゃあ、テレビ局にでも行って、社員の皆さんに顔を覚えてもらおうと」

修はへりくだったように答えた。

「それで俺は言ったの。『お茶汲みは、もう結構です。具体的な話をしましょう』ってね」

生前の野口修にこのことを尋ねると、「ああ、やったよ」と、あっさり認めた。

「お茶汲みをやったのはTBSだけ。TBSはこのとき民放のトップでしょう。三十二局ネットになった頃で、効果はでかいと思ったから」

「では、もしTBSで駄目だったら、他局でも、お茶汲みをやるつもりでしたか」

「ううん、それは考えなかった。失敗するはずがないと思ったし、勝算もあった」

けだし本音だろう。「勝算」とはつまり、広島での一件を指すに違いない。

お茶汲みという手段からもそれは窺える。森忠大のような熱血漢を動かすにはどうすべきか、修には見えていたのだ。

「それで、初めて試合の映像を観たんだ。リキ・パレスでやった試合やタイ人同士の試合。蹴りは新鮮だけど、選手の表情が伝わりにくいとは思った。カメラワークの問題もあるんだけどね。

視聴者は選手の顔を見ている。映し出される顔が重要になる。そこで『この先、キックボクシングの顔にしようと思っている男に会わせてくれ』って言ったら、沢村を連れて来た」（森忠大）

森忠大には「野蛮と見られかねない格闘系の選手には〝可愛らしさ〟がないと、人気者にはならない」という持論があった。

「白井さんや原田や海老原をご覧よ。この時期の世界王者の絶大な人気は、この要素もあったと思っている。可愛らしい顔をした青年が大観衆の前で殴り合う。そのギャップが大衆を惹きつける。〝一緒に戦う〟という共感も生む。

リキさん（力道山）の人気も、それと無関係ではないと思うな。あの人も愛らしい顔でしょう。テレビの時代になっていたから、顔や表情が重視されるようになっていたんだ」

眼の前に現れた沢村忠を見て、森は「可愛くはないけど、礼儀正しい、人に好かれそうな好青年だ」という印象を受けた。

この頃、森忠大が担当していた番組の一つに、毎週日曜午後四時半から放映の『東急サンデースポーツ』があった。あらゆるスポーツ中継を、週替わりで見せながら、練習風景や選手のインタビューを紹介する、現在のスポーツ情報番組の走りで、東急グループの一社提供番組だった。

沢村忠と会った数週間後、番組プロデューサーの森は、渡されたキックボクシングの映像を三分程度に編集して流した。

「沢村が勝った試合と負けた試合のダイジェスト。それ以外の試合も触りだけ。『こういうスポーツがあります』っていう程度」（森忠大）

おそらく、このとき流したのは、4ラウンドKO負けを喫した六月のサマン戦と、2ラウンドKO勝ちを収めた八月のキンケウ戦ではないか。正確な放送日についても資料はなく、森自身の記憶も曖昧なのだが、「オンエアしたのは……昭和四十二年の一月中旬くらいだったかな」と言う。

翌朝、デスクに姿を見せた東急の担当者は、「昨日、紹介したキックボクシングっていうのは、ちょっと……」と言った。

「ちょっと、何？」と訊き返すと、担当者は「ウチの会社のイメージには合わないと思います」と遠慮気味に言った。

決して好感触ではなかった。しかし、三分程度のVTRなのに、印象には残ったということだ。

驚くことに、視聴者からも反響があった。

「あのキックボクシングというのはなんだ」と単純に疑問を呈しているものから、「また観たい」という好意的なもの。「ああいう物騒なものは、この先二度と流してくれるな」と憤慨しているものもあれば、「いつか生で観てみたい」と様々である。

　森は意外な手応えに驚いていた。

敵対勢力

　一九六七年二月二十六日、新宿区体育館にて「キックボクシング東京第二戦」が行われることが決まった。

　東洋ミドル級初代王座決定戦「沢村忠対モンコントーン・スイトクン」

　東洋ライト級初代王座決定戦「菊地功対サイロン・カノンスク」

　日本ヘビー級初代王座決定戦「藤本勲対木下尊義」

　森忠大の一存で、この三大タイトルマッチを、『東急サンデースポーツ』で生中継することになったのだ。

「この番組は実験的な要素も多分にあって、例えば、ゴルフ中継を流したとして、ゲスト解説を、白井義男に頼んだり、体操の中継を流したときは横綱の柏戸に解説をさせたりとか、あえていろんなことをやったの。

　キックボクシングの生中継も、ハプニングが起きたら起きたで面白いし、やってみようかという程度なものだった」（森忠大）

　しかし、野口修には不安があった。バンコクの日本大使館が、タイ人選手の入国ビザをなかなか発給しないのだ。バンコクのマノロン新野から「まだ下りない」と何度も連絡があった。

　最初こそ高を括っていた修だったが、次第に安閑としていられなくなった。プレハブに住まわせていたタイ人は、ビザが切れて全員を帰国させており、代用が効かない。

　こういうこともあろうかと、外務省職員の兄を持つ西俣寿雄を、野口プロモーションの社員に迎え入れていた。西俣を通してビザの発給を急がせたが、のらりくらりとかわされた。二十日に予定していた公開練習も二十三日に延期した。

「あれは敵対勢力の妨害だった」と晩年の野口修は声を荒らげるが、この時点で「キックボクシング」を名乗るのは野口プロだけである。「敵対勢力」が誰を指すのか判然としない。

古巣の日本ボクシング協会が嫌がらせをしていると想像できなくもないが、母と弟が後任の理事に就いていることを思うと、それも考えにくい。

野口修以外の当時の関係者も「理由はまったく判らない」と首を傾げる。

WBC世界スーパーフライ級王者のシーサケット・ソー・ルンヴィサイや、元WBC世界スーパーフライ級王者のスリヤン・ソー・ルンヴィサイなど、多くのタイ人ボクサーを日本に送り込んでいるバンコク在住のブッキングマネージャー、プーム・コンソンセイは、「昔と今は単純に比較できないけど」と前置きした上でこう推察する。

「こういうことは、今でも時々あります。書類の不備もありますが『あなた、近頃よく日本に行くね』って日本大使館のスタッフが怪しむんです。それは選手というより、ブッカーに対してそうだったりします。急に何人も送り込むと、彼らは怪しみます。それで『今回は駄目』って許可しないこともあるんです。情報が少ない分、昔の方がそういうケースは多かったかもしれません」

二日前になってもビザは発給されず、二十三日に延期した公開練習は、日本人選手だけで行った。

タイ人が来日できなければ、興行の目玉を失うばかりか、今度こそ開催中止に追い込まれる。生中継にも穴を開けてしまう。

大会前日、野口修は外務省に乗り込んだ。そのときの様子を、本人は次のように回想する。

「最後の頼みで外務省に行った。それで守衛の制止を振り切って外務大臣の部屋まで押しかけた。『日本のためだと思ってなんとかしてくれ』って頼み込んだら、『今回だけですよ』って特電を打ってくれた。特電というのは国の命令だから、大使は世界のどこにいても、受け取る義務がある。外務大臣命令で急遽ビザが下りた」

劇的な結末である。野口修は『ゴング格闘技』（２００４年１月号）でも同様の説明をしているが、はたしてこれは事実だろうか。

「このときの修ちゃんは、懐に拳銃を忍ばせていた」（佐郷屋嘉洋）という話もあるが、もしそうなら、間違いなく逮捕されていたはずだ。

「当時の外務大臣は誰でしたか」と修に尋ねると、「もう忘れた」と投げ出すように答えた。このときの外相は三木武夫である。のちに首相になる人物を忘れるとも思えない。

考えうる中で信憑性がありそうなのは、知己の政治家の手を借りたことである。この頃は衆議院議員の山中貞則にコミッショナーを依頼し、旧愛国社からは、田中六助のように、のちに自民党の党三役を務める大物まで輩出している。

また、何度も述べてきたように、児玉誉士夫とは昵懇の間柄だった。おそらく、この辺りを頼ったのではないか。

ともかく、タイ人選手のビザは発給された。彼らが羽田に着いたのは試合当日の昼すぎで、午後四時半からの生中継に、どうにか間に合った。

念願のレギュラー決定

《ミドル級は絵に描いたような飛びげりで日本の第一人者沢村が面目を保った。（中略）
三回、沢村得意の飛びげりが決まった。相手の攻めをはずし、ロープを利用して攻めてくるモンコントーンの腹にグシャリと一足。バッタリ倒れてジ・エンド》（昭和42年2月27日付／デイリースポーツ）
この試合が『東急サンデースポーツ』で生中継で流されると、前回以上の反響を呼んだ。
しかし、キックボクシングのレギュラー中継はすぐには実現しなかった。野口修は赤坂のＴＢＳに日参して泣訴したが、森忠大は首を縦に振らなかった。理由は主に三つあった。
一つ目は、選手の経験の浅さである。
沢村忠ら選手の多くは、猛練習の末に見栄えのいい美しい肉体を手に入れて、空手家からキックボクサーに変貌を遂げていた。しかし、経験不足は否めない。この場合の経験とは「観客を満足させる技術」を含むものである。
体育館の千人を満足させられても、テレビの視聴者はその何千倍もいる。最初は関心を持たれても、すぐに飽きられることは珍しくない。

「当時のＴＢＳは、『レギュラーにするからには五年以上は付き合う』という不文律があった。それはスポーツだけじゃなくて、ドラマもバラエティもそう。ドラマはシリーズ化させていたし、ドリフターズの『全員集合』だって、じっくり見定めてからＧＯになった。

その代わり、一度始めたら当分はやめない。絶対に数字は取る。そのための資金は惜しまない。それくらいウチは新番組に対して、長期的な展望を描いていた。だからキックボクシングも、『始めるからには、長く続けないと意味がない』と考えたわけ」（森忠大）

そこで、野口修は、興行数を格段に増やした。

二月の新宿大会の後は、四月二十九日、六月十八日、七月二十九日と浅草公会堂。九月二十三日は千葉公園体育館。十二月九日は再び浅草公会堂に戻り、明けて一九六八年も一月十日、二月二十四日、四月五日、四月二十七日、五月二十四日と立て続けに浅草公会堂で興行を打った。

これらすべてに沢村忠は出場し、そのすべてに勝利を飾った。対戦相手は全員がタイ人だった。

二つ目は、キックボクシングが、プロスポーツとして認められていなかったことである。

森忠大は、キックボクシングをボクシングと並ぶプロスポーツにしたいと考えていた。コンテンツを増やすためである。

となれば、日本とタイの国際戦だけでなく、日本人同士の試合も放映することになる。にもかかわらず、同門対決ばかりでは、競技として成立しているとは言い難い。

「ボクシングだって、笹崎があれば、帝拳もあるし、野口もある。三迫も金平もジムを立ち上げていた。それぞれの所属選手がしのぎを削るのは、プロスポーツとして当然。キックも早くその状況になってほしかった」（森忠大）

程なくして、野口ボクシングクラブに続く第二のジム、品川ジムが新たに設立された。

短期間で競技人口が増えたわけでは、まったくない。修が私費を投じて、新しいジムを創設しただけのことだ。

その後も、新宿ジム、葛飾ジム、東洋パブリックジムと、次々とキックボクシングジムが萌芽するが、いずれも、似たような経緯で設立されたにすぎない。

また、この頃から、ボクシングとの差別化のために、野口ボクシングクラブのキック部門を、「目黒ジム」と呼称するようになる。

一九六七年十二月五日には「世界キックボクシング連盟（WKBA）」の設立が発表された。

《世界キックボクシング連盟は日本、タイ、韓国、沖縄、香港、台湾、フィリピンの東洋七カ国にアメリカ、西独、フランスも参加。これにともなってコミッショナー制度採用とルール改正も合わせて発表された》（昭和42年12月6日付／デイリースポーツ）

記事にはそうあるが、WKBAの代表には、後援者の遠藤進丈が就任した。事務局も銀座七丁目の遠藤の会社に置かれた。実態は「世界組織」を謳うには程遠いものである。

「最初は形だけ作ろうということだった。ゆくゆくは、世界の中心の窓口にしていきたいという、立派な構想はありましたよ。でも、最初はどの競技も、そんなものでしょう」（遠藤進丈）

三つ目は、森忠大の個人的な事情だった。この時期、彼は相当多忙だったのである。

一九六七年四月三十日、日系ハワイ二世の藤猛が、サンドロ・ロポポロ（イタリア）を倒し、世界ジュニアウェルター級王者に輝くと、番組プロデューサーである森の発言力も大きく増した。

その二カ月後、『東洋チャンピオンスカウト』の視聴者参加コーナー「ボクシング教室」からプロデビューしていた沼田義明が、フラッシュ・エロルデ（フィリピン）を下し、世界ジュニアライト級王者に輝いた。手掛けた選手が次々と世界王者となったことで、森忠大自身は「チャンピオンメーカー」と呼ばれるようになる。

余勢を駆って、森忠大は沼田義明の初防衛戦の相手に、世界1位の小林弘をぶつけた。

第十章で触れたように、これまで日本人同士の世界戦は禁断のカードとされてきた。森は各所に根回しをすることで、実現に至らせている（結果は小林弘の12ラウンドKO勝ち）。

森忠大の仕事はボクシングだけに留まらない。国際プロレスのレギュラー中継に着手したのも、

この年だった

「最初はアントニオ猪木とヒロ・マツダの二枚看板で船出する予定だったのに、猪木が日本プロレスに復帰して、マツダも抜けて、目玉がいなくなった。そこで、ラグビー日本代表のグレート草津と、東京五輪レスリング代表のサンダー杉山を、海外から呼び戻した。『ＴＢＳの力で分単位、秒単位でスターを作ってみせる』って啖呵を切ったら『森は国際プロレスを乗っ取ろうとしている』って書いた馬鹿な記者もいた。

そんな暇あるわけないよ。藤猛の防衛戦が迫っていたし、『ボクシング教室』の応募は殺到していたし、副部長だからプロ野球とも付き合うようになったし、その最中にキックボクシングという話も出てきたわけでさ」（森忠大）

＊

結果的に、これが奏功した。

その間、野口修は、『東急サンデースポーツ』を主戦場に課題をクリアしながら、キックボクシングの価値を高めていったからだ。

キックボクシングを放映した日の視聴率にも、それは表れている。これまで、７〜８％を推移していた番組の平均視聴率も、キックボクシングを流した週は常時二桁に迫り、一九六八年五月十九日放映回は15・６％まで上昇している。日曜午後四時半から一時間という時間帯を思えば、合格点どころか快事と言っていい。

待ち詫びていた日が、ついに来た。

一九六八年九月七日、ＴＢＳは水道橋の後楽園飯店で記者会見を行い、「毎週月曜午後七時からの三十分番組で、キックボクシングのレギュラー中継をスタートさせる」と発表した。

初回放映は九月三十日。メインスポンサーは吉田工業株式会社（ＹＫＫ）。

番組タイトルは『ＹＫＫアワー・キックボクシング』である。

《ネット局32局というのは、スポーツ中継史上最高で、現在一番ネット局が多いといわれるＮＴＶの日本プロレス（26局）をしのぎ、ＴＢＳのボクシング（22局）国際プロレス（18局）を大幅に上回る。この一事からでもＴＢＳの肩入れのほどがわかり、その反響の大きさが期待される》（昭和

43年9月8日付／デイリースポーツ）

毎回倒してよ

沢村忠の一日は早い。

午前六時起床。まずは10㎞のロードワーク。朝食を手短に済ませると、八時半には日本橋の会社に出勤する。

キックボクシングが始まった一九六七年、沢村忠はファイトマネーだけでは生活ができず、野口家の古くからの後援者である「丸道」という穀物相場会社に就職していた。俳優の道はすでに絶っていた。

丸道では、プロボクサーの反町則雄も一緒だった。二人は午前九時から午後五時まで働いた。

大豆や小麦粉のほか、繊維やゴムを店舗に卸すこの会社は、資格を持つ社員を重用した。そこで沢村は、猛勉強の末に、先物取引の国家資格を取得している。根が努力家なのである。

丸道の社員は、沢村と反町の試合には大挙して駆けつけた。「フレー、フレー」と大声で声援を飛ばす彼らの姿は、後楽園ホールや浅草公会堂でお馴染みとなっていた。

一九四七（昭和二十二）年、大田区生まれの反町則雄は、十六歳のとき野口ボクシングクラブに入門、翌年プロデビューをはたした。デビュー戦こそ判定負けを喫したものの、そこから十一連勝（3KO）と破竹の快進撃を見せる。

師である野口恭がリングネームを「龍反町」と命名したのは翌年のことだ。

日本ウェルター級王座を四度防衛。東洋ウェルター級王座を十一度防衛。三度の世界挑戦をはたした龍反町は、七十年代を代表する人気ボクサーの一人である。俳優の反町隆史の芸名の由来であるのも、割合知られた話となろう。

現在はボクシング界から離れて久しい彼は、当時のことを、筆者に次のように語った。

「昭和四十二年の春、十九歳の俺は丸道に入社した。このとき、沢村さんも一緒だった。配属は同じ営業部。仕事は値札を貼り付けるだけ。俺の月給は三万円で、沢村さんは大卒で年齢も四つ上だから、三万五千円だったのかな。俺は真面目に働かなかったね、アハハ。

それでも丸道の社員は、試合のたびに来てくれた。後楽園ホールの東側の席を会社が買い取って、社長から下っ端まで三百人びっしり。俺の試合も沢村さんの試合も欠かさず来る。翌朝の朝礼のときに『昨晩は御声援ありがとうございました』って社員全員の前で挨拶するわけ。

でも、引っかかっていることもある。俺が判定で勝った翌日に、女の子の社員が『反町さんも、沢村さんみたいに毎回倒してよ』って言ったこと。少し複雑な気分だったね」

沢村忠の試合が真剣勝負ではなかったことを、職場の同僚が知る由もなかった。

沢村自身は、どう感じていたのだろう。

「沢ちゃんは本当の勝負をやりたかったと思います。そうでなければ、あそこまで練習はしません。選手はたくさんいましたけど、彼が一番練習していましたから」（ウクリッド・サラサス）

先述のように、ボクサーとキックボクサーが混在していた当時の目黒の道場では、午後五時から八時までがボクサー、午後八時から十一時までがキックボクサーと、練習時間が区切られていた。

しかし、沢村忠だけは、仕事が終わると休む間もなく道場に直行し、ボクシングの練習に加わった。パンチの技術を磨いた後はキックの練習である。道場が閉まるまで居残って汗を流した。

沢村にとって、自分だけが結末の決まった試合をこなすことに、引け目を感じずにはいられなかっただろう。反町の試合と変わらず応援してくれる同僚のことも胸が痛んだはずである。

産声をあげたばかりのキックボクシングを軌道に乗せるためとはいえ、二十四歳の青年一人に、秘密を負わせるのは酷な話だった。

「俺は丸道の社員とはよく呑みに行ったりして、遊んでいた。社長秘書っていうのが別嬪でさ、それもタイピスト。うまいこと言って付き合ったりもした。それが最初の女房なわけ。

沢村さんも、総務部に美人の彼女がいたっけな。でも、俺みたいに社員と遊んだりしていなかったと思う。真面目でいい人だったから、みんなから好かれていたよ。でも、打ち解けることはなかったように思うな」（龍反町）

沢村忠の真剣勝負

沢村忠は孤独だった。

悩みを抱えても、一人で鬱々とするしかなかったはずだ。信じられないことだが、この頃、選手や関係者にも、沢村が結末の決まった試合をこなしていたことを、知らない人間が多かったのだ。

唯一悩みを打ち明けられたのが、社長の野口修だった。それでも「キックを軌道に乗せるためだ」と言われたら従うほかない。

『東急サンデースポーツ』の影響で、街を歩けば指を差されたり、声をかけられたりするようになっていた。レギュラーが始まればさらに増えるだろう。俳優時代では考えられないことで、この状況は自ら望んでいたことでもあった。

スターの座は手の届く所まで来ている。それは沢村自身も判っていたはずだ。芸能界で成功しなかった自分にはこの道しかない。後戻りは許されない。社長を信じるしかない。

沢村と同じ剛柔流空手の有段者で、後を追うようにこの世界に飛び込んだ藤本勲は、ある日、沢村の対戦相手のタイ人が、当たってもいないのに倒れたことに驚愕した。

沢村が結末の決まった試合を戦っていることを、藤本はまったく知らなかったのだ。

「いや、それはもうびっくりしました。全然知りませんでしたから。『じゃあ、今までの試合も全部そうだったのか』とショックでした。

でも、疑問に思うこともありました。『だったら、なんで沢村さんは、あんなに毎日必死で練習しているんだろう』ってことです。決められた試合なら、そこまで血を吐くような練習をする必要はないじゃないですか」

藤本勲は、ある日、マネージャーの遠藤晴大に直訴した。

「沢村さんと試合を組んで下さい。真剣勝負でやらせて下さい」

遠藤はにべもなく断った。

「馬鹿を言え。やらせられるわけないだろう。社長が許さないに決まっているよ」

話はそれで終わったかに見えたが、藤本の対戦表明は、回り回って沢村の耳に入った。

―それから、沢村さんは口を利いてくれなくなりました。それまでは飯に連れてってくれたりしたんですが、腹が立ったんでしょう。

沢村さんの本心は、そりゃガチンコをやりたかったんです。その気持ちを、あの頃の自分は理解しようともしなかった。若気の至りとはいえ、大人気ないことを言ったものです。

半年ほど経って、また普通に接してくれるようになりました。許してくれたんですな」

改めて藤本勲に問うた。

「もし、沢村忠が真剣勝負の試合をやっていれば、どのレベルまで進んだと思いますか」

すると藤本は「日本王者にはなったでしょう」と即答した。

「タイの王者になるのは難しかったと思います。あれは特別な世界ですから。でも、日本王者か日本ランカー上位にはなったはずです。

沢村さんとスパーリングもやりましたが、強かったですよ。第一あの人は運動神経が凄いんです。高校のときはバレーボールの選手だったそうですが、脚も速いです。長距離も短距離も速い。私も脚には自信があったんですが、いつも離される。あの人はマラソン選手になっても、成功したかもしれませんね。

たまに、天才と呼ばれる運動神経の人がいるでしょう。沢村さんはそのタイプの人です。だから、ガチンコでやってみたかったのは、自分で知りたかったんじゃないですか。『俺の実力は、どの程度のものか』ということをね」

ルンピニースタジアム

一九六八年九月、沢村忠は休暇を取って、バンコクに飛んだ。本場のタイ式ボクシングの技術を体得するためである。

マノロン新野の自宅に滞在し、プロモーターのブンラット・ラートプリチャーが経営するジムで練習に励んだ。四年前、黒崎健時、中村忠、藤平昭雄が練習したブンラットジムである。

沢村は猛練習を重ねた。鬱憤を晴らすだけではない理由があった。

レギュラー中継が始まれば、おそらく、自分は頻繁にテレビに登場することになる。バンコクに行くことも、そうそう叶わなくなるだろう。

つまり、真剣勝負をやるなら、今しかないということだ。

実はこのとき、ルンピニースタジアムで試合をすることは事前に決まっていた。「レギュラー中継の前宣伝になるから」（野口修）

間違いなく、行われる試合は真剣勝負になる。タイ式ボクシングは八百長試合を固く禁じている。もし発覚したら、永久追放処分が下されることは、今も昔も変わらない。

試合をした沢村忠だけでなく、野口プロがタイでビジネスを続けることも難しくなるだろう。

つまり、本場のスタジアムでの試合を許可したということは、野口修も沢村忠の真剣勝負を認めたことにほかならない。

数日後、正式に試合が決まった。日程は一九六八年九月十三日。相手はタイ国フェザー級2位のポーン・リミットという選手である。

＊

沢村忠は試合の十日前、デイリースポーツに「タイ就学記」と題した手記を寄せている。
《「タイ式に似たキックボクシングのエース」ということだけで毎日のように新聞や雑誌にハデに載っています。お陰ですっかり顔が売れ、早朝ロードワークをしていると、道路工事をやっている人までが片言で「サームラ」「サムラ」――中には両手を広げて立ちふさがり「ポーン・リミットはけりは強いが、ボデーが弱いから、そこを攻めろ」とわざわざ教えてくれる人もいた。（中略）
タイ国の観衆を満足させるために不利を承知で接近戦を挑むか、確実に勝てるようにマイペースで三回まで戦い、四回から真空飛びヒザげりを見せるか、考えあぐねている。しかしたとえインファイトでも勝てる自信は十分にあります》（昭和43年9月3日付／デイリースポーツ）
この後、対戦相手が「タイ国ライト級王者」という触れ込みの、ポンチャイ・チャイスリヤに変更になっている。
「もしポーンが負けたら、タイ式ボクシングの面目が立たない。ポンチャイを出せ」（昭和43年9月21日付／デイリースポーツ）というファンの声が原因というが、実際のところは判らない。

一九四一年に国立ボクシングスタジアムとして開設されたのがラジャダムナン（ラーチャダムヌーン）スタジアムである。王室財務局の予算の枠内で運営されることになった。

その十五年後、陸軍幼年士官学校の敷地内の一角に建てられたのが、ルンピニースタジアムだった。陸軍福利厚生局に運営が委ねられ、陸軍の予算の枠内で賄われてきた。

ラジャダムナンが「王室系」、ルンピニーが「陸軍系」とされるいきさつは右の通りで、「二大殿堂」と呼ばれる所以である。

後発のルンピニースタジアムは、老舗のラジャダムナンに対抗し、斬新な企画を行うことで集客効果を試みた。四年前に野口修が、「タイ式ボクシング対大山道場」の対抗戦を提案し実現に至ったのも、その方針に沿ってのことだ。

「修社長はブンラットさんに信用されていたし、その他のルンピニーの関係者とも付き合いがありました。私が日本に行くことが決まって、野口家を紹介されたのも、私の父が陸軍の出身で、私が士官学校にいたのも無関係ではないんです」（ウクリッド・サラサス）

沢村忠の試合が組まれたのも、この関係性から逸脱するものではないのである。

別種の緊張感

一九六八年九月十三日、ルンピニースタジアムで、「沢村忠対ポンチャイ・チャイスリヤ」の一戦が行われた。

四年前、大山道場との対抗戦をプロモートした野口修だったが、ついに、自らが手掛けた選手を出場させたのである。

後輩の上田勉（のちプロレスラーの上田勝次）と、品田尹久夫（のちシュートボクサーの力忠勝）をセコンドに従えた沢村忠は、颯爽とリングインした。

この試合の模様もＤＶＤで視聴できるが、１、４、５ラウンドだけ収録された約七分半のダイジェスト版となる。

１ラウンド。アップライトに構えたポンチャイは、開始と同時に鋭い右のローキックを連続して放つ。一、二、三、四、五発と沢村の左脚を襲う。

沢村も防御の姿勢を取りながら、突き刺すようなリードブロウを放ち、さらに左脚内股にローキックをお返し。

それでもポンチャイは意に介さず、六、七、八発と右ローキックを連打し、見るからに重そうなミドルキックまで放った。

序盤を見る限り言えるのは、通常の沢村忠の試合と、明らかに様子が異なる点に尽きる。

通常の試合は、開始と同時に大振りのハイキックを放つタイ人に対し、沢村はパンチやローキックでダメージを与える。ガードを下げているタイ人にはジャブもフックも面白いように当たる。じわじわと追い詰めながら、ハイキックがタイ人の肩口に当たり、最初のダウン。

立ち上がったタイ人のテンプルに、チョッピング気味のフックが当たり、二度目のダウン。カウント8で立ち上がるタイ人に、狙いすました飛び蹴りが炸裂。大仰に倒れるタイ人。沸き返る場内。見事、沢村のKO勝ち。——という大味なものだ。試合によって委細は異なるが、大半は右のような試合展開と言って差し支えない。

しかし、この試合において、対戦相手のポンチャイ・チャイスリヤはガードを下げることなく、ローキックとミドルキックを打ちながら、ひたすらプレッシャーをかけ、機を見て首相撲に捕えようとしている。

沢村もパンチとローキックで応戦しつつ、フェイントを挟み込み、体勢を何度か入れ替えている。漂う緊張感は、まったく別種のものである。

二分半が経過したところで、ラウンド終了のゴングが鳴った。三十秒短いのが引っかかる。映像を確認する限り、編集した形跡は見当たらない。

映像は4ラウンドまで飛ぶ。新聞記事は沢村の様子を次のように報じている。

《4ラウンドにはありったけの力を出して攻めた。回しげりがポンチャイのボデーに突き刺さり、二度のノーカウントダウンを奪った。「ポンチャイ立て！」一万五千の観衆は声をからして熱烈な応援。立ち上がったところへ猛ラッシュ。KO寸前まで追い込んだが、二回のテンプルへのダメージで好機を逃した》（昭和43年9月21日付／デイリースポーツ）

敵地で強豪をあと一歩まで追い詰めながら、惜しくも逃した様子が伝わる。読者の興奮を呼び覚ます、躍動感溢れる原稿であることは、筆者も認めよう。

唯一残念なのは、この記事が、事実とは程遠いことである。

1ラウンド2分半

1ラウンドではオーソドックスに構えていた沢村だが、4ラウンドではサウスポーに変わっている。ローキックで前脚を蹴られ続けて、スイッチしただろうことは察しがつく。

体力の消耗も著しい。ポンチャイは相変わらず、鋭いローキックとミドルキックを打ち続ける。顔を歪めながらどうにか立っている沢村が、この相手からダウンを奪えたとは、常識的に考えられない。

それでも沢村は、ポンチャイの蹴り脚を摑んで倒し、立ち上がったところで、肘打ちの四連打を見せている。二年前のサマン戦と比較して、格段に成長しているのは明らかだ。

このラウンドも二分半で終了のゴングが鳴った。何度確認しても、映像が編集された形跡はない。レフェリーの誤審とも取れるが、セコンドやジャッジからクレームが入る様子もない。つまり、最初から「1ラウンド2分半」のルールだったと解釈すべきだろう。

迎えた最終ラウンド、ポンチャイは相変わらずアップライトに構えながら、ロー、ミドルと一定のリズムでキックを繰り出す。防御で精一杯の沢村に、もはや攻め手はない。

反応も鈍く、軽いジャブをスウェイングでかわすことも、パーリングではたき落とすこともできず、そのまま被弾している。

開始五十秒すぎ、沢村のお株を奪うように、ポンチャイが飛び蹴りを出して、その直後にニヤリとしている様子が、モノクロの映像からも確認できる。試合を流しているのだ。

それでも沢村は、ポンチャイに付き合おうとせず、最後の力を振り絞ってローキックと左ジャブで応戦する。スポーツ紙には書かれない、最後まで試合を投げない、がむしゃらな姿勢である。

沢村を首相撲に捕えたポンチャイが、膝蹴りを繰り出そうとしたところで、レフェリーが試合を止めた。またもや二分半である。レフェリーはジャッジペーパーを回収することなく、おもむろに両者の手を挙げた。

この結果、デイリースポーツは「引き分け」と報じた。沢村忠の戦績にもそう記されている。

しかし、実際はそういうわけではない。

ギャンブル化以前

「私はこの三年後、同じように新野さんの自宅に泊めてもらって、バンコクで修行を積んでいます。もちろん試合もしました。

そのときに聞いたことですが、沢村さんのこの試合はエキジビションだったそうです。勝敗なしです。話し合ってそう決めたそうです。

そりゃ、負けさすわけにいかんでしょう。タイでは、日本でやるみたいにはいきません。こうするしかなかったんです。沢村さんは真剣勝負をしたかったんかも知らんけど、社長はそれを許さへんかったたってことと違いますか。

沢村さんはそのことを知っていたのか？　それは本人に訊いてみないと判りませんが、多分知っていたでしょう。でも、倒すつもりだったのかもしれません。だって、仮に倒せたら儲けもんですから」（西尾ジムに所属した元キックボクサーで、元日本バンタム級2位の中村正悟）

レフェリーがジャッジペーパーを回収しなかったこともそうだが、二分半でラウンドを終了させ続けたことも、この試合がエキジビションマッチであることの証左といえる。

リングアナウンサーとして長らくキックボクシングの興行に携わってきた筆者だが、勝敗のつかないエキジビションマッチで、ラウンドの時間が短縮されることは、さほど珍しいことではない。

それでも、不可解な点が一つある。タイ式ボクシングを、ギャンブルとして楽しむ観客の存在である。勝敗のつかない試合を行ったことに対し、観客はそれを許したのか。

疑問はすぐに明らかとなった。

早稲田大学スポーツ科学研究センターの招聘研究員で、自身もラジャダムナンスタジアムで試合を行った経験を持つ元シュートボクサーの菱田慶文は、自著の中で次のように詳述している。

《スタジアムの中でギャンブルが盛んに行われるようになったのは1978年以降。（中略）ラジャダムナン・スタジアムのオートゥー・プロモーター（59歳）は、「ムエタイの興行に関わって約40年たつけど、最初の頃（1960年代後期）は、スタジアムにギャンブラーが30％もいなかった」と言っている》（『ムエタイの世界――ギャンブル化変容の体験的考察』菱田慶文著／めこん）

一九七三年に二大殿堂で試合を行った、往年のキックボクサーの長江国政は、菱田の取材に応じ、「ルンピニー・スタジアムもラジャダムナン・スタジアムもギャンブラーはいたけども、そんなに気にならなかった。いたとしても3割くらいだろう」（同）と証言している。

つまり、この試合が行われた一九六八年は、ギャンブルとして定着する以前だったのだ。

真剣勝負と言っていい「沢村忠対ポンチャイ・チャイスリヤ」だが、結末だけは決められたものだったと見て間違いない。

＊

帰国後、沢村忠は、試合を次のように振り返っている。

「ダウンはぼくが二度、相手が七回です。それで引分けだなんてって、（笑）（中略）頭にきちゃった。（笑）ぼくも社長もやっぱり、コーナーへきたとき喜んじゃいましたからね、勝ったたって。（笑）でもあれ、お客さんが見てくれましたからね。こっちを指差して勝った、勝ったって。（中略）自分では満足しています。（中略）

ぼくもひじでダウンしたんですけれどね。その次のラウンドで、ひじでテンプルを打ってダウンさせたんです。ほんとに手ごたえあるんですよ、ガツーンと。それでもまた起きてきますからね。うわーっと思った。（笑）」（『ゴング』１９６８年12月号）

沢村忠はこの先、真剣勝負を前提とした試合に、二度と足を踏み入れることはなかった。

踏み入れようとすらしなかった。

幻想の世界に生きることを決めたのだ。

沢村忠の放つ真空飛び膝蹴りに、日本中が熱狂した。(写真提供・スポーツニッポン新聞社)

第十七章　真空飛び膝蹴り

レギュラー中継の決まったキックボクシングだが、放映するＴＢＳテレビに、問題がないわけではなかった。

解説者がいないことだ。

新聞や専門誌の記者が、そのままテレビの解説者にスライドしたボクシングと違って、新興のプロスポーツであるキックボクシングには、ＯＢも評論家もいない。

唯一その資格ありと見られた創始者の野口修は、普段は多弁な割に、いざ解説席に座ると口数が少なくなった。試合を注視する余り、解説まで気が回らないのである。

「このときばかりは頭を抱えた」と番組プロデューサーだった森忠大は苦笑する。

悩んだ末に「いっそ作ってしまおう」と開き直った。

このとき、森が課したキックボクシングの解説者の条件とは次の通り。

ボクシング業界に気兼ねがないこと。

新しいものへの偏見がないこと。

博識であること。

この三つに該当すれば、職業も立場も問わず、解説を任せようと決めた。

適役はすぐ見つかった。作家の寺内大吉である。

寺内大吉は一九二一（大正十）年、世田谷村（現　世田谷区世田谷四丁目）の浄土宗の寺の長男として生まれた。本名、成田有恒。

大学卒業後、実家の住職を務めながら執筆活動を開始。三十三歳のとき『逢春門』でサンデー毎日大衆文芸賞入選。翌年『黒い旅路』でオール讀物新人賞。一九六一年『はぐれ念仏』で第四十四回直木賞を受賞する。

野球、競輪、大相撲、ボクシングと、あらゆるスポーツに精通していた寺内だが、テレビにはさほど出演していなかった。「新しいスポーツの解説に適任だ」と森は膝を打った。

ある日、後楽園球場の記者席で寺内と隣り合った森は、「先生、キックボクシングの解説をお願いできませんか」と振ってみた。

「いや、私なんて……」と寺内が固辞しかけると、森は得意の話術で畳みかけた。

「キックボクシングは真っ白なキャンバスです。寺内先生の世界観で、お好きなように描いていただける、唯一の場になるはずです」

「とかなんとか言って……」と、九十歳を目前に控えた森忠大は悪戯っぽく笑う。

寺内大吉は、次のように振り返っている。

《ぼくがキックボクシングの魅力にとりつかれたのは沢村の芸術的とも思える身のこなし、その躍動する肉体の美しさと、そこから発する強力な破壊力を、この目でみてからだ。沢村あってはじめて、キックは今日のブームに乗りえたといっていい。会って話してみると、実にさわやかな好青年、まさにこれはホンモノなのである》（『ゴング』1968年12月号）

ゲテモノ

問題はそれだけではなかった。実況アナウンサーも決まっていなかった。

前年『東急サンデースポーツ』でキックボクシングの生中継を行った際、実況席に座ったのは、入社七年目の藤田和弘だった。藤田は、森忠大の信頼の厚いアナウンサーだった。

本番終了後、藤田は森にこう告げた。

「申し訳ないですが、金輪際キックボクシングの実況は勘弁して下さい。ああいうゲテモノを担当すると、自分の価値が下がります」

困ったのはそれからである。次に指名したアナウンサーも、その次のアナウンサーも、「あれはやめときます」と言ってきたのだ。

「TBSって官僚的、保守的な会社でね。そのムードは、社内全体に浸透していた。新しいことをやる人間は、本流から外れていると見なされて、異端視されるんだ」（森忠大）

そんな折、蔵前国技館で行われた世界ジュニアライト級タイトルマッチ「王者・フラッシュ・エロルデ対挑戦者・沼田義明」をＴＢＳが独占中継した際、中継席に陣取った森忠大の目に、リングサイドを走り回る、若くて小柄なアナウンサーの姿が飛び込んで来た。

両陣営のセコンドから情報を拾っては、インターバル中に伝えるコーナーリポーターは、若手アナウンサーの役目である。

「今日のリポーター、なんてやつ？」

森は横に座るディレクターに訊いた。

「石川ですよ、石川顕。どうかしました？」

「今日が初めてか」

「いや、このところ、よくやってますよ」

モニターから聞こえる高音のボイスと、機敏に駆ける姿が森忠大の印象に残った。

数日後、石川顕は先輩アナウンサーの渡辺謙太郎に呼ばれた。

「お前、キックボクシングって知ってるか」

「はあ……時々、サンデースポーツで流してるやつですよね」

「そうだ。森さんがお前に実況を任せたいって言ってるんだけど、どうする？」

このときの心境を、七十九歳になる石川顕は、次のように振り返る。

「まずは驚きました。入社三年で実況を任せるのは前例がなかった。大抜擢だったんです。戸惑っている私に、渡辺さんは先回りするように、こう言いました。『アナウンサーっていうのは〝このスポーツは嫌〟〝このスポーツならいい〟なんて言ってちゃ駄目。何を振られても〝はい、喜んで〟って受けなきゃあ』って。

そのとき、私はピンときました。キックボクシングは先輩方に『ゲテモノ』とか『シャツに血が付いて汚れる』とか言われて、嫌がられていたんです。私にはその偏見がなかった。だから『是非やらせて下さい』と言いました」

一九四一（昭和十六）年、横須賀市生まれの石川顕は、早大卒業後の一九六四年、東京放送にアナウンサー九期生として入社する。同期には、ラジオの深夜放送『パックインミュージック』で強い存在感を発揮した桝井論平。報道から朗読劇まで幅広く活躍した宇野淑子。現在もラジオパーソナリティの第一線を走る大沢悠里がいる。

入社以来、スポーツ畑を歩んできた石川は、アスリートの隠された部分に関心を抱いた。

「今朝は何を食べたのか」「最近、変わったことはないか」「試合前に、家族とどんな会話を交わしたのか」

本来なら端折られる余談に焦点を当て、コメントに反映させていた。森忠大が感心したのはその点もあった。

「今にして思えば、キャリア三年の私に実況を任せた森さんは、『局内で力を持ってたんだなあ』と、つくづく思います。森さんは、私のポップな気質がキックボクシングという、新しいスポーツにハマると思ったんでしょう。

私自身は『ゲテモノからのし上がってやる』という反骨心もありました。そしたら『サンデースポーツ』の視聴率が上がっていって、四十三年秋の改編でゴールデンに昇格。ゲテモノが本流になったんです。その上、入社三、四年の若手がゴールデンのメインを任されたのは、後にも先にも、私だけだったと思いますね」（石川顕）

「清原が泣いています……涙を流しています」（一九八七年プロ野球日本シリーズ「西武対巨人」第六戦）などの名調子で知られ、昭和から平成にかけての代表的なスポーツアナウンサーである、石川顕のキャリアは、キックボクシングから始まったのである。

ＹＫＫアワー・キックボクシング

一九六八年九月二十八日、両国の日大講堂で行われた「東洋ミドル・ライト二大タイトルマッチ」が『ＹＫＫアワー・キックボクシング』の第一回目の収録となった。

沢村忠にとって記念すべき初回の対戦相手は、ジミー・ゲッツというアメリカの黒人選手で、タイ人以外と試合をするのは初めてだった。

この時期、アメリカ市場の需要拡大を目論んでいた番組のメインスポンサーのＹＫＫは、「レギュラー一週目は、沢村初の日米対決をやらせたい」と注文を出した。メインスポンサーの意向は無下にできない。

野口修にとっても断る理由はなかった。沢村がピンチを脱し、挽回し、最後は派手なキックで仕留めてくれさえすれば、別にタイ人でなくても、問題はない。観客と視聴者が満足すればいいだけの話だ。

しかし、理想とは程遠い結末となった。

《ボクサーあがりを売り物にするゲッズだが、キックボクシングのトレーニングをそれほど積んでいないことは一目りょう然だ。これでは沢村の相手ではない。最初の前げりでダウンしたゲッズは、リング中央で沢村の強烈な背負い投げを食らって再び観衆のヤジを浴びる始末。

二回目はゲッズが得意とするはずのボクシングスタイルで始まった。だがこれも沢村が圧倒。沢村が大きくアッパーを振るうとゲッズはこれをのがれるのに懸命。自分からは決して出ない。しかもジャブの応酬に2度もスリップして一向に盛り上がらない。業を煮やした沢村が再び前げりから右回しげりに戦法を変えたとたん、ガードを固めたゲッズの左手首に沢村の回しげりが食い込み、あっけなく勝負は決まってしまった》（昭和43年9月29日付／デイリースポーツ）

終了のゴングが鳴ると、日大講堂の場内は、超満員が嘘のように静まり返った。

野口修は、タイ人がいかに仕事ができたのかを、改めて思い知ったはずだ。その証拠に、沢村忠はこの先二度と、タイ人以外の外国人と試合をすることはなかった。

真空飛び膝蹴り

一九六八年九月三十日の午後七時から三十分番組でスタートした『YKKアワー・キックボクシング』だが、初回放送分の視聴率は16・1％と、ひとまず目標の15％をクリアした。

とはいえ、物足りない数字だったのも事実である。局内では初回から20％超えが期待されていたからだ。翌週以降も15・5％、17・2％、13・5％、14・6％、13・6％と、20％どころか15％を割り込むことも多く、秋クール（九月末～十二月末）の平均視聴率は15・4％と、辛うじて目標数値を保ったにすぎない。

現在なら比較的高い数字なのだが、テレビ全盛のこの時代なら、決してそうではない。特に「民放の雄」と呼ばれたTBSは、この時代、最も人気のあるテレビ局だった。

ちなみに、同じ時期に森忠大が担当していた『TWWAプロレス中継』（水曜午後七時）の、一九六八年秋クールの平均視聴率は25・5％である（視聴率はいずれもビデオリサーチ社・関東地区調べ）。

「キックボクシングは、レギュラー中継開始と同時に爆発的人気を得た」という通説は、必ずしも、正しいとは言えないことになる。

ＴＢＳの番組宣伝課は、「さわやか抜群の新しいスポーツ　ストレスもふっとぶＫＯ率90％！」というコピーを作って、他媒体に売り込んだ。露出させて数字につなげようと考えたのだ。

まず、映画業界が喰いついた。任侠路線が全盛期を迎えていた東映の新作『ごろつき』（マキノ雅弘監督）に、沢村忠、藤本勲、斎藤天心、レフエリーのウクリッド・サラサス、マネージャーの遠藤晴大まで出演している。沢村忠は、俳優時代に成し得なかった高倉健との共演をはたした。

得意技の飛び蹴りが「真空飛び膝蹴り」と命名されたのもこの頃である。名付け親は実況アナの石川顕。つまり、テレビ主導で決められたのだ。

次第に、新聞や雑誌で頻繁に特集が組まれるようになった。

「むかしプロレス　いまキックボクシング」（『週刊平凡』１９６８年10月10日号）

「国産闘技の新スター・沢村忠」（『週刊現代』１９６８年10月17日号）

「新しきスポーツの英雄・沢村忠」（『週刊平凡』１９６８年10月17日号）

「キックの味はすばらしい　真剣勝負の迫力」（昭和43年12月1日付／読売新聞）

「沢村選手のビックリ25年！　むかしタレントいまボクサー」（『月刊明星』１９６９年1月号）

「若い女性にナゼもてる／沢村肉体の秘密」（『週刊平凡』１９６９年1月30日号）

特に激増したのは、少年誌である。

「迫力特集　壮絶！キックボクシング５大必殺わざ　特別公開！」（『少年ブック』１９６８年11月号）

「キックボクシングのヒーロー　沢村忠特集」（『高一時代』１９６９年１月号）

「これがキックボクシングだ！　～世界最強のスポーツ☆世界最強の沢村選手」（『小学四年生』１９６９年２月号）

また、『週刊少年マガジン』（１９６８年11月17日号）では表紙を飾り、『冒険王別冊・まんが王』（１９６８年12月号）では「空とぶ人間爆弾・沢村選手物語」（赤木雄介文・山本耀也絵）という読み切り小説に加え、「沢村忠四大必殺わざ～まわしカウンターげり・真空とびひざげり・垂直二段げり・空中骨おり」という合計六ページの総力特集を組む力の入れようである。

「キックのレギュラー中継が始まった頃は、私は小学校低学年、毎週欠かさずテレビにかじりついていました。キックが格好いいやら珍しいやら。沢村さんのハイキックが美しいんですよ。学校でもみんなが真似し始めたんです。

欠かさずテレビ中継を観ていたのには、もう一つ理由があります。夜七時というと子供のテレビの時間でした。親からもうるさく言われない。そんな事情もありました」（[illegible]の堀田春樹）

この現象に目をつけた男がいた。

キックの鬼

一九三六（昭和十一）年生まれの梶原一騎は、このとき三十二歳である。

二年前に原作を手掛けた『巨人の星』が空前の大ヒットとなり、前年には『夕やけ番長』『柔道一直線』『あしたのジョー』の連載を始めている。漫画原作者として絶頂期を迎えていた。

一九六八年は『タイガーマスク』『ジャイアント台風』とプロレスを題材とした作品を始めるなど、合計七つの連載を抱えている。

そんな、殺人的スケジュールの只中にあった梶原も、にわかに起こった沢村人気を座視できなかった。

「その頃、赤坂によく行く店があって、そこで梶原さんとちょくちょく顔を合わせるようになった。あるとき、キックが始まるまでの四方山話をしたら『そいつは面白い』って言い出して、そこから

沢村を主人公にした物語を書くことになった」（野口修）

梶原はまず、この年の十月に『別冊少年マガジン』（1968年11月号）で『キック魂（だましい）』という読み切り漫画を手掛けた。作画の古城武司とは、その前から『偉大なる王』『忍者柴田』（いずれも『週刊少年マガジン』）を手掛けるなど、気心の知れた漫画家だった。

翌年一月から『少年画報』（1969年2月号）にてスタートさせたのが『キックの鬼』だった。相棒となったのは、同じく梶原と対等に付き合える稀少な漫画家の中城けんたろうだった。

この作品で梶原一騎は、沢村忠を主人公に据え、野口修、斎藤天心、遠藤晴大、寺内大吉、サマン・ソー・アディソン、ポンチャイ・チャイスリヤなど、実在する人物を登場させ、沢村の自伝的サクセスストーリーに仕上げている。

梶原はこれと同時期に『週刊少年キング』で、『キック魂（ガッツ）』の連載も並行して行っている。余程、沢村忠のキャラクターを気に入ったのだろう。

改めて『キックの鬼』全巻に目を通した。

祖父に鍛えられた幼少期。野口修との運命的な出会い。快勝を収めたラクレー戦。惨敗を喫したサマン戦。過酷な山籠もり。強敵を次々に打ち破った真空飛び膝蹴り。ルンピニースタジアムでのポンチャイとの死闘……。

実在するヒーロー沢村忠が現実と同時進行で、猛練習を積み、野口修や遠藤晴大ら仲間と助け合い、タイから乗り込んで来る強敵を倒す。読者はこれに一喜一憂した。

現実と創作をシンクロさせるドキュメンタリー的手法は、この二年後に『週刊少年マガジン』で始まる『空手バカ一代』や、のちの「格闘技ブーム」の火付け役となる『四角いジャングル』でも見られる。『キックの鬼』は、その最初期に列なる作品と言っていい。

や……やらせてください

『キックの鬼』の連載が始まると、野口プロモーションには地方のプロモーターからの問い合わせが殺到するようになる。

そこで野口プロは、演歌歌手を多数所属させていた日本芸能社（のち六本木オフィス）と業務提携を結び、地方興行の開催を委託した。一九六九年冬季の日程は次の通りとなる。

後楽園（一月四日）、横浜（七日）、名古屋（十九日）、川崎（二十一日）、静岡（二十七日）、後楽園（二月十五日）、福島（十六日）、新潟（二十五日）、宇都宮（三月二日）、山形（六日）、後楽園（九日）、福山（十五日）、後楽園（二十三日）、横浜（二十五日）、盛岡（二十八日）。

沢村忠はこれらすべての大会に出場し、行く先々でタイ人をなぎ倒した。子供たちは大喜びである。

『キックの鬼』に、沢村忠と遠藤晴大のやりとりとして次のような場面が出てくる。

《「沢村よ　おかあさんも心配している　つぎのしあいは」

「……わかっています　しかし　試合を放棄するわけにはいきません」

「しかし沢村……　試合は3日後の1月7日だぞあまりにも日がなさすぎる　回復もむりだ」

「いや　やります……ぼくたちだけのかんがえや事情でひきのばすわけにはいきません」

「カンワンプライにも話をつける……試合をのばそう沢村！　そのからだでは　試合はむりだ」

「や……やります……死んでも　ぼくの試合を心まちにしてくれる横浜のファンのためにも絶対に戦わねば　や……やらせてくださいっ」（『キックの鬼2　猛虎編』梶原一騎原作・中城けんたろう漫画／道出版）

「地方興行はどこも満杯。それは漫画にもある通り。沢村にダメージが残ったのも事実。だから試合後は、氷で身体を冷やした。徹夜で冷やした。次の興行にも出てもらわないと困っちゃうから、必死だったよ」（遠藤晴大）

テレビのレギュラー中継に始まり、漫画連載、地方興行……野口プロの台所は一気に潤った。それらはすべて、沢村忠の奮闘によって実を結んだものと言っていい。

しかし、この人気を、他のプロモーターが指をくわえて見過ごすはずもなかった。

協同企画

一九六八年九月十五日、後楽園ホールで「タイ式ボクシング無料公開試合」という大会が開かれた。

全四試合すべて5ラウンドで行われ、前座試合は日本人同士の試合が二試合組まれた。

セミファイナルは、空手家の曽我康行がタイのポンノオーイ・カチャーピチットと戦い、2ラウンド2分19秒、ポンノオーイがKO勝ちを収めた。

メインイベントは、同じく空手家の嵐五郎が、タイのクンスク・カチャーピットを相手に、3ラウンド終了間際に左右のパンチを炸裂させ、KO勝ちを収めている。「観衆は興奮のるつぼ」と翌朝のデイリースポーツは報じる。

嵐五郎と曽我康行の二選手は、沢村忠や藤本勲の所属する目黒ジムの所属選手ではない。野口プロモーションとは無関係の「協同ジム」の選手と発表された。

三日後、次のような記事が載った。

《キック戦争　日本テレビが切り込み　一月レギュラー放映　息まく協同企画　野口プロ（TBS側）は静観（中略）

日本テレビは来年一月からキックのレギュラー中継を決め、近く公表する。（中略）

試合を提供するのは、東京12チャンネルと共催でいまローラーゲーム（サンダーバード対デビルス）を行っている協同企画（嵐田三郎社長）。すでに文京区小石川に協同ジム（責任者簗木隆）を設立。選手を養成中。

いまのところ選手12人、練習生8人の小所帯だが、嵐田社長は「近く公募する」という。また選手のレベルアップのため十月十日には技術指導も兼ねている簗木氏と青山二郎、曽我康行、隼太郎3選手をタイ国へ送り、相当期間修業させる。来年一月から当分は月二回試合を行ない、日本テレビはVTRで収め、三、四回に分けて放映の予定。（中略）

来年一月から野口、協同両プロモーションの試合に、TBS、日本両テレビの放映合戦がからまり、キックファンは忙しくなりそうだ》（昭和43年9月18日付／デイリースポーツ）

記事にある「協同企画」とは、戦後すぐ進駐軍専用クラブで通訳をしていた、永島達司が起業した音楽興行会社である。

ＧＩ向けにジャズミュージシャンを斡旋していた永島は、コンサートの開催に活路を見出し、ナット・キング・コール、ベンチャーズ、スプリームス、ルイ・アームストロングなどの海外の有名ミュージシャンを招聘。二年前にはビートルズの日本公演を成功させていた。現在の社名は、株式会社キョードー東京である。

協同企画が音楽の次に目をつけたのが、スポーツイベントだった。

記事にあるように、アメリカの西海岸で流行していたローラーゲームを日本に紹介し、この年の四月から東京12チャンネル（現・テレビ東京）でレギュラー放映を行っていた。

そこで、スポーツ部門の責任者である嵐田三郎が次に狙いを定めたのが、ＴＢＳで放映の始まったキックボクシングだった。

飛び前蹴りの達人

話は二年前の一九六六年にさかのぼる。

赤坂で遊び回っていた大学生がいた。友達と酒を酌み交わし、懐が寂しくなれば「白タク」をやって小遣いを稼いだ。喧嘩も日常茶飯事だった。

噂を聞きつけた協同企画幹部の内野二朗に、「ウチで働かないか」と誘われた。仕事は海外ミュージシャンの送迎というが、実際は体のいいボディガードだった。内野は学生の腕っぷしを買ったのだ。

この学生こそ、極真空手において「飛び前蹴りの達人」と畏怖された神村榮一だった。

大学とボディガードの二重生活を送った神村だったが、大学二年生のとき転機が訪れた。

一九六五年にスタートした、日本テレビの情報番組『11ＰＭ』の初代プロデューサーである後藤達彦が、慶大時代の同級生の嵐田三郎に「ＴＢＳでキックボクシングってやってるだろう。あれ、お前の会社でやれるんなら、ウチで流すよ」と持ち掛けた。

「俺のところは音楽会社だぜ」と嵐田が断ろうとしたところで、神村のことが脳裏をよぎった。

「あいつ、空手やってたって言ってたなあ」

早速、嵐田三郎は「お前、キックボクシングって知ってるか」と神村に尋ねた。

「もちろん知っていた。リキ・パレスの興行は観に行ったし、沢村忠の試合も観ていた。

正直言うと、沢村にはかなり驚いた。大袈裟じゃなくて衝撃が走った。今でこそ蹴りって脛を使って蹴るんだけど、当時は極真でもどこでも脛で蹴る発想がない。実はあれは、沢村忠が広めたものなの。本当だよ。今だから言うけど。

一番驚いたのはハイキック。日本人でハイキックを初めてやったのも沢村。タイ人に教わったと思うけど、完璧にマスターしていた。今考えても凄い。芦原英幸が足技に磨きをかけたのは、実は沢村忠の影響だったりするしね」（神村榮一）

嵐田は「もし、ウチでキックボクシングをやることになれば、お前手伝ってくれるか」と訊いた。

キックボクシングに夢中になっていた神村に、断る理由などあろうはずもない。

「永島さんも嵐田さんも内野さんも、格闘技なんて全然詳しくないわけだから、俺が深く関わることになる。『是非やらせて下さい』って言った。それで大学を中退して、正式に社員になった」

協同企画のキックボクシング参入は、学生アルバイトの神村榮一の存在が決め手となったのだ。

協同企画の動きが露顕するのは、一九六八年初頭である。つまり、その前年から動き出していたことになる。神村が大学を中退したのが一九六七年というから辻褄も合う。

六八年二月には、日本テレビが管理していた小石川の田辺ボクシングジムを「協同ジム」と改称して本拠地としている。

選手は、神村が古巣の極真の道場生に声をかけて集めた。前出の嵐五郎は、神村の誘いに応じてやって来たのだ。

「嵐五郎」とは、嵐田三郎と内野二朗の、名前の数字を足して命名されたリングネームである。その正体は、極真復帰後の一九七三年に第五回極真全日本王者となり、第一回世界大会では準優勝。極真会館最高顧問をへて、現在は「極真空手道連盟・極真館」を主宰する盧山初雄である。
九月四日にはタイから七選手が来日し、翌日、マスコミを集めての公開練習を行った。七日には午後十時半からの日本テレビの生放送『木島則夫ハプニングショー』に出演しデモンストレーションを行っている。そして、前記の無料公開試合となる。
「ウチの選手もだいぶ腕を上げてきたし、まだ日本テレビさんの放映まで三カ月も期間があるので、その間猛練習をやればファンにいいカードを提供できると思う」（嵐田三郎／昭和43年9月18日付／デイリースポーツ）
選手育成の急務を訴えた嵐田三郎だったが、実情はそうではなかった。

亡霊

「協同がキックに参入した頃、ウチの選手は片っ端から声をかけられました。引き抜きです。デビュー前の練習生に至っては、かなり動きました。

私にも声がかかりました。『一試合二万円出す』と言われたんです。当時私のファイトマネーは、一試合一万円。大学生の初任給が一カ月三万円の時代なので好条件でした。資金力は向こうの方が全然上だったんです」（藤本勲）

『ゴング』（1969年2月号）によると、日本ライト級王者の斎藤静夫やヘビー級の斎藤天心にも誘いの手は伸び、《二人とも協同ジムへの移籍を決断した》とある（その後、斎藤天心は撤回）。

「二つの団体がいい意味の競争をした方が成長が早い」（昭和43年9月18日付／デイリースポーツ）と、殊勝なコメントを残した嵐田だが、実際は潤沢な資金を背景に、野口プロを潰そうとしていたのだ。

程なくして、四年前のバンコク決戦に出場した藤平昭雄も、神村の誘いに応じて極真会館を離れ、協同ジムへの参加を表明した。リングネームは「大沢昇」。沢村忠を意識して命名されたのは間違いないだろう。

神村榮一は、日本拳法空手道の道場生にも参加を呼びかけた。創始者の山田辰雄は前年に他界しており、参加は個々の自由に任された。すなわち、選手の草刈り場となっていたのだ。

もともと、極真空手と日本拳法空手道という、実戦空手の二大流派の協力を得て、キックボクシングを船出させようとしていた野口修にとって、敵として現れた彼らは、亡霊のようなものだった。

「嵐田の野郎は、今思い出しても腹が立つ」

晩年になっても、野口修は声を荒らげた。

「あるナイトクラブで、嵐田と出くわしたことがあった。あいつがホステスに、『キックボクシングは俺が創った』とか抜かしやがったから『何を言ってんだてめえ』ってぶん殴ってやろうとした。ボーイが止めたんだよ」

実際にそういうことがあったのかもしれないが、直接本人に怒りをぶつけたのなら、キック参入を止めさせてもよかったのではないか。なぜなら、関係者の多くは、嵐田に対し怒りをあらわにしていたからだ。

「こうしてちゃんとキック・ボクシングを統括する機関があるんだから、やるならやるであいさつがあっていいはず。一本にまとまった方がお互いつごうがいいはずなのに」（遠藤進丈／昭和43年9月18日付／デイリースポーツ）

「そりゃいいたいことは山ほどある。たとえばキック・ボクシングという名称。それは野口プロモーションが考案したものでそこと独占契約を結んでいるウチ以外は、商道徳からいって使えないものだ」（TBSテレビ運動部長の鶴田全夫／『ゴング』1969年1月号）

TBSテレビで実況を務めた石川顕は、今もこの件について首を捻る。

「『サンデースポーツ』で紹介してレギュラーが決まった途端に他局もやる……筋が通りません。

私は一介の若手アナでしたが、部会で何度も発言しました。でも、他局でも流すことを認めたんです。修さんの判断です。TBSが何を言っても、決定権は修さんが持っていましたから。

修さんは優秀なビジネスマンですよ。そんな人が商標登録を知らないはずがない。商標を押さえたら協同企画は手も足も出ない。なぜ、そうしないのか、不思議で仕方なかったです」

このとき野口修が、周囲の関係者の不満に少しでも耳を傾けていれば、その後、団体が分裂を重ね、細分化する、不毛な歴史は辿らずに済んだと筆者は思う。

なぜ、野口修は、協同企画の参入をあっさり許したのか。

バレなきゃいい

豊富な資金を背景に旗揚げした、協同プロモーションだったが、TBSがそうだったように、テレビの解説者の人選には頭を悩ませていた。

そこで、TBSで解説をしていた寺内大吉を引き抜こうとしたが「馬鹿にするな」と一喝された。となれば適役を捜すしかない。

この頃、日本テレビ制作部に所属するディレクターで、やはり『11PM』を担当していた赤尾健一にも、「誰かいないか」と注文が回って来た。「この際、有名無名は関係ない」という。

それに対し、「一人よさそうなのがいます」と赤尾は答えた。高校時代のクラスメイトに大のボクシングファンがいたのだ。

そのクラスメイトは、ボクシング好きが高じて、四回戦ボーイだけ集めて興行を打ったり、自身もグローブをはめて、マニラやホノルルで試合をしたりと、かなり風変わりな男だったが「解説にうってつけだ」と赤尾は思った。

「あいつなら弁も立つし知識もあるから、うまくやれると思った」と、現在『世界の果てまでイッテQ！』など日本テレビ系列の人気番組を手掛ける制作会社「日企」の創業者にして、取締役会長の赤尾健一は、電話で筆者の問いに答えた。

知名度は直木賞作家の寺内大吉に遠く及ばないが、三十代と若いし、専門的な知識は申し分ない。後は本人の了解を得るだけだ。

ただし、一つだけ問題があった。

そのクラスメイトは、稲川会系小金井一家に籍を置く現役のやくざだったのである。

赤尾が上司の後藤達彦に事情を話すと、「バレなきゃいい」と後藤は言った。後日、赤尾は小金井一家の事務所まで出演交渉に赴いた。

「今度さ、ウチでキックボクシングの中継が始まるんだけど、解説をやってくれないか」と赤尾はクラスメイトに話した。

「俺なんかをテレビに出したら、まずいんじゃないの」

「バレなきゃ大丈夫だって」

ということで、一九六九年一月九日からスタートする日本テレビのキックボクシング中継は、現役の暴力団員である安部直也が解説席に座ることになった。彼こそ、この十七年後に自伝的小説『塀の中の懲りない面々』（文藝春秋）がベストセラーとなる、のちの安部譲二である。

以前にも触れたように、野口修と絶縁状態にあった彼は、敵対する団体側に立って、黎明期のキックボクシングに関わったのだ。

「忘れもしない一回のギャラは一万五千円。大卒の初任給が三万くらいだったたから、そう悪くないんです。寺内先生がＴＢＳからどれくらいもらっていたかは知らないけれど。

日テレでやっていたキックボクシングは、協同企画の音楽の人脈をフル稼働させていました。例えば、協同ジムでトレーナーをやっていたレジーさん（レジナルド一ノ瀬）のお兄さんは、ダド・マリノの代理人だったハワイのサム一ノ瀬。それも、永島さんのズージャ（ジャズ）のルートから引っ張って来たんだしね。

永島さんは修なんかより、全然格上のプロモーターですよ。比べものにならない。ビートルズを日本に呼んだ人だもん。そういう会社が『俺たちもキックをやるぞ』って乗り込んで来たってことだから」（安部譲二）

＊

筆者は生前の野口修に「なぜ、キックボクシングを商標登録しなかったんですか」と何度も尋ねた。そのたびに「商標登録くらいしているよ」と彼は言い張った。

霞が関の特許庁に出向いて確かめると、なるほど「キックボクシング」に関連した登録は十数件出てきたが、団体名だったり商品名だったりと、競技そのものではなかった。出願者の中に野口修の名前を見つけることはできなかった。つまり、商標登録はしていなかった。

石川顕も指摘するように、野口修が商標登録を知らなかったとは考えにくい。

「何か事情があるのではないか」と睨んだ石川は、一度、母の里野に質したことがあった。すると「皆さんにはお世話になっていることで……」と言い続けて、理由を明言しなかったという。
「皆さん」とは一体誰を指すのだろう。

夜の昭和史

赤坂見附の交差点から、溜池方面に200mほど進むと、地上三十八階、地下三階からなるプルデンシャルタワーが、界隈を睥睨するように聳え立っている。

昭和の時代、ここに建っていたのが、地上十階建てのホテルニュージャパンである。

一九八二年二月八日未明に発生した火災で全焼したが、地下のナイトクラブだけは奇跡的に災害を免れ、八九年まで営業を続けた。

そのナイトクラブこそ、ニューラテンクォーターである。「ニュー」が付くのは、もともとこの場所に、ラテンクォーターという進駐軍専用のクラブがあったからだ。

一九五九年十二月十四日にオープンしたニューラテンクォーターは、同じく赤坂にあった、コパカバーナと並んで、各界の著名人や政財界の大物が集う夜の社交場だった。

力道山が刺された現場でもある。

ここの売りの一つに、エンターテイナーの生のステージがあった。アール・グラント、ルイ・アームストロング、サミー・デイビス・ジュニア、ダイアナ・ロス、越路吹雪、江利チエミ……国内外の一流スターがこの店のステージを踏んだ。

そのブッキングを担当していたのが、協同企画だった。ニューラテンクォーター社長、山本信太郎の著書にはこう記されている。

《ミルス・ブラザース、ナット・キング・コールなどほとんどが協同企画（のちのキョードー東京）の永島達司氏、内野二朗氏、嵐田三郎氏らの絶大な協力で、次から次へと海外からの一流ミュージシャンの出演が実現した。（中略）

三氏とはとてもウマが合い、私たちはすぐに意気投合した》（『東京アンダーナイト——〝夜の昭和史〟ニューラテンクォーター・ストーリー』山本信太郎著／廣済堂文庫）

ここで看過できないのは、ニューラテンクォーターの経営陣である。

前身のラテンクォーターの社長は、岩宮尊なる人物だが、経営に参画した野上宏はニューラテンクォーターでも顧問職にあり、どちらの経営にも携わった吉田彦太郎は、終生、児玉誉士夫の片腕だった人物にして、山本信太郎の叔父にあたる。岩宮も野上も吉田も、児玉機関の一員として、戦前から上海で活動していた。

ニューラテンクォーターで営業部長を務めた諸岡寛司は、自著『赤坂ナイトクラブの光と影――「ニューラテンクォーター」物語』（講談社）で、旧児玉機関がニューラテンクォーターの経営に携わっていたことを明かしている。

嵐田三郎の生前の証言がある。旧児玉機関との関係に言及している。

「木造の二階建てで、それでもけっこう大きなものでしたよ。その一階が吉田彦太郎さんの事務所で、われわれは二階にいて興行の仕事をしてたんですよ。（中略）

いろいろな連中がやってきて、最初は威勢よく入ってくるんだけど、一階には吉田さんの息のかかった児玉機関の上海の暴れん坊がたむろしてるってですからね。（笑）。（中略）

それで（やくざが）来るには来るんだけど、こいつはどうも様子がおかしいっていうことで、一階のところでみんな帰っちゃうんですよ（笑）」（『東京アンダーナイト――〝夜の昭和史〟ニューラテンクォーター・ストーリー』山本信太郎著／廣済堂文庫）

創業当時の協同企画が、旧児玉機関といかなる関係にあったか、容易に察しがつく。

＊

何度か述べてきたように、児玉誉士夫と野口家は切っても切り離せない関係にあった。

上海で興行会社を興したのも児玉の要請だったし、「ポーン・キングピッチ対野口恭」の世界戦の際も、児玉は興行を側面から支えた。

しかし「戦後最大の黒幕」と畏れられた児玉誉士夫とつながっていたのは、もちろん、野口家だけではない。関係性だけで言えば、協同企画の方が近かったはずだ。

協同企画のビジネスが拡がれば、児玉の懐に更なる大金が転がり込む。その際、野口家の長男を黙って従わせることなど、児玉誉士夫にとって、些細な問題にすぎない。

すなわち、野口修が「キックボクシング」を商標登録しなかったのは「知らなかった」のでもなければ「怠っていた」のでもない。

意図的にしなかった。できなかったのだ。

野口家をこれまで守ってきた右翼人脈までが、敵として立ちはだかってきたのである。

今頃打ち明けてなんになる

「一九六二年五月、弟さんとポーン・キングピッチの世界戦の際に、チケットを大量に買ってくれたり、スポンサーを紹介してくれたりしたのが、児玉誉士夫だったという話でした。では、キックボクシングを立ち上げてからも、交流は続いたんですか」

「もちろん。リキ・パレスでやったときも切符をたくさん買ってくれたし、東京都体育館のときも随分と応援してもらったね」

「ということは、この頃も付き合いはあったんですね」

「あったも何も、付き合いは生涯続いたよ」

「ロッキードの頃も？」

「あんなの児玉さんにとって、たいした問題じゃなかったと思うよ」

「そうですか。ところで、昔、赤坂にニューラテンクォーターというナイトクラブがありましたが、行かれたことはありますか」

「もちろん」

「あるんですね」

「何度もあるよ。あそこの社長の信太郎さんとは親しくさせてもらっていたよ。私が姿を見せると、『野口さん、ようこそお越し下さいました』って歓迎してくれて」

「何度も足を運んでいると」

「それこそ、児玉さんと一緒に行ったこともあったよ」

「おっ」と思った。自ら核心に迫って来たのだ。

「ならば話は早い。そこで協同企画の永島達司や嵐田三郎と会ったことはありませんでしたか」

「……どうだったかねえ、憶えてないね」

「憶えてないということは、あった可能性も含むということですか」

「昔の話だからねえ」

「何が訊きたいかというと、協同企画がキックボクシングに参入して来たとき、易々と許すべきでないというのが、創業者としての本来の姿勢だと思うんです。

それか、一ジムとして野口プロに加盟させるか。しかし、そのどちらでもなく、協同企画も『キックボクシング』を名乗って別の団体を興し、競合相手になっている。理解できません。なぜ、彼らにキックボクシングという名称を使わせ、好き放題に興行を打つことを許可したんですか」

すると、野口修は視線を宙に浮かしながら、ゆっくりと口を開いた。

「それは、キックボクシングを世界に広めたいと思ったからだよ。私一人で独占したら、広がりはたかが知れている。ライバルがいた方が、世間に浸透するでしょう」

「嘘が下手すぎる」と思った。どこの発明家が、自分の発明品を世間に浸透させるために、他人に無条件で使用許可を出すのだろう。

「矛盾していますね。もし、そうなら、手を携えてやるべきでしょう。実際はそうではない。選手を引き抜かれて、興行戦争を仕掛けられて、挙句に会場を使用させないように営業妨害までされています。そんな相手に自分が創ったキックボクシングを託すなんて、とんだお笑い種です」

老人相手にきつい言い様と思ったが、相手が感情的に反応すれば、事実を引き出せるかもしれないと考えた。しかし、彼は乗って来なかった。

「それで児玉誉士夫ですよ。ニューラテンクォーターにとっても、協同企画にとっても、野口家にとっても、児玉誉士夫は後見人的な立場にありました。それは認めますね」

「一体、何が言いたいの？」

「協同企画がキックボクシングを始めるにあたって、児玉本人から『協同にキックを使わせてやってくれ』みたいな依頼があったんじゃないですか。児玉の依頼なら断りようもない。そうではないですか」

そう言うと、彼は即答せず、煙草に火を点けて紫煙を燻らせた。「今頃打ち明けてなんになる」と顔に書いてあった。

沈黙が続いた。五分は経っただろうか。筆者も携帯電話を操作しながら、黙って珈琲を飲んでいた。公園の木の葉が涼しげに揺れていた。

　半ば諦めていたら、突然、野口修が口を開いた。

「児玉さんに言われたのよ」

「……何をです？」

「協同の傘下に入ったらどうだって」

　初めて聞く話だった。

「なんて答えたんですか」

「もちろん、断ったよ。『キックボクシングを創ったのは私ですから』ってね」

「……」

「『ここまで苦労して苦労して、やっとテレビがついたところで、いくら児玉さんのお話でも呑むわけにはいきません』って」

「それで……」

「散々説得されたけどね。俺は嵐田のことは気に喰わなかったけど、たっちゃん（永島）は知らない間柄でもなかったから。でも、理屈が通らないでしょう。じゃあ『それぞれ邪魔しないでやろう』ってことだけ確認して手打ちになった」


あながちでたらめとも思えなかった。証言通りなら、彼にとって屈辱的な条件だからだ。

　安部譲二も言うように、協同企画と野口プロでは会社の規模が違いすぎる。「軍門に降るように迫られたのは、野口プロの方だった」というのは納得のいく筋である。

　児玉誉士夫にすれば、「相応のポストを用意するから、協同企画の傘下に入って協力しながらやってはどうか」と勧めたということだ。

　親心のつもりだったのかもしれない。その選択をする経営者もいるだろう。大企業が発明家や創業家を併呑する話は、珍しくないからだ。

　しかし、野口修は自主独立にこだわった。

「なんで協同企画に使用許可を出したんだ」と反発する遠藤進丈や石川顕ら周囲の関係者に、理由を明言しなかったのも、プライドが許さなかったからとすれば納得がいく。

　嘘をついて回答をぼかそうとしたのも、思い出したくない過去だったからだろう。

「それもこれも、昔の話だけどね」

　修は折るように煙草を消した。

第二の沢村

一九六九年一月九日、木曜日の夜八時から一時間番組で始まった日本テレビの新番組『キックボクシング』だが、初回放映分の視聴率が13・7％。一月三十日放映分で早くも15％を超えて、二月二十日には、最高となる16・3％を弾き出した。

冬クール（一月〜三月末）の平均視聴率は14・5％と、上々のスタートを切った。

対するTBS『YKKアワー・キックボクシング』は、一月二十日放映分で初の20％超えをはたし、冬クールの平均視聴率は16・7％と、どうにか面目を保った。

しかし、深刻な問題が生じていた。

エースの沢村忠は、前年秋からの地方興行すべてに出場し、年末年始は大阪、東京、仙台、東京、横浜と試合を重ねた上に、ドラマ撮影やイベント出演などの過密スケジュールで、疲労は限界に達しつつあった。

「いくら勝敗の決まった試合でも、ダメージは残ります。パンチも実際に打つわけだから、技術を磨いてないと、もらってしまう。ある大会ではアッパーを不用意に食ってしまって、意識朦朧となりながら、やり切ったこともありました。

沢村さんが出ないことには興行は成立しない。地方のプロモーターだって沢村さんを目当てに興行を買うわけです。だから、あの頃の沢村さんは、本当にきつかったと思います」（藤本勲）

番組プロデューサーの森忠大は野口修に「第二の沢村を早く作ってくれ」と要請した。

しかし「第二の沢村」は皮肉なことに、日本テレビに現れた。

《キックボクシングにド偉い新人が現れた。昨二十二日の後楽園ホールはこのド偉い新人錦織利弘の好ファイトに沸きに沸き返った。（中略）

相手の古参ゲトーン・ルークパカノンは83戦、キャリアの差では雲泥の差だが、このゲトーンを錦織は押しに押しまくった。

ゴングとともに飛びヒザ蹴りを一発、バック蹴りと連続技でファンのド肝を抜いた。

いままでデビューでこんな大技を使った新人はいない。飛びヒザ蹴り、バック蹴りはともにキッ

ク界では最高級技に属するのだ。（中略）

ファンが驚くのも当然、この錦織がかくれた秘密兵器だったのだ》（昭和44年3月24日付〔23日発行〕／東京スポーツ）

日本拳法空手道の錦織利弘である。

「神村さんから声がかかって、断る理由がなかった。それに、野口さんとは因縁があったでしょう。本当なら自分は、旗揚げの大阪から野口プロのリングに立っていたはずなんだから。

ただ『第二の沢村』って呼び名に違和感はあった。自分の方が早くからグローブを始めているし、自分の試合は全部真剣勝負ですよ。『同じものと思われたくない』とは思った」（錦織利弘）

リングネームを「錦利弘」と名乗り、連勝街道を走った彼は、「鉄腕錦」「やっちゃ場のヒーロー」と呼ばれ、協同プロのエースに躍り出る。

その人気は視聴率にも表れた。TBSのキックボクシングが9・0％と、初めて二桁を割ったのと同じ週の四月十日、日本テレビは13・5％とTBSを早くも追い抜き、四月の第四週目も、TBSが11・4％だったのに対し、日本テレビは14・0％を記録している。

巨人戦のナイター中継で流れることも多かったにもかかわらず、一九六九年春クールにおいては、日本テレビ『キックボクシング』（平均視聴率12・1％）がTBS『YKKアワー・キックボクシング』（同、11・8％）を平均視聴率でも抑えている。

「自分は人気を意識したことはないんです。積極的な試合を心掛けただけ。そしたら自然と沸いてくれた。いいパンチで倒れたこともありました。向こう（TBS）はそういう試合は少なかったから、新鮮に映ったんでしょう」（錦織利弘）

ワールドキックボクシング

奇妙な試合があった。

一九六九年一月七日に横浜文化体育館で行われた「沢村忠対カンワンプライ・ソンポーン」の一戦がそれである。

前年十一月に来日したカンワンプライは、これまでのタイ人と同様、五反田の選手寮に滞在しながら、日本人選手と試合をこなしてきた。

一九六九年一月七日の夜、カンワンプライは、沢村忠と二度目の試合を行った。再び負け役を演じることにほかならず、本人もそれを承知の上でリングに上がったはずだ。

1ラウンド。カンワンプライのローキックが、びしびし当たる。対する沢村は動きが悪く、パンチもキックも当たらない。2ラウンドには「どうした」「もう勝負をつけていいぞ」といった野次が飛ぶ。

異変が起きたのは3ラウンドである。

沢村が早々に真空飛び膝蹴りを繰り出した。この必殺技がカンワンプライに炸裂し、試合は終わる。――はずだったが、カンワンプライは、それをかわした。

沢村はもう一度飛ぶが、それもかわされた。

「真空飛び膝蹴りは、沢ちゃんの運動神経はもちろん、受ける人のセンスも関係あります。上手な人なら一発で受けます。そうでない人もいますが、だいたい二発目で当たります。後でマネージャーに怒られますから、受ける方も大変。アマチュアこまできません」（ウクリッド・サラサス）

しかし、カンワンプライは、その二発目もかわしたのである。沢村は2ラウンドだけで四度も飛んだが、いずれも空を切っている。

異常事態と言っていい。

《観客の声援を受けて沢村は飛ぶが、そのつど空を切らされてキャンバスにどしんとしりもちをつき、その繰り返し、あわれなほどだ》（昭和44年1月8日付／デイリースポーツ）とあるが、沢村自身、何が起きているか、理解できなかったのではないか。

それでも4、5ラウンドと手を出し続けた沢村の姿から、突然のリアルファイトに戸惑いつつ、挽回しようと試みる姿勢が窺える。

しかし、結果は沢村の判定負け。三年前のサマン・ソー・アディソン戦以来の敗北を、スポーツ紙は一面で大々的に報じた。

決められた結末を一方的に覆す行為を「ブック破り」と呼ぶのは、二〇〇一年刊行の『流血の魔術 最強の演技――すべてのプロレスはショーである』（ミスター高橋著／講談社）から広まった隠語だが、カンワンプライの行為は、ブック破りそのものだった。

これだけでも大問題なのだが、さらなる事件が起こる。

試合を終えたカンワンプライは、同じく目黒ジムに所属するバイヨク・ボーコーソー、トムチャイ・ジンナロン、ピサダン・ラートヤモルら、タイ人の同僚たちと五反田の寮から脱走し、姿を消してしまうのである。

二カ月後、スポーツ紙に次の見出しが躍った。

《NETが四月からキックボクシング中継も検討》（昭和44年2月28日付／スポーツニッポン）

TBS、日本テレビに続いて、NET（現・テレビ朝日）もキックボクシング参入を決めたのだ。

新番組のタイトルは『ワールドキックボクシング』。毎週日曜午後六時半からの三十分番組だという。

驚くことに、会見の席に、目黒ジムから脱走したタイ人が姿を現した。

「彼らはTBSがいやで飛び出し、このたびウチと専属契約を結んだ」（『ゴング』1969年6月号）という、NET運動部の社員のコメントがある。

つまり、タイ人はNETに引き抜かれたのである。

前年の暮れには内応していたと見てよく、例の「ブック破り」もNET運動部の入れ知恵なのだろう。「沢村に勝った」という戦歴は大きな売りになるからだ。

「ちょうどこの頃、日本プロレスをウチも流すという話が決まっていて、俺がプロデューサーを任されることになっていた。

そしたらある日、営業の社員が『プロレスのスポンサーが、キックも始めるなら枠ごと買うって言ってる』って言い出した。営業も編成も大喜びだわな。それで、プロレスと同時スタートの兄弟番組ということにして、『ワールドプロレスリング』と『ワールドキックボクシング』と名付けた。プロデューサーも俺が兼任した。

でも、俺は全然気が進まなかった。だって、キックは修が始めた商売だよ。あいつがウチの契約を切られて、そこから、やっとここまで持って来たんだ。バツが悪いだろう。

八百長破りのタイ人？　引き抜き？　そんな話は全然知らない。キックは下の連中に現場を任せていたからノータッチだった。でも、それが本当なら、馬鹿なことをしたもんだね」（当時、NET運動部長だった永里高平）

四団体時代

『ワールドキックボクシング』の旗揚げには、実は大山倍達の意向が強く働いていた。

大山倍達は野口修と袂別したのち、自分で新団体を旗揚げしようと画策していた。主力選手には、当然、極真門下生を充てようと考えた。

しかし、そのプランを先に実行に移したのは、協同企画に入社した神村榮一で、結果、協同ジムには多くの道場生が集った。目論見の外れた大山倍達の不満が、NETと組んでの旗揚げの動機となったのは間違いないだろう。

「それからバイタツ（大山倍達）と会うようになった。『弟子が大勢いるから戦力はなんとかなる』って言ってた。実際、何人か会った。解説席に座ってもらったし『私がいる限り、野口には手出しさせない』とも言っていた」（永里高平）

四月十五日、大田区体育館で旗揚げ興行を行ったワールドキックボクシングは、メインイベントに「添野義二対カンワンプライ・ソンポーン」という一戦を組んだ。

三カ月前、沢村忠を判定に下したカンワンプライである。ここで添野が勝てば一気に「沢村超え」となったが、結果は添野の判定負けに終わった。

十日後、同じく大田区体育館で行われた旗揚げ第二戦において、打倒カンワンプライの二番手に指名されたのが、山崎照朝だった。

空手の構えを見せた山崎照朝は、タイ式ボクシングのリズムに、まったく付き合わず、開始一分すぎに左の前蹴りを叩き込み、わずか1ラウンド1分33秒でKO勝ちを収めている。

「沢村忠が『タイ人には前蹴りが効かない』と言うから、俺は絶対に試したかったんだ。普通は『効かない』と言われたらその技を避ける。俺は逆。極真空手は違う。相手が一番得意なものを砕き、ダメだと言われることに挑むんだ」（山崎照

朝／平成25年5月10日付／東京中日スポーツ）

「沢村に勝った男に勝った」という宣伝文句が効いて、山崎照朝は一躍、ワールドキックボクシングのエースに躍り出るのである。

＊

七月には、四つ目の団体が発足する。

高松英郎、大信田礼子らが所属する芸能プロダクション「日本企画」を経営する岡村光晴が、東京12チャンネルと組んで、新団体「岡村プロモーション」を旗揚げしたのだ。

主要ジムは、極真会館を退会した黒崎健時が主宰する目白ジムである。

一九六四年のバンコク決戦において、プロモートした野口修、選手を派遣した大山倍達、自らも試合に出た黒崎健時の三人は、いずれもキックボクシング団体を立ち上げたことになる。

岡村光晴の父、岡村吾一もまた、児玉機関の一員として戦前から上海にいた。戦後は北関東の博徒を糾合し「北星会」を率いる一方、日劇（日本劇場）の顧問を務めるなど、芸能界でも力を振るっていた。当然ながら、野口家とは古い付き合いである。

かくして、キックボクシングは、空前の四団体時代を迎えたのである。業界の悪弊として、現在もなお残る団体分裂の疑問は、この歴史に解答を求めることができる。

もし、野口修が右翼の家に生まれなかったら、こうはならなかっただろう。しかし、右翼の家に生まれたからこそ、潰されずに自由競争を謳歌したとも言える。

切り換えの速さは、修の利点の一つである。今こそ発想を変える以外ない。

彼らが同じ土俵に立った以上、やるべきことはただ一つ。

叩き潰して、さっさと追い出すことだ。

第十八章　八百長

テレビ番組の成否は、視聴率によって判断される。視聴率が高ければ番組は長く続く。低ければ失敗と見なされ打ち切られる。

視聴率が重視されるのは、企業にとって、番組をスポンサードするかどうかの判断基準になるからである。

視聴率の高い番組には多くの協賛企業が列なり、たくさんのコマーシャルが流される。テレビ局が潤うのはもちろん、番組の制作費は拡充される。

高額なギャランティを要する大物がブッキングされ、スタジオには豪華なセットが組まれ、海外も含むロケーションの渡航費に回される。出演者のみならず、制作会社、構成作家など、外部スタッフに支払われる人件費も加増される。関係者が血眼になるのは当然である。

一九六九年に発生した「キックボクシングの多団体化」は「戦後右翼のシノギ」という実態もさることながら、視聴率に躍起になる、テレビ局の思惑も大きく影響していた。

『東急サンデースポーツ』で高視聴率を獲得し、レギュラー中継を決めたＴＢＳ。

ＴＢＳを模倣して放映を始めた日本テレビ。

ＴＢＳと日本テレビの堅調が誘い水となって、スポンサーの働きかけから番組化に踏み切ったＮＥＴ（現・テレビ朝日）。

プロモーターの意向に動かされ、レギュラー中継を決めた東京12チャンネル（現・テレビ東京）。

事情は様々だが、どの局も高視聴率を欲していたことは間違いない。大物俳優や人気歌手がいるわけでもなく、特別なセットや法外な衣装代を必要としないのに、高い数字が見込めるのだから、こんなにうまい話はない。

この時期、ＴＢＳが野口プロモーションに支払っていた一回の放映料は四百万円（現在の価値で約千二百万円）だった。しかし、ドラマや歌番組は、その二倍から三倍の経費がかかった。各局が飛びつくはずである。

　それでも、全局で放映されたら早晩飽きられるのは必至だ。ＴＢＳ『ＹＫＫアワー・キックボクシング』で実況を担当していた石川顕は、局内の部会で幾度となく訴えた。

「全局が『キックボクシング』を名乗って、毎週一回のレギュラー中継を流せば、必ず飽きられます。そもそも、キックボクシングはウチが本家です。手立てを講じないのは不可解。止めさせる方法はないものでしょうか」

　入社五年の若いアナウンサーが抱く危機感は、多くの社員の賛同を得た。ＴＢＳの上層部は、事情を把握していたに違いないが、具体的な方策を示すことはなかった。

　ともかく、この状況を打開するには、高視聴率を連発して他局を引き離すしかない。

　ＴＢＳにできて他局にできないことは何か。

　野口修は考えた。答えはすぐに出た。

　それは、沢村忠を露出させることである。飛んで飛んで飛ばせることである。

狂騒曲

　一九六九年一月七日の横浜大会で、カンワンプライ・ソンポーンに敗れた沢村忠だったが、その後も休息は与えられなかった。

　一月は五試合、二月は三試合、三月は六試合、四月は五試合を戦い、五月に至っては、八戸（一日）、青森（五日）、福岡（十日）、熊本（十四日）、甲府（十八日）、沖縄（二十日）、沖縄（二十一日）、東京（二十四日）、高知（二十七日）、富山（三十一日）と十試合をこなし、そのすべてにおいてＫＯ勝ちを収めた。

　六月二十八日には「東洋チャンピオンカーニバル・東洋七階級タイトルマッチ」と銘打ち、キックボクシング初の日本武道館大会が開催された。メインイベントに出場した沢村は、モンコントン・スイートクン相手に真空飛び膝蹴りを決め、ＫＯ勝ちを収めている。

超満員一万二千人を集めて、武道館興行を成功させた野口修だが、ライバルを叩き潰すと決めた以上は妥協しなかった。沢村を最大限露出させるよう、野口プロの社員全員に命じている。

取材やイベントが馬鹿にならないことをよく知る沢村は、どんなスケジュールでも、嫌な顔一つせずこなした。武道館大会の翌日に、品川スイミングセンターで行われた「TBSラジオ主催・新聞少年プールの集い」でスターターを務めているのはその一例である。

八月一日には『いかす街だぜ』（東芝音楽工業）で歌手デビューをはたし、五日にはフジテレビの人気番組『スター千一夜』に出演。また、その翌週発売の芸能誌の企画では、美空ひばり邸を訪問している。

《ノックアウト率9割というスリルに満ちたキック・ボクシングは、女性上位時代のいま、若い女性の間で人気の的だが、美空ひばりは知る人ぞ知るキック・ボクシングの大ファン。特に必殺の真空とびひざげりを武器に無敵のチャンピオン沢村忠のテレビは、かかさないで見るというほどだ。

「弟の透ちゃんが前から好きだったの。それで家中が感化されちゃったのね」。

東京・赤坂のひばり邸は、時ならぬ珍客の訪問に一家あげての大歓迎だ》（『週刊平凡』1969年8月14日号）

また、フジテレビは、金井克子、由美かおる主演の秋からの新ドラマに、沢村忠のレギュラー出演を発表した。すると、TBSからクレームが入り、四話以降のゲスト出演に落ち着くという一幕もあった。

《そこでTBS側も考えた。「向こうが向こうならこっちでも……」という秘策。来春正月の新番組あたりに沢村選手主役の大ドラマを作ろうじゃないかというわけである。はじめキックの試合ができなくなるから、長期のドラマ出演は……とシブっていた当のTBSが、ドラマで対抗とは妙な話だが、これが激烈なテレビ界の内幕というものだろう》（『サンデー毎日』1969年9月28日号）

沢村人気が沸騰すると、他局との差が次第に開き始める。

日本テレビ『キックボクシング』は、錦利弘が

「電光回し蹴り」で奮闘したが、巨人戦のナイター中継で、放映時間が土曜午後に回されることが増えると、視聴率は一桁台に落ち込んだ。程なくして、土曜夜七時からの『キックボクシング』と、日曜夜七時からの『ゴールデンキックボクシング』の三十分ずつに分ける奇策に出たが、さしたる効果はなかった。

開始当初「沢村に勝った男に勝った」という触れ込みの山崎照朝をエースに、幸先のいいスタートを切ったＮＥＴ『ワールドキックボクシング』だったが、六九年春クールの平均視聴率が５・２％、夏クールが５・６％、秋クールが７・７％と一度も二桁に届くことはなく、あまりの低視聴率にスポンサーが意欲を失うと、早々に打ち切りが決まった。

東京12チャンネル『キックボクシング中継』に至っては、六九年夏クールの開始以降、平均視聴率は４～６％台を推移するなど、「大人気のキックボクシング」（開始当初の宣伝コピー）とは言い難い低迷ぶりである。

「そりゃそうさ、ＴＢＳのキックは判りやすかった。沢村が出てきてパーッと倒す。誰が観たって面白いし、視聴者はスカッとする。ウチや日テレは真剣勝負だから地味だもの。

無論、ＴＢＳにもガチンコの試合はあったよ。でも、そういう試合は数字を取っていない。それにある時期から、三週に一度の沢村の試合が、二週に一度、場合によっては毎週になった。沢村を稼働させたことが、彼らの勝因だった」（東京12チャンネル『キックボクシング中継』プロデューサーの白石剛達）

アニメ戦争

ＴＢＳにとって脅威だったのは、他局のキック中継より、裏番組のアニメだった。

ＴＢＳ『ＹＫＫアワー・キックボクシング』が始まった一九六八年秋、裏番組のＮＥＴでは、『魔法使いサリー』が常時20％を獲得していた。年末に最終回を迎えると、六九年一月から『ひみつのアッコちゃん』が前作を上回る人気で、視聴率は平均25％台をマークしている。

「開始当初から視聴率20％を超えた」などと語ら

れる『YKKアワー・キックボクシング』だが、少なくともビデオリサーチ社の調査では、開始一年以内に視聴率が20%を超えたのは、一九六九年一月二十日放映分（20・2%）のみである。それだけ、アニメが強敵だったということだ。

先述したように、沢村人気は少年ファンから火が点いたものだった。しかし、『魔法使いサリー』も『ひみつのアッコちゃん』も、少女漫画とはいえ、少年の根強い人気も得ていた。アニメに夢中の子供を、どうにかキックボクシングに振り向かせられないものか。

そんなとき、朗報が舞い込んだ。

『少年画報』で連載していた『キックの鬼』のアニメ化が決まったのである。

放映時間は毎週金曜夜七時から三十分。「アニメを観た子供は、実物の沢村にも夢中になるはずだ」と野口修は膝を打った。アニメにはアニメで対抗すればいい。

オープニングで流れる主題歌は、修自身が作詞を手掛けた。作曲は小林亜星に依頼し、沢村本人が歌を吹き込んだ。

行くぞゴングだ　とび出せファイト
出てくるやつは　ワンツーパンチ
ノックアウトだ　右まわしげり
いまだチャンスだ　真空とびひざげり
キック　キック　キックの鬼だ

（『キックの鬼』歌：沢村忠・少年少女合唱団みずうみ／作詞・野口修／作曲・小林亜星）

レギュラー中継開始から一年以内に、視聴率が20%を超えたのは、一九六九年一月二十日だけであることは先に触れた。

それ以降は、一九七〇年四月二十日「沢村対モンコントン」（20・5%）。五月十一日「沢村対コング」（21・1%）。六月十五日「沢村対サミンシット」（21・1%）。七月六日「沢村対ペッディトーン」（20・1%）の、四回だけである。

それが、一九七〇年十月二日から『キックの鬼』のアニメ放映が始まると、如実に数字に表れるようになる。

十月五日「沢村対モンコントン」（20・2%）。

十月十九日「沢村対サネガン」(22・3%)。十一月二日「沢村対ロッキートト」(22・6%)。十一月十六日「沢村対サネガン」(24・4%)。十一月三十日「沢村対モンコントン」(24・1%)。十二月十四日「沢村対ソンサット」(23・1%)。十二月二十八日「沢村対ファピタック」(21・7%)。

翌七一年一月四日放映分「沢村対チューチャイ」では、最高となる26・5%を記録している。

一覧からも判るように、20%を超えたものはすべて沢村忠の試合となる。では、それ以外の試合のときはどうだったか。

一月十一日放映分「丹野義彦対花形満」は17・7%。翌週十八日放映分「若葉茂対浜野和生」は17・6%といずれも20%に届かず、その翌週二十五日放映分で沢村忠が登場すると(対チューチャイ)23・5%となる。視聴者が何を欲していたのか明白だ。

この頃の裏番組は、『魔法のマコちゃん』(NET)、『赤き血のイレブン』(日本テレビ)、『のらくろ』(フジテレビ)と、NHKと東京12チャンネル以外は人気アニメが揃っていた。にもかかわらず、キックボクシングが首位に立つことも珍しくなくなったのである。

権之助坂の城

一九七〇年十月、岡村プロモーション社長の岡村光晴は、野口プロモーション社長の野口修、協同プロモーション社長の嵐田三郎に対し、「キックボクシング三団体オーナー会議」の開催を呼びかけた。

「統一に向けた話し合い」というのが開催の名目だったが、事実上の敗北宣言と見ていい。

協同プロの嵐田三郎はいち早く参加を表明したが、野口修は返答すら拒んだ。「統一」とは名ばかりで、実際は「沢村をウチに貸してくれ」ということだったからだ。

「統一なんて彼らにそんな気はさらさらなかったことは知っていた。目的は『沢村を貸してくれ』ってこと。ウチ(TBS)にも正式に要請があった。もちろん、俺も断った。

本当に統一が目的なら、最初から野口プロと一緒にやるはずでしょう。だから修ちゃんも拒んだ。

この件については、児玉誉士夫にも口出しさせないつもりだった。当時、児玉の息子はウチの営業部の社員だったしね」（森忠大）

この少し前、野口修は目黒区下目黒の権之助坂に、四階建ての自社ビルを竣工した。

総工費一億二千万円（現在の価値で約五億円）。一階と二階はジム。三階は社長室とオフィス。四階は選手の合宿所である。

「一階はガラス張りになっていて練習がまる見え。社長のアイデアでした。ファンが観に来て、ビルの前がごった返すんです。もちろん、みんな沢村さんを観に来るんですけどね」（藤本勲）

「キックの選手が増えて、古い道場ではボクシングと併用ができなくなった。新しいビルの方にはフルサイズのリングがあって、俺だけ特別扱いで新しい方でも練習していたね。

『そのうち古い道場も建て直してやる。その代わりに、お前が世界獲らないと』って社長にはいつも発破をかけられていたなあ」（龍反町）

自社ビルを建て、日本に数台しかなかったリンカーン・コンチネンタルを乗り回す野口修は、もはや敵無しだった。

あいつとはもう会わない

二〇一一年八月九日、筆者はこの日、いつもの駒沢公園のカフェで野口修と待ち合わせた。

真夏の蒸し暑い午後だった。大きく膨らんだ積乱雲が今にも破裂しそうで、土砂降りになるかもしれないという危惧もあった。

野口修と会うのは、もちろん、本書の取材のためである。が、いつものように、往事を尋ねるだけの時間にするつもりはなかった。

あのことを今日こそ訊こうと決めていた。

＊

大学時代に剛柔流空手を体得した白羽秀樹が「沢村忠」と名を変え、デビュー戦でタイのラクレー・シー・ハヌマン相手にＫＯ勝ちを収めたことが、すべての発端である。

キックボクサーとしてキャリアをスタートさせた沢村忠は、連勝街道をひた走った。

一九七〇年八月二十二日には、タイのビサヌチャイ・スワン・ミサカワンを４ラウンドＫＯに下し「100連続KO勝ち」という信じられない記録を打ち立てている。

しかし、翌朝のデイリースポーツは、大きな見出しどころか写真すら載せず、前人未到の偉業とは程遠い簡素さで、書き下しているにすぎない。

それどころか、最も留意すべき点は、この試合がいかなるものか、踏み込んで伝えていることだ。

《沢村が100連続KO勝利を飾った。そのファイト、内容とも区切りのいい記録にふさわしく11分12秒にわたって観客席をあきさせなかった。

沢村のプロ根性に徹した観客サービスは、二回から涙ぐましいほど。とにかくよく動いた。スピードのあるハイ・キックはもちろん、パンチあり、投げ技あり。はたまたヒジ打ち、ヒザげり、足ばらいなど、技という技を惜しげもなく出し尽くした。

相手のビサヌチャイもがんばった。ハッスル沢村の技を食って数え切れぬほどダウンしたがストレートや左右の回しげりで反撃、二度に一度の割りでダウンを奪い返した。ファンにとってもっともありがたい、ダウンの応酬。

なるほど〝勝負〟という観点から見れば、沢村のファイトはものたりない。相手はもちろん自分もちょっとした技で吹っ飛ぶのだから。しかしファンを楽しませるプロの格闘競技者という点では、この沢村ぐらいファン心理を研究、実行しているものもいないだろう》（昭和45年8月23日付／デイリースポーツ）

超人的な記録にもかかわらず、記事には勝敗に関する検証どころか、大記録を打ち立てた選手へのリスペクトもさほどなく、パフォーマーとして、ねぎらっているのみである。

「勝負という観点から見れば物足りない」と冷淡に切り捨ててもいる。黎明期からキックボクシングを熱心に報じてきたデイリースポーツの変節は、どうしたものか。

ただし、これは彼らに限ったことではなかった。ほとんどの関係者は、沢村忠に対し、同様の視点を有していたのだ。

梶原一騎の実弟で、世界空手道連盟真樹道場を主宰し、作家としても多くの著作を残した真樹日佐夫は、次のような挿話を聞かせてくれた。

「俺は沢村忠とはそんなに会っていない。野口さんとも数回顔を合わせた程度。でも、兄貴は沢村をいたく可愛がっていて、飯を食いに連れ出したりしていた。兄貴は沢村みたいに爽やかなスポーツマンがお気に入りなんだ。逆に粗野な手合いは好まなかった。

それがある日『あいつとはもう会わない』って、えらい立腹なんだ。それどころか『連載はもうやめた』とまで言う。それで本当に『キックの鬼』の連載をやめてしまった。

理由は沢村の試合のことさ。兄貴は真剣勝負だと信じていたんだ。でも、何人かの関係者に指摘されて確信したようだった。騙されたと思って、ショックだったんだよ」

一九七一年六月、協同と岡村の両プロモーションの統一機構として、全日本キックボクシング協会が設立された際、参議院議員だった石原慎太郎がコミッショナーに就任している。

就任会見で石原は、「中国と台湾みたいで、ファンにとってはまぎらわしいが、いずれは統一されねばならないと思う」と野口プロとの関係に言及しながら、次のようにはっきり断じている。

「八百長は絶対許さないというのが大原則だ。スポーツは純粋な意外性を追求するもので、プロットとかフィクションがあったら、それはスポーツではない。私はスポーツのコミッショナーに就任したのだ」（昭和46年9月30日付／デイリースポーツ）

石原の発言が、沢村忠に向けられていたことは明らかだった。野口プロに、沢村の貸し出しを拒まれた協同プロと岡村プロは、石原慎太郎の地位と名声を利用して、沢村批判を繰り返すことで、反撃の狼煙としたのである。

この時期には関係者だけではなく、一部の小学生もすでに気付き始めていた。

「僕は日テレや12チャンネルのキックも観ていたし、大場政夫や柴田国明のボクシングも熱心に観る小学生だったからかもしれないけど、沢村忠の試合は、明らかに怪しいと思っていました。

熱狂している友達もいたけど、それはTBSのキックしか観ない子供。目が肥えてくれば『真空飛び膝蹴り』は、16文キックとたいして変わらな

い』と『子供のくせに達観していましたね』」（ボクシングマニアで株式会社ノースプロダクション執行役員の中山千彰）

知らんぷり

キックボクシングが『東急サンデースポーツ』で初めてテレビに映し出されたとき、多くの視聴者は、真剣勝負だと信じたはずである。

それどころか、藤本勲のような身内の後輩ですら「真剣勝負だと思っていた」のだから、梶原一騎はおろか、マスコミが気付かないのは当然だったかもしれない。

その空気を醸成させたのは「今まで観たことのない新しいスポーツ」もそうだが、テレビ解説を務めた、寺内大吉の存在が大きかったと筆者は見ている。

あらゆるスポーツに通じた寺内大吉は、この時代の文化人の中で、プロスポーツの八百長問題に最も強い関心を示し、厳しい目を向けてきた第一人者だった。特に、ライフワークにしてきた競輪においては、その噂が絶えない現状を憂慮し、警鐘を鳴らし、時に言及した。八百長の一掃に貢献した功労者に違いない。

プロ野球界を覆った「黒い霧事件」の際も、コミッショナーから公聴人に指名され「徹底究明」と「再発防止」を強く訴えている。もちろん、浄土宗僧侶にして直木賞作家という、彼の社会的地位が、それらの行動に躊躇なく踏み込めたことは想像がつく。

その寺内大吉が、キックボクシング中継の解説席で「真剣勝負」を説くのだから、まず間違いないと思うのは、自明のことである。

しかし、最も早い段階で八百長の疑問を呈していたのも、実は寺内本人だった。レギュラー中継が始まった当初、沢村忠本人に向けて、次のように述べているのだ。

「まあぼくもいろんなスポーツを見てきたけれど、キックというやつはやっぱりおもしろいな。（笑）初めはぼく、八百長じゃないかと思った。あんまりきれいに倒れるんだもの」（『ゴング』１９６８年12月号）

つまり、寺内は誰よりも早く見抜きながら、

「真剣勝負」を説き続けたのである。おそらく、新興のプロスポーツを定着させるために、妥協したということではないか。故人となった今、真意は図りかねるが、己の背徳心とどう折り合いをつけたのだろう。

真剣勝負ではないと知りながら「定着させるため」「発展させるため」という正論に目をつぶった、この時代の当事者を責める資格が我々にあるのかどうか。なぜなら、これと似たような事例は、現代においても起こり得るからだ。

ノンフィクション作家の柳澤健は、自著『1984年のUWF』（文藝春秋）で、格闘技専門誌が部数を伸ばすために、プロレス団体のUWFを「純粋な格闘技ではない」と知りながら載せ続けた過去を断罪している。

「読者を欺いたことの責任は重い」とは正論だ。「異論を唱えるマスコミ関係者は、当面は現れないだろう」と筆者は見ていた。

しかし、格闘技専門誌『ゴング格闘技』元編集長の熊久保英幸は真っ先に反論した。余程腹に据えかねたのだろう。

「プロレスと全く関わらずに格闘技だけで雑誌を作るなんて無理だった。それが当時の状況です。（中略）僕らが格闘技雑誌存続のため、格闘技人気や知名度を上げるために戦っていたそういう時代を知らない人間に、馬鹿にされたくないですね」（『GONG KAKUTOGI』2017年6月号）

すなわち「売り上げのためには、仕方がなかった」と熊久保は言いたいのだ。開き直っているとも取れるが、これを暴論と言い切れないところに問題の根深さがある。

しかし、沢村忠には開き直るどころか、弁明の機会すら与えられなかった。いや、与えられても、何も語らなかったに違いない。

一九六六年の旗揚げ当初より、野口プロモーションのリングでレフェリーを務めたウクリッド・サラサスは、その三年後、ワールドキックボクシングが旗揚げすると、タイ大使館から直々にレフェリー就任を要請され、野口プロを離れた。ワールドキック解散後は、協同プロ、岡村プロと渡り歩き、キックボクシングの全団体でレフェリーを務めた唯一の存在である。

すべての団体の事情をよく知る彼は、次のように断言する。

「沢ちゃんの試合を『すべて彼の責任』と言う人がいますね。でも、それはおかしいと思います。彼だけ批判していいとは全然思いません。もちろん、フェイクの試合を認めているわけではないですよ。それは絶対に誤解しないでね。

私が言いたいのは、彼を責めることで『だから俺たちが上だ』という考えは違うということです。『それは違うでしょう』と言いたいです。

沢ちゃんのことをよく言わない人は、いました。でも、その人だって判っていました。『沢ちゃんがいなければ、キックは続かない』ということを。選手だけじゃない。記者の人もそう。みんな判っていました。みんな、そのことを知っていたんです。

でも、知らんぷりをしたんです。

そうです。知らんぷりをしたのは、野口プロの人だけじゃないんです。他の団体の人は、『沢ちゃんがいないと続かなかった』という事実に知らんぷりをしたんです。

だから、沢ちゃんは苦しかった。修社長は高いファイトマネーで彼に報いたそうですが、それでも苦しかったと思います。誰も彼を守ることができなかったんだから。もちろん、私もです。みんな、彼を守らなかったんです。

それに、彼が弱い選手なら、苦しまなかったかもしれない。でも、私から見て、彼は弱い選手ではなかった。彼自身も弱くないことを判っていたと思う。だから、苦しかったのかもしれません」

＊

「もし、沢村忠が真剣勝負に乗り出していたら」ということを改めて考える。

「そうなれば、沢村神話が崩壊して、真剣勝負を戦う選手の人気が跳ね上がったと思う」と語ったスポーツライターがいる。

一聴に値する意見かもしれないが、筆者はまったく逆の主張である。

おそらく、すべての団体の人気が一気に下火になったはずだ。協同プロとワールドキックと岡村プロの低視聴率からも、それは火を見るより明らかで、キックボクシングは早い段階でテレビ業界から淘汰されたに違いない。

沢村忠に真剣勝負を戦わせるということは、野口プロだけでなく、キックボクシングというジャンルを、瞬時に衰退させせかねない危険性を孕んでいたということだ。

「結末の決められた試合」をこなすことが沢村本人の意向でなかったのなら、事実を明かすべき人物として野口修は無視できない。

もし、この問題に責任が生じるとするのなら、真っ先に負うべきは、野口修ということになる。沢村忠ではない。

ボクシングプロモーターという真剣勝負の世界を出自とする彼が、「そうでない試合」を提供し続けた心情については、本書の性格上、避けては通れない問題である。

＊

大粒の雨が、店の屋根を激しく打ち据えた。

この日、いつものように眼の前に着席する野口修に、筆者は問いかけた。

八百長

「今日お訊きしたいのは、沢村忠についてです。沢村忠の試合を、現在の野口さんがどうお考えなのか、知っておきたいと思います」

そう言うと、彼は怪訝な顔をした。

「教えて下さい。沢村忠の試合は真剣勝負だったんですか、八百長だったんですか」

単刀直入に切り出した。野口修は一瞬、眼を見開いて「何を訊くのだ」という顔をした。

彼はまず、煙草を取り出して静かに咥えた。どう答えるか思案しているように映った。

直後、店主がコーヒーを運んで来た。ガチャガチャと音が立てられた。店主が去るとすかさず、「真剣勝負だよ」と彼は言った。

今度は筆者が狼狽した。こうまではっきり断言するとは、想像もしていなかったからだ。

「真剣勝負も真剣勝負。沢村は本当に強かったからねえ」と重ねて言った。

「そうでしたか」と、引き下がるわけにいかない。

本書は主人公が望む「伝記」にするつもりもなけ

れは　君に溢れる一インタビュー本」にするつもりもない。

「僕から見て、あれは結末の決まった試合にしか見えません」

「そうじゃないんだよね」

「納得いきませんね」

「だって、そうなんだから」

　実際の記録から、矛盾を突こうと試みた。

「キックボクシング旗揚げの一九六六年四月十一日、大阪府立体育会館。そのメインイベントが、沢村忠のデビュー戦ですね。相手はラクレー・シー・ハヌマン。結果は沢村のKO勝ちでした」

「もちろん、憶えているよ」

「そもそも、これが信じられません。グローブ経験を持たない大学の空手部出身の青年が、いきなりタイ式ボクサーに勝てますか」

「空手の凄まじさと威力だねえ」

「空手の威力は僕も否定しません。であれば、直突きをみぞおちかレバーに叩き込むとか、テンプルに強烈なフックを当てるとか、そういうことなら納得もいきます。しかし、当時の新聞記事を読むと、沢村は『飛び蹴りで勝った』とあります。ありえないでしょう」

「相手が弱かったんだ。それで空手の奥義を存分に見せることができたね」

　次第に口調が滑らかになってきた。

「真空飛び膝蹴りについてお訊きします。あれは、本当に炸裂しているという見解でいいですか」

「見解も何も、本当に大きなダメージを与えているからねえ」

「大きなダメージ？」

「あれは一瞬のタイミングで、スカーンと当たるんだよね」

「具体的にどの程度のダメージですか」

「ダメージはダメージだよ。何人ものタイ人が病院送りにされている。俺も随分とタイの大使館から文句を言われたもんだよ」

「大使館から文句を言われたのは、病院送りのことではなくて、タイ人を負け役に仕立てたことではないんですか」

　皮肉を込めて指摘した。しかし、彼は気色ばむことなく「いやいや」と受け流した。

「僕は昔の動画を観て、当たってもいないのに倒れるタイ人の姿を見て悲しかったです」

「あれは当たってるんだ。顎先にかすっただけでも、脳はぐらぐらするもんなんだよ」

「その理屈は、僕も長年ボクシングを見続けているので知っているつもりです。しかし、そのタイ人は、バターンと前のめりに倒れて、眠るように気を失いました」

「余程効いたんだろうねえ」

「そんなはずありません。顎先にかすって脳が揺れる場合は、まず足が利かなくなって、よろけてしまうのではないですか」

「いろんな体質の人がいるんだよ」

具体的な事例を挙げて切り崩すしかない。

この日のすべて

「野口プロは地方興行を随分と行っています。そのほとんどに沢村忠は出場して、試合はすべてKO勝ち。おかしいと思います」

「実力差があると、そうなるもんだよ」

「そうおっしゃると思いまして……」

筆者は、鞄からホッチキスで止めた数枚の紙を取り出し、テーブルの上に置いた。

「これをご覧下さい。一九六六年から七一年までの沢村忠の戦績をまとめたものです。例えば、一九六八年十二月十一日、大阪府立体育会館でポンニット・キットヨーテンというタイ人と戦って、3ラウンドKO勝ちを収めています。三週間後の一九六九年一月四日に後楽園ホールでも戦って、沢村の4ラウンドKO勝ちです」

「まあ、何べんやっても勝てないということなんだろうねえ」

「しかし、このポンニットとは、二月二十五日に新潟市立体育館でも戦って、沢村が3ラウンドKO勝ち。その後も三月十五日福山、三月二十五日横浜、三月二十八日盛岡、四月六日いわき、四月十五日石川と試合を行い、すべて沢村のKO勝ちです」

「だから、実力差があればそうなるでしょう」

「一試合や二試合ならそうかもしれません。でも、このポンニットとは僕が調べた限り、合計二十七試合も戦って、そのすべてにおいて沢村のKO勝ちです。不思議で仕方がない。

もし、これらが真剣勝負なら、ポンニットも『勝ってやろう』とは思わないまでも、『せめて、次こそKOされないで判定まで持ち込もう』とか思うはずです。これだけKOされれば研究だってするだろうし、相手の弱点だって見破るでしょう。さすがにおかしいと思いませんか」

野口修もこれには即答できなかったが、余白を塗りつぶすように返答した。

「だから……それでも勝てなかったということだよ。それくらい沢村が強かったんだ」

「それでは答えになりません。納得のいく説明をお願いします」

すると、修はそっとコピーを手にして、老眼鏡を上下に動かし始めた。日程表に目を通しながら、思案しているらしかった。

沈黙が続く。ひとまず、彼の言葉を待った。

彼が「結末の決められたものだった」と回答すれば、本書も次の段階に進める。

「その行為に抵抗はなかったのか」

「沢村忠本人の意向は訊かなかったのか」

「TBSの意向も含まれていたのか」

「タイ人にはどう言い含めていたのか」

「いずれ、真剣勝負に移行させるつもりはなかったのか」

これらの問いにもまた、答える責務をはたすべきは、沢村忠ではなく野口修である。

これまで述べてきたように、野口修は決して、計画通りに歩んで来たわけではない。

三迫仁志がポーン・キングピッチに敗れなければ、「タイ」というカードを握ることはなかっただろう。

父親が早世しなければ、タイ式ボクシングの興行に乗り出すことは、不可能だったのではないか。

資金繰りが法に触れ、テレビのプロモートから外されなければ、あの時期にバンコク決戦に乗り出すことはなかったに違いない。

キックボクシングの旗揚げ直前に、大山倍達、山田辰雄と仲違いしなければ、絶対的エースである沢村忠は誕生していなかったはずだ。

とすると、その沢村忠に強いた「試合」にも、計画とは違う、別の事情があったのかもしれない。

野口修がそれらを明かせば、沢村にだけ向けられた偏見と負わされた呵責は、少しでも軽減されるはずである。

＊

「あのねえ……」

野口修はようやく口を開いた。

「何を言われようと、どう思われようと、構わないんだが……」

「……」

「それでも、真剣勝負だったとしか言えない」

「言えない……ですか」

「そう、言えない」

回答を拒んだとは思えないほど、表情は清々としていた。

「こればかりは、どう言われようと……」

取材者として失格だと言われそうだが、言い返す気力はなかった。むしろ、老人を疲弊させ、追い込んだことを悔いていた。

この日、彼は口を割らなかったし、認めることもしなかった。

ただ、「質問に答えなかった」という事実だけが残った。それが、この日のすべてである。

バンコクにて

二〇一九年一月十八日、タイの首都バンコク市タウィーワッタナー区にある、バンコクトンブリー大学の講堂で「ＷＢＣアジア国際式ボクシング」と銘打たれたプロボクシングの大会が行われた。

主催をしたのは、八十年代にＷＢＡ世界スーパーフライ級王座を十九度防衛した、カオサイ・ギャラクシーの経営する興行会社、ギャラクシープロモーションである。

タイの国民的英雄であるカオサイ本人も、場内では選手を激励したり、来賓に礼を言ったりと、忙しそうに立ち回っていた。

対照的に、リングサイド最前列に悠然と座る、一人の老人の姿が目に留まった。

髪は黒く恰幅もいい。足腰は衰え歩行もままならないが、着席していれば七十六歳には見えない若さを保っている。

老人は「現役時代のカオサイを指導していた」

と筆者に言った。

事実、この日出場した選手の多くが、彼の前を通ると立ち止まり、両手を顔の位置まで上げて、一礼した。老人はその都度グローブを軽くはたいて激励した。

選手の一人は「指導してもらっている」と言い、一人は「尊敬している」と言った。

その中にはセコンドとして姿を見せていた、元WBA世界フライ級とスーパーフライ級の二階級王者、デンカオセーン・カオウィチットの姿もあった。坂田健史、亀田大毅、河野公平と三人の日本人世界王者と戦い、久高寛之、松本亮と世界ランカーとも拳を交えた、日本でもお馴染みのタイ人ボクサーである。

「僕が世界戦を戦ったとき、セコンドを務めてくれた。彼の作戦に従えば心配はなかった」

元世界二階級王者は、静かに老人を称えた。

筆者は、この老人に会うためにタイまでやって来た。それが初めての海外渡航となった。

老人は、名前を「スウィット・ソワン・ポーン」と名乗った。

ポンサワン

沢村忠の試合について、筆者はこれまで何度も触れてきた。

多くの関係者が「あれは、結末の決まった試合だった」と明かした。それはジムメイトやテレビ関係者も含まれ、単なる噂ではなかったことを確信した。

次に追及すべきは、野口修の関与を明らかにすることだった。彼が創った「キックボクシング」がいかなるものだったかを検証するために、それは本書の宿命と言えた。

野口修本人は強く否定したが、最後は回答そのものを拒んだ。間接的に認めた形となった。

それでも、引っかかることがあった。

実際に試合を行った選手の証言を得たわけではないことだ。

沢村忠と拳を交えた選手への聞き取りは必須だと思った。それを怠って、「結末の決まった試合」と断じるわけにいかない。選手同士にしか判らない事情が横臥している可能性も否めない。

平均寿命七十一歳（二〇一四年度・WHO＝世界保健機関まとめ）というタイ人男性は、日本人より約十歳も早く他界する。そうでなくても「タイ人ボクサーは早くに亡くなる」という俗説は、時折耳にしていた。

会う機会が失われては元も子もない。沢村忠と戦った人物を、なんとか捜すしかない。

そんなとき、SNSを通して、タイのブッキングマネージャーであるプーム・コンソンセイと知己を得た。

著名なタイ人ボクサーを何人も日本に送り込み、日本語も堪能な彼から「サワムラと戦った人を知っています。その人は私と親しく、今も健在です」といった主旨のメッセージを受け取った。彼のコーディネートで、対面が実現する運びとなった。

そこで現れたのが、スウィット・ソワン・ポーンだった。

日本でのリングネームは「ポンサワン・ソー・サントーン」、もしくは「ポンサワン・ラートリット一」である。

サームラ

ポンサワンは一九四三年、バンコク市サオチンチャーの貧農の家に生まれた。

多くのタイ人ボクサーがそうであるように、貧しい家計を助けるために、子供の頃から戦いの世界に足を踏み入れた。

十三歳でアユタヤの試合場でデビュー。3ラウンドKO勝ちを収めると、都市部のジムにスカウトされた。ジムメイトには、海老原博幸、大場政夫、花形進らと戦った、のちの世界フライ級王者のチャチャイ・チオノイがいた。

転機が訪れたのは二十六歳のときだ。

「カイチョウから『東京に行って稼がないか』と言われた」

「カイチョウ」とは、野口プロにタイ人選手を送り込んでいた、日系人歯科医のマノロン新野のことである。

滞在期間は一年半から二年、ファイトマネーは月給として約一万バーツ（日本円にして約三万五千円。現在の価値で約十五万円）。衣食住は保証されている。一も二もなく応じた。

一九六九年五月、二十六歳のポンサワンは、五人のタイ人と一緒に来日した。住居は権之助坂の野口プロのビル四階の寮が用意された。

「下の階にはオフィスがあった。オフィスにはノグチがいた。シャチョウだ。誰もシャチョウには逆らえない。だからキライだった。マネージャーのエンドウはケチ。やっぱりキライだった」

来日してすぐ、ビル二階のジムに顔を出すと、一人の男が一心不乱にサンドバッグを蹴っていた。

「柔らかくてしなやかなフォームで蹴る選手が、日本にもいるのか」と驚いた。

視線に気付いた男は、初対面のポンサワンに微笑んだ。優しい表情に気分が和んだ。

その男こそ沢村忠だった。

＊

ポンサワンの日本での緒戦は「イナカ」の会場で、対戦相手は若い選手だったという。

当時のスポーツ新聞を手繰ったが、該当する記録は残っていなかった。当時の野口プロにはこういった地方興行がいくつもある。

試合前に「ヤクザ」が控え室に現れ、新顔のポンサワンにこう言った。

「いいか、負けろよ。客が喜ぶんだからな」

ポンサワンは「冗談じゃない」と拒否した。

「なんで、こんな弱い相手に負けなきゃならないのか。『金を余分にくれるなら負けてもいい』と言ったら、それはないという。『だったら嫌だ』と言い返したらトラブルになった。

エンドウが飛んで来て『今日は、お前の好きにしていい』と取りなした。それで若い選手をKOした。教える暇もなかった」

そこから、日本人選手とは一通り戦った。

「俺はフェザー相手でも大きいくらいだったのに、ライトやウェルター、ヘビー級の選手とも試合を組まれた。負けるように言われたことはその後もあった。判定までもつれた試合は負けにされた。悔しいとは思わない。本当の勝者は誰か、客が一番判っていたはずだから」

一九六九年五月二十一日、本土復帰前の沖縄泊港特設リングで、初めて沢村忠との試合が組まれた。

「それまで一度もKO負けどころか、ダウンさえ奪われていない」と胸を張るポンサワンだが、この試合では3ラウンドKO負けを喫している。

「この試合は負けを受け入れたのですね」

そう筆者が尋ねると、ポンサワンが答えるより先に、通訳のプーム・コンソンセイが「どういう意味ですか」と訊き返してきた。

フェイクについて呑み込めないらしい。質問の趣旨を説明すると、プームは戸惑いながらも、律儀に訳してくれた。

程なくして、ポンサワンはこう言った。

「いや、俺は負けた。サームラが強かった」

返答に困った。対戦相手のポンサワンまでが、真剣勝負を主張する理由が判らない。

「もう一度訊きます。沢村忠との試合は真剣勝負だったんですか」

「ああ、そうだ。サームラは強かった」

「あなたは沢村と、確認できるだけでも七試合も戦っていて、すべてKO負けです。いずれも真剣勝負だったと？」

「そういうことだ」

バンコクに来てまで「沢村忠は真剣勝負だった」と聞くことになろうとは、よもや思わなかった。

それとも、老人の言うように、沢村忠は本当に真剣勝負を戦っていたのだろうか。

イイヒト

半世紀前、ポンサワンがすごした東京生活は、のどかなものだった。

早朝に起きて、ロードワークに出かける日本人選手と違って、朝は早く起きる必要はなかった。シャチョウが出社したら挨拶をしないといけない決まりがあるくらいで、寮生活は基本的に自由だった。

日中は暇だった。ジムで練習をすることもあったが、パチンコ、ケイバ、マージャンを楽しんだ。ハナフダはソイマチ（龍反町）から教わった。

夕方になると選手がジムに顔を出す。ここからタイ人の仕事が始まる。

雅叙園前の野口ボクシングクラブでは、若いボクサーとスパーリングをした。練習なのに本気で倒そうとする狂人は後を絶たない。その都度、容赦なくぶっ倒した。時々喧嘩になることもあったが、キョウ（野口恭）がいつも止めに入った。彼は優しい男だった。

権之助坂の目黒ジムでもスパーリングをした。膝蹴りや肘打ち、首相撲を教えた。目と鼻の先とはいえ、二つのジムを一晩で行ったり来たりするのは、なかなか大変だった。

「ソイマチ、ニシカワ、トミヤマ……いい選手がたくさんいた。みんな、それぞれ素質があった。彼らと一緒に練習したことは大きい。だからレベルを落とさずに済んだんだ」

タイに帰国後の一九七二年、ポンサワンは「ポンサワン・レームファーパー」のリングネームでラジャダムナンスタジアム・フェザー級王座を獲得している。復帰してすぐタイ式ボクシングの頂点に立ったのだ。

「でも、やっぱりサームラが一番だった。素質があった。教えるのも楽しかった。サームラは一番優秀な生徒だ」

筆者は、すかさず尋ねた。

「あなたは、沢村忠の先生だったんですか」

「そういうことになるな」

「先生が生徒に負けるんですか」

何の気無しの問いだったが、老人より先に通訳のプームが、「まずい」という顔をした。

老人は、「ああ……」と言葉にならない甲高い声を出して、諦めたように苦笑した。

彼の回想はその後、次のように変わった。

「サームラはイイヒト。あんなにイイヒトはいない。『何か困ったことはないか』と、いつも気遣ってくれた。優しい男だった。

イイヒトだったから、俺は負けた。それだけのことだ。最初は指示されたこともあったけど、そのうちなくなった。

事前に試合のリハーサルをしたことは一度もない。本当だ。試合中にサームラが『ヒザ』を出す。ヒザが出たら終わり。結果は自分に任されていた。ただ、これだけは言っておく。サームラは本当に強かった。キックもヒザもヒジも上手かった。パンチも本物だ。そのうち、教えることがなくなった。これも本当だ。

サームラとフジワラ（藤原敏男）はどっちが強いかって？　それは、フジワラだ。フジワラはタフ。でも、もしサームラがバンコクに住んで、練習したら、サームラだ。二人の間にそんなに差はない。サームラがチャンピオンになった可能性もあったんだ」

一九七一年十一月六日、後楽園ホールで、沢村忠に2ラウンド0分15秒KO負けを喫したのを最後に、ポンサワンは日本を離れた。

帰国後は、先述の通り、ラジャダムナンスタジアムの王者に輝き、ルンピニースタジアムでも1位にランクインし、トーナメントで優勝するなど、トップ選手として活躍している。

通算成績は、タイ式ボクシングで六十七戦五十六勝八敗三分（50KO）。国際式ボクシングでは十一戦十勝一敗。

「生涯において、一度もKO負けを喫したことはない」という証言から判るように、日本での戦績は一切含まれていない。

「日本での試合について、タイに帰国してから誰かに話したことはあるか」と訊いた。

「……それは、誰にも話していない」

老人は首をすくめてみせた。

＊

最後にポンサワンはこう言った。

「サームラのお陰で会場は満員。ノグチはサームラのお陰でいい生活をしていた。ビルだってサームラが建てたんだ。

ノグチはすぐ下の階にジムがあるのに、練習を見ることはほとんどなかった。いくら忙しいとはいえ、おかしな話じゃないか」

ポンサワンの言うように、この時期、野口修の関心が別のところにあったのは、事実かもしれない。

キックボクシングで得た利潤を元手に、新たな事業に乗り出していたのだ。

日本滞在時のポンサワン・ソー・サントーン（左）。
（写真提供・プーム・コンソンセイ氏）

第十九章　山口洋子との出会い

二〇一四年九月六日未明、作家、作詞家の山口洋子が、呼吸不全のため都内の病院で亡くなった。享年七十七。

文壇や政財界の大物、芸能関係者、スポーツ選手が足繁く通った銀座のクラブ「姫」のオーナーマダムにして、『噂の女』（内山田洋とクールファイブ）、『うそ』（中条きよし）、『ブランデーグラス』（石原裕次郎）などのヒット曲を手掛けた人気作詞家である。

一九八五年には「演歌の虫」「老梅」（文藝春秋刊『演歌の虫』所収）で第九十三回直木賞を受賞。評論やエッセイにも定評があった。

一般紙からスポーツ紙、テレビとラジオのニュース番組は、揃って昭和を代表する才媛の死を悼んだ。山口洋子と聞いて筆者が抱く印象は、くぐもった声の割にテンポよく話す、テレビ番組のコメンテーターか、黄金時代を迎えた八十年代の西武ライオンズの「私設応援団長」の姿である。

四カ月後の二〇一五年一月二十八日、港区のホテルオークラで「お別れの会」が開かれ、各界から約三百人が集まって故人を偲んだ。

パーティで見かけた著名人に話を聞いた。

「人生の師匠というのかな、とにかく、いろんなことを教わった。ズバズバ言われたなあ。困ったときはなんでも相談したね」（元西武ライオンズの田淵幸一）

「東京のお母さんでした。後楽園や神宮でナイターが終わると、銀座に直行していたものですが、あるときママが『あんた、何も食べてないんでしょ』って近くのレストランからステーキとサラダを運んでくれたりして。幸せな時間を過ごさせてもらいました」（元広島東洋カープの高橋慶彦）

一世の中すべてを見通していた人だと思いました。初めて詞を渡されたときのことは忘れません。人間の心の機微が描かれていて、震えましたもの。

昭和というのは、阿久悠さんとか安井かずみさんとか、優れた作詞家の先生が出た時代でしたが、ママは間違いなく、その五本の指に入る存在だったと思います」（歌手の敏いとう）

元横浜ベイスターズ監督の権藤博と、故人と同じく、直木賞作家にして日本レコード大賞曲の作詞を手掛けた伊集院静が、軽妙な弔辞で場内を沸かせた。

大挙して飛来した往年の夜の蝶の中にあっても、デヴィ夫人の存在は突出していた。星野仙一の姿もあった。報道陣に囲まれる林真理子や坂本冬美の姿もあった。

そんな顔触れに混じって、主賓側に居並びながら、踵で石を踏んづけているように、足許の覚束ない一人の痩せた老人がいた。

「偲ぶ会」とは思えない絢爛な宴において、希薄な老人の存在は、ほとんど人目につかなかった。しかし、彼こそ故人にとっての実質的な配偶者にして、最期を看取った唯一の人物である。

老人とは野口修である。山口洋子とは半世紀もの間、内縁関係にあった。

筆者が後方の壁にもたれて場内を眺めていると、「ちょっと」と肩を叩かれた。以前、筆者が担当していたテレビ番組に出演していたカルーセル麻紀だった。彼女は七十年代に「姫」のホステスだった過去があるのだ。

「ちょっと……ねえ、あれ、野口さん？」

彼女の視線の先には、所在なげに立っている野口修の姿があった。

「そうですよ」

「……随分と小さくなったわねえ」

声をひそめながら言う。

「昔から小柄だったでしょう」

「いいや、昔はあんなに小さくなかったわよ。もっと大きく見えたもん。胸を張って、自信満々に店の敷居をまたいでさあ」

それだけ言うと、彼女は再び人の渦に自ら呑まれていった。

野口修と山口洋子。接点のなさそうなこの二人が、どういうきさつで恋に落ち、半世紀もの間、夫婦同然に暮らしたのか。

そこには、野口修がキックボクシングの成功だけで満足せず、新たな世界に飛び出した理由も隠されていた。

安藤組の末席

山口洋子は一九三七（昭和十二）年五月十日、名古屋市に生まれた。

料亭を経営する資産家の父と、画家の未亡人で、その料亭で働いていた母との間に生まれた私生児だった。

洋子が生まれてすぐ、母の再婚話がまとまり、京都に嫁ぐことになったため、叔母夫婦に引き取られた。山口姓はここからである。

二十七歳のときの雑誌の取材では「養父は貿易商だった」と述べているが、五十二歳のときには、「養父は由緒ある親分だった。お嬢と呼ばれて育った」と明かしている。

養父が亡くなると、実母のいる京都に身を寄せるが、高校を一年で中退すると名古屋に舞い戻り、キャバレーのホステスとして働いたのち、名古屋市内に喫茶店「洋子」を開業している。

しかし、十六歳の少女に店の開店資金など、あろうはずもない。

《間もなく偶然のように援助者があらわれた。（中略）妻に死なれた五十歳ぐらいの男やもめだった。（中略）キャバレーや喫茶店などを手広く経営している男だった》（『婦人倶楽部』１９７０年２月号）

六人の女給を雇い、繁盛していたこの喫茶店だったが、《いくらお店がはやっても、しょせんは他人のお店》（同）と店から手を引いた。パトロンに嫌気が差したのだろう。

水商売から足を洗った洋子は、一九五七年、千人に一人という難関を突破し、「東映ニューフェイス四期生」に合格する。同期には佐久間良子、山城新伍、室田日出男、花園ひろみがいた。

女優の道を歩み始めた洋子だったが、思ったほど稼げない現実から二年で廃業する。

しかし、東映時代に数奇な体験をしている。

《桐島と私の出会いは、渋谷のジャズ喫茶であった。

私は東和映画のニューフェイスで、ほかの売れない大部屋女優たちと同じく、ひとよりはちょっとましなお面と、先ゆきの不安と、若いエネルギーを持てあまして、張りのない日々を送っていた。

（中略）

メインゲストのロックバンドが演奏している間中、席を立ったり座ったりをくりかえしている私に、後ろの壁にもたれている男が声をかけた。

「お嬢さん、行儀がわるいね、ちっと静かにみてくださいよ」

「静かになんてみてられないわよ、退屈で」

「はっは、こりゃ元気がいいや」

男は低い声で肩をゆすって笑った》（『ロマン傑作集　半ダースもの情事』に収録「情婦―おんな」山口洋子著／光文社文庫）

やくざと若い女優の恋愛を描いた短編小説の一節だが、この「桐島」のモデルは、安藤組組長から俳優に転じた安藤昇である。山口洋子は安藤昇の愛人だったのだ。

「女っていうより安藤組の組員の末席をけがしているというつもりでいましたから」（『週刊大衆』1993年8月23・30日合併特大号）

洋子自身もそう振り返るように、実業家の横井英樹の襲撃事件に関与した安藤が、警察から追われると、洋子は代々木の自宅アパートに匿ってもいる。

さらに驚くのは、その顚末を安藤昇本人の主演で『実録安藤組　襲撃篇』（佐藤純彌監督）『安藤昇のわが逃亡とSEXの記録』（田中登監督）という二つの作品で映画化していることだ。

もっとも山口洋子自身、前述のように、安藤との関係をいくつかの小説にしたため、週刊誌でちゃっかり対談まで行っている。

大澤武三郎や佐郷屋留雄を通して、安藤昇と接点のあった野口修だったが、山口洋子については、「この頃はまだ出会っていない」と、すげない。面識くらいはあったかもしれないが、知り合いの親分の女に、おいそれと手を出せるはずもない。

とはいえ、まったく接点のなさそうな二人が、この頃、比較的近いところにいたのは、のちの邂逅を暗示しているようである。

クラブ「姫」

女優を辞めた山口洋子が、銀座七丁目の木造の二階に、クラブ「姫」を開店したのは、横井事件の翌年のことだった。

バーテン一人、ホステス四人、面積わずか五坪の小さな店からのスタートである。

《『姫』をオープンしたのは一九五六年八月八日で、始めた年はいつも忘れてしまうのに、八月八日という開店の日だけはいつもはっきり覚えている》（『ザ・ラスト・ワルツ――「姫」という酒場』山口洋子著／双葉社）

そう書いているが、東映に入ったのが一九五七年だから計算が合わない。《始めた年はいつも忘れてしまう》とはつまり、長年にわたってサバを読んでいたからではないか。

有名店が林立していたこの時代の銀座は、店の顔であるマダムの時代でもあった。

「サンスーシー」の西川と志。「らどんな」の瀬尾春。「ルパン」の高崎雪子。「セレナーデ」の野中花。「エスポフールー」の川辺るみ子。「おそめ」の上羽秀。新旧入り乱れての百花繚乱で、これらの店には、政治家、財界人、文士が、それこそ列をなすように集った。

この時代の銀座のホステスに要求されたのは、一に教養である。知識人の話が理解できないようでは失格の烙印が押された。そこで、大卒の才媛や良家の未亡人が、ことごとく採用された。

「姫」を銀座六丁目の電通通り沿いに移転した頃、山口洋子は次のような決断をする。

「おそめ、エスポワールに代表される銀座は、ベテランホステス全盛の時代だったんですよ。そこで私は、思い切り若くてきれいな女の子ばかりを集めたの。

ママと呼ばれる私が二十歳になったばかり、ベテランは使いこなせないこともあったんだけど、ホステスの若さを売りものにしようと、それに徹底したのです」（『婦人倶楽部』1970年2月号）

さらに、こうも言っている。

「よいホステスの条件は、若さ、笑顔のよさ、プロポーションのよさ、頭はそれほどよくなくても、うけこたえの速やかなこと、衣服のセンスのよさ、

健康と、この六つは欠いてはならない条件です。でも、これだけでは人並みです。ぬきんでるためには美人であること」（同）

洋子には「若くて美しい女なら、男の方が話を合わせてくる」という経験則に基づいた信念があった。また「老舗は敷居が高い若い客も、ウチには来るだろう」と踏んだ。

読みは的中する。

「僕は最初の頃から『姫』を知る、今となっては数少ない一人だと思うけど、顔を出すには理由があった。古株の客もいないし気楽でいいわけ。余計な気を遣わずに呑める。他の店だと、ママもホステスも、お高い感じがしないでもなかったし。早くから『姫』に来ていた連中は、同じことを考えていたんじゃないか。当時、僕は三十になったばかり。四十になっても五十になっても通った。だから『姫』の時代が長く続いた」（株式会社ホリプロ創業者の堀威夫）

夜の銀座で成功を勝ち得た山口洋子だったが、昼間も休む暇はなかった。店を訪れる様々な職種の客が、あらゆる話を持ち掛けて来たからだ。

作詞を始めたのは一九六七年のことである。友人で歌手の神楽坂浮子に『銀座化粧』（作曲・猪俣公章）を提供したのが最初だった。

ここから『銀座しぐれ』（歌・松尾和子）、『あなたのうわさ』（歌・和田弘とマヒナスターズ）、『酒場の花』（歌・藤本二三代）と立て続けに夜の銀座を主題にした楽曲を手掛けた。

自宅と店を往復するだけの、川辺るみ子や上羽秀には、こういった生活は考えもつかなかっただろう。大正生まれの彼女たちが日中に活動することは、体力的に難しかったかもしれない。

三十歳に手が届こうという山口洋子には、体力も意欲もあった。銀座だけでは満足できない。

そんな若きマダムを、マスコミが放っておくはずもなかった。

おんなのテレビ

この時期、民放で最も高視聴率を獲得していたTBSテレビだが、思うように数字の取れない時間帯も、あるにはあった。

例えば、平日の正午である。一九六五年から、

NETでスタートしたワイドショー『アフタヌーンショー』が人気を博していたからだ。

そこで、同じ時間帯に日本テレビもワイドショーをぶつけるという情報が入った。青島幸男と中山千夏を司会に据えた『お昼のワイドショー』である。それを聞きつけて、TBSも「ワイドショー戦争」への参戦を決めた。

TBSが白羽の矢を立てたのが、山口洋子だった。

一九六八年九月三十日からスタートした新番組『0スタジオ　おんなのテレビ』で、山口洋子は月曜日の司会に抜擢されている。それも立川談志との異色コンビである。

帯番組における月曜日の重要性というものを、構成作家として長く帯番組に携わってきた筆者は、身に沁みて知っている。

番組の方向性は月曜に委ねられ、一週間が左右される。月曜が面白くなければ視聴者は付いて来ない。新番組なら尚更である。

新番組の月曜日の司会に、司会経験のない山口洋子を選んだのは、TBSの期待値の高さと言う以外ない。本人もこう述べている。

「主婦の方にどう反応はあるかそれが心配。談志さんとは何度かお店でお会いしたことがありますが、大変頭の回転の早い方。とにかくもう精いっぱいやるだけ」(昭和43年9月6日付／スポーツニッポン)

しかし、この決意も空しく、『アフタヌーンショー』の牙城は崩せなかった。それどころか『お昼のワイドショー』にも届かず、テコ入れの一環として、途中から金曜日の司会も兼任するも、視聴率は一向に振るわず、たったのワンクールで番組は終了している。

山口洋子の華々しい芸能史において、まったく話題にのぼることのないこのワイドショーだが、彼女の人生にとっては、大きな意味を持つことになった。

『0スタジオ　おんなのテレビ』がスタートした一九六八年九月三十日に、TBSではもう一つの新番組がスタートしている。

それが、『YKKアワー・キックボクシング』だった。

山口洋子との出会い

　ある午後のことである。

　その日、筆者は野口修に取材の約束を取りつけていた。取材は本人の体調が振るわず、お茶を飲んで別れるだけの日もあれば、口数が少なく、まったく取材にならないこともなくはない。

　それでも会わないことには話は進まないし、他者の証言の裏取りもあるので、連絡を取り続けるしかない。この日の約束は午後三時に、駒沢公園のいつものカフェである。

　午後二時頃、野口修から連絡が入った。

「すまないが、四時からにしてもらえないか」

　初夏の晴天の下、公園のベンチに腰を下ろした。本でも読んで時間を潰そうと思った。

　幼児と母親が視界に入った。ジョギングをしている女性や、携帯電話を操作しているサラリーマンも、昼間の公園に溶け込んでいる。

　車椅子を押す人の姿も見える。乗っているのが老人なら、押しているのも老人のようだ。「老々介護は増加の一途を……」と、いつか観たニュースが報じていたのを思い出した。

　青の線の入ったネルシャツに薄い紺色のパンツ、白のスニーカーと、高齢者の装いにしてはカジュアルな夫が、ゆっくりと車を押しながら、妻に何やら話しかけているのが見える。

　車椅子が筆者の座るベンチに近付いて来た。夫の顔が肉眼で確認できる位置まで来たとき、見覚えのある銀縁の老眼鏡が目に留まった。

「あっ」と声が出た。――野口修だった。

となると、車椅子の妻は山口洋子であろう。

　野口修は筆者に気付くこともなく、見られているともゆめ思わず、静かに遠ざかった。

　殊更に明かそうとしない野口修の日常には、山口洋子との二人だけの世界があった。

＊

「洋子と初めて会ったのは、レコーディングスタジオだった」と野口修は言う。

　おそらくそれは、一九六九年に沢村忠が吹き込んだ『いかす街だぜ』（作詞・山口洋子／作曲・鈴木淳）の現場ということだろう。

　ただし、こういう話を聞いた。

「当時のウチ（ＴＢＳ）は番組宣伝課が力を持っていて、新番組や数字の低い番組のキャストを、人気番組にゲストで出したりとか頻繁にあった。新番組同士でも往々にしてあった。

スポーツ番組も例外じゃない。そこで、洋子ママが司会のワイドショーに、沢村をゲストに出したことがあった。俺はその前から『姫』に顔を出していたから、顔見知りだったの。その縁でママをキックの会場に招待して、修ちゃんに引き合わせた。二人の馴れ初めはそこだよ」（森忠大）

後日、山口洋子は、店に顔を出した森忠大に、「キックボクシング面白かったあ。凄い迫力。また行きたいわ」と話したという。

そのことを野口修に尋ねると、一瞬戸惑った表情を見せながらも否定せず「まあ、昔のことだから」と、はにかんだように答えた。

とはいえ、出会った二人が、すぐ恋に落ちたわけでは当然ない。

修には妻子がいたし、洋子には六年越しの恋人がいた。エッセイなどに幾度となく登場する「プロ野球選手Ｋ」である。Ｋとは、テレビに流れる「あさま山荘事件」をパジャマ姿で一緒に観ていたというから、少なくとも一九七二年の冬までは、Ｋとの関係は続いていたと見ていい。

ただし、どの酒場もそうであるように、「姫」の常連客は、ママの人間関係に新顔が加わったことを敏感に感じ取っていた。

「野口を『姫』で見かけるようになったのは、この頃かな。『キックの野口』ということで顔を合わせたと記憶している。それが初対面のはず。そこから頻繁に見かけるようになった」（堀威夫）

修の周辺でも、同様の反応が起きていた。

権之助坂の自社ビルでは、週に一度、仲間内で麻雀を打っていた。野口修、三迫仁志、木村七郎、遠藤進丈らが主だった顔触れである。この時期、三迫とは確執が伝えられていた金平正紀も、時折姿を見せた。

「あるとき、見知らぬ女が現れた。山口洋子だった。『銀座で店をやってます』って明らかに毛色が違うんだけど、仲良くなって、俺も『姫』に行くようになった。そしたら修ちゃんもいるんだ。あいつ下戸なのに、おかしいよな」（三迫仁志）

このときの山口洋子との邂逅が、野口修を新たな世界に進ませることになるのだが、出会ったばかりのこの時点では、周囲はもちろん、本人さえも想像していなかったに違いない。

泣く子も黙る大御所

七十年代に『全日本歌謡選手権』というテレビ番組があった。

「十週勝ち抜けば歌手デビュー」という視聴者参加のオーディション番組である。従来のそれと異なるのは、プロの出場も認めていたことだ。

「番組に出場することで顔と名前を売り、勝ち抜いて、実力を示せば再起も可能」という売り文句に、下積み歌手の応募が殺到した。もちろん、「高額な優勝賞金」と「海外旅行」に釣られて、千人からなる素人も予選会に詰めかけた。

毎週、25%以上の高視聴率を叩き出したこの番組の企画立案者は、読売テレビの敏腕ディレクターだった斉藤寿孝である。

視聴者参加型番組に鉱脈を見出した斉藤は、読売テレビ退社後の一九七二年、ＩＶＳテレビ制作株式会社を設立し、『びっくり日本新記録』や、現在も続く『鳥人間コンテスト』（いずれも読売テレビ）を生み出している。

ＩＶＳテレビがその後、『天才・たけしの元気が出るテレビ!!』（日本テレビ系）、『ねるとん紅鯨団』（フジテレビ系）など、視聴者参加のリアリティー番組を世に送り出したのは、今は名誉会長となった斉藤の信条が引き継がれたものと見ていい。その発露となったのが「美空ひばりと出前の兄ちゃんが戦う」をコンセプトにスタートした『全日本歌謡選手権』だったということだ。

番組の司会を務めたのは、男性アイドルグループの元祖であるスリーファンキーズの一員から、司会者に転身していた長沢純である。

「斉藤さんが俺に言うわけ。『審査員は泣く子も黙る布陣を揃えたから、純、お前は司会をやって番組の空気を中和させてほしい』って」（長沢純）

「泣く子も黙る布陣」とは、浜口庫之助、船村徹、淡谷のり子、竹中労、小池聰行（オリコン社長）という大御所のうるさ型ばかりで、彼らはレギュラー審査員という扱いだった。

一方、ゲスト審査員として隔週で出演していたのが、当時はまだ中堅、若手どころだった平尾昌晃と山口洋子だった。

審査員の厳しさが番組の売りになっていたことは、当時の新聞の読者投稿欄からも判然とする。

《毎週テレビの「全日本歌謡選手権」という番組を見ているが、審査員の態度がどうも気になる。歌手がせっかくプロをめざして、きびしい予選を勝ち抜いてきたのに、ある審査員は「プロになるのをやめたまえ」などと言う。これではあまりに気の毒だ。

たとえ実力が劣っていたにせよ、「君の悪い点はここだ。次はこういう注意をして勉強しなさい」などと、どうして励ましてやることができないのだろう。きびしい意見はいいが、それだけではあまりに暖かさがなさ過ぎる》(昭和46年5月20日付/読売新聞)

反面、審査員に気に入られると、デビューしやすかったのも事実である。番組の第七代チャンピオンである吉田芳美という十五歳の少女は、後年、貴重な証言を残している。

「父はテレビで『全日本歌謡選手権』(読売テレビ)を見ていて、叫んだんです。『よしみー、これに出ろ』と。その大会は出場者が審査員の先生にボロカス言われてるんです。『お父ちゃん、こんな番組に出るのいやや』と首を振ったんですけど、『これで決めたらいいんや。歌の道に進むか、別の道に進むか。とにかく一回出てみ』と言われて、出場したんです。15歳のときです。(中略)

1、2週勝ち抜いたくらいからレコード会社からオファーが来るんです。番組のプロデューサーさんが『いまのところ3社きてるよ』なんて教えてくださって、それがどんどん増えていく。(中略)審査員だった竹中労先生(ルポライター)にほめていただいて、10週目は先生が作詞してくださった『風が吹く』を歌い、これがデビュー曲になりました」(『SANSPO.COM』2018年5月22日配信)

この少女こそ、現在の天童よしみである。竹中労は芸名の名付け親にもなり、デビューに一役買っている。審査員は出場者の将来を握る、大きな権限を有していたのだ。

一応はプロなんです

一九七〇年十一月のある日、審査員の平尾昌晃はマネージャーの手違いで、二時間も早く収録会場の藤井寺市民会館に着いた。

することがないので、誰もいない客席に座って、出場者の音合わせを眺めていた。

素人とはいえ、予選会を通過しているとあって、「全員が上手い」と平尾は感じた。それでも所詮はアマチュアである。「ある程度は上手いが、それ以上はない」と高を括ってもいた。

そんな中、抜群に上手い青年が現れた。

音感、音量、音域と文句のつけようがなく、他の出場者とはレベルが違っていた。もしかしたら、プロより上手いかもしれない。むしろ上手すぎるくらいで、一癖ある大御所の審査員連中が、正当に評価しない不安もある。早くも、そのことが気掛かりだった。

リハーサルが終わって館内の喫茶店に入ると、その青年が一人でお茶を飲んでいた。

「君、さっきリハ見てたよ。上手いねえ」と平尾から話しかけた。青年はすっくと立ち上がり、「ありがとうございます」と頭を下げた。

「どこかで歌っていたの」と訊くと「ええ、一応はプロなんです」と頭をかいた。

「何かあったら連絡ちょうだい」と自宅の電話番号を紙に書いて渡した。話はそれで終わった。原則として、審査員と出場者が事前に接触することは禁じられていたからだ。

本番が始まった。青年は内山田洋とクールファイブの『噂の女』を完璧に歌い上げた。山口洋子の作詞曲である。

青年は審査員席にいると踏んだ山口洋子に向けて、この曲を選んだのかもしれなかった。出場者が審査員の歓心を得ようと、関係する楽曲を歌うのは珍しくなかったからだ。

青年は、浜口庫之助ではなく、船村徹でもなく、淡谷のり子でもない、一番年若でまだ大物とは言い難い山口洋子に可能性を託そうとしたのだ。

「頭の固い大御所におもねても、もはやこれっぽっちも得はない。それより、若き銀座マダムのセンスに賭けてみよう」ということだろう。

しかし、この日のゲスト審査員は、山口洋子ではなく平尾昌晃だったから、青年は肩を落としたのかもしれない。

歌い終えると、司会の長沢純がいつものように、審査員に感想を求めた。

まず、オリコン社長の小池聰行が、「ダメだな、そんな歌い方じゃあ、絶対に売れない」と案の定こき下ろした。

平尾昌晃はすかさず反論した。

「僕は凄くよかったと思います。企画性を持たせるというか、彼に合った曲を作れば面白くなると思うし、絶対に化けると思う」

この日のことを、生前の平尾昌晃は次のように振り返っている。

「『こりゃまずい』って思ったんだよ。淡谷先生が辛いのは判っているし、この番組は、審査員の一時的な空気で落とされることが結構あったのよ。それって馬鹿馬鹿しいじゃん」

もし、この日のゲスト審査員が山口洋子なら、立場をわきまえて、ここまでの運動はしなかったかもしれない。実は青年はツイていたのだ。それでどうにか一週目を勝ち抜いた。

青年は、名前を三谷謙といった。

弾き語りからの再起

三谷謙は一九四八（昭和二十三）年、姉二人、兄一人の四人兄弟の末っ子として京都に生まれた。本名、松山数夫。

鉱山技師である父親の都合で、幼少期より各地を転々とし、福井県三方郡美浜町に落ち着いたのは、小学校二年生のときである。

不在がちの父親に代わって、母親が一家を支えた。歌うことが好きな少年の夢は、歌手になって母に楽をさせてやることだった。

中学を卒業すると、京都にいる姉を頼って、歌手や作曲家を育成する関西音楽学院に入学する。

翌年には上京して、作曲家の上原げんとに弟子入り、内弟子生活が始まった。この時代の歌手志望者は、大物歌手や作曲家に入門するのが、最も近道とされていたのだ。

当時、コロムビアレコード（現・日本コロムビア）のトップ作曲家だった上原げんとは、高田浩吉、島倉千代子ら専属歌手に多くの楽曲を提供し、社内で揺るぎない地位にあった。美空ひばりの『港町十三番地』も上原の作曲である。その上原の門下生になったということは、華々しいデビューが約束されたも同然だった。

事実、上京して四カ月で「第十五回コロムビア全国歌謡コンクール」に優勝し、雑誌『平凡』が主催する「歌うミスター平凡」に選ばれるなど、早くも大器の片鱗を見せている。

そして、一九六五年六月「松山まさる」の芸名で『新宿駅から／信濃路の果て』（作詞・古野哲也／作曲・上原げんと）で念願のデビューをはたす。これ以上ないスタートを切ったかに見えた。

しかし、ここから苦難が始まる。

デビューから二カ月後、師の上原げんとが心臓発作を起こし急死してしまう。後ろ盾を失った十七歳に歌謡界は厳しかった。出す曲はことごとく売れず、レコード会社からは見放された。上原に反感を抱く者も社内に大勢いたのだろう。

結局、シングルを六枚リリースしたのち、ポリドールレコード（現・ユニバーサルミュージック）に移籍。芸名を「一条英一」と改めたが、ここでもまったく売れなかった。

人気歌手の前座を務め、地方のドサ回りで食いつないだ。しかし、悪いことは重なるもので、所属事務所は倒産。未払いのギャラは支払われず、挙句にポリドールとの契約まで打ち切られてしまう。

日銭を稼ぐために、銀座のクラブや新宿のキャバレーで弾き語りを始めた。

大卒の初任給が一万円という時代に、一日五千円も稼いだというから、暮らし向きは好転した。その上、持ち前の美声は好評を博し、常連客も増えた。何よりホステスからモテた。二十歳になって、ようやく都会の生活を楽しむようになる。

この頃、作曲家の遠藤実が立ち上げたミノルフォン（現・徳間ジャパンコミュニケーションズ）と契約を結び、芸名を「三谷謙」と改めた。

相変わらず売れなかったが、弾き語りで高給を稼いでいたので危機感はそれほどなかった。当時の月収は約三十万円（現在の価値で約百二十万円）だったという。

「金回りは悪くないし、好きな歌も歌えるし、これはこれで一つの生き方なのかもしれない」と二十二歳にして世の中を達観した気になっていた。

そんなときに、テレビに流れる『全日本歌謡選手権』を観たのである。

再起に賭けようと、素人と並んで舞台に立ち、審査員にこき下ろされ、屈辱に震えているプロ歌手の姿が映し出されていた。残酷だと思った。あはなりたくないと思った。

しかし、三谷謙は自問自答した。

「俺は弾き語りをするために、歌手になったのか。それが子供の頃の夢だったのか」

悩み抜いた末に、三谷は番組への出場を決意する。――それだけではない。もし、十週勝ち抜きに失敗したら、足を洗って故郷に帰ろうと決めたのだ。

「落ちたら田舎に帰るつもりでした。『もう戻ってこないから』と、弾き語りの仕事も全部後輩に譲ったんです。兄に『もし落ちたら無理やり田舎に連れて帰ってくれ』と頼みました」（『週刊現代』2013年6月14日号）

三谷君って知ってる?

三谷謙の二週目の収録会場は、豊中市民会館だった。読売テレビが制作するこの番組の公開収録は、主に近畿地方で行われていた。

この日、審査員席に座った山口洋子は、そのステージに衝撃を受けていた。

彼の歌う『目ン無い千鳥』（作詞・サトウハチロー／作曲・古賀政男）は、気持ちを弾ませる明るい曲調である。これまで、霧島昇、ミス・コロムビア、島倉千代子、大川栄策が歌ってきた。

それをこの三谷謙は、気迫を押し出して熱唱した。明らかに選曲ミスである。しかし、この感動はどうしたものか。歌唱力も申し分ない。今までこんな出場者はいなかった。いや、プロの歌手でもいないだろう。

「そんな気持ちの悪い歌い方をして」と淡谷のり子が酷評したが、まったく耳に入らなかった。山口洋子は大御所に気兼ねせず、「男一匹の勝負を挑んでいる。殺気というか、ただならぬ気迫を感じました」と絶賛した。

本番終了後、山口洋子は努めて冷静に、三谷に話しかけた。

「あなたはプロだと聞きましたが、どこの会社ですか」

「はい、ミノルフォンです」

「お名前は?」

「三谷謙といいます」

「そう、頑張ってね」

すげないやりとりだったが、ここから、物事は具体的に動き始めたと言っていい。

＊

数日後、平尾昌晃の自宅の電話が鳴った。

「電話は洋子ちゃんからだった。この頃、洋子ちゃんが付き合っていた野球選手っていうのが僕の友達で、変な誤解をされたくなかったから、連絡先を交換してなかったの。だから『なんで洋子ちゃんが、ウチの番号を知っているんだろう』って不思議に思った」（平尾昌晃）

山口洋子は「ねえ、三谷謙君って知ってる?」と切り出した。

「知ってるよ。『全日本歌謡選手権』の人でしょ」

と平尾が答えると、「一緒に彼の曲を作らない?」と言われた。

確かに、三谷謙の歌唱力は群を抜いており、面白い存在になりそうだとは思っていた。ただし、十週勝ち抜けるかは判らない。困惑していると、「大丈夫よ」と洋子は言った。

「彼がそれを望めばね」と、やんわり断ろうとすると、「それも大丈夫」。

平尾昌晃の自宅の電話番号が書かれた紙を、山口洋子に渡したのは、三谷謙自身だった。

三谷を落とすな

その間も、三谷謙は勝ち進んだ。

三週目は『俺を泣かせる夜の雨』という曲を歌った。あまり知られていない曲で、場内の反応もいいとは言えなかった。

それでもこの曲を選んだのは、三谷にとって、一条英一時代の曲だったからだ。作曲も自身が手掛けており、日の目を見なかったこの曲をテレビの電波に乗せようと考えたのだ。

四週目は内山田洋とクールファイブの『逢わず

に愛して』、五週目には北島三郎の『男の友情』を選んだ。審査員の船村徹が「よくぞこの難しい曲に挑んだ」と称えた。実はこの曲は船村徹が作った曲だった。心証が悪いはずもなく、この週も勝ち抜いた。

この頃、司会の長沢純が街を歩いていると、「三谷謙を落とすなよ」とか「三谷を頼むぞ」と声をかけられるようになっていた。

「ウチの事務所にまで『三谷を落とすな』という投書が来た。僕は司会者なのに。だから、審査員の家には大量に来ていたらしい。視聴者が味方に付いたんだ」（長沢純）

世の中が三谷謙の「敗者復活劇」を気にしていた。ただでさえ、視聴率25%の高視聴率番組が、三谷効果でさらに上昇した。

「今週の三谷どうだった?」とサラリーマンが話題にしていたというから、大袈裟ではなく一種の社会現象になっていたのである。

「勝ち進むにつれて風格まで出てきて、『ひょっとすると』と思うようになった。となると、例の約束も具体化してくるわけ。オーディション番組の結果を気にしながら曲を作るという経験は、後にも先にも、あのときだけだよ」（平尾昌晃）

あの人は行ってしまった

赤字経営に悩まされていたミノルフォンの遠藤実は、社長の座を降り、徳間書店社長の徳間康快に経営権を譲渡していた。

ある日、徳間康快が「姫」に顔を出した。徳間もオープン以来の顧客である。

「ママ、どこかにいい歌手いない? ウチの専属にしようと思って」と徳間が軽い口振りで尋ねると、山口洋子はこう返した。

「何を言ってるんですか。お宅には三谷謙という凄い歌手がいるでしょう。まず、あの三谷謙を、なんとかしてはどうですか」

翌朝、徳間康快がミノルフォンの事務員に尋ねると、「三谷謙ってウチの専属だったんですか」と訊き返された。名前は知っていても、自社の歌手であることを知らなかったのだ。

徳間は「正式に新会社を発足させたら、三谷謙をウチの目玉にしよう」と決めた。

周囲が動き出すのをよそに三谷謙は、六週目（『命かれても』森進一）、七週目（『伊太郎旅唄』橋幸夫）と勝ち進んだ。

この頃、山口洋子は、八篇の詞を平尾昌晃に手渡している。「ほとんどが平凡なものだった」と平尾昌晃は言う。

一つだけ「あの人は行ってしまった」という不思議な題名の詞があった。

「これだけが目に留まった。名詞が羅列しているだけ。不思議な詞なんだ。しばらくにらめっこしていたら、情景が浮かんでリズムも出てきた。『8ビートでいこう』って決めると、するする曲はできた。今でこそ、あの曲は演歌に数えられているけど、実はそうじゃない。もとはアメリカンポップスなの。

ただ、最後だけが収まりがよくない。『あの人は行ってしまった　もう帰らない』――ここだけメロディに乗らない。考えあぐねた結果『行って行ってしまった』って付け足したんだ。それで、うまくはまった。『面白い曲ができた』っていう達成感があったね」（平尾昌晃）

『よこはま・たそがれ』は、こうして完成した。

今までどこにもいなかった歌手

芸能人にとって、どこのプロダクションに所属するかというのは、今も昔も重要な問題である。プロダクションのパワーは所属タレントの成否に大いに影響するからだ。

歌手の場合は、レーベル（レコード会社）との関係もある。今でこそ、ソニー・ミュージックエンタテインメントや、エイベックスグループのように、同じグループ内にレーベルとプロダクションが含まれるケースも多いが、当時はそういう事例は、ほとんどなかった。

レーベルにとって専属歌手のスケジュールは、曲を売ることに費やされなければ意味がない。そこで、円滑な稼働をプロダクションに要求した。レーベルだけが発奮しても、プロダクションにその気がなければ曲は売れないからだ。

この時代の「姫」には芸能関係者の姿もよく見られた。渡辺プロダクション社長の渡辺晋も、ホリプロ社長の堀威夫も顧客の一人だった。

おそらく三谷謙は、山口洋子の紹介なら、ナベプロでもホリプロでも、すぐに所属できただろう。『全日本歌謡選手権』で顔が売れている分、欲しい人材だったかもしれない。

しかし、三谷がこれらのプロダクションに所属してしまえば、山口洋子が三谷謙のプロデュースに関わることはなくなるだろう。

「十週勝ち抜く前から洋子ちゃんは、コンセプトを練っていた。『こういう楽曲』『こういう詞』『こういう衣装』って具合に全部。だから早い段階で、僕に連絡を入れたんだろうし。

彼女の理想は、『今まで、どこにもいなかった歌手』——となると、自分でプロデュースするしかない。つまり、大手の事務所に紹介する気は、最初からなかったと思う」（平尾昌晃）

では、自分でプロダクションを立ち上げればいいように思うが、そうもいかない。銀座のマダム、作詞家、コメンテーターと、この時点で何足もの草鞋《わらじ》を履いていた山口洋子にとって、時間的にも資金的にも余裕はなかった。

となると、自分の介在を容認してくれるプロダクションしかないということになる。五十年代に日活とプロデューサー契約を結び、石原裕次郎や赤木圭一郎を発掘した水の江瀧子のイメージが近かったことは、後年になって打ち明けている。

この時期の三谷謙を指して山口洋子は、「血のホテリを表現する歌手だった」（『宝石』1983年7月号）と言い、《まるで全身からというより、靴の先から声が出ているような気迫に満ちた姿》（『履歴書』山口洋子著／講談社文庫）とまで書いている。戦う姿に魅力を見出していたのだ。

弾き語りの安定した生活を捨てて、オーディション番組に乗り込んだ気概。リズミカルな曲を情感たっぷりで歌い上げる気力。負けたら後がないという気迫。

プロデューサーとして自身の立場を担保した上で、これらの特性を生かし、今以上に伸ばせるプロダクションなら、三谷謙を預けてもいいと洋子は考えたはずである。「どこにもいなかった歌手」にするには、それしか方法がないからだ。

しかし、冷静に考えて、そんな芸能プロダクションがあるのだろうか。

男の夢

「最初は山口洋子から話があった。『無名の歌手がいるから所属させないか。バックアップもする』ということだった。実際にテレビで観て、気合を押し出しているのが気に入ったんだ。それで一度本人に会ってみようと思ったわけ。

キックでは日本一になった。嵐田も岡村も蹴散らした。でも、胡坐をかいていたくはない。次の目標が欲しいと思っていたところで、この話が舞い込んで来た。新しい世界に打って出よう。それでこそ、天下を獲ったと言えるんだ」（野口修）

表向きの理由としては間違ってはいないだろうが、はたして、それだけだったのか。

「山口洋子という人は魅力的でね。女らしくもあれば、さっぱりしたところもあって、顧客の歓心を摑んでいた。特に文壇の人なんかそうだった。嫌らしい言い方になるけど、相当な競争率だったと思う。客としては新顔になる野口が、そこに入り込めるかって言えば、余程のことがない限り、難しいよな」（堀威夫）

平尾昌晃の証言は、より具体的である。

「洋子ちゃんは三谷謙を『今までにない歌手にしたい』と考えていた。その頃、大人気の沢村忠君の事務所の社長である野口さんが、お店によく顔を出していた。もし、この沢村君の事務所に所属させれば『今までにない』ことだから話題にはなるはず。大手と違って担当者も少ない。自由にやらせてもらえる。

野口さんからすれば、これを機に新たな業種に進出できるし、洋子ちゃんとさらに親密になれる……お互いそれくらいの計算はあったと思う」

元ＴＢＳアナウンサーの石川顕の回想は、これらの根拠にもなり得る。

「修さんがイケイケだった時代は、それは端から見ていても痛快でしたよ。

目黒の一等地に自社ビルをバーンと建てて、乗っている車は、国内に数台しかないリンカーン・コンチネンタル。一着五十万円のスーツをパリッと着こなして、付き合う女性は銀座の一流ママ。すべての男の夢を体現したかのようで、こっちまで愉快になってくるようでした」

売れなきゃレフェリーかリングアナ

野口修が、初めて三谷謙と会った場所は、文献によって異なる。

「赤坂東急ホテルのカフェ」とするものもあれば「姫が入っていたビルの二階のカフェ」とするものもある。野口修本人は「忘れた」と言う。

憶えているのは、その場で所属が決まり、「月給は五万円」「しばらくは事務所の雑用に従事すること」を言い渡したことだ。

この瞬間、野口プロモーションに、ボクシング部門、キックボクシング部門に次いで、芸能部門が誕生したのである。

とはいえ『全日本歌謡選手権』で十週勝ち抜く前に、山口洋子のプロデューサー就任、レーベルのバックアップ、再デビュー曲の完成、所属事務所の決定と、すべて前倒しで決まったことに、さすがの三谷謙も戸惑ったことだろう。

ある夕方のことである。龍反町がビル三階の、野口プロのオフィスに顔を出すと、見知らぬ青年の姿があった。すかさず、野口修が声をかけた。

「おう、反町、紹介する。歌手の三谷謙君だ。三谷君は今度ウチに所属するんだ」

「所属？　じゃあ、歌手を辞めて、ボクサーかキックボクサーに転向するんですかい」

「馬鹿を言え。三谷君は歌手としてウチに入ったんだ。お前は事務所の先輩ということになるんだから、よろしく頼むぞ」

反町は首を傾げた。そのとき初めて、野口プロに芸能部ができたことを知ったからだ。

「野口プロは、社長の独断で決めていたけど、大事なことは、沢村さんや俺には報告があった。でも、芸能部ができるのはそのとき知った。だからあれは、突然決まった話だと思う」（龍反町）

三谷謙は、電話番にお茶汲み、掃除、興行の際にはチケットのもぎりと、雑用全般をこなした。

「『歌手として一旗揚げたい』って言うわけだから、応援したくもなるじゃない。そういうのはボクサーも歌手も関係ないからね。

彼はよく練習も見学していて、実際にミットを打ったりもしていた。練習終わりに駅前の居酒屋で呑んだりもしたよ。今では笑い話になるけど、

『このまま売れなきゃ、レフェリーかリングアナウンサーをやらされることになる』って心配そうに言ってたなあ」（龍反町）

新しい環境に身を置きながら、三谷謙の十週勝ち抜きへの道は続いていた。

八週目（『君は心の妻だから』鶴岡雅義と東京ロマンチカ）、九週目（『博多の女』北島三郎）と勝ち進み、ついに十週目を迎えた。

場所は和歌山県民会館。曲は『雨のヨコハマ』という三谷謙自身のシングル曲だった。無論、有名な曲ではない。

しかし、三谷謙という存在をアピールするのにこれほど相応しい曲もなかった。再デビュー曲のタイトルが『よこはま・たそがれ』というのも、念頭にあったのかもしれない。

三谷謙は、見事十週勝ち抜いた。

＊

龍反町が事務所で三谷謙の姿を見たのは、それから数日後のことである。

「三谷君おめでとう、やったな」と声をかけると、こう言ったという。

「先輩、ありがとうございます。実は、新しい芸名がつきました。『五木ひろし』です」

「三谷謙」という名前を、これほど広めたにもかかわらず、「再出発には新しい芸名を」という山口洋子の意向で、やはり「姫」の常連客だった作家の五木寛之から拝借して命名されたのだ。このこと柔軟さは、従来のプロダクションなら、まず考えられない。

十週勝ち抜きを祝して、目黒駅前の居酒屋で、ささやかな祝宴が張られた。

事務所のスタッフ、所属するプロボクサー、キックボクサーが顔を出した。龍反町も後輩の前途を祝した。

「これからの野口プロは、キックの沢村忠、ボクシングの龍反町、そして歌手の五木ひろし、この三枚看板で、攻めて攻めて攻め抜くぞ」

野口修も上機嫌で吠えた。

しかし、その場に沢村忠の姿はなかった。

第二十章　よこはま・たそがれ

一九七一年三月一日、五木ひろしと改名して初めてのシングル曲『よこはま・たそがれ』がリリースされた。

それに先立って、野口修は野口音楽出版を設立した。これを機に音楽版権ビジネスにも乗り出すことに決めたのだ。

「野口修はこの一曲のために五千万円（※現在の価値で約一億五千万円）を投じた」と自著に書くのは、元『週刊大衆』編集長の塩澤実信である。

ミノルフォンも、新しい経営者である徳間康快の号令の下で、「よこはま・たそがれキャンペーンチーム」を組んだ。チームの中核を担ったのは宣伝部の中邑健二である。

一九四五（昭和二十）年、山口県徳山市（現・周南市）に生まれた中邑は、専修大進学後、内閣総理大臣の岸信介の書生となる。雑用はもちろん、選挙のときは手足となって働いた。

大学卒業後は「社会勉強のため」にミノルフォンに入社。宣伝部に配属された。

ある日「お前の才覚で五木を売ってみろ。今までにない歌手がテーマだ」と上司に命じられ、書生時代の経験から、選挙カーを使用しての宣伝方法を思いついた。

「御通行中の皆様、五木、五木ひろしでございます。『よこはま・たそがれ』『よこはま・たそがれ』よろしくお願いします」

二〇二〇年五月まで、新橋駅前で小料理屋を営んでいた中邑は、懐かしそうに振り返る。

「選挙カー作戦は好評でした。ある日、平尾先生も同乗してもらって、伊勢佐木町を練り歩いたんだけど、平尾先生がサイン攻めにあってバツが悪かった。でも、浸透する手応えはありました」

まず、札幌市内で有線リクエスト1位になると、レコードチャートの『オリジナル・コンフィデンス』（オリコン）のランキングも、80位、50位、30位と上昇を続け、六月の第一週には念願のベストテンに入った。

六月二十一日には、フジテレビの人気番組『夜のヒットスタジオ』に初出演している。ヒット曲と認められた証拠である。

七月の第三週には、ついにオリコン1位に輝いた。わずか半年前に「君の歌い方では売れない」と酷評したのが、オリコン社長の小池聰行だったのが、なんとも皮肉である。

《知らせを受けると、この喜びをまっ先に、山口洋子さんに報告しようと、近くの赤電話に飛びついた。

「一位になりました。ほんとうにありがとうございました。おかげ……」

そこまでいうと、もう感極まって、言葉がつまって、声が出てこない。

もっと、話したい。もっと、感謝の気持ちを伝えたい。

そう思っても、涙だけが流れて、ただ、受話器を握りしめて泣いた》（『渾身の愛――語られなかった我が半生の記』五木ひろし著／主婦と生活社）

八月二十五日には、同じく山口洋子と平尾昌晃のコンビによる『長崎から船に乗って』をリリース。『よこはま・たそがれ』と二曲同時にチャート20位内に入るなど、五木ひろしは人気歌手の仲間入りをはたした。

世界が変わったのは、五木ひろしだけではなかった。

最高の一年

まず、野口プロモーションには、見たこともないような大金が入ってきた。

この時代のシングルレコードは一枚四百円。「十月を過ぎた時点でミリオンは達成していた」（中邑健二）というから、単純計算で、ミノルフォンは四億円（現在の価値で約十二億円）を売り上げた。

ここから支払われる歌唱印税やマスター印税から、作詞家と作曲家に支払う分を相殺した金額を合算すると、野口プロと野口音楽出版には、粗利として、約二億円（同、約六億円）が入る計算となる。これに加え、JASRACを通して支払われる二次使用料を含むと、三億円（同、九億円）を超える。先行投資はあっさりペイしたことになる。

九月に入っても『よこはま・たそがれ』はベストテンに留まり、『長崎から船に乗って』は4位までチャートを上げた。

九月二十五日から三十日まで、有楽町の日本劇場で「五木ひろしワンマンショー」が開催され、不安をよそに連日満員の観客が押し寄せた。

この頃には大晦日の『日本レコード大賞』へのノミネートと、『NHK紅白歌合戦』の出場も噂されるようになった。「秋頃には紅白は内定していた」と中邑健二は言う。

さらに「プツンプツンと切れる字句の配置が斬新」といった理由で、『よこはま・たそがれ』が「第四回日本作詩大賞」の企画賞に選ばれた。もちろん、その栄誉は山口洋子に与えられ、徳間康快の音頭で謝恩パーティが催されている。

一九七一年は、五木ひろしにとってはもちろん、山口洋子にとっても、野口修にとっても、最高の一年で幕を閉じる。――はずだった。

ひとり海辺で

発端は『週刊文春』（1971年10月18日号）「やっぱりボロを出した才女たち　盗作だった〝作詞家マダム〟のヒット曲」という告発記事である。

その内容は『よこはま・たそがれ』の歌詞が、三年前に刊行された『世界の名詩集12　世界恋愛詩集』（矢崎源九郎・星野慎一編／三笠書房）に収載されている、ハンガリーの詩人、アディ・エンドレの『ひとり海辺で』の訳詩と酷似しているというものである。

訳詩をしたのは、徳永康元という言語学者で、戦前に日本とハンガリーの初の交換留学生となった人物である。戦後は東京外国語大学、関西外国語大学の教授と名誉教授を歴任し、二〇〇三年に九十一歳で鬼籍に入っている。

『ひとり海辺で』の訳詩は次の通りである。

海辺、たそがれ、ホテルの小部屋。

あのひとは行ってしまった、もう会うことはない。

あのひとは行ってしまった、もう会うことはない。


ソファーに残された一輪の花。

私は抱きしめる、古ぼけたこのソファーを。

私は抱きしめる、古ぼけたこのソファーを。


あたりにただようあのひとの残り香。

波の音がきこえる、心なき海のたのしげなその歌。

波の音がきこえる、心なき海のたのしげなその歌。

はるかにまたたく燈台のあかり。
いざ来たれ、いざ来たれ、海の歌声はくりかえし
叫ぶ。
いざ来たれ、いざ来たれ、海の歌声はくりかえし
叫ぶ。

その海鳴りに耳かたむけて、
いつしかまどろむ、この古ぼけたソファーの上に。
いつしかまどろむ、この古ぼけたソファーの上に。

口づけに火と燃えたあのひとの面影。

海はなお歌いつづける、過ぎ去った恋の想い出も。

海はなお歌いつづける、過ぎ去った恋の想い出も。


　この指摘に対し、日本作詩大賞の審査員で紀伊國屋書店創業者の田辺茂一は、「授賞取消しでも仕方ない」（『週刊文春』１９７１年10月18日号）と苦言を呈し、同じく作詩大賞の審査員で作詞家の佐伯孝夫は、「ずいぶんうまくなったもんだなって思いました」（同）と皮肉を述べた。

　文章心理学を専門とする産業能率大学教授の安本美典は、「作為があったと見るしかない」（同）と断じ、『全日本歌謡選手権』で山口洋子とともに審査員を務める竹中労は、「ドロボーというか窃盗」（同）と断罪している。

　告発記事を書いたのは、のちに『週刊文春』や『マルコポーロ』の編集長を歴任する花田紀凱で、このとき二十九歳。週刊文春の一記者だった。

　花田の回想がある。

った。(中略)

ぼくは山口洋子さんを作詞家としても、作家としても絶対認めない。なぜなら、「よこはま・たそがれ」は完全な盗作だからだ。(中略)

実はこのことをぼくは当時「週刊文春」で告発した。このレコードを出したミノルフォンの役員が泣きついてきたが、構わず掲載した》(『Yahoo!ニュース 個人』2014年10月5日配信)

山口洋子は作詞家になった当時を振り返り、《幸運だった。ほとんど勉強もせず、名だたる先生の弟子でもないど素人に、とんとん拍子で仕事がきたからだ》(『ザ・ラスト・ワルツ――「姫」という酒場』双葉社)と、さらりと述べているが、「ど素人が勉強しなかった」ツケが回って来たということである。

今まで通りの慣習

「こんなものたいした問題じゃないよ。なんで批判されるのか判らない。女だから、やっかみがあったんだ。やっかみだよ、やっかみ――

野口修は語気を強めて反駁した。

「たとえやっかみだとしても、さすがに問題でしょう」と重ねて問うと、「いや、本当に問題ならもっと大騒動になるはずだよ。この一誌だけじゃないか」と記事のコピーをつまみ上げて言った。

確かに、週刊文春以外の媒体は、ただの一誌もこの件を採り上げなかった。それどころか、擁護する声まで上がっている。

「この程度なら、偶然でもあり得ると思うし、盗作というほどのもんじゃないでしょう。まず、ボクは、これを新しいものと考えてさしつかえないと思いますよ。だいたい歌謡曲に使われる言葉なんてごく少ないですからね」(音楽評論家の有坂愛彦/『週刊文春』1971年10月18日号)

「愉快なことじゃないのはたしかだよ。似とることは似とる。問題にすればなるかもしれん。しかし、この程度はしょうがないナ。言葉にも人間の才能にも限りがあるんだから」(『岸壁の母』などで知られる作詞家の藤田まさと/同)

これらの意見が、当時の感覚で常識だったのも、拭い難い事実である。

週刊文春以外の媒体が沈黙したのは、この件をさらに追及すれば、歌謡界全体に波及し、収拾がつかなくなると判断したのだろう。問題が長期化すると、必然的に他の歌手にまで影響する。大衆がスターに関心を持たなくなれば、芸能誌は売れ行きを落とす。つまり、誰も得をしないのだ。

騒動は間もなく収束した。何事もなかったかのように、五木ひろしの『よこはま・たそがれ』は日本レコード大賞の歌唱賞を受賞し、ＮＨＫ紅白歌合戦に初出場をはたした。

とはいえ、この一件で最も被害を被ったのは、五木ひろし本人だったろう。苦節七年、夢にまで見たスターの座をようやく摑んだ彼にとって、いい迷惑と言うしかない。

「今までになかったタイプの歌手」と「今までになかった楽曲」に舞い上がっていた山口洋子だったが、皮肉なことに「今まで通りの慣習」に救われたのである。

＊

「それで洋子は落ち込んでしまった。『もう書けない』と言い出した。泣いてわめいて……。こんなことで日本一の作詞家を失っていいわけがない。それで俺はこう言った。『三年以内にレコ大を獲ろう。レコ大作詞家になればそんな批判は消える』――そう言って励ました」（野口修）

この時代の日本レコード大賞の権威について、四十代以下の読者には、どれだけ説明し尽くしても、伝わらないかもしれない。「レコード大賞受賞曲を手掛けたとなれば、この程度の汚名は払拭される」という見立ては、そう誤ってはいない。

批判に晒された山口洋子にとって、このときの修の激励ほど心強く、元気付けられたものはなかったのではないか。

「結婚するならこの人しかいない」と「プロ野球選手Ｋ」との関係を、六年間も続けてきた山口洋子だが、あさま山荘事件のしばらく後に破局を迎えている。盗作騒動の半年後のことである。

つまり、騒動を機に、山口洋子は野口修に心を寄せていったと見えなくもない。事実、二人が同棲生活に入ったのはこの年からで、修は妻子のいる五反田の自宅を出て、八雲の洋子のマンションに転がり込んだ。

二人の関係は、当然のことだが、周辺の人間にも波及するようになる。

打たせ湯の里

広島市佐伯区、湯の山温泉。

湧出した源泉をかけ流す「打たせ湯」が名物の山奥の湯治場である。

三百年の歴史を持つ秘湯の里だが、温泉客で賑わっているとは、なかなか言い難い。

ＪＲ五日市駅からバスで一時間以上かかる。直行バスではない。路線バスである。停留所を一個一個踏み潰すように山道を進み、五十九個目の「大橋」でようやく下車する。

しかし、そこから、あらかじめ予約したマイクロバスに乗らねばならない。ここが広島市内というのが嘘のような辺境で、なるほど、秘湯の里に違いないが、温泉だけが目的なら、別の湯治場を目指すのは道理かもしれない。

二〇一五年夏、筆者はこの地に赴いた。

温泉が目的ではない。お好み焼き屋を営む、七十歳の女性に会うためである。

とはいえ、女性の所在を最初から摑んでいたわけではない。取材を始めた二〇一〇年より、消息は杳として知れなかった。

それでも諦めるわけにいかなかったのは、女性が、七十年代の野口修の人間関係を詳述する上で、欠かせない存在と踏んだからだ。

女性の名前は、大門節江といった。

若き日に「姫」のホステスだった彼女は、「大門節恵」と名乗っていた時期もあれば、「大門節子」を名乗っていた時期もある。人によって呼び名もまちまちだった。ここでは、本名である節江で統一する。

彼女の手掛かりだが、当初はまったく摑めずにいた。とにかく情報がないのである。

唯一と言えるのは、山口洋子の例の自伝に、《広島で店をやっている節ちゃんが、またまた名産を送ってくれた》という記述があることくらいだった。

しかし、その店が広島のどこにあるのか、さっぱり判らなかった。山口洋子の自宅に「広島菜や牡蠣、地元の旬の味」が送られていたのだから、同居人の野口修なら身許くらい判りそうなものだが「知らない知らない」と言った。「教えたくない」と顔に書いてあった。

インターネットの力をいくら借りようとも、該当する情報に一向に辿り着けなかった。

半ば諦めながらも時折思い出したように、「大門節江　広島　店」とか「姫　ホステス　広島」と検索を続けた。検索エンジンの新規情報の可能性に賭けるほかなかった。

五年が経過したある日のことである。

これまでは出てこなかった情報にヒットした。彼女はテレビ番組に出演していたのだ。

《まず渡辺直美は、昔美人だったという女将がいるお好み焼きを訪れた。店の女将・大門節子さんは現在68歳で、28歳当時の写真を紹介した》（2013年4月28日放送分『さんまのスーパーからくりTV』／TBSテレビ）

運のいいことに、筆者のよく知る人物が、この番組にスタッフとして関わっていた。その日のうちに店の連絡先を入手できた。電話をかけると、彼女の携帯電話に転送されることも判った。

探し物が不意に見つかるように、人捜しも往々にして、そういうことがあるのかもしれない。

木霊

大橋停留所を降りて、指示された通り、その場で待っていると、程なくして一台の軽自動車が滑るように停まった。大門節江だった。

「バス停まで車で迎えに行く」と言われ、てっきり従業員でも寄越すものと思っていたが、本人が運転して来たのである。

「東京からいらしたんですか」とハンドルを握りながら、弾むように声を上げた。警戒するというより面白がっている風情である。

この時点では取材のことは伏せていた。「例のテレビ番組を視聴して、東京からお好み焼きを食べに来た」という妙な体裁である。

そんな素性の知れない、初対面の中年男を同乗させて、自宅に隣接する店まで運ぶというのだから、なるほど度胸は据わっている。

店に入ると、十人も座れば満員のカウンター、あとはテーブルが二つ。小さくまとまった店内は、掃除が行き届いていた。

カウンターに座って改めて向かい合うと、「元銀座のナンバーワン」は虚名ではなく、七十歳に見えない美貌に嘆息するしかなかった。なぜ、この人が、こんな辺鄙な山奥でお好み焼きを焼いているのか。

瓶ビールを頼むと、注いでくれた。四十年前なら、これだけで数万円が飛んで行ったはずだ。

「よかったら何か呑んで下さい」と言うと、「じゃあ、私もビールをいただこうかしら」と、自分で冷蔵庫からビールを取り出して、呑み始めた。前出の著書で、山口洋子が呑みすぎを危惧したのが判るような、いい呑み振りである。

まずは、身の上を訊いた。

「湯の山温泉の源泉は本当に身体にいいこと」

「それでこの地に家と店を建てたこと」

「今は一人暮らしであること」

「息子が市内の中心部にいること」

「車があれば、市街地まで割とすぐなので、それほど不便ではないこと」

「タヌキが時々顔を出すこと」……


「こんな齢ですから、気ままに一人でやるのが性に合うんですよ。人を使うのも使われるのも厄介でね。ここは住み心地もいいし、なんだかんだと二十年経とうとしています」

連日の酷暑が続いた二〇一五年の八月だったが、窓を開ければ冷房が必要なかった。むしろ寒かった。本当に山奥なのだ。

会話が一段落した頃、大門節江は「でも、しかし……」と首を傾げた。

「お客さん、不思議ですねえ。いくらテレビで観たからって、なんで、こんな山の中の小さい店に来ようと思ったんです?」

それはそうだろう。そろそろ、来訪の真意を明かす頃合な気がした。

「実は、今、野口修さんという人の本を書いていまして……」

そう言うと、赤みを帯びていた彼女の顔色が、サッと引いた。

「当時、野口さんの周辺にいた人に話を訊いているんです。それで東京から来ました」

「そのために?」

し、ずっと貧血気味なのは原爆のせい」

父親は地元紙の記者だったが、戦後はレストランやナイトクラブを経営する、やり手の実業家に転身していた。

二十歳のとき、東京で美容師の修業を積んでいた弟が病気になった。看病のために数日だけ東京に滞在した。これが初めての上京となる。

東京最後の夜に、父親の知人で、郵政大臣や参議院副議長を歴任した香川県選出の政治家、平井太郎と会う約束をしていた。

レストランで食事を済ませると、「この後、面白いところに行こう」と銀座に向かった。

連れて行かれたのは「姫」だった。

「なんで、ナイトクラブに行かなきゃいけないのって。女の子がジロジロ見て、居心地も悪いし」

節江は平井の真意が読めなかった。すると、「じゃあママ、この子は置いてくよ」と平井は先に帰ってしまった。

ここで、ようやく得心した。

「ねえ、東京に残ってウチで働かない？」

山口洋子とは、このときが初対面だった。

「そのためだけに」

「それなら、電話で訊けば済むじゃない？」

「断られると思ったんです。客として出向いたら、話くらいは聞けるだろうと思って。そしたら、まさかこんな山奥だとは」

そう答えると、彼女はコップの中のビールをくいっと呑み干し、「あっはっはっ」と乾いた笑い声を上げた。

その声は、木霊のように山峡に響いた。

「よしっ、今日はもう閉める。今夜はとことん呑もう」

「元銀座のナンバーワン」は、高らかに宣言するようにも、自分自身に言い聞かすようにも言った。

午後七時を回ったばかりだった。

ウチで働かない？

大門節江は一九四五（昭和二十）年八月二十七日、三人兄妹の次女として広島市に生まれた。

自宅が爆心地から1・5㎞しか離れておらず、生後間もなく胎内被爆児に認定された。

「被爆者手帳も持っていますよ。心臓だって悪い

「ママとは初めて会ったのに『マンションも用意してあるし、家具も服もね。それに当座の生活費も、ほらっ』って結構なお金を渡されて『悪くないかも』って思っちゃった。それに『あなたなら、すぐA級でいける』って言われてね」

「A級」とは、日給の最低保証が一万円以上（現在の価値で約四万円以上）のホステスのことで、そのまま「一流」を意味した。

日給二万円以上が「超A級」で銀座全体で二十人もいない。節江を一目見て「A級でいける」と山口洋子は踏んだのだ。

源氏名は「大門節恵」となった。

それから半年ほどで、先輩ホステスを抜き去り、「姫」のトップに立った。この年の年収は五百万円（同、約二千万円）を下らなかったというから、超A級ということになる。

年が明けてすぐ、節江を見初めた客が、毎晩店に顔を出すようになった。珍しいことではなかったが、男は外で待っていることもあった。なんでも、東映の俳優だという。

男は梅宮辰夫といった。初めて聞く名前だった。

「とにかく、押しの一手で来るもんだから、参っちゃってねえ。最初は嫌で仕方なかったんです。強引だし。でも、そのうち『この人なら、いっか』って付き合うようになったの」

十二月、東映社長、大川博の媒酌で二人は結婚する。梅宮三十歳、節江二十三歳だった。

ホテルニューオータニで行われた披露宴には、片岡千恵蔵、鶴田浩二、高倉健、佐久間良子ら東映のスターが勢揃い。二百五十人が列席する豪華な宴となった。節江はホステスから足を洗って、家庭に入った。

しかし、結婚生活は続かず、翌年五月に離婚。節江は半年ぶりに「姫」のホステスに復帰した。

皮肉なことに、離婚を機に、大門節江は世間の注目を集めるようになったのだ。

噂の女

ホステスに復帰して一カ月ほど経った頃、週刊誌に次のような記事が載った。

《梅宮辰夫と別れたばかりの大門節恵さん（23歳）が女優としてデビューする。

彼女のデビュー作は日活の『女の市場』で、役柄は本職とおなじ銀座のホステス。映画出演のきっかけは、「日活の友人にすすめられ、離婚の傷もいえたところで、なんでもやってみたいと思い、引き受けました」》（『週刊平凡』１９６９年８月28日号）

十二月には、日活映画『華やかな女豹』にも出演し、ある週刊誌は、《大門節恵の年収１０００万円の私生活をのぞく》（『週刊明星』１９７０年4月26日号）といった特集記事まで組んだ。

また、当時大ヒットしていた内山田洋とクールファイブの『噂の女』について、作詞を手掛けた山口洋子はこんな創作秘話を明かしている。

「あの歌は、節恵が梅宮さんと別れてミセに戻ってきた頃に書いたものなの。女にとっては大変なことだし、あの子にも言いたいこと、グチリたいことがあったでしょうけど、それをじっとこらえて、毎日、笑顔でミセに出ていました。そのイメージで書いたのが『噂の女』で、彼女にもその時点で、〝あなたがモデルなのよ〟と言ったことがあります」（『週刊明星』１９７０年7月19日号）

また、節江自身も「大門節子」の芸名で、『花が散るから』（作詞・山口洋子／作曲・叶弦大）でクラウンレコードから歌手デビューしている。言うまでもなく山口洋子のプロデュースで、いわば、五木ひろしの姉弟子となる。

当時の「姫」には、女優の山口火奈子や「ミス・ユニバース日本代表」の飯野矢住代など、ホステスと芸能を両立させる「スター・ホステス」が数多在籍していたが、その呼び名は大門節江にこそ相応しかったと言っていい。

フジテレビの『夜のヒットスタジオ』にも出演するなど、順調そうに見えた芸能活動だったが、突如、終止符が打たれた。

一九七一年五月七日、赤坂のヒルトンホテル（現・ザ・キャピトルホテル東急）で一組の婚約会見が開かれた。

牡丹花と鳳凰を浮かせた純白の訪問着を纏った大門節江が姿を見せると、百人以上の報道陣から一斉に溜息が漏れた。

節江を伴侶に選んだのは、沢村忠だった。

サワチュー

白のタートルネックに紺のブレザーを羽織った沢村忠と、訪問着姿の大門節江が現れると、一斉にフラッシュが焚かれた。

二人を挟むように、両脇には徳間康快と野口修が座った。

「大人気のキックボクサー」と「歌手、女優としても活躍する銀座のナンバーワンホステス」の異色カップルの誕生とあって、次々に質問が飛んだ。

《――ふたりが知り合ったきっかけは？

大門「昨年の11月ごろ野口社長にお願いして、キックボクシングの練習を見せていただいたときに紹介されました」

――結婚を決意されたのはいつですか？

沢村「ことしの3月ごろかなア」

大門「おなじです」（笑）

――プロポーズしたのは？

沢村「プロポーズらしいプロポーズはしていませんが、車の中で自然にそうなってしまって……」

（記者席からドッと笑い声があがる。大門は顔を真っ赤にして、うつむいたまま）

――挙式の予定は？

沢村「周囲の人たちとも相談して、来年の3月ごろ、あげたいと思っています。仲人は徳間康快氏にお願いします」》（『週刊平凡』1971年5月20日号）

節江の離婚歴を訊かれた沢村は、「今の彼女が好きなのです。過去は関係ない」（同）と即答し、節江も「沢村さんは意外にわがままですが、気持ちのとっても強い人。ときにはためらいがちなわたしをぐんぐん引っぱっていってくれました。（中略）沢村さんと結婚したら、ホステスはもちろん、歌手もやめます」（同）と息の合ったところを見せている。

実はこの婚約会見だが、以前から予定されていたわけではなかった。決まったのは、前日の六日深夜である。

沢村忠が野口修に、大門節江との結婚を口にしたのが、四月二十八日。その足で二人は徳間康快の自宅に向かい、三人で会談を持った。「今すぐ結婚したい」と言う沢村を説得するためだ。

一結婚は一年早い。もう少し交際してから結論を出してはどうか」と徳間は慰留している。

徳間は一般論を述べたように映るが、実際に結婚となると、今度こそ節江がホステスから足を洗うことになる。山口洋子の後見人的立場にあった徳間康快にとって、「姫」の経営状況を見越してのことなのは想像がつく。

一度は「結婚延期」に落ち着いたものの、嗅ぎつけたスポーツ紙が「電撃入籍」を抜こうとしていることが判り、急に慌ただしくなる。

野口修は、出張先のバンコクから帰国してすぐ、赤坂に直行した。現在の価値で約六千万円もの放映料を月々支払ってくれている、TBS運動部の耳に入れないわけにいかないからだ。

番組プロデューサーの森忠大は、「ブンヤに抜かれるくらいなら、先手を打って、こっちから発表しよう」と諸々のことを了承している。

となれば、この後、野口修が話し合う相手は、山口洋子しかいなかったはずだ。もはや沢村のことではない。「大門節江をすぐ結婚させていいものか」ということだ。

「姫」のナンバーワンということは、銀座のナンバーワンということである。年収一千万円（現在の価値で約四千万円）となれば、結婚して足を洗うことで「姫」の被る損失は膨大な額にのぼる。

そこで採用されたのが、「結婚は一年後」という徳間案だった。「挙式は来年の三月。仲人は徳間康快」と、問題を一旦棚上げしながら、「その間に二人の仲を壊してしまおう」という山口洋子の魂胆も読めなくもない。

六日深夜に決まったという婚約会見だが、節江に一報が入ったのは、会見四時間前の午前十一時だった。携帯電話が普及していないことと、仕事が深夜に及ぶホステスの生活形態を思えば、さしたる違和感はない。

自身の営むお好み焼き屋「ゆのやま」で、ハイボールを片手に、七十歳の大門節江はその日のことを振り返った。

「突然サワチュー（沢村）がウチに来て、『この後会見することになった。だから今すぐ準備して』って言う。『会見って何？』って訊いたら、『俺の横でにこにこしてればいい』って。

何が何やら判らないまま着付けして、大慌てで車に乗せられたの。本当ですよ」

当時の週刊平凡には、「美容院でも着物を着ている間でも、抑えようと思っても次から次へと涙があふれてきた」とあるが、本人は「そんな余裕は全然なかった」と否定した。

「大急ぎで車に乗せられて、ホテルに着いたら、記者さんが大勢揃っていたの。『今から誰が来るの』って訊いたら、『俺たちの婚約会見だよ』って言うから、『そんなの聞いてないわよ』って。だから、私は許可も何もしてないんです」

とは言うが、会見と庭園で行われた写真撮影において、二人は仲睦まじい様子を見せている。

しかし、この五カ月後、二人は破局を迎えている。一体何があったのだろう。

恋のもつれ

「大体、私はサワチューとは付き合ってもいなかったもの。ただのお友達。仲は良かったですよ。一緒に麻雀やったり、呑みにもよく行ったし。彼ま下戸なんだナどね。でも、結婚願望どころか、恋愛感情もなかったもの」

大門節江はそう言い切った。酔ってはいたが、取り乱すということは一切なく、むしろ、呑むだけ冷静になるようだった。

五月七日の会見では「プロポーズらしいプロポーズはしていない」と頭をかいた沢村だったが、『週刊明星』（1971年5月23日号）が報じたところでは、三月半ばに沢村の愛車のポルシェの中で「ボクの子分になるか」と言ったのが、実際の求婚だったという。

「恋愛感情はなかった」という節江の言い分は、鵜呑みにできない。男女の仲である。いくらでも言い繕えるし、会見を報じる記事や写真を見る限り、節江本人も満更ではない様子が伝わるのは、どういうことか。

「私ら銀座の女は、そう振る舞うことくらい朝飯前。要望に応じることは容易いこと。サワチューに『そうして』って言われたわけだから、そうしてあげなきゃ彼の顔が潰れるって思うじゃない。その場所に記者が何人いようと、そんなものは関係ないですよ」

いかにも「ナンバーワンらしい回答」と言うしかないのだが、記事を読むと、沢村忠は父親に節江を紹介したとある。ただの異性の友人を肉親に紹介するほど、当時の沢村忠も大門節江も、暇を持て余していたわけではない。

沢村忠の後輩である、藤本勲の証言がある。

「ウチの女房の実家が、伊豆で旅館を営んでおりましてね。真夏のある日、大勢の選手が海水浴がてら泊まりにやって来たんです。

そのとき、沢村さんも来たんですが、大門さんと一緒でした。『婚約している』って前から聞いていたし、彼女もそのつもりだったと思います。二人が付き合っていないわけないです。きっと、別れ方がよくなかったんでしょう」

別の選手の証言もある。

「その伊豆旅行のとき、大門節子さんもいました。凄い美人だと思いましたもの。あの旅行は、奥さんや彼女連れの選手も大勢いて、そこに連れて現れるってことだから、みんな判っていたし、大門さんも、そういう雰囲気でしたよ」（キックボクシング元日本フライ級王者のミッキー鈴木）

沢村忠が恋愛感情を抱いていたのは、間違いない。結婚を前提に考えていたのだろう。

「日本的で優しくおとなしい人でオフクロに似ているひとが、ボクの理想の女性像」（『週刊平凡』1971年5月20日号）と語る沢村忠だが、誤算だったのは、大門節江がこのタイプではなかったことかもしれない。

「銀座の女にとって要望に応じることは容易い」という彼女自身の証言が、その回答となる。おそらくだが、結婚に関して、二人の間にはかなりの温度差があったと見ていい。

この婚約会見から十年後の一九八一年、三十五歳になった大門節江は、週刊誌の取材を受けている。その中で「沢村との同棲期間中は怖いことばかりだった」と訴えている。

「だってね、すごく焼きもちなんだもの。友人からかかってきた電話を彼に背を向けて話していると〝誰となんの約束をしてるんだ〟ってどなるんだもの。怒って電話線をひきちぎり、私をベッドに放り投げるの。生きた心地もしなかったわ」（『週刊ポスト』1981年3月13日号）

証言を読む限り、沢村忠のことを思い出したくないのは自明のことである。それでも、交際していたのは事実で、同棲すらしていた。

しかし、重要なのは、実はここからである。

若い二人の恋のもつれは、単なる破局で終わらなかったのだ。

野口を許さない

本書がノンフィクションである以上、登場人物や証言者を仮名にしたり、イニシャルで逃げたりするのは、基本的に避けるべきだと筆者は考えてきた。「架空の狂言回し」に語らせて都合よく書いたところで、なんの意味もないからだ。

しかし、次に紹介する挿話は、ソースを明かすわけにはいかない。匿名を条件に情報を得たからで、職業も明かせない。信念を曲げることになるが、Xとする。男性であることは記しておく。

「沢村忠と大門節江が破局した理由を知っている」とXは言った。

「野口と沢村の仲は、これで決定的に駄目になった。これで決裂した」とも言った。

それが事実なら、後述する野口プロモーションのその後も、日本のキックボクシングの凋落も、すべてこの一件を起因とすることになる。当然、看過できない事案である。

Xが「沢村本人から直接聞いた」という話は以下の通りとなる。

＊

「この頃の大門節江は、『姫』にとって、深刻な事情を抱えていた」とXは言う。

常連客のツケ（未回収金）が莫大な額に膨らんでいたというのだ。その額、数百万円。現在の価値にして数千万円になろう。店の経営に影を落とす重大事である。

頭を抱えた山口洋子が、野口修にこの件を相談すると、「俺に任せとけ」と言ったという。

それは、沢村忠を大門節江と結婚させて、沢村にツケを肩代わりさせようという妙案だった。それで、二人を引き合わせたというのだ。

「お前、節江と結婚できるんだから、焦げつきを払ってやれ」と迫られた沢村は、肩代わりして、大門節江から手を引いた。――というものだ。

「沢村本人からこの話を聞いた。彼は泣いていた。それ以降、沢村は野口を許さなくなった」

そう言って、Xは溜息をついた。

この話を聞いて「それは酷い」と筆者は思った。ただし、この時代の大門節江が、芸能界でも活躍する著名人だったことを思えば、「回収方法は別にあるはず」という違和感も同時に抱いた。

また、彼女には、政治家、作家、大物右翼、音楽評論家などの後見人的な顧客が、この時期、何人もいた。彼らが黙っていまい。

それに、野口修にとって沢村忠は、会社の屋台骨を支える存在にして、大功労者である。「そこまで非道なことはすまい」という疑念もある。

ともかく、裏を取るしかない。何人かに当たってみたが、いずれも「知らない」と言った。

野口修にも、それとなく当たってみたが、「そんなことしない」と白け切ったように言った。彼の反応は、従来のそれとは明らかに違った。

となれば、次に当たるのは、大門節江本人しかいない。筆者が彼女を捜し続けた一番の動機は、事の真偽を摑むためである。

ママを困らせてはいかん

「ぶはははは」

大門節江の笑い声は、山々に響き渡った。

次いで「ないないない」と笑いながら否定して、「ねえ、東京では、今そんな話になってるわけ?」と筆者に訊いてきた。

「言っとくけど、ツケなんてみんなあるわよ。でも、ツケのためにサワチューと結婚なんかしない。もちろん、実際に飛んじゃう子はいましたよ。でも、このときの私じゃあ無理。足が付いちゃうもの。逃げ切れない。

私は芸能事務所に所属もしてたし、レコードだって出していたしね。だったら、お店の給料や、印税を押さえた方が早いでしょう」

確かに、何度も述べているように、この時代の大門節江は年収一千万円ホステスである。ある時期においては、沢村忠より高収入だった可能性も十分にある。もしそうなら、まず、自力でどうにかしようとするだろう。客観的に見ても、Xの証言は無理筋かもしれない。

「ただね、こういうことはありました」

彼女は漬物を齧りながら言った。

この時期、山口洋子は「節ちゃん、あなたウチのナンバーワンなのよ。みっともない格好はやめてちょうだい」と言っては、ミンクのコートや高級バッグを節江に買い与えていたという。着物を新調してくれることもあった。

「私からママに頼んだことは一切ありません。本当に。そんなの自分で買うわよ。『ママ、やめてよ』って何度も言いました。でもまあ、一応受け取ってはいたけど」

ある日のことである。常連客である作家の吉行淳之介が、たしなめるように言った。

「節ちゃん、あんまりママを困らせてはいかんよ。無駄遣いばかりして、なんでも補塡させているらしいじゃないか」

節江はなんのことか判らなかったが、その場は、「はいはい」と適当にうっちゃっておいた。吉行は冗談の好きな男だったし、酒の席の戯言をまともに取り合っていては、神経が持たないからだ。

すると、別の作家も「節ちゃん、コートやバッグの御代を店に回しているっていうじゃないの」と言ってきた。ある社長は「浪費はいかんよ」と小言を言い、ある政治家に至っては「貯金をしろ、貯金を」と説教する始末である。

いよいよ、聞き捨てならなくなって節江が質したら、出処は山口洋子であることが判った。洋子が触れ回っていたのだ。

「どういうことか訳が判らなくて、ママに訊いても『一般論よ』って、まともに取り合ってくれない。ママとはうまくいってなかったわけではないのに、今でも不思議に思っている」

山口洋子が一体なんの慨嘆があって吹聴していたか、まったく判然としない。

山口洋子にとって、大門節江は高額の収入をもたらす稼ぎ頭に違いないが、銀座の女特有の複雑な心象風景でもあったのだろうか。

それとも、客の多くが「店の稼ぎ頭」と見る節江のことを「この子は確かに稼いでいるけど、その分、出費だって多いんだから」と言いたかったのだろうか。そのどちらか、もしくは、どちらでもあるのかもしれない。

そして何より、この件を何人もの客に話しているとすれば、野口修の耳に入っていないわけは、ないのである。

控え目な女が好き

「大門節子っていうのは金にだらしない子でね。高い買い物をしては、洋子に払わせていた。だから、『あれと一緒になれば、お前がこの先苦労する』と沢村に言ってやったことはある」

広島から帰ってすぐ野口修に会うと、彼はぴしゃりとこう言った。

ようやく話がつながった。おそらく、真相は次の通りである。

＊

山口洋子にとって大門節江とは、年収一千万円を稼ぎ出す金のなる木である。

好悪はどうあれ、節江に店を辞められては困る。一千万円稼ぐということは、その倍は、店に入っている計算となるからだ。

大門節江は、沢村忠のことは嫌いではなかったし、好意を抱いていたのも間違いない。

ただし、結婚までは考えなかったはずだ。一度失敗しているのだから慎重になるのは当然である。「交際半年で婚約会見」というのは本意ではなかったが、沢村に恥をかかせてはまずいと思って、会見ではそれらしく振る舞った。

伊豆旅行も同様である。他の選手や家族もいる手前、フィアンセの雰囲気を出した。

ともかく、高収入を易々と捨てて家庭に入るほど、結婚願望が強かったわけではまったくない。

そんな節江の本心は、当然、山口洋子の知るところとなったはずだ。「結婚する気はない」のなら、店にとっては好都合なのだ。

同時に、山口洋子のパートナーである野口修が、洋子の真意を無視できるはずもない。前出の『週刊平凡』に「結婚に反対だった野口氏」と書かれているのも、そのためである。

後はいかに、沢村を諦めさせるかだった。

結婚を思い留まらせようと、周囲が沢村を説得する中で、節江のネガティブな情報は、当然含まれたはずだ。例の「焦げつき」は、どこかのタイミングで入り込んだ出鱈目に違いない。

彼女にとっては迷惑千万な話でも、情報の伝達とは、得てしてそういったものである。

沢村自身も、どこかの時点で節江から「結婚は無理」と告げられたと思われる。別れを切り出されたのかもしれない。

かくして、二人は破局を迎えたと見ていい。

*

その後のことにも触れておく。

沢村忠と別れてすぐ、大門節江は「姫」を辞めて、電通通りと銀座通りの間に面したビルの三階に「シャネル」というバーをオープンしている。

出資者がいての雇われマダムだったが、ともかく、一国一城の主になったのだ。

「飲みながら話し合っているうちに、急にそんなことになっちゃったの」（『週刊平凡』１９７１年12月2日号）と節江は言うが、「これ以上、洋子ママの思惑通りには動かない」という強い意志が汲み取れなくもない。

一方の沢村忠だが、大門節江と破局した一カ月後、女子プロボウラーの石井利枝との交際が発覚する。

《キックボクシングの王者沢村忠と、美人プロボウラー石井利枝の間に、1年前から秘められた交際があった。途中で沢村が大門節子と婚約したり、石井の病欠があったりで、一時ブランク状態だったが、そのへんもお互いに理解している。（中略）「オレは、おとなしくて控え目な女が好きなんだ。芸能人なんてのはたいていナマイキで虫が好かないが、リエはそういうところがないね」》（『週刊明星』１９７1年11月28日号）
また、この頃より、いくつかのサイドビジネスを手掛けるようにもなる。引退後のことを見据えてなのは明らかだった。
Xがこぼしたように、この一件で野口修と沢村忠の仲が決裂したかどうかは判然としない。ただ「自分は社長にとって駒の一つにすぎない」と考えた沢村の心が、次第に離れて行ったとしても不思議はない。
野口プロモーションが、微かにではあるが、揺れ始めていた。

沢村忠と大門節江の婚約を報じる『週刊平凡』。
（1971年5月20日号）

第二十一章　野口ジム事件

一九七二年三月二日のスポーツニッポンに、「4日決戦！　沢村、初の日本人」という見出しが躍った。

これまで、アメリカのジミー・ゲッツ以外は、タイ人選手とばかり試合を重ねてきた沢村忠が、初めて日本人と対戦するという記事である。相手は大阪の西尾ジムに所属するロッキー藤丸である。

「沢村—タイ選手戦がマンネリ化しているのは事実。だから日本選手にぶつける時期がきたと踏切った。沢村にとってもキックボクシングにとっても新境地が開かれるのではないかと思っている」（TBS『YKKアワー・キックボクシング』の担当ディレクターの高木修／同）

結果は、4ラウンド1分35秒、沢村がKO勝ちを収めている。

すでに述べてきたように、TBSテレビ運動部は野口修に対し、沢村忠に次ぐスター選手の育成を繰り返し要求してきた。

富山勝治、花形満、伊原信一、ロッキー藤丸と有望選手は次々に現れてはいたが、エースというにはまだ力不足だった。

テレビの視聴率は堅調だったが、20％を切る週も増えていた。当時のTBSは、どの番組も相対的に数字は高く、ジリ貧になる前に番組を打ち切る厳しさもあった。

にもかかわらず、野口修は、さほど深刻には考えず、それどころか芸能界に軸足を移し、新人歌手の売り込みに躍起になっていた。後継者育成に本腰を入れていたとは言い難かった。

テレビ局の体質からして、この手の問題に手をこまねくことはまずない。番組を終わらせないなら、テコ入れをすることになる。

そうした場合、従来の制作会社やプロダクションを新しい会社に代えたり、出演者を入れ替えたり、スタッフの座組を一新させるといったことが、往々にして行われる。それは、現在より昔の方がより顕著だった。
『YKKアワー・キックボクシング』も似たような状況になりつつあった。「ポスト沢村忠」を誕生させる計画が、TBSの主導で密かに進行していたのだ。
この一カ月後の四月五日、スポーツニッポンの一面に次の記事が大々的に載った。
《西城〝キック〟転向　第1戦は王者・沢村忠を希望
プロ・ボクシング前世界フェザー級チャンピオン西城正三（二五）＝協栄＝が、キック・ボクシングに転向する。同選手は三月三日に、TBS系列の東洋パブリック・ジムナジアム（堀口春栄会長）に入門、すでに一カ月近く練習を続けており、このほど転向第一戦が行なわれることが決まった。詳細は現在選手を連れて香港遠征中の野口プロモーション野口修社長（TBS専属プロモーター）の帰国を待って決定される》（昭和47年4月5日付／スポーツニッポン）
前年九月にアントニオ・ゴメス（ベネズエラ）にKOで敗れ、六度目の王座防衛に失敗した西城正三は、目黒駅前にレストランを開業したり、交際中の女性との婚約を発表したり、ハワイへの移住を公言したりと、華やかな話題を振りまいていた。
「ハワイでやるのは、のんびりとボクシングを楽しみたいからです。向こうのスターとやっていれば力も落ちないし、いい試合もできると思います。まあ六月には弱い相手と軽く流したい」（西城正三／『週刊読売』1972年2月12日号）
そう言って煙に巻いていたが、水面下でキックボクシング転向計画が進んでいたのである。

キック併用論

「国民的スポーツ」として、戦後から高度成長期にかけて、すべてのテレビ局でレギュラー番組を持ったボクシングだったが、七十年代に入ると、人気に陰りが見えていた。

七二年五月には、テレビのレギュラー中継がすべて消滅し、放映は世界戦のみとなった。

世界王者が輩出されなかったかと言えば、そうではない。むしろこの時期は、大場政夫、柴田国明、輪島功一が戴冠していた。すなわち、競技自体の人気が低迷していたということだ。

これに危機感を抱いたのが、日本ボクシング協会副会長だった金平正紀である。

「ボクシング人気の衰退は、キックボクシングの台頭にある」と考えた金平は、この頃より「キックボクシング併用論」を唱えるようになる。プロボクシングとキックボクシングの選手の往来を、自由にするという奇抜な計画だった。

「いまのボクシング界は不振というよりどん底だ。テレビも見放した。このピンチをいかに乗り切るか真剣に考えなくちゃいかん。そこで、私は提案する。キックボクシングの人気をうまく利用することだ。（中略）

まず、ボクシングとキックの興行をいっしょにやる。これは絶対に面白い。キックのファンを集められますからね。そして、次は国際式のボクサーにキックもやらせる。タイでは立派にやってます。いまさらミエやプライドを考えるときじゃない」（金平正紀／『ゴング』1972年6月号）

そもそもは、「反キック急先鋒」だった金平正紀だが「沢村人気を利用しない手はない」と、にわかに転向していたのだ。

手始めに、この半年前に世界バンタム級王者のルーベン・オリバレス（メキシコ）と、日本ボクシング史に残る名勝負を演じた金沢和良に、キックボクシング転向を表明させた。

そして、甘いマスクで女性人気も高く、好戦的なファイトスタイルの西城正三の、キック転向報道である。「ポスト沢村」どころか、その人気を超えるかもしれない。

毎日新聞社系列のスポーツニッポンが、西城のキック転向を一面で大きく報じたのも、この時点でTBSと話がついていたからだ。

「金平から売り込まれたのは事実。『西城をキックでどうか』とね。防衛戦で負けて一カ月後くらいかなあ。それがこのプランの最初でしょう。

もちろん、驚いたよ。でも、面白いとは思った。

西城は知名度も人気も高いし、まだ若い。沢村がエースになって五年経っていたけど、沢村の次をどうするか考えるのは当然だから。

そこで、当分は沢村と西城の二枚看板で売って、機が熟した頃に戦わせれば、話題になるし『武道館は札止めになる』と閃いたわけ。

でも、この計画が露顕すれば、修ちゃんは確実にいい顔をしないから、順を追って説明する必要があった。俺は野口プロを外すつもりはなかったよ。沢村の人気はまだ高かったからね。

だから、金平には『あんたも、もとは野口一門なんだから、修ちゃんの傘下に入ってはどうだ』って条件を出した。金平も最初は『判った』って言っていたしね」（森忠大）

つまり「沢村忠対西城正三」が実現して、「西城が勝ってエース交代」というストーリーを、森忠大は思い描いていたのである。

第二協会

足取りを追うと、明らかに、金平正紀の計画通りに事が進んでいるのが判る。

「いまボクシング界は新人王戦やトーナメント戦などで人気をばん回しようとみんな一生懸命やってる。そんな時にボクシング関係者がショー的要素の強いキックをやることは納得できない」（日本ボクシング協会会長の笹崎僙／昭和47年4月11日付／読売新聞）

程なくして、日本ボクシング協会は「コミッションルール第一章第五条に違反した」と金平正紀に除名処分を下した。

待ってましたとばかりに、金平は新団体「全日本ボクシング・マネージャー協会」（第二協会）を立ち上げた。同時に日本キックボクシング協会に加盟申請を出している。

「すでにキックは世界的なスポーツになっており、東洋連盟設立の動きもある。だから協会は私を除名にしたことによって大きな痛手をこうむるだろう」（金平正紀／昭和47年5月17日付／スポーツニッポン）

この第二協会には、タナカジム、勝又ジム、国民ジムの三つが加盟し、さらに増える見通しとなっていた。

五月二十五日にはＴＢＳの局内で、野口修、金平正紀、森忠大の三者会談が持たれた。

そこで決定したのは、次の五点だという。

一、七月十二日に大阪府立体育会館にて行われる協栄プロモーション主催の初のキックボクシング興行で、西城正三のキックボクシング転向第一戦を行うこと。
二、西城の対戦相手は、野口プロモーションのブッキングでタイから来日させること。
三、大阪興行には、沢村忠も出場すること。
四、大会の模様はＴＢＳが放映し、放映料は四百万円であること。
五、協栄プロモーションは、日本キックボクシング協会に加盟しながら、独自に興行を行うのを認められるものとすること。

破格の条件である。特筆すべきは、五の「日本キックボクシング協会に加盟しながらも、独自に興行を行う」のを認めさせたことだった。

これまで野口修は、日本キックボクシング協会に加盟するジムに自主興行を許可しなかった。この前年、地元での主催興行を認められなかった仙台青葉ジムが、全日本キックボクシング協会に移籍したのも、それが理由だった。

「ジムがそれぞれ興行を打つようになれば、目先の利益に走ってまとまらなくなる」と野口修は力説するが、早い話が他のジムに力を持たせたくなかったのだ。

しかし、金平正紀には許可したのである。

第二協会も加盟ジムが十を超えて、まったく無視できないものとなっていた。

ここまでは、すべて金平の計算通りだった。後はエースが入れ替わるだけである。

しかし、野口修がこのまま、おとなしくしているはずもなかった。

こっちにも考えがある

「あるとき修のやつが、ウチの社長と直に会って『おたくでキックボクシングの中継を考えてもいいですよ』って言いに来た。『沢村がウチの電波に乗る』って社長は明らかに乗り気でさ。

しかし　計算高い修が、TBSの馬鹿高い放映料を蹴ってウチに来るわけがない。ウチはTBSの半分だからね。『これは裏がある』って思った。修はフジテレビにも行ったらしい。無論こういう情報は広まるし、それが狙いだった」（東京12チャンネル運動部に在籍していた白石剛達）

白石にその時期を尋ねると、首を捻りながら、

「交流戦の半年ほど前かな。だって、この一件がきっかけで、交流戦が持ち上がったから」と言う。

「交流戦」とは日本キック協会と全日本キック協会による団体対抗戦のことで、スタートしたのは一九七二年十一月である。

つまり、野口修がこの話を持ちかけたのは、金平正紀の計画が進んでいた時期と符合する。

もちろん、理由があった。

「その頃、金平は森さんに『TBSのキック中継から野口プロを外せば、西城の放映権を渡す』って言ったらしい。それを金平は（番組のメインスポンサーの）YKKにも言いに行った。その情報は筒抜け。『そういうことなら、こっちにも考えがある』と俺は思ったわけ」（野口修）

森忠大の言い分は、それとは異なる。

七月に東京で予定している協栄プロ主催の二回目の興行において、野口修は興行権を渡すように金平に要求していたという。

「会場が日大講堂だから、両国、浅草界隈……シマの問題でしょ、大澤武三郎とかそっち方面の。

俺は『興行権は野口プロに譲る。テレビの放映料は協栄に払う。これでどう？』って折衷案を出した。修ちゃんは『それでいい』って折れた。でも、金平が首を縦に振らなかったんだ」

野口修が動き出したのはその頃だった。

「野口プロは、他局にキックの放映権を移そうとしている」と自分で噂を流すことで、TBSに、二者択一を迫ったのだ。土壇場になって、金平の目論見を潰そうとしたわけである。

「二者択一を迫られたら、野口プロを選ぶしかない。まだ、沢村を切るわけにいかないもの。随分と話し合ったけど、修ちゃんにとっては企業防衛だろうね。でも、西城というカードをなくしたのは痛かった。『沢村対西城』は武道館でやれていた。特番も組めていた。もったいなかった。

金平には『すまん、テレビは一旦白紙にする』って伝えた。金平に悪くてね。借りを作ってしまったんだから。でもこの借りは、数年後に思いがけない形で返すことになるんだけど」

七月十二日に大阪で行われた、西城正三のキックボクシングデビュー戦は、九千人の観衆の前で西城が2ラウンドKO勝ちを収めた。沢村忠は会場に姿を見せたが、無言で後にしている。

日大講堂での第二戦は、フジテレビが放映し、またもや西城がKO勝ちを収めた。対戦相手は、シングサク・ルクアカサヨーテンというタイ人である。のちに日本に帰化し、前田憲作や新田明臣ら日本のトップ選手を育てた、シンサック・ソーシリパン（日本名・高岡明央）のことだ。

しかし、その後はテレビ中継は付かず、西城正三のようなスターを擁しながら、ノーテレビで地方を回るしかなかった。

その年の暮れに金平正紀は、東京12チャンネルと契約を結んだ。以前『KOボクシング』なる中継番組を抱えていた縁で、番組プロデューサーの白石剛達と懇意にしていた。いくら、TBSの半分程度の放映料とはいえ、テレビのない状況は耐え難かったのだ。

石原コミッショナー

キックボクシングに転向した西城正三は、その後もタイ人選手相手に、覚えたての派手な蹴り技で、連勝街道をひた走った。

この頃のことを、筆者は西城正三本人に電話で質した。すると「その話はしたくない。キックの話は生涯しないって決めているんだよ」と重い口調で回答を拒まれた。

すでに述べたように、この時期、日本テレビの協同プロと、東京12チャンネルの岡村プロの統一組織である全日本キックボクシング協会が発足し、そのコミッショナーになったのが、当時は参議院議員だった石原慎太郎である。

実は、石原慎太郎のコミッショナー就任には「打倒沢村忠」「打倒野口プロ」だけではない、いくつかの伏線があった。その詳しい経緯を、当時の彼の腹心だった人物から、直接聞くことができた。

一協同の嵐田さんは、キックの仕事はそんなに熱心じゃなくて、その分、岡村さんの強引さが目に余るようになった。例えばマッチメイク。自分のところの選手を優遇させようとする。タイトルマッチとか、ランキングとか。

協同はレジーさん（レジナルド一ノ瀬）が対応していたけど、嫌になってハワイに帰ってしまった。日テレとしては、『ちょっとどうなの』ってなるでしょ。格で言えば、日テレと12チャンネルは天と地くらい差があるわけだから。

そんなときだよ。日テレのある社員と（石原慎太郎夫人の）典子さんが、高校時代の同級生だと判った。その縁で日テレが慎太郎さんを担いだ。

そしたら慎太郎さんが『ガンちゃんも手伝ってよ』って頼んで来たもんだから、俺も全日本キックの事務局長になったのよ」（現在は右翼団体・大行社最高顧問の清水巌）

もしこのとき、石原慎太郎が全日本キックのコミッショナーになっていなければ、西城正三のキックボクサーとしてのキャリアは、まったく違ったものとなっていたはずだ。その辺のいきさつを、石原自身は次のように振り返っている。

《当時キックボクシングには二つのリーグがあって、私の方は4チャンネルと12チャンネルをキイにしたリーグ、片や6チャンネルをキイにしたものだった。そして向こうにはSTというフェイクによって仕立てられた無敵（？）のチャンピオンがいて大層な人気だった。（中略）

テレビ会社としてはどうしても視聴率が気になる。である時テレビ会社から、さきに国際式から引退したSSを第二のSTに仕立てて稼ぎたいのでどうか了承してほしいといってきた。

私はコミッショナーへの就任の折に一つだけ条件をつけていて、何であろうと格闘技なのだから選手たちのためにも八百長は一切しないと念を押していた。（中略）

そして私の友人の協会事務局長から裏で選手たちにそんな経緯を密かに流させておいた》（『わが人生の時の人々』石原慎太郎著／文春文庫）

金平正紀は、西城正三を「ポスト沢村」にするべく、キックボクシングに転向をさせたことはすでに述べた。東京12チャンネルもそのつもりだったのは、これまでの経緯からも、右の記述からも、けだし事実だろう。
「時々『全日本は全部ガチンコ』なんて言う人がいるけど、馬鹿言っちゃいけない。全日本だってフェイクは山ほどありましたよ。一度、放送席でずっこけたんだもの。下手すぎて。そう考えると沢村忠っていうのは、身体能力が高いからか、上手かったね」（当時、全日本キックボクシング協会でテレビ解説をしていた作家の安部譲二）
「慎太郎さんは、『西城には絶対にショーはやらせない』って何度も言っていた。信念だった。それは、岡村さんと12チャンネルに対する牽制でもあった。なぜなら、彼らは西城にショーをやらせたがっていたからね。
そしたら、岡村さんは『そんなに言うなら判った』と、西城と藤原敏男を真剣勝負で戦わせることに決めた。賭けたんだろうね。それを西城も堂々と受けた。そこはやっぱり、世界王者のプライドだよなあ」（清水巌）
なお『ゴング』（1973年3月号）は「西城対藤原の勝者を、沢村と戦わせるプランがある」と書いている。交流戦も始まっていたわけだから、信憑性がなくもない。
この時期、全日本ライト級王者だった対戦相手の藤原敏男だが、西城正三ほどの知名度は、当然なかった。
「どちらが勝てば沢村戦が実現するのか」「どちらが勝てば美味しいか」——岡村光晴も、そのくらいの算段は立てていたはずである。

＊

この五年後に、タイ人以外で初めて、タイ式ボクシングの王座を獲得する藤原敏男が、キックボクシングを始めたきっかけは、銭湯のテレビで観た沢村忠の試合だった。
「あんな格好いい人いない。沢村さんは俺の人生を変えた人だよ。当時、牛乳配達をしながら専門学校に通っていたんだけど、配達中にキックのジムが見えた。『沢村さんがいればいいな』と思って入会したんだけど、いなかった。協会が二つあるなんて知らなかったし」（藤原敏男）
このとき、藤原敏男が入会したのが、黒崎健時の立ち上げた目白ジムだった。

野口修がプロモートした「タイ式ボクシング対大山道場」で、日本人で唯一苦杯を嘗めた黒崎は、自身のはたせなかった目標を弟子たちに託そうと、日頃から猛練習を積ませていた。藤原敏男もその一人だった。

デビュー戦でKO勝ちを収めた藤原だったが、二戦目はタイ人相手に十四回のダウンを奪われてのKO負け。さらに、三戦目もタイ人と対戦し、十七回もダウンを奪われてのKO負けを喫した。当時はフリーノックダウンのルールだったからこその惨敗である。

しかし、ここから頭角を現し、一九七一年には初代全日本ライト級王座を獲得。本場バンコクでも試合を行うなど、全日本キックを代表する選手の一人となっていた。

当初、一九七三年三月一日の後楽園ホール大会で行われる予定だった「西城正三対藤原敏男」だが、西城が練習中に右肘を負傷したことで、二十九日の後楽園大会に延期となる。

しかし、その西城は、負傷欠場中にもかかわらず、桐生（十七日）、甲府（二十五日）でエキジビションマッチに出場している。どういうつもりだったのか、今となってはまったく理解に苦しむ。

永久追放にします

1ラウンド。全身で数字の8を描く藤原敏男の奇妙な動きを、西城正三は捕えられない。意外にもキックをほとんど出さない藤原は、徹底した首相撲と膝蹴りで、西城の体力を消耗させようと試みる。

2ラウンドに入ると、西城のお株を奪うように、藤原の変則的なパンチが当たる。西城は何度か蹴りを放つが付け焼刃にすぎない。パンチにも本来の鋭さはなく空振りが目立つ。

ただし、キックボクシングにおける、おそらく初めての真剣勝負で、藤原敏男と渡り合う西城正三も、決して弱い選手とは思えない。

3ラウンド。劣勢を悟ってか、ゴングと同時に突進する西城を、藤原は例の変則的な動きで捌きつつ、左右のローキックに左右のフック、突き刺すようなリードジャブ、首相撲からの膝蹴りと、あらゆる攻撃を速射砲のように繰り出す。

一分すぎ、強烈なローキックにミドルキック、ハイキックの連打、右ストレートが炸裂したところで、セコンドに付いていた西城の兄が乱入し、試合はストップ。試合放棄による藤原敏男のTKO勝ちが言い渡される。

西城自身はどうにか続けようと抵抗するも、半ば拉致されるようにリングから去った。

消化不良の幕切れに激怒した観客は、ミカン、空き缶、トイレットペーパー、ゴミ箱までもリングに投げ込んだ。すかさず、協会事務局長の清水巌がマイクを握り「西城選手を永久追放にします」と宣言して、暴動を未然に防いだ。

「僕は西城が負けるのを見に来たんだ。案の定だったね。試合といい、ファンをバカにした棄権といい、全く恥ずかしいですよ。キックとボクシングは本質的に違うんだ」（ファイティング原田／『ゴング』1973年6月号）

「そもそもスポーツの尊厳とは真剣勝負にあるんだからさ。そういう意味ではキックの尊厳は藤原君が守ってくれたんだと思う」（石原慎太郎／『キックボクシング入門』ベースボール・マガジン社）

試合後、西城正三は、意外にも現役続行を表明した。

「キックはやめませんよ。追放されたといっても全日本というひとつの団体から、いってみればそのグループから離れるだけのはなし」（『ゴング』1973年6月号）

しかし、彼が二度とリングに上がることはなく、翌年、飲酒運転で人身事故を起こし、レストランも手放すなど、表舞台から姿を消した。

その後は、古巣の協栄ジムでトレーナーとして復帰し、八十年代後半には祖師ヶ谷大蔵駅前に自身のジムをオープン。現在は弟子の田村知範（元日本フライ級王者）に会長職を譲っている。

一方の金平正紀だが、第二協会に一時は六十以上ものジムが参じるなど、新団体としては一定の成功を収めた。

しかし、肝心の「キックボクシング併用論」を取り下げたことで分派の意義は薄れ、さらに、輪島功一の活躍からボクシング人気が再燃すると、次第に和解が取り沙汰され、一九七六年に日本ボクシング協会に復帰している。

その前年のことである。金平正紀は高校を卒業したばかりの、十八歳のアマチュアボクサーをスカウトした。拓殖大学に入学する予定だった彼を、強引に協栄ジムに入門させたのだ。

その頃、盲腸を患い入院していた森忠大の前に、突然現れた金平は「凄い新人をスカウトしたんだ。TBSで流してくれ」と病室で頭を下げた。

情にほだされ、寝巻姿のまま病院を抜け出した森は、新人離れした動きを目の当たりにして、「よし、やろう」と、その場で快諾する。

「そのとき、本当にその若いアマボクサーの動きが素晴らしかったんだ。でも『今こそ、西城のキックのときの借りを返すときかな』って思ったのも実はあった」（森忠大）

ちなみに、森忠大に、TBSの独占契約を約束させたこのアマチュアボクサーこそ、のちに世界ジュニアフライ級王座を十三度も防衛する、具志堅用高である。

＊

「西城正三対藤原敏男」は、藤原の完勝に終わった。西城は歯が立たなかった。

この勝敗の意味は、キックボクサーである藤原敏男が、ボクシング前世界王者の西城正三を破ったというだけのことではなかった。

作られたスターも、真剣勝負の前では呆気なく敗れる「沢村忠的世界観」の敗北でもあったのだ。

野口ジム事件

タイの首都バンコクの中心部、サイアムエリア。市内を縦横に走る高架鉄道、BTS（バンコク・スカイ・トレイン）のサイアム駅を下車して、ラーマ一世通りを東に進むと、二〇〇六年にオープンした巨大ショッピングモールのセントラルワールドにぶつかる。かつて、バンコク伊勢丹が、その横に並び立っていた。

ラチャダムリ通りを挟んで向かい側には、全国展開の大型スーパーマーケット、ビッグCに大勢の人が吸い込まれては吐き出される。背後には、最高級ホテルのインターコンチネンタルバンコクがそびえ立ち、交差点にはルイ・ヴィトンも見える。この一帯には一九九八年まで、タイ大丸ラチャダムリ店があった。

高層ビルも林立するこの地は、学生や若者、ビジネスマンで賑わい、観光客の姿も目立つ。日本人の姿も多い。バンコク市内の中心部にして一等地である。

しかし、半世紀近く前の一九七二年十月から一カ月間、この一帯で六つの大学と四つの師範学校の学生約千人による、大規模な反日デモが発生していた。

学生たちは、「日本製品不買」「日本経済進出反対」「日本帝国主義打倒」を訴え、デモ行進や、座り込み、六千枚の反日ポスターの配布、日本商品の模型に火を放つなど気勢を上げた。

タイ国政評議会（NEC）を訪れたデモの代表者が、日本製品の輸入及び、投資の制限を求める十項目を要求する一幕もあった。

運動の本質は、単に経済政策へのカウンターとして起こったものではない。日本企業の体質や格差への不満、高圧的な日本人への鬱憤など、感情的な側面も背景にあった。

というのも、サイアムエリアの一角に建てられた一棟のビルと、その経営者の言動こそが、一連の反日運動の端緒となっているからである。

それこそが「野口ジム事件」である。

＊

戦後、高度経済成長を遂げた日本は、海外、取り分け東アジアに目を向けた。

かつて「大東亜共栄圏」の美名のもと、アジア進出を企図した日本が、今度は経済支配を目指したのは、ある意味において必然だったのかもしれない。多くの企業は駐在員を送り込み、市場開拓に躍起になった。

それは大企業ばかりではない。中小から個人資本家に至るまで「好況に乗り遅れるな」とばかりに、続々とアジア各地へ参じた。

キックボクシングでブームを起こし、芸能界にも進出していた野口修もその一人と見ていい。

一九七一年六月に台北に赴いた野口修は、台湾の武道団体である「台湾国術会」の顧問に就任する。台湾国内でキックボクサーを育成し興行を開催するためである。

七二年四月には、初の香港大会を開催。サッカーグラウンドである香港足球会球場に集まった一万人の観衆は、沢村忠の真空飛び膝蹴りに熱狂し、大盛況のうちに幕を閉じた。

「韓国では協会を創ったたし、シンガポールの華僑から興行の話が持ち掛けられてもいた。この機会にキックを輸出しようと考えた。観たことのない国民を喜ばすためだよ」（野口修）

そのこと自体はいい。問題だったのは、それをタイにも輸出しようとしたことだ。

十月十日、野口修は以前からの計画通り、ラチャダムリ通りとラーマ一世通りが交差する一角に、「野口キックボクシングジム」と、カフェの「コーヒーガーデン」をオープンさせた。

《日本から選手十六人を呼び、タイ随一といわれる近代設備のジムで練習させ、それを見物かたがたお茶を飲む喫茶店の施設を備えた派手な店構え》（昭和47年10月18日付／朝日新聞）

しかし、建物の正面の大きな看板を見たバンコク市民は「なぜ、タイ式ボクシングジムではなく、キックボクシングジムなのか」と首を捻った。

まず大衆紙『タイ・ラット』が嚙みついた。

《野口ジムは神聖なタイの国技を冒すものだ。タイ・ボクシングという名前を使わないことは日本製のキックボクシングを押しつけようとするもので、悪質な経済侵略だ》（昭和47年10月18日付／朝日新聞から引用）

この批判記事を受けて、タイ・ラット紙の取材に応じた野口修は次のように説明した。

「今やキックボクシングは、タイ式ボクシングを超えて世界中に広まっている。タイ式ボクシングもこの機会に生まれ変わることを望む。私はその一助として、バンコクの中心部にキックボクシングジムを建てたのだ」（大意）

乗せられた側面もあるのだろうが、こんなことを言えば、タイ人が怒るのは当然である。

タイ・ラット紙は、一面に野口修の顔写真を載せ、「ノグチゴーホーム」と書いた。

大規模な「反日デモ」は、こんな些細な言動から始まったのである。

キックボクシングの輸出

筆者は発言の真偽を本人に質した。すると、「ああ、言ったよ」と悪びれずに認めた。

「怒らせるつもりなんかない。親切心で言ったんだ。タイ式ボクシングは素晴らしいけど、それが世界的に通用するかといったら別問題でしょう。ローカルスポーツとして衰退するのか、世界的スポーツとなって五輪種目になるのか。どっちが得かって言えば、言うまでもない話だから」

言いたいことは判るのだが、タイ人にとっては余計なお世話である。彼ら自身が、それを要求したわけではないのだ。

「五輪種目が目的なら、キックボクシングだけで目指せばよかったのでは？」と尋ねると、「判ってないなあ」という顔をしながらこう答えた。

「オリンピックって、所詮は欧米が決めるもの。アジアはみんな一緒くた。日本のキックボクシングとタイ式ボクシングなんて、見た目から何から一緒でしょう。

でも、タイ式ボクシングだと五輪種目にはならない。世界的に名が通っていないし、一国だけしか通用しないスポーツは、国際競技には到底なりえない。そこで『キックボクシングで一つにまとまればいい』って提案したの」

右の主張は、ある部分においては正論かもしれない。ただし、国民感情を置き去りにした正論に、なんの意味があるのか。

このやりとりから思い起こされるのが、戦時中にアジア各国に進駐した、日本軍及び日本人の行状についてである。

「欧米列強の植民地支配を終わらせた」

「勤勉な生活を奨励した」

などの肯定的評価までは否定しないが、生活習慣から宗教にまで容喙し、感情的相克を招き、挙句に戦火に巻き込んだ事実は、現地人の心情に寄り添ったものとは、到底言えないはずである。

野口修の思想の源泉には、父、野口進の影響がある。「キックボクシングを観たことのない国民に輸出する」という発想自体、「征韓論」や「維新の輸出」に類すると見えなくもない。

台湾や香港なら問題はなくとも、タイ式ボクシングを国技とするタイに、その支流とも言うべきキックボクシングを輸出し督励するというのは、冒瀆していると思われても仕方がないだろう。

脱出

騒動は十五日の夜から始まった。ビルに三発の銃弾が撃ち込まれたのだ。

「ジムの上の階は寮になっていて、私は何人かの日本人選手やトレーナーと一緒にいました。社長はホテルにいたので、ジムにはいません。

その前から、押しかけられたりはしていたんですが、たいしたことはないと思っていました。そしたら、銃声が鳴り響いて……逃げ出すわけにもいかない。それから、群衆がわんさと押し寄せて来たんです」（このとき、バンコクに遠征していた元日本フライ級王者のミッキー鈴木）

暴徒化した一群によって、ジムのガラスやカフェのショーウィンドウが破壊された。新聞記事には「警察が見張りを強化した」とあるが、「いやいや、守ってなんかくれやしないですよ。そこは彼らもタイ人だもの」（ミッキー鈴木）

十七日に入って野口修は会見を開き、「名前もタイ・ボクシングに変える。タイとの親善が目的なのだから」と報道陣の前で看板を外したが、さしたる効果はなかった。

その前夜、修はラジャダムナンスタジアムで関係者に殴打され、殺害予告まで寄せられている。

十八日午後、「野口の野郎はムアイ・タイ芸術の盗人だ」「タイ人よ、目覚めよ」などと書かれたプラカードを持った、高校生二百人がジムに押し寄せた。これまでで最大規模だったという。

帰国を勧める外務省の意向を聞き入れ、野口修は、母の里野と選手一行を引き連れ、タイ国内から命からがら脱出した。

「バンコクで一番有名な日本人プロモーター」と、多くのタイ人に好感を持たれた野口修の姿は、どこにもなかった。

朝日新聞は「『タイの国技汚した』　エコノミック・アニマルに強烈〝キック〟」という大きな見出しを付けて事件をこう結んでいる。

《野口氏が日本とタイのボクシング界の親善に尽くしてきた実績を知るタイ側関係者の間では「反日キャンペーンが売りものになる一部マスコミのえじきになった」と野口氏に同情的な意見も出ている。

しかし同時に「歴史的な由来はともかく、タイの一般国民感情からすれば日本の大相撲にアメリカ人が青い目の選手を引連れて一部屋構えたようなもの」と非難する声も強い》（同）
タイ人学生のコメントもある。
「われわれの目からみれば、日本のタイに対する経済侵略は国の社会構造を破壊するという意味で、米国のベトナム戦争の罪と変わらない。（中略）日本のビジネスマンはあまりにも利己的すぎる。野口ジム事件はその意味で全く象徴的な事件で、ジムが閉鎖されたからといってわれわれの怒りが収まるものではない」（チュラロンコーン大学経済学部三年生／昭和47年10月23日付／朝日新聞）
野口修自身は、騒動をこう総括する。
「ジムは一週間で閉じた、カフェもしばらくは営業したけど、嫌がらせが続いてすぐ閉店した。土地代から何から五千万（現在の価値で約一億五千万円）くらい突っ込んだのに、売りに出したら半分で買い叩かれて大損だったよ。
これがうまくいっていれば、東南アジア全域にキックボクシングが広まったのに。まずバンコクにジムを建てたのは、『タイでも認められている』ってことをアピールするためだったんだけど、まったく、酷い目に遭ったもんだ」

＊

一九七二年の野口修にとって唯一の朗報は、五木ひろしが『かもめ町みなと町』『待っている女』『あなたの灯』と快調にヒットを飛ばしていたことだった。

それでも、「キックが駄目になれば、五木だって、そのうち売れなくなる」といった声まで聞かれるようになる。

しかし、野口修はこの翌年、誰も成し得なかったことを実現させるのである。

第二十二章　一九七三年の賞レース

一九七三年初頭、野口修は社員の前で、「今年は三つのタイトルを獲る」と高らかに宣言した。「三つのタイトル」とは、ボクシング、キックボクシング、芸能の三つのジャンルで、それぞれを代表する栄冠を手にするという意味である。

ボクシングにおいては、龍反町に世界王座を獲らせることだった。この時期、三迫仁志との話し合いで、輪島功一の持つ世界ジュニアミドル級王座への挑戦が決まりつつあった。

「本当はやりたくなかったよ。友達だったし、スパーリングも随分やったしね。でも、ウチの会長は野口社長と仲が良くて『ウチは野口一門だから反町にチャンスをやろう』って。『あんた、どっちの味方なんだ』って思ったもんよ」（輪島功一）

芸能においては、五木ひろしに日本レコード大賞を受賞させることである。

しかし、キックボクシングだけが、それに該当する栄誉がなかった。

本来なら、タイ式ボクシングの二大殿堂（ラジャダムナンスタジアムとルンピニースタジアム）の、どちらかの王座を獲得すれば済む話だが、一朝一夕にいくわけもなく、そもそも、沢村忠はランキングに入っておらず、挑戦資格さえない。

かといって、キックボクシングの世界王座を新設したところで、なんら価値がないことは、修自身が一番よく知っていた。

その最中、当の沢村忠が不祥事を起こしてしまうのである。

やくざと右翼と芸能と

二月三日、警視庁組織暴力犯罪取締本部は、山口組系の暴力団幹部を恐喝の疑いで逮捕した。

逮捕された暴力団幹部が、自動車販売会社より、中古の外車（マーキュリーコメット）を購入した際、調子が悪く「ぼろ車を売られた」と激昂。自動車販売会社から時価二百万円相当のマスタングマッハ1と、額面十四万円の約束手形を脅し取り、さらに、時価八百万円のイタリア製の外車をも脅し取ろうとしたのである。

問題となったのは、恐喝の現場となったのが、沢村忠が副業のために借りていた事務所だったことだ。暴力団幹部に自動車販売会社を紹介したのも、沢村本人だった。

当の沢村忠は、自分の事務所が恐喝の現場に使われたことは認めながらも、「暴力団の幹部だとは知らなかった。これまで数えるほどしか会っていない」（昭和48年2月4日付／読売新聞）と苦しい弁明をするしかなかった。

沢村は数年前から、サイドビジネスを始めていた。業種は「今で言う消費者金融」と、ほとんどの関係者は口にする。手許に資金があれば、手っ取り早く開業できるからだろう。

この三日後に野口修は、沢村忠と被害者の男性の三名で会見を開き、「沢村は事件とは無関係」を強調しながらも、「沢村忠の一カ月間謹慎」を発表した。後楽園ホールでの四試合と、奈良市立体育館での一試合を欠場する。

「前から沢村がやくざとつるんでいたことは知っていた。この副業もそう。『手を切れ。食い物にされるだけだ』って何度も言ったんだけど、ずるずる続いていた。結局は俺が全部金を払って、きれいにしてやって手を引かせたんだ」（野口修）

一つ腑に落ちない点があった。

これまで野口修は、興行とやくざの関係を別段隠そうともせず、当然のこととして話してきた。「興行とはそういうもの」と言い続けてもきた。

であるなら「興行に出場する沢村忠が、彼らと親しくすることを、咎める筋合はないだろう」という根本的な疑問が筆者にあった。

そのことを問うと、「今まで、何を聞いてきたの」と呆れた様子で次のように答えた。

「我々は親の代から付き合いがある。しきたりもある。右翼の世界は興行の世界でもある。右翼は興行を打って金を作ってきた。岩田先生がそう。

武三郎さんもそう。だから、ウチは野口の看板で商売できてたんだよ。

興行を打つ身としてまず考えるのは、『いかに素人とやくざとを近付けないか』。プロモーターは防波堤でもある。そこは警察も見ている。それさえちゃんとしていれば、警察は何も言わない。

沢村は堅気の家の出だ。選手でも線引きはある。いくらウチの看板で商売しているったって、素人が調子に乗って、やくざなんかと付き合ってごらんなさいな。すぐ食い物にされるよ。あっという間だ。やくざってそういう商売だからね。現にこうやって食い物にされていたんでしょうが」

いつになく論理的な説明に返す言葉もなかった。「良い悪いではなく、現実がそうだった」と突き付けられた気がした。

ここで脳裏に浮かんだのは、明治末期の浪花節の大スター、桃中軒雲右衛門である。

雲右衛門には、頭山満という後ろ盾があった。そこから浪曲興行が発展した歴史がある。浪曲興行が、現代日本の芸能ビジネスの源流の一つであることに、誰も異論はあるまい。

僕も辞めたい

沢村忠は一九七三年一月五日で、満三十歳を迎えた。

「三十歳までは現役を続ける」という彼の言葉を多くの人間が聞いている。つまり「三十歳を越えたら引退する」ということだ。

TBS編成部の社員でありながら、時折、寺内大吉と並んで解説席に座った松岡憲治は、番組から離れることを沢村に報告すると、「僕も辞めたい」と彼が洩らしたことを明かしている。

《「頭の中で虻が飛びまわっているんです」

苛烈なリングの報酬が沢村に訪れていた。しかし、周囲の状況が『引退』を許さぬことを誰よりも沢村自身が認識していたのだと私は信じている》（『文藝春秋』1995年4月号）

「彼は俳優に戻りたかった」と証言したのは、番組プロデューサーだった森忠大である。

「何かのパーティの席で、沢村と話す機会があった。そこで『引退したらどうしたいか』という話になった。彼は『子供に空手を教えたい』と即座に答えた。それはいいと思った。次いで『車が大好きで』と言った。それもいい。

最後に『俳優として、もう一度やってみたいんですよ』って控え目に言った。実はあれこそが本心だった気がした。胸が痛んだよ。だってそうさせなかったのは、我々でもあるんだから。

サイドビジネスも、最初は大反対していたの。彼に限らずスポーツ選手の副業には反対だから。でも、沢村にだけは強く言えなかった」

この証言は重要である。もし事実なら、沢村が結末の決まった試合を強いられながら、現役を続けてきた理由が判るからだ。俳優復帰に向けて、少しでも名を売っておきたかったのだ。

しかし野口修は、沢村忠の引退を許さないばかりか、彼の意志とは無関係に芸能部を立ち上げ、新人歌手をデビューさせた。沢村にとって面白かろうはずがない。

「あくまでも、これは私の主観ですが、五木さんが野口プロの所属歌手としてデビューしたでしょう。沢村さんは愉快でなかったと思います。

理由は修さんですよ。明らかに五木さんに比重を置くようになりました。私から見ていても、それは感じました。動くお金が桁違いですから仕方のないことではあるんですが、寂しかったですね。沢村さんは、もっと寂しかったはずです」（元TBSアナウンサーの石川顕）

沢村忠が副業に熱心になったのも、孤独が癒されなかったからかもしれない。

＊

だからといって、沢村忠だけ腐らせるわけにいかなかった。

「世間から叩かれているときだからこそ、沢村に大きな栄冠を」と野口修は考えた。

反町にとっての世界王座、五木にとってのレコ大。それらと比較して遜色のないものは何か。

考え抜いた末に、はたと気付いた。

世間は沢村忠の存在を、そのまま「キックボクシング」と見ていた。「キックの沢村」であり「沢村のキック」である。

世の中にどれだけ有名人が輩出されようと、ジャンルと一体化したスポーツ選手など、そういない。力道山くらいだろう。

となると、沢村忠が倒すべき敵はおのずと決まってくる。

プロ野球や大相撲、プロレスなど、他のプロスポーツに勝つことである。

日本プロスポーツ大賞

日本アマチュアレスリング協会（現・公益財団法人日本レスリング協会）初代会長の八田一朗は、早大柔道部に在籍中の一九三一年、日本で初めて創設されたレスリング部に入部し、初代主将に指名されている。

以来、日本のレスリングの牽引役を自任しながら「プロスポーツの人気は、アマスポーツの発展にも寄与する」という持論を説き続けた。

現職の自民党参議院議員でもあった八田一朗は、それを政治にも利用しようとする。

アマチュアスポーツ全般を統括する日本体育協会（現・公益財団法人日本スポーツ協会）が、国政選挙のたびに、自民党の支援組織としてフル稼働するように、プロスポーツの支援体制と窓口を、自らの手で整えようと考えた。参議院選挙を控えていたからだ。

かくして八田一朗は、一九六八年四月、国内十五のプロ競技と団体が一堂に会する連合体「日本プロスポーツ会議」を設立する。これは夏の参院選で一定の効果を生んだ。

初代会長の八田が次に思い描いたのは、プロスポーツ界にとっての日本レコード大賞と、紅白歌合戦をこしらえることだった。

＊

日本プロスポーツ会議はその後、椎名悦三郎、中曾根康弘と会長の座は移り変わり、一九九〇年、現職の衆議院議長だった櫻内義雄を新会長に迎え、公益財団法人日本プロスポーツ協会に発展する。現在は、文部大臣や農林水産大臣を歴任した元衆議院議員の島村宜伸が会長職にある。

その日本プロスポーツ協会が制定し、年末に発表するのが「日本プロスポーツ大賞・内閣総理大臣杯」となる。

近年の大賞受賞者は、投手としてプロ野球新記録の二十八連勝を達成した現ニューヨーク・ヤンキースの田中将大（二〇一三年度）。アジア男子史上初の「グランドスラム四大大会」のシングルスファイナリストとなったプロテニスプレイヤーの錦織圭（二〇一四年度）。投手と打者の二刀流でメジャーリーグでも活躍をした大谷翔平（二〇一六、二〇一八年度）が栄冠を手にしている。

受賞者は表彰式の前に首相官邸を訪れ、現職の首相と懇談するのが慣例である。

日本レコード大賞や紅白歌合戦が、その年の世間の流行や大衆人気を指標化したように、プロスポーツの世界で、それを表彰という形で具現化し、格式まで持たせたのは、政治的意図があったとはいえ、創設した八田一朗の功績であろう。

「プロスポーツ協会もプロスポーツ大賞も、俺が創った。資金も出した。自民党から直々に招かれて協会を設立した」と強弁する野口修だが、実際はまったくそうではない。

「それでも、修が早い段階から関わったのは嘘じゃない。当時あいつ三十代前半とか。他の競技のトップより若年だ。だから、八田さんに気に入られていた。大賞のイベントのときも、修は随分とアイデアをくれていたしね」（白石剛達）

一九六八年から制定された日本プロスポーツ大賞の第一回目の受賞者は、この年、日本人として初めて海外で世界王座を奪取した、世界フェザー級王者の西城正三である。

プロ野球や大相撲といった他の人気スポーツを抑え、プロボクサーが選ばれた意義は大きい。発足段階から組織に携わってきた野口修が、ここに目をつけないはずがなかった。

「世界ジュニアミドル級王座」「日本レコード大賞」と比較して「日本プロスポーツ大賞・内閣総理大臣杯」は名目だけなら遜色がない。何しろ行政の長が認めたものである。

「沢村にはプロスポーツ大賞を獲らせよう」

資金と政治力

野口修が目標に掲げた三冠のうち、先陣を切ったのが龍反町だった。

四月二十日に大阪府立体育会館で、輪島功一の持つ世界ジュニアミドル級王座に挑戦した。日本人の、それも人気者同士の世界戦とあって、前売券は早くに完売。世論も「輪島派」「反町派」に分かれて大いに盛り上がった。テレビの視聴率も31・7%を弾き出している。

しかし、いざ試合が始まると、前評判の高さが嘘のような凡戦となってしまう。

挑戦者の反町は挑戦者らしからぬ消極的なファイトに終始し、一方の輪島にもいつもの気迫が感じられず、淡々と試合は進んだ。結局これといった見せ場もなく、2対0で輪島功一が判定勝ちを収めた。

「輪島とはスパーリングをやっていたから癖も弱点も知っていた。でも、試合で拳を合わせてみたら想像以上に強かった」（龍反町）

「今でも反省しているんだけど、全然気が乗らない試合だった。本気で打ち込めなくてさ。だって反ちゃんとは友達だもの」（輪島功一）

この時点で2オプション（興行権）を持っていた輪島功一の代理人の三迫仁志は、「この先、輪島が王座から陥落した場合、新王者への挑戦者には反町を選ぶ」と野口修に約束した。しかし、輪島功一はこの年、勝利を重ね、王座を防衛し続けた。

ちなみに、右の約束がはたされたのは、翌年十月のことである。六月に輪島功一が、オスカー・〝ショットガン〟・アルバラード（アメリカ）に敗れると、金沢英雄との挑戦者決定戦を制した龍反町が、アルバラードに挑戦している。しかし、結果は7ラウンド2分17秒TKO負けで、ここでも王座奪取はならなかった。

龍反町の完敗には、野口修も肩を落としたが、諦めるつもりもなかった。反町が無理でも別の選手に世界挑戦させればいい。

必要なのは「その選手が日本ランキングに入っているか」と「マスコミに好意的に見られているか」である。この二つをクリアしていれば、世界戦はなんとかなる。資金と政治力はあるのだ。

ジムの代表権は弟に譲ってはいたが、指揮を執るのは、プロモーターである自分以外いないのである。

危険なふたり

五木ひろしにとっての一九七三年は、浅草国際劇場の新春公演から始まった。

一月八日の初日から十四日まで連日満員の観客が詰めかけた。幸先のいいスタートである。

五木ひろしにレコード大賞を獲らせるというのは、野口修だけが思い描いていたわけではない。

「会社の方針として、五木を推すのは早くに決まった。社長（徳間康快）の鶴の一声でしたね。レコ大って、もちろんセールスも大事だけど『どれだけテレビに露出して』『雑誌の表紙を飾って』『映画やドラマに出演して』『コンサートもこなして』っていうように、日頃の活躍の度合いも選考基準だったんです」（当時、徳間音工の宣伝部に在籍していた中邑健二）

それぞれのレーベルは、年始にはレコ大の候補者を何人か選ぶのが定例となっていた。大晦日に向けて一年間の綿密な計画を練るためだ。これを「レコ大枠」と呼んだ。

「レコ大枠」の歌手には、プロモーションに懸ける予算が枠外の歌手とは桁違いで、一千万は下らなかったという。すなわち、日本レコード大賞を獲るには、まず、在籍するレーベルの予選を勝ち抜かなければならないということだ。

「ウチが五木を推したのは、歌唱力やヒット曲の有無もあったけど、野口さんの存在も大きかったんです。あの頃の野口さん猛烈でしたもん。事務所がそれくらい真剣だとやりがいがある。やる気のない事務所よりは余程いい。

それに、当時は沢村忠が人気あったでしょう。TBSとの強いコネクションがあることも、無視できない要因でした」（中邑健二）

五木ひろしの賞獲りに向けて徳間音工は、三月二十日に一九七三年第一弾シングル『霧の出船』をリリースする。野口プロも徳間音工も、多額の資金を投じてキャンペーンを展開したが、思いのほかセールスは伸びなかった。これ以上伸びないと見ると、野口修はすぐ新曲を提案した。

このとき、徳間音工が「五木最大のライバル」と睨んでいたのが、ソロ活動から三年目を迎えていた沢田研二だった。

ザ・タイガース解散後の一九七一年十一月に『君をのせて』でソロデビュー。二枚目の『許されない愛』がオリコン4位に入ると、『あなただけでいい』（5位）『死んでもいい』（9位）『あなたへの愛』（6位）と立て続けにベストテンに入り、「レコ大に最も近い男」と呼ばれていた。

五木ひろしの楽曲を、山口洋子が作詞していたように、ソロ以降の沢田研二の楽曲は、十曲中七曲が安井かずみの作詞だった。

一九三九（昭和十四）年に横浜市に生まれた安井かずみは、高校卒業後、音楽系出版社で訳詞のアルバイトをしていたことがきっかけで、作詞家としてデビューをする。

『おしゃべりな真珠』（伊東ゆかり）『シー・シー・シー』（ザ・タイガース）『経験』（辺見マリ）『わたしの城下町』（小柳ルミ子）とヒット曲を連発し、すぐに頭角を現した。

「作詞家が作詞家のファンになることは珍しいことですよね。特に女同士で。わたしには到底言えないような詞を作るわけ」（『平尾昌晃の歌上手になる本』山口洋子編／講談社文庫）

右のように安井作品を称賛する山口洋子は、この二年後に天地真理の『さよならこんにちわ』（作曲・筒美京平）を共作として世に送り出すなど、終生にわたって親交を持っている。


しかし、この一九七三年だけは、二歳下の同業者への競争意識を隠さなかった。

「僕はズズ（安井かずみ）とも洋子ちゃんとも、どっちとも仕事をしていたから、二人が決して仲が悪くなくて、むしろ、お互いを認め合っていたことは誰よりも知っている。三人でどんちゃん騒ぎをしたこともあったしね。

でも、あるとき、洋子ちゃんが僕の腕をむんずと摑んで、『今年はズズとの仕事はそこそこにして』って言った。『今年は私と五木君の楽曲だけやって』ってこと。このエピソードは、この年のことだったと思うなあ」（平尾昌晃）

安井かずみは「レコ大作詞家」という肩書きに、さしたる関心を持たなかったというが、山口洋子はそうではなかったのだ。

そんな矢先の四月二十一日、沢田研二が新曲をリリースした。やはり、安井かずみの作詞によるこの曲は、発売早々、爆発的な売れ行きを示し、一カ月でソロ初のオリコン1位に輝いている。沢田研二初期最大のヒット曲となる『危険なふたり』（作曲・加瀬邦彦）である。

「脅威も脅威。ナベプロが本気を出してジュリーを露出させていてね。夏までに売れた曲は、たいてい夏以降は下降していくんだけど、この曲はそれがなかった」（中邑健二）

一九七三年の上半期の段階で、野口修が掲げた三つの目標のうち、二つが早くも消滅しかかっていたのである。

和製クレイ

この頃、野口プロモーションの社長室にやたらと顔を出す若者がいた。

「おはようございます。今日も練習頑張ります」と大声で言うだけの日もあれば、「自分は有名になって、大金を稼いで、田舎のお袋に楽をさせてやりたいです」と演説をぶつこともあった。

野口修は一切の無視を決め込んだ。「なんだ、こいつは」とさえ思わなかった。

若者は柏葉守人といった。A級（八回戦）に昇格したばかりのプロボクサーである。

一九五一（昭和二十六）年、北海道の炭鉱町に生まれた柏葉は、中学二年生のときテレビで観たモハメド・アリに魅了される。

中学卒業後に上京、目黒の野口ボクシングクラブの門を叩いた。沢村忠、龍反町と人気選手が二人もいたからだった。

入門当初はボクシングとキックボクシングの両方の練習に顔を出した。サンドバッグを蹴って、首相撲や膝蹴りを教わった。程なくしてボクシング一本に絞ったのは、キックの練習生は多く、デビューに時間がかかりそうだと判断したからだ。

一九六九年八月にプロデビュー。最初の二年間は七勝三敗一分。七一年七月より破竹の九連勝に五連続KO勝ち。七二年の暮れには、日本ジュニアライト級2位にのぼりつめていた。

野口修の記憶だと、柏葉が社長室に顔を見せるようになったのは、日本ランキングに入った頃というから、おそらくこの前後だろう。

年が明けて一九七三年二月二十日、柏葉守人は過去に敗れている同階級の世界ランカー、岡部進と二年ぶりに対戦した。

前年、WBC世界王者のリカルド・アルレドンドに挑戦して、苦杯を嘗めている岡部にとっては再起戦となるが、柏葉にとっては復讐戦であり、初の世界ランカーとの一戦だった。

一挙両得のチャンスに燃えた柏葉は、序盤から格上の岡部を圧倒。9ラウンドに右ストレートを炸裂させ、見事キャンバスに沈めた。

十連勝にして六連続KO勝ちをマークした柏葉は、控室で記者団に対して吠えまくった。

「目標はワールドチャンピオン、世界チャンピオンですよ。いやボクシングは実に美しい。（中略）世界の一流になるんですよ。世界王者になると稼げますが、それとこれとは別です。今は世界の一流になることです。それも誰もがみとめる一流ですよ」（『ボクシング・マガジン』1973年4月号）

言いたい放題の柏葉にマスコミは「和製クレイ」の渾名をつけた。

二十七日に発表されたWBAのランキングで、柏葉は世界8位にランクインする。龍反町に次いで、二人目の世界ランカーが誕生したのだ。

野口修も、風変わりなこの若者に、無関心でいられなくなった。

いい女も抱ける

四月二十日に龍反町が輪島功一に敗れ、王座獲得に失敗すると、野口修は、柏葉守人の世界挑戦に向けて動き出す。

しかし、日本王者にもなっていない柏葉の世界挑戦は、誰もが時期尚早と見ていた。

《いま、柏葉は岡部、アポロに続いてアルレドンドへの世界王者〝第三の刺客〟としてクローズアップされようとしている。ズバリいって、まだ未熟さの目立つ彼には荷が重かろう。もっとキャリアが必要だ》（『ボクシング・マガジン』1973年4月号）

この頃、野口プロの監査役を任じられながら、トレーナーを兼務していた萩野谷英雄も、「柏葉はまだ世界に挑戦できるレベルにない」（同）と記者の質問に答えている。

五月二十七日に、日本ジュニアライト級タイトルマッチ「王者・野畑寿美男対挑戦者・柏葉守人」が発表された。この試合は、WBC世界ジュニアライト級王座への挑戦権も懸けられた。

間もなく、野畑の網膜剥離が発覚し現役を退くと、柏葉と日本4位のリッキー沢の間で「日本ジュニアライト級王座決定戦」が行われ、柏葉が4ラウンドKO勝ちを収めた。日本王座の獲得と世界挑戦を堂々と決めたのだ。

一週間後の六月四日、六本木のNET本社で「開局十五周年記念イベント」の記者会見が開かれた。

世界ヘビー級タイトルマッチ「王者・ジョージ・フォアマン（アメリカ）対挑戦者・ジョー・キング・ローマン（プエルトリコ）」と、WBC世界ジュニアライト級タイトルマッチ「王者・リカルド・アルレドンド（メキシコ）対挑戦者・柏葉守人（野口）」が正式に発表された。会場は日本武道館である。

目玉はジョージ・フォアマンの日本初試合だが、「二大世界タイトルマッチ」も関心を集めた。今でこそ、世界戦を複数組み合わせた興行は主流だが、日本ではこれが初めての開催だった。

「最初はフォアマンの世界戦だけ。でも『日本人も絡むでかい試合を組みたい』って思っていた矢先に話が舞い込んできた。柏葉の世界戦は渡りに船。というのも、経費の八割はウチの持ち出しだったから、最初から赤字上等、採算度外視。世界戦が一個増えたのは箔が付いて、かえってよかった」（当時、NET運動部長の永里高平）

世界戦が正式に決まると、野口修はまず、柏葉守人を銀座に連れて行った。おそらく「姫」に連れて行ったのだろう。垢抜けない若者に「世界を獲ったら大金も稼げるし、銀座で酒が呑めるし、いい女だって抱ける。ただし、世界を獲ればの話だ。世界を獲れば天国が待っているんだ」と暗示にかけた。

試合一カ月前、専門誌の取材を受けた柏葉守人の発言は次の通りである。

「チャンピオンベルトをもらったことはうれしかったけど、やっぱり〝日本〟じゃもの足りないです。この次はもっと貫禄のある〝世界〟ベルトを取らなきゃ。金にもなるしね。プロだもの。

あのメキシコ野郎を必ずぶっ倒すよ。楽しみだね九月一日が…。今年は新鋭賞をはじめとしてボクシング界のすべての賞がオレのものになるんじ

ゃないかな」（『ボクシング・マガジン』１９７３年７月号）

＊

九月一日、世界ヘビー級王者のジョージ・フォアマンが、挑戦者のジョー・キング・ローマンを、たったの2分で倒すと、続いて「アルレドンド対柏葉」のＷＢＣ世界ジュニアライト級タイトルマッチが行われた。

過去、沼田義明、岡部進、アポロ嘉男と日本のトップ選手を倒してきたアルレドンドの実力は本物だった。序盤から鋭いリードブロウを繰り出し、若い柏葉を寄せつけなかった。

柏葉も得意の右を振り回したが、逆にカウンターを狙われ手も足も出ない。戦前の予想通りレベルが違ったのだ。

6ラウンド、柏葉はボディを効かされダウンを喫する。どうにか立ち上がるも、連打を浴びてあっさりマットに沈んだ。翌朝のスポーツ紙は、「早すぎる」「経験不足」と酷評した。

「がっちり基礎からやり直したい」（昭和48年9月2日付／デイリースポーツ）と殊勝なコメントを残した柏葉だが、そのままジムから姿を消した。柏葉が復帰して、再び世界に挑戦するのは、三年後のことである。

ともかく、野口修は三冠のうちの一つを、完全に諦めるしかなかった。

夜空

一九七三年七月十五日、五木ひろしは、七三年第二弾シングル『ふるさと』（作詞・山口洋子／作曲・平尾昌晃）をリリースした。

二〇〇七年のＮＨＫ連続テレビ小説『ちりとてちん』で、貫地谷しほり演じるヒロインの母（和久井映見）の愛唱歌という設定で何度も流れた。また、香西かおりもこの曲をカバーしている。

評判は上々で、ヒットチャートはじわじわ上がっていった。有線でも上位を走った。

しかし、野口修は不満だった。

「いい曲なんだけど、なんかこう、世間を巻き込むパワーがなかった」

作曲を手掛けた平尾昌晃の見方は、作り手ならではのものである。

「『ふるさと』は僕にとって自信作。洋子ちゃんの詞の並びもよくて、五木君は最高に上手い……上手すぎたかもね。それがこの曲を名曲にはしたけど、いわゆる大ヒット曲にはしなかった一番の理由かもしれない」

夏の終わりのことである。

山口洋子は、軽井沢の別荘に気の置けない友人を集めて宴会を開いた。野口修、平尾昌晃、徳間音工のスタッフ、TBSのキック中継のスタッフ、「姫」のホステスとポーター、野口プロのマネージャーなど二十人ばかりが集まった。沢村忠も顔を出していた。

「洋子ちゃんはそういうお祭りが大好きで、忙しいときほど、そういうことをやっていた。このときは夕方くらいからみんなが集まって、酒を呑んで馬鹿騒ぎ。僕も早くに仕事を切り上げて、車を飛ばして行った。

深夜になって麻雀大会になった。僕は麻雀はやらないから、ベランダで酒を呑みながらギターを弾いていた。確かそのときに、沢村君とゆっくり話をした記憶があるなあ。彼は意外と洒脱な人なんだよね」（平尾昌晃）

都心では見られない美しい星空を眺めていたら、自然にメロディが湧き出てきたという。

「軽井沢に行ったことある？　星がめちゃくちゃ綺麗なのよ。それで調子に乗ってポロポロ弾いていたら止まんなくなってさ。『これ、いいじゃん』って。麻雀やってる洋子ちゃんと野口さんに、『ねえねえ、こんな曲できたんだけど』ってその場で聞かせたら『いいわねえ』なんて言ってる。そのまま、ベランダで一曲作っちゃった」

曲はそのまま『夜空』と名付けられた。

国民的行事

昭和の代表的な作曲家である、古賀政男と服部良一が中心となって、日本作曲家協会（現・公益社団法人日本作曲家協会）が設立されたのは、一九五八年のことである。

「日本にもグラミー賞のような音楽賞を創ろう」という古賀政男の呼びかけで、同時に企画されたのが「日本レコード大賞」だった。

《作曲活動を振興し日本の音楽や芸術文化の向上

を図り作曲家の社会的地位と著作権を守る》（公式サイトより）

右の一文にあるように、受賞曲とはあくまでも、「多くの人に聴かせるため」で、作曲家の地位の向上に反映させるためのものだった。ヒット曲を顕彰するのは、実は後年のことである。

当初、この計画は容易に進まなかった。業界団体である、日本蓄音機レコード文化協会（現・一般社団法人日本レコード協会）には一切の協力を拒まれ、ラジオ東京テレビ（現・TBSテレビ）以外のマスコミには相手にされなかった。現在に至るまでTBSが独占放映しているのは、このときのいきさつによる。

同時に、この時代の古賀政男の評価が、どの程度のものだったかも窺える。

それでも古賀政男は、私費を投じ第一回開催にこぎつけた。二千人収容の文京公会堂に二百人しか集まらない中で行われ、新人歌手、水原弘のデビュー曲『黒い花びら』が選ばれた。

作詞は早大生の永六輔、作曲はバーで毎夜弾いているジャズピアニストの中村八大だった。この時点では全員が無名だった。

大賞の性格は次第に変質する。一九六五年の第七回では、『あの娘と僕（スイム・スイム・スイム）』（橋幸夫）『夏の日の想い出』（日野てる子）『妻を恋うる唄』（フランク永井）『さよならはダンスの後に』（倍賞千恵子）といったヒット曲を抑え『柔』（美空ひばり）が大賞を射止めた。この年から「賞レース」が始まった。

一九六九年の第十一回から「（日程）大晦日・（会場）帝国劇場・（司会）高橋圭三」という十五年間続く最盛期のフォーマットが始まった。視聴率も30・9％まで跳ね上がった。

これ以降、当初の閑寂さが嘘のように、レコード各社やプロダクションを巻き込みつつ、紅白歌合戦と並ぶ大晦日の国民的行事となったのである。

振り付け

一九七三年十月二十日、五木ひろしは、この年四枚目のシングル『夜空』をリリースした。

常識的に考えれば、この時期にリリースする楽曲を、その年の大賞候補にすることは珍しい。

そうでなくても『ふるさと』が思いのほか好評で、師走に入って順位を上げる可能性があった。年末年始は帰省の季節だからだ。

徳間音工の宣伝担当の中邑健二も、そのことが気になっていないわけではなかったが、曲を聴いて「いけるかも」と感じた。

あの娘　どこにいるのやら
星空の続く　あの町あたりか
細い風の口笛が
恋の傷あとにしみる
あー　あきらめた恋だから
なおさら　逢いたい　逢いたい
もう一度
夜は　いつも　独りぼっち

(『夜空』作詞・山口洋子／作曲・平尾昌晃)

特徴的なのは、サビの箇所だった。

「あきらめた恋だから、なおさら、逢いたい、逢いたい、もう一度……」と歌いながら、握りしめた拳を力強く叩きつける、パンチをイメージした異色の振り付けである。

野口プロ所属の証にして「俺だって戦っている」というアピールでもあった。

「ああいう振り付けは、流行歌の条件なんです。子供が真似すればしめたもの。それがまさか、五木の物真似をするって言うと、未だにあの振り付けでしょう」(中邑健二)

また、この時期の中邑は「わざわざウチにお伺いを立てなくていいから、テレビのスケジュールは中ヤンの一存で切っていい」と野口修から言われている。

「あるとき、目黒の事務所でマネージャーと打ち合わせをしていたら、『すみません、そろそろ練習を見ないと』って突然いなくなった。その人はボクシングのトレーナーでもあった。そんな事務所は、後にも先にも、野口プロだけでしょう。

おそらく、僕は信頼されていたんだと思います。そういうところは、野口さんって合理的な人、だから仕事しやすかった。『全員集合』とか『夜ヒット』とか、数字のいい番組にバンバン入れましたね。

確かに、時期的なハンデはありましたよ。でも、電撃戦でいける利点もあった。この年の本命のジュリーは、（レーベルは）ポリドールでしょう。当時のポリドールの宣伝部はお人好しの人ばかり。それでいて事務所はナベプロ。事務所はデカいんだけど、巨大戦艦に機動力がないように、話もすんなり進まない。つまり、プロモーションが必ずしもうまくいっているとは見えなかった。だから手応えはありました」

間もなくして、拳を握りながら『夜空』を歌う登下校中の小学生の姿を、中邑は頻繁に目にするようになった。

資料を持って来い

「レコード9社」と呼ばれた大手レコード会社の中で、最も新興の徳間音工は、音楽業界の俗識に疎いところがあった。

前々年の話である。中邑健二に一本の電話が入った。電話の主はある音楽評論家である。

「ああ、君、五木ひろしとやら新人歌手の資料を、私の事務所まで持って来てくれたまえ」

中邑は、喜び勇んで新譜とパンフレットを事務所まで持って行った。あいにく評論家は不在で、女性の事務員に一式を渡して事務所を後にした。

翌日、評論家の事務所から電話が入った。

「資料を持って来いと申しておりますが……」

訝しく思いながらも中邑は、同じ資料を持って、再び評論家の事務所まで足を運んだ。昨日と同じ女性に「くれぐれも、先生にお渡し下さい」と念を押すことも忘れなかった。

翌日、再び中邑に電話が入った。

「ですので、『資料を』と本人は申しておりますが……」

さすがに、社長の徳間康快に相談した。徳間も首を捻りながら「もしかしたら『金をよこせ』ってことじゃねえか」と言った。

すぐさま中邑は、五万円を包んだ茶封筒を資料一式に忍ばせて、評論家の事務所まで足を運んだ。

もう電話はなかった。

数日後、スポーツ紙に五木ひろしの新曲を紹介するコラムが掲載されていた。書いたのはその音楽評論家である。

「そうか、資料ってそういう意味かあ」と中邑は膝を打った。

「そんなしきたりも知らなかった。それから二年経って我々も少しは逞しくなりまして、賞レースに打って出る準備が整ったのかもしれません」

この時代の「日本レコード大賞」の審査員の内訳は次の通りである。

音楽評論家。主要新聞各紙のデスク。スポーツ新聞各紙のデスク。TBS系列各局重役。音楽・芸能各誌編集長。主要新聞各紙文化部担当記者。スポーツ新聞各紙音楽・芸能担当記者。音楽雑誌記者（合計四十名）。

十一月に入ると、一九七三年度の大賞の候補曲が出揃った。

『ちぎれた愛』（西城秀樹）『ロマンス』（ガロ）『わたしの彼は左きき』（麻丘めぐみ）『なみだ恋』（八代亜紀）『危険なふたり』（沢田研二）『白いギター』（チェリッシュ）『恋文』（由紀さおり）『夜空』（五木ひろし）。

ここから、各社入り乱れての「運動」が始まった。

一九七三年の賞レース

「賞レースは『運動』をしないと、絶対に獲れないものです。こればかりは本当のことです。

必要なのは金です。車代などの名目で審査員に金を渡します。噂ではありません。

では、なぜそこまでして賞を獲ろうとするか、答えは簡単です。その分、曲が売れるからですよ。見返りが大きい。審査員もそれが判っているから要求してくるんです。利権ですね。だから、なくなりようがない。

でも、今はそれがない。レコ大も紅白も、セールスには直結しません。だから、昔みたいな派手なことは、減っていると思います。もしかしたら、ないのかもしれない。逆に言えば、それだけ今の音楽業界は苦しいということです。

それに……今になって思うんですが、こういう運動は、考えようによっては公平なんですよ。すべてのレコード会社がやっていたから。やっていない会社は皆無です。とすると、受賞するのは、必ずしも金の多寡だけが理由でもなく、いろんな

事情が複雑に絡み合ってくるものです」（八十年代にレコード会社の重役だった人物）

若き日に渡辺プロダクション系列の芸能事務所でマネージャーとなり、八十年代に芸能プロダクション「イエローキャブ」を設立。現在はサンズエンタテインメントの会長を務める野田義治も、次のような証言を残している。

「この業界に詳しい人に任されるわけです。ちゃんとした人に。いつの時代もこの人に話を通さないとダメっていうのがあるんですね。（中略）存在感もちゃんとしてる。いいにしろ悪いにしろそういう人たちがいらっしゃった。芸能界でもそういう役割の方たち、（中略）現実問題、賞取りのときだけはそうだったですね。（中略）

接待側の本体は手を汚さずに、それをやるのは制作のトップの人たちとかじゃなくて、我々みたいな営業やってきた人間です」（『日刊ゲンダイ』2019年11月1日号／聞き手・本橋信宏）

＊

野口修と中邑健二は、緊密に連絡を取り合っていた。両面作戦である。

「まずどちらかが、審査員の一人に当たってみて感触を確かめる。『行けそうだ』となったら、もう一人が会って駄目押しをする。

ターゲットは確実に入れてくれるやつと、ふらついているやつ。つまり態度を鮮明にしないやつね。確実に入れてくれるやつは、入れてくれる恩義に応える意味と『野口プロってすげえよ』っていう〝宣伝〟を期待したの」（野口修）

本来、この手の話はしたがらないものだが、「ウチは二千万用意した」と生前の野口修は胸を張る。現在の価値で六千万円程度となろうか。沢村忠の試合の情実について口を閉ざしたのと、同じ人物とは思えなかった。

「野口さんと僕とで共通点があって、女は一切使わなかったこと。抱かせたりとかそういうの二人とも好きじゃないんですよ。だから『姫』のホステスを使おうという発想にはならなかった。ママも許さなかったでしょうし。

とにかく、野口さんは自ら最前線に立っていました。それが印象に残っています。そんな経営者いませんでしたから」（中邑健二）

理由は、はっきりしている。

沢村忠がリングで躍動するように、五木ひろしがステージで熱唱するように、野口修は自分自身も戦わずにいられなかったのだ。

輝く！日本レコード大賞

この時期、TBS『輝く！日本レコード大賞』の番組プロデューサーだった砂田実は、第一回放映から番組に携わってきた、いわば「レコ大生みの親」の一人である。

こののち、渡辺プロダクションに常務取締役として迎えられる砂田は、渡辺晋と緊密な関係にあったが、野口修とも親しく付き合っていた。

近く九十歳を迎える彼は、「野口さんの心根は優しい人。実は甘えん坊なんですよ」と顔をほころばせる。

「野口さんとの出会いは、山口洋子さんの紹介でした。そこから私は、五木ひろしのコンサートの演出も手掛けるようになったんです。

プライベートでも一緒に遊ぶようになりましてね。僕が二度目の離婚をしたときなんか、週末になると『砂田さーん、来たよー』ってウチに来るんです。夕方に洋子さんと合流して三人で食事。それが離婚したばかりの私の週末のすごし方。

深夜まで三人でお酒を呑んだりして、ダラダラするんですけど、野口さんは洋子さんに甘えちゃって、子供みたいでした。洋子さんは野口さんが可愛かったと思う。二人の関係は、しっかり者の姉と甘えん坊の弟みたいにも見えました。

そういう人なのに、野口さんには、覚悟を決めたらやり抜く意志の強さがありました。まさに、この年のレコ大がそうでしたね。ただ『正直やりすぎてる』とは思ったものですが」

このとき野口修は、「審査委員の大ボス」と呼ばれた、音楽評論家の平井賢を抱き込み、票の取りまとめを依頼していた。「姫」のナンバーワンホステス、大門節江の後見人でもあった平井は、音楽業界の黒幕的な存在だった。

番組プロデューサーの砂田実が、この翌年に、平井を投票権を持たない運営委員に棚上げして、影響力を削いだのは、この年の平井賢と野口修の癒着がきっかけだったという。

「一連の流れと無関係な立ち位置にいたのが晋さん（渡辺晋）でした。テレビの黎明期から関わっている晋さんは、賞レース自体が馬鹿らしかった。野口さんとは対照的でした。でも、その違いが結果に反映されたんです」（砂田実）

一九七三年十二月三十一日、「第十五回日本レコード大賞」は、帝国劇場二階の会議室で決選投票が行われた。

「長テーブルがあって椅子が並んでいるような、普通の会議室です。そこに四十人が集まって用紙に書き込むだけ。その場で開票もします。結果が出るまでは会議室のドアは開きません。数年後、開票の様子を生中継にしましたが、この頃は室内で決めていましたね」（砂田実）

「我々レーベルの人間は、離れた場所に詰めていて、会議室に入る審査員に廊下からアイコンタクトを送るんです。『任しとけ』って視線を返してくれる人もいれば、無視する人もいます。

当時の投票は無記名でしたから、誰が誰に投票したか判らない。裏切るやつもいました。でも、大体は把握できていましたけど」（中邑健二）

この年の投票結果は次の通りとなった。

『恋文』（由紀さおり）三票。『危険なふたり』（沢田研二）三票。『白いギター』（チェリッシュ）十二票。『夜空』（五木ひろし）十九票。白票三票。

「大賞は……『夜空』！」と司会の高橋圭三が結果を告げると、どよめきが起こり、間もなく拍手と歓声に変わった。

顔をくしゃくしゃにした五木ひろしがステージに上がると、沢村忠、巨人軍の堀内恒夫、横綱の輪島大士も傍らに立った。堀内と輪島は「五木を祝福するために駆けつけた」と紹介された。

「テレビで観ていて、『これでプロスポーツ大賞も修が持っていくな』って思った。堀内や輪島が壇上に上がったのも、修が『押さえてるぞ』って暗に見せつけたわけでさ」（この時期、日本プロスポーツ会議の役員だった山口弘典）

修が受賞したんだ

一九七四年一月十一日午後、水道橋の後楽園飯店にて「昭和48年度・日本プロスポーツ大賞」の選考会が行われた。

大賞に相応しい候補者が出揃った。

自身初の三冠王と通算本塁打数の記録更新、チームの九連覇に貢献した巨人軍の王貞治。

三度の本場所優勝を成し遂げ、学生横綱初の横綱昇進をはたした大相撲の輪島大士。

「中日クラウンズ」「とうきゅうオープン」「日本プロゴルフ選手権」など五つの主要トーナメントを制したプロゴルフの青木功。

三度の防衛に成功、通算六度の世界王座防衛をはたしたボクシングの輪島功一。

一方、沢村忠の一九七三年は、二月に不祥事が発覚した後は、特に話題もなければ活躍もなかった。それどころか、四月二十四日にはサネガン・ソーパッシンにいいところなく攻められ、通算四敗目となる判定負け。翌月のイヨウ・ソーパッシン戦では顎を負傷。さらには網膜剝離も発症するなど、活躍どころか衰えの目立つ一年だった。

それでも、野口修は受賞にこだわった。沢村忠の積年の労に報いたい気持ちもあった。不祥事の汚名も払拭させたかったし、ともかく二冠を達成したかった。


もちろん、そこでも「運動」はあった。

「十人くらい引き連れて修が『姫』に姿を見せたことがあった。俺はそのとき別クチで『姫』にいたんだ。修は芸能記者とスポーツ会議の役員を同時に接待していて、『シラさん、奇遇だねえ』なんて言っているんだけど、スポーツ会議の人間はバツが悪そうでさ。

でも、こうやって一緒にやるのは、効果はあったと思う。『沢村と五木のダブル受賞』っていう目標を他の人間にも抱かせたから。特にスポーツ会議の人間は、『レコ大と一緒に獲れたら凄い』って思ったはずだよ」（白石剛達）

結果はこうなった。

《日本プロスポーツ会議の日本プロスポーツ大賞選考会は十一日午後東京・後楽園飯店で開かれ、大賞受賞者に沢村忠（キックボクシング）を選んだ。沢村は新しいプロ・スポーツであるキックボクシングの普及発展に功績があったのが認められたもので、王貞治（プロ野球）青木功（プロゴルフ）をしのいで選ばれた》（昭和49年1月12日付／スポーツニッポン）

投票結果は四十三票中、沢村忠が二十七票、王貞治が十四票、青木功が二票だった。

この結果に、読売新聞社は激怒した。

そもそも、日本プロスポーツ大賞を創設する際、創設者の八田一朗は、真っ先に読売に協力を依頼していた。大新聞の影響力に加え、巨人軍を抱えておきたいと考えたからだ。「大賞の選考に、当時の読売の影響力は関係ないとは言えない」と山口弘典は述懐する。

となると、自身初の三冠王と通算本塁打の最多記録、九連覇に貢献した王貞治が受賞しないのは不可解であり「受賞すべき」という主張には反論のしようがない。

三年後の一九七六年、報知プロスポーツ大賞が新設されている。「このときの選考結果と、大いに関係があった」と山口は顔をしかめた。

後年、プロパー社員初の取締役に昇格し、最後はテレビ東京専務取締役となる白石剛達は、皮肉そうにこうこぼした。

「この年は沢村が獲ったんじゃない。修が獲ったんだ。『一九七三年の日本プロスポーツ大賞は、プロモーターの野口修』。そういうことでいいんじゃないの」

＊

二〇一九年、日本プロスポーツ協会の加盟団体である日本野球機構（ＮＰＢ）は、突如「組織運営に問題がある」と、協会からの脱退を表明した（二〇二〇年一月に正式発表）。

さらに、内閣府公益認定等委員会が、協会内の立ち入り検査に踏み切ったところ、「コンプライアンス上の問題」を指摘。それを受けて政府は、日本プロスポーツ協会に対し「内閣総理大臣杯」の使用取り消しを通達した。

「公益財団法人」を謳う日本プロスポーツ協会だが、先述したように、その前身の日本プロスポーツ会議は、八田一朗の私的な事情で発足したものにすぎず、その問題が、今頃になってくすぶってきたのかもしれない。

ともかく、二〇一九年度の日本プロスポーツ大賞は、六八年の発足から初めて、大賞が制定されなかったのである。

二つの受賞パーティ

日本レコード大賞と日本プロスポーツ大賞の二冠を達成した野口修は、二月十二日に、帝国ホテル・富士の間にて「二つの大賞受賞祝賀パーティ」を開いた。

TBS社長の諏訪博、古賀政男、徳間康快、石原慎太郎、小林旭、立川談志、輪島功一、輪島大士ら各界から多彩な顔触れが集まって、約千五百人もの来賓が場内を埋め尽くした。

司会はTBSテレビ『ロッテ歌のアルバム』の玉置宏と、『YKKアワー・キックボクシング』の実況アナの石川顕が務め、「姫」のホステス五十人が接待役に駆り出された。

コーラスグループやブルー・シャトウの生演奏なども含むと、総額三千万円の費用がかかった。現在の価値なら一億円近くになる。もちろん、野口プロの出費である。

主役である沢村忠と五木ひろしによる鏡開きに始まり、東映社長の岡田茂の乾杯の発声。沢村が剛柔流空手の演武を披露し、五木は、『夜空』を熱唱した。また、野口修が作詞をした『栄光への道』を北島三郎が歌い上げる一幕もあった。

「選手は手伝いに駆り出されました。私はお客さんに土産物を渡す係。渡すだけだから楽だと思っていたんですが、みんな一斉に帰るでしょう。千個ですからね。全然追いつかないんですよ。

本当に盛大なパーティでした。でも、『こんな大金を使うんなら、ジムや選手に使ってほしい』とは思いましたよ。選手のギャラだって全然上がっていませんでしたから」（藤本勲）

野口修は絶頂期にあった。ここまでの快挙を達成したプロモーターは、おそらく、この先も現れることはないだろう。

しかし、山頂まで登ったら、しばらく風景を眺めたのちは、下山するだけである。

一番の問題は、野口修本人が、その事実にまったく気付いていなかったことである。

帝国ホテルで行った「二つの大賞受賞祝賀パーティ」の際の、三迫仁志（右）と野口修。（写真提供・三迫仁志氏）

第二十三章　ラストマッチ

「僕が芸能部門第1号。ジムの片隅にちょっとした応援スペースを作って、雑巾がけをしたりしていたんだけど、汗とワセリンの臭いが凄くてね。マネージャーなんて、つい先日のキックの試合でセコンドを務めていた人でした（笑）。社長のお母さんには『あんた、声がいいんだからリングアナウンサーをやったら？』なんて言われる始末」（五木ひろし／『FRIDAYダイナマイト』2017年5月16日増刊号）

『よこはま・たそがれ』で再デビューをはたした五木ひろしは、出す曲がいずれもヒットチャートを席巻、「レフェリーかリングアナウンサーにさせられる」という不安も杞憂に終わった。

紅白歌合戦にも出場し、七三年には日本レコード大賞を獲得する。再デビューからたったの三年で歌謡界の頂点に立った。

それ以降も、コンサートにレコーディング、テレビ出演と多忙を極めた。七四年はレコード大賞こそ森進一の『襟裳岬』に譲ったが、FNS歌謡祭ではグランプリを獲得。七五年には『千曲川』で初めて紅白歌合戦の白組トリを飾っている。

「僕は立場上ナベプロとも近かったから、五木君の快進撃を通して、野口さんに関するいろんな話が入って来るわけ。ナベプロの上層部が野口さんを意識していたのは間違いない。

それくらい野口さんの勢いは凄かった。あの時代に、新興プロがレコ大をかっさらうって凄いこと。ただ、そういう業界の評判に、野口さん自身が酔っていた部分はあるよね」（平尾昌晃）

「野口社長は芸能界のしきたりなんて気にしない。たとえば記者の人が『五木の曲はよかった』と書いてくれたら、普通は『今度ご挨拶にうかがいま

す』ってなるでしょ。社長の場合は『今度挨拶に来いって言っとけ!』って」(五木ひろし／同)

世界のスーパースター

五木ひろしの許に、野口修から国際電話が入ったのは、一九七五年秋のことである。

「いいかよく聞け。来年、ラスベガスでワンマンショーやるぞ」

「ラスベガス? 一体誰がやるんですか」

「お前に決まっているだろう。五木ひろしのワンマンショーだ。プレスリーと同じステージに立つんだ。成功したらお前はスーパースターだ。世界のスーパースターだ」

この計画には、当時、スポニチテレビニュース社のロス支局長になっていた、川名松治郎が深く関わっている。

「この頃の俺は、アメリカの情報を東京のスポニチ本社に流すといった仕事をしていた。原稿と映像。海外情報が珍しい時代だからね。

ある日、ヒルトンホテルのショー部門の責任者のディック・レーンと知り合った。ヒルトンのメインステージって言えば、フランク・シナトラ、エルビス・プレスリー……その映像をディックから買いつけて、東京に送っていたんだ。

そしたら修が『ヒルトンの担当者を紹介してくれ、五木のショーをやらせたい』って言って来た。夏くらいかな。『無理だよ』って言ったのに、山口洋子と一緒に、半ば強引にロスまで飛んで来たわけ」(川名松治郎)

退役軍人だったコンラッド・ヒルトンがホテル経営に乗り出したのは、第一次大戦後の一九一九年のことである。

三〇年には高級ホテル「エル・パソ・ヒルトン」(現・プラザ・ホテル)を開業し、四六年には、ヒルトン・ホテルズ・コーポレーションを上場するなど、七九年に亡くなるまで、世界五十カ国に二百のホテルを抱えるヒルトングループの総帥として君臨した。ちなみに、スキャンダル女優として世間を騒がすパリス・ヒルトンは、コンラッドの曾孫にあたる。

コンラッドの次男で、ヒルトングループ社長のバロン・ヒルトンが「ラスベガス・ヒルトン」を開業したのは一九六九年のことである。

バロン・ヒルトンは、ホテルの目玉として、『ビバ・ラスベガス』などのヒット曲を持ち、前身のインターナショナル・ホテルでショーを行っていた、エルビス・プレスリーの定期公演を思いつく。ここから、フランク・シナトラ、デューク・エリントン、ペリー・コモ、グレン・キャンベルら、錚々たるエンターテイナーのステージが催されるようになった。

最初の渡米で門前払いされた野口修は、翌月は単身で出向いたが、やはり、相手にされなかった。「今回は諦めろ」という川名の忠告にも聞く耳を持たなかった。日本人の誰もやったことのない現実に興奮していたのだ。

また、こういう状況においては、諦めないことが一番の近道でもあることも知っていた。

弟を世界フライ級王座に挑戦させたのも、大山道場とタイ式ボクシングを戦わせたのも、沢村忠を擁してキックボクシングを立ち上げたのも、五木ひろしにレコ大を獲らせたのも、すべて諦めなかったから実現したのだ。


今回も、ロスだろうが、ベガスだろうが、ヒルトン本社のあるマクレーンだろうが、どこにでも行くつもりでいた。何度でも顔を出す。絶対諦めない。必ず道は開ける。

一九七五年の夏の終わり頃、ようやく、ディック・レーンと面会する機会を得た。

巨大スクリーンの備わった広い会議室で、大勢のスタッフを前に、いかに五木ひろしが日本のスーパースターか熱弁をふるった。

すると、予想外のことが起きた。七六年に入ってすぐ、ディック・レーンが数人のスタッフを帯同して来日したのだ。

一行は、野口修、山口洋子との交渉に始まり、舞台演出の綜合企画や日本ステージと話し合いを重ねた。さらに、五木ひろしの出演するテレビ番組のスタジオや、コンサートにも足を運んだ。

キックボクシングも観戦した。沢村忠がパンチと蹴りを繰り出し、最後は派手なハイキックでタイ人を倒す。見慣れた者にとっては、いつもの光景にすぎないが、初めて観るアメリカ人は大声を上げた。

彼らが興奮したのには理由があった。

この前年、ブルース・リーの映画が全米で大ブームを巻き起こしていたのだ。同じ東洋人の沢村忠の姿と重なったのである。

「ミスターノグチ、このサワムラを是非、ヒルトンのイベントに出してほしい」

夜はもちろん接待である。修は彼らを毎晩銀座に連れ出した。

一九七六年三月二十四日、五木ひろしのラスベガスでのワンマンショーが発表された。

日程は八月一日、二日。午後八時からのメインショーと、深夜零時からのミッドナイトショーの一日二回公演でいずれも一時間四十分。これを二日間行う合計四ステージである。この発表に関係者は一様に驚いた。

五木ひろしは、日本の歌手として初めて、ラスベガス・ヒルトンのステージに立つことになったのだ。

ラスベガス

野口修は作曲家の服部克久に、ラスベガス公演の音楽監督と総合演出を依頼した。

快諾した服部克久は、五木に世界のあらゆる歌曲を教え込んだ。ジャズ、ロック、マンボ、タンゴ、スキャット……これらのいずれかを、ラスベガスのステージで披露するためだ。

また、英語でMCを行うために、英会話にも取り組ませた。担当マネージャーの草住一成は、すべての仕事が終わった深夜から明け方にかけて、英語教師を目黒の事務所に招いて、レッスンの時間を設けた。

野口修も、東京とラスベガスを何度も往復して、担当者と綿密な打ち合わせを行った。

舞台装置にも金をかけた。高さ8m、重さ2トンの人工の大木に、最新技術であるコンピューターを駆使し、桜を咲かせたかと思えば、若葉を茂らせたりした。アメリカ人に日本の四季を伝えるためで、これだけで二千万円もかかったが、惜しくはなかった。

ラスベガス・ヒルトンのメインホールは、ディナー付きの一階席が千六百席、二階のバルコニー席は五百席、合計二千百席が収容人数となる。ミッドナイトショーにはディナーは付かないが、こちらもメインと変わらず一律三十ドル（日本円にして約九千円）と修は強気の価格を設定した。

野口修は、日系人社会の顔役と言うべき人物に支援を依頼した。リトル・トーキョーに住む貿易会社の社長だったという。

「その人はリトル・トーキョーを動かしていた人だった。『日本人に恥をかかすわけにいかない』っててチケットを大量に買ってくれて、大勢の日系人をベガスまで送り届けるために、大型バスを何台もチャーターしてくれたよ」（野口修）

さらに、近畿日本ツーリストと組んで「五木ひろし・ラスベガスツアー」を組んだら、あっという間に定員の五百名が集まった。

「ウチ（徳間音工）も関係者とその家族だけで、ツアーを組みました。ウチ持ちだけで五十組くらいでしたかね。結構大掛かりなツアーですよ。『ウチも何もしないわけにいかない』という判断ですね」（元徳間音工宣伝部の中邑健二）

修は、七人の音楽評論家と十四人の新聞と雑誌の記者、合計二十一人分の旅費と宿泊費、遊興費も負担した。「プレスリーを超えた」と書かせるためなら、さしたる出費ではない。

それよりイベントが成功すれば、間違いなく、五木ひろしは世界のスーパースターになる。何倍にもなって跳ね返ってくるのだ。

ハート・ブレイク・ホテル

《ついに幕は上がった。白のタキシードスタイルで、五木ひろしがスポットの中に登場する。外人司会者が英語で「ジャパニーズ、ナンバーワン！スーパースター、ヒロシ・イツキ！」と紹介すると、メーンホールをゆるがす万雷のような拍手。バックは31人編成のヒルトンオーケストラで、オープニングが『待っている女』。五木はノッた。『夜汽車の女』『千曲川』そして『よこはま・たそがれ』になると、拍手は最高潮に達し、熱っぽいムードが一段と盛り上がってくる。（中略）

郷愁のメロディ『さくら』や『赤とんぼ』、ポピュラー『ビバ・サマー』『ユー・アー・マイ・サンシャイン』、シャンソン『雪が降る』。エルビスに挑戦して『ハート・ブレイク・ホテル』を熱

唱すると、満員の客席からものすごい拍手がわきあがった。（中略）
『夜空』『哀恋記』『みれん』『ひろしの子守歌』、五木のヒット曲はけっこうアメリカの日系人向け放送にも流れていて、お客をわかせる。英語で歌った『ダニーボーイ』や『マイ・ウェイ』には外人客がさかんに拍手をおくった。そしてフィナーレは『リパブリック讃歌』、完全に五木ひろしはラスベガスを征服したのだ》（『週刊明星』１９７６年８月15日号）
　音楽評論家のコメントは次の通りである。
「プレスリーを上回る人気」（伊藤強）
「世界のひろしへ華々しいスタート」（大沼正）
「この大成功によって、今後五木とラスベガスの距離は、長期契約の形で一層縮まるであろう」（関光夫）
（いずれも『スターランド特別増刊　五木ひろし栄光のラスベガス』／徳間書店）
「米国建国二百年にあたり、日本の代表歌手として日米親善に尽くされんことを期待します」といった祝電も届いた。
　送り主は内閣総理大臣、三木武夫である。

＊

「最高だった。ミスターノグチ、来年もスケジュールをくれ。約束してくれるかい」

　フェアウェル・パーティの席上でバロン・ヒルトンは野口修にこう語りかけたという。

　二日後、ＣＭ撮影のためアラスカに飛んだ五木ひろしを見送ると、野口修と山口洋子は数日ラスベガスに滞在した。ヒルトンの口約束に嘘はなく、早々に来年の開催を申し入れて来たのだ。

　契約を交わすと、ディック・レーンは「ところでサワムラはどうしている？　また会いたい」と言った。

「いいとも。今度はベガスに連れて来る」

　快諾した野口修だったが、内心「まずいことになった」と思った。

　沢村忠は行方をくらましていたのだ。

野口フェスティバル

　一九七六年初頭、スポーツ紙の取材を受けた野口修は、四つの目標をぶち上げている。

「今年の夢は四つ。一つは柏葉にタイトルを取らす。二つはスーパーフイルドがダービー馬になること。三つは五木ひろしのラスベガス公演。これは八月に内定している。四つは沢村にマジソン・スクェア・ガーデンで試合させること」（昭和51年1月9日付／デイリースポーツ）

「スーパーフイルド」とは前年に購入した四歳馬である。馬主の資格を得た修は、この前後より「日本ダービーを制する」という野望まで抱くようになっていた。

結論から言うと、ラスベガス公演以外は一つも実現しなかった。しかし、この年の野口修は、日本のボクシング史、格闘技史に残る重大な事績を残している。

プロボクシングとキックボクシングの合同興行である。

一九六四年にキックボクシングを立ち上げ、六六年より興行をスタートさせた野口修は、当時のボクシング協会会長の岡本不二に「ボクシングを取るか、キックボクシングを取るか」と迫られた。そこで、理事の座を母と弟に譲って、自らはボクシングから身を引いたことは、すでに述べた。

これ以降、野口修はキックボクシングに注力したが、龍反町や柏葉守人の世界戦など、ボクシングの興行にも少なからず関与してきた。

先述したように、協栄ジム会長の金平正紀が、「ボクシングとキックの併用興行」を目的に新団体を旗揚げした際、このときの日本ボクシング協会会長の笹崎僙は、金平に除名処分を下した。それだけボクシング界は、キックボクシングにアレルギーを抱いていたからだ。

にもかかわらず、日本初のプロボクシングとキックボクシングの合同興行が発表されると、ボクシング協会は「野口家は多大な功績がある」と開催を認めた。それどころか、全面協力を申し出た。二律背反以外の何物でもない。

一九七六年一月十二日。後楽園ホールにて、入れ替えなしの二部制で行われた「野口ジム創立二十五周年記念フェスティバル」は、第一部がキックボクシングの三試合で、メインイベントは「沢村忠対テパリット・ルークパンチャマ」（結果は沢村の4ラウンドKO勝ち）。

第二部はプロボクシングの六試合でメインイベントは、WBA世界ジュニアライト級タイトルマッチ「王者・ベン・ビラフロア（フィリピン）対挑戦者・柏葉守人」が組まれた（結果は柏葉の13ラウンドKO負け）。

　金平正紀が望んだ興行形式も、おそらく、こういったものだったはずだが、日本ボクシング協会は金平の主張に耳を貸さないばかりか、組織から追い出した。早い話が、野口修の実力に屈したということだ。

「今年は五木だけじゃなくて、本格的に沢村を全米に進出させる。キックを世界に広める」という大言壮語に関係者の多くは「おそらく、実現するのだろう」と感じていた。

　しかし、当の沢村忠には、そんな気はさらさらなかった。肉体的にも精神的にも限界を超えていたのである。

ラストマッチ

　これまで述べてきたように、沢村忠が行ってきた試合の大半は、真剣勝負だったわけではない。かといって、身体にダメージが残らないということではまったくない。

　一カ月に三試合以上こなせば、相手の攻撃を受けるために相応のダメージが残る。リアルに見せようとすればするほど蓄積される。

　中にはハプニングに見せかけて「沢村を倒そう」と考える選手まで現れる。偶然を装い鋭いパンチを何発も撃ち込んでくる。

　その緊張感は、真剣勝負と差異はなかったかもしれない。実際に倒れることもあったし、負傷箇所も残ったからだ。加齢とともに回復が遅れたし、網膜剝離まで発症していた。引退していないのが不思議なくらいだった。

　一九七一年六月二十六日のヨードナロン・ソーテプワンチャイ戦以降、一年間も真空飛び膝蹴りを見せなくなった沢村忠に対して、スポーツニッポン（昭和47年6月15日付）は「〝宝刀〟消え一年飛べない沢村なんて」と題した特集記事を組んでいる。

　記事の中で「決して出しおしみしているのではない。チャンスがあればいつでも飛ぶさ」と沢村本人は弁明するが、並外れた跳躍力と高度なタイミングが要求された真空飛び膝蹴りは、出し惜しむどころか、満身創痍の身体では、飛ぶことさえ叶わなくなっていたのだ。

以前にも触れたように、沢村自身は現役生活を「三十歳を一つの区切り」と考えていた節がある。その三十歳の年に王貞治や青木功を抑え、日本プロスポーツ大賞を獲得したのだから、引退の花道にしたかったはずだ。

翌年、沢村忠は六歳下の一般人女性と結婚している。引退後の第二の人生を見越してのことだろう。しかし、実際は引退を許されないどころか、結婚の事実さえも伏せられた。「結婚したことが判ったら人気が下がる」という野口修の指示によるものだった。

沢村の心中は察するに余りある。これ以上、何を犠牲にすればいいのか。

その上、野口修は「マジソン・スクエア・ガーデンで沢村に試合させる」と公言し、ヒルトンとの約束まで勝手に結んでしまった。ヒルトンで五木ひろしのショーを実現させるために、沢村の試合を見せて関心を惹いたことも、聞き知っていたはずだ。

肉体ばかりでなくプライドまで傷ついた沢村忠が、リングに上がる必然性はもうなかった。

一九七六年七月二日、大阪府立体育会館で日本キックボクシング協会の興行が行われた。

大阪の西尾プロの主催興行ということもあるが、野口プロモーションの人間は、マネージャーの鶴巻正二朗以外、誰も姿を見せなかった。ラスベガス公演を目前に控えて、大半のスタッフが多忙だったためだ。当然、野口修の姿もなかった。

大阪大会のメインイベントに出場した沢村忠は、タイのダビチャイ・ルットチョンをKOに下した。いつもと変わらない光景がそこにあった。

唯一違っていたのは、彼がある決意を固めて、試合に臨んでいたことだ。

初めてキックボクシングのリングに立ってから、ちょうど十年になっていた。場所も同じ大阪府立体育会館である。

これほど、最後に相応しい場所もない。

試合後、沢村忠は姿を消した。

終止符

沢村忠の失踪について野口プロモーションは、「故障を治すために長期休養を取らせる」と発表した。

しかし、居場所を訊かれると「連絡がないから判らない」と回答を保留した。

当然、現場は混乱した。

まず、影響が出たのは興行である。地方のプロモーターには一本二百万円でキックボクシングの興行を売っていたが、「沢村が出ないなら負けてくれ」と百五十万円に値切られた。

テレビのレギュラー中継も同様である。さすがに放映料が値切られることはなかったが、視聴率は見る見る下がっていった。

その余波は、他団体にも波及した。

「当時のウチには『沢村が出る』と勘違いして観に来るお客さんが何割かいた。失踪の話が伝わると、客が明らかに減った。ウチも沢村人気に乗っかっていたんだよ」（当時、全日本キックボクシング協会傘下のムエタイプロ代表の神村榮一）

その間も野口プロの社員は、血眼になって沢村の行方を追ったが、手掛かりは摑めなかった。

ルポライターの谷峻は、失踪中の沢村忠の足跡を追った記事を、この三年後、雑誌『宝石』（1979年12月号）に寄稿している。

記事によると、沢村は町田市に建てた自宅を、この時期に突如手放し、ラストマッチの四週間後に生まれた長男の出生届を、一年二カ月間も出していないことを突き止めている。

実はその期間こそ、沢村が姿を消していた時期と重なる。つまり、出生届を出せない理由があったということだ。

その間も一家は、洗足の白羽家にも、仙台の妻の実家にも姿を見せず、漂泊の日々をすごしている。懸命の取材の甲斐なく、詳しい足取りは摑めないまま稿を閉じている。

沢村が姿を消してから一年が経ったある日、次のようなゴシップ記事が週刊誌に載った。

《ハデな真空飛びヒザ蹴りでファンを楽しませ、じつに百十七連続KO勝ちなどという〝超人的記録〟まで打ち立てた、あの〝キックの帝王〟沢村忠（最終戦績＝240戦231勝5敗4分、227KO勝ち）が〝失踪〟してもうすぐ一年になる。

この間、真偽のほどは定かではないが、実にいろいろな噂が流れた。
①休養説。失踪後しばらくして、野口プロは「休養のためしばらくリングから遠ざかる」と発表した。公式的理由である。
②廃人説。一ヵ月に一度ファイトするのが限度といわれるのに、東洋ライト級チャンピオンとして、東京でタイトルマッチを闘った翌日、地方でさらに……というハード・スケジュールをこなしていた。
③野口プロとの不和説。全盛期、沢村は〝目黒ジムを引き継がせる〟という口約束を得ていたが、プロ側に「そんな約束をした覚えはない」といわれ、ふてくされ、行方をくらましたというもの。
④借金説。一試合五十万円のファイト・マネーを得て、現役時代、約二億は稼いだといわれるが、「キップのいい男でしてね、試合後いつも若い選手を連れて銀座あたりの一流クラブを飲み歩き、つぎの日は一銭もないということの連続だったようですね」（担当記者）》（『週刊小説』1977年7月15日号）

野口修にこの件を尋ねると、不機嫌そうに口を開いた。

「沢村は最初『社長、身体が万全ではないので、しばらく休養を下さい』と言った。『じゃあ、しっかり治してこいよ』と俺は答えた。まさか、そのまいなくなるなんて思わない。ヒルトンもマジソンも決まっていた。『ケガを全部治して出ます』と言えば万事うまくいったのに、現場にどれだけ迷惑をかけたと思っているんだ。

ヒルトンに出てマジソンにも出たら、ラスベガスとニューヨークを同時に制覇したことになる。そんな日本人いないでしょう。沢村は世界のスーパースターの座を捨てたんだ」

沢村忠が「休養」を切り出したのは、おそらく事実だろう。そうとでも言わない限り、野口修から離れることは不可能だからだ。

「ラスベガスとニューヨークを同時に制覇すること」や「世界のスーパースターになること」は彼にとって、もうどうでもよかった。

マイホームを売ったのは、行方をくらますことを決めていたからに違いない。長男の出生届を出さなかったのも、足が付かないようにするためだろう。この時代は、本人以外でも住民票の閲覧が可能だった。一家は流転の生活を余儀なくされたのである。

ヒルトンやMSGの計画を反古にすることは、それなりの覚悟を要したはずだ。権力者の野口修ならば、どんな手を使ってでも捜し出すかもしれない。そうでなくても、野口家は右翼の家筋である。敵に回すリスクは大きい。

それでも、沢村忠は姿を消した。野口修との関係に終止符を打ちたかったのだ。

テンカウント

世間が沢村忠を忘れつつあった一九七七年夏、野口プロモーションに「沢村忠の代理人」を名乗る男から連絡があったという。

「沢村が消えたのは野口さんの怒りを恐れているからだ。しかし、このままだとどっちも得をしない。結局一年が経った。そこでだ、ここらで手打ちをしてはどうか」

これに対し、野口修は「話し合いには応じよう」と答えた。

「代理人っていうのは誰ですか」と筆者が尋ねても、彼は何も答えず、不味そうに煙草を吸い始めた。不味そうな割に長く吸って、やはり折るように煙草を消すと、「『社長に詫びを入れたい』とかそんなところ」と、すげなく言った。

「ということは、間に第三者を立てて来たんですね」と訊くと、老人は頷いた。第三者が誰かということまでは教えてくれなかった。

突然姿を消した沢村忠に、野口修は怒り狂っていたはずだ。それでも、沢村側から接触を図って来たということは、相応の実力者の後ろ盾を得たと考えるべきだろう。野口修どころか、右翼、興行界をも抑えられる大物だったはずだ。

それが誰かは判らない。判らないが、推察くらいはできる。

大阪の西尾ジムの所属選手だった、黒澤久男の証言がある。

「沢村さんはね、試合以外でもちょいちょい大阪に来てたんです。あれだけの人気選手でしたから、大阪にもタニマチは仰山いてましたわ。そういうところの、会合やら結婚式やらパーティやらに、あの人はマメに顔を出すんですよ。

沢村さんとウチの会長（西尾日出）はウマが合ったたっちゅうんか、本当に仲良しでした。沢村さんのデビューは、大阪の西尾興行でしょう。そのつながりが、あったのかもしれませんな」

前述の、外車販売員を恐喝して逮捕された知人の暴力団幹部は、もとは西尾の紹介で知り合ったものと新聞も報じている。「タニマチ」がどういった属性の人種だったか大方の察しはつく。

おそらく、沢村忠の後ろ盾となったのは、山口組三代目組長の田岡一雄ではなかったか。

先に紹介したように、沢村はデビュー間もない時期に、雑誌の取材で美空ひばりと対談している。以後、沢村がひばり一家と親しく付き合うようになったのは、仄聞されるところでもある。

その縁で、沢村忠自身、ひばり一家の後見人だった田岡一雄と親交を持ったとしても、さして不自然ではない。

そうでなくても、野口家は神戸の嘉納健治の系譜に列なる。後発の山口組にとっては、幾分は配慮すべき存在となろう。

芸能プロダクションの経営者でもあった田岡一雄が、歌手、俳優、プロボクサー、プロレスラーを可愛がっていたことは、つとに知られた話である。沢村が大阪に独自の人脈を持っていたのも、そのことと無関係ではなかったはずだ。

もしかしたら、来るべき日のために人脈を構築していたのかもしれない。

来るべき日とは、すなわち「野口修を切る日」である。

沢村忠から相談された三代目が、仲介の労を取ることで「手打ち」を提案して来たとすれば、野口修は承服するほかない。

＊

大阪でのラストマッチから一年三カ月ぶりの、一九七七年十月十日。日本キックボクシング協会の後楽園ホール大会に、沢村忠が突如現れた。

紺のダブルに身を包み、何事もなかったかのように、「お久しぶり」と控室に顔を見せた。

トレードマークの角刈りは消え、中途半端に伸びた髪が唐突な印象を与えた。スポーツ紙は引退式を、「一日前の土曜に決まった」と報じる。

引退のテンカウントゴングを聞いた後、記者会見に臨んだ。式から会見まで、なんのトラブルもなく、不自然なくらいスムーズに進んだのは、事前に段取りが決まっていたのだろう。

「体のどこにも痛みを感じぬほどに完全にしてトランクスをつけ、再びファンの前に姿を出そうと専念した。（中略）

体も完治しないし、年齢も34歳。キック選手としての使命も十分に果たした。そこで心配してくれたファンに一刻でも早く伝えたかった」（沢村忠／昭和52年10月10日付／デイリースポーツ）

しかし、治療に専念していたのなら、行方をくらます必要も、連絡先を明かさない理由もなかったはずだ。

《キックボクシング最大のヒーローといわれた男の引退式にしては、あまりに鮮やかだった数々のKOシーンとはまったく逆に、スカッとしたところがなかった。（中略）

いずれも、この夜の引退劇、あの〝真空飛びヒザげり〟の切れ味がなかったのは確かだ》（同）

野口修は、最大の功労者である沢村忠こと白羽秀樹と、こうして別れた。

プレスリーと五木ひろし

日本人として初めて、ラスベガス・ヒルトンでのショーを成功させた野口修に、意外な人物がラブコールを送ってきた。

エルビス・プレスリーのマネージャーの「パーカー大佐」ことトム・パーカーである。

ラスベガスに飛んで来たパーカーは、ヒルトンのオフィスで野口修、山口洋子と会談を持ち、「五木ひろしのアメリカでのマネージメントを譲ってくれないか」と口火を切った。

パーカーの真意はこうだ。

「五木ひろしが、エルビスと並んでショーを成功させたことには敬意を表するが、まだ五木は世界へのパスポートを手に入れたばかりだ。私は名実ともに、本物の世界的大スターにしてみたい。今後、アメリカ国内で五木が公演するプロモートを

全部私にまかせてくれれば、その夢は必ず実現す
るだろう」(『週刊明星』1976年9月12日号)
パーカーはこうも言った。
「なるほど五木ひろしはあなたにとって最高のスターだろう。しかし私はエルビスを世界一だと信じている。それでいいじゃないか。われわれは手を握るべきだ。話が折り合うなら野口、五木、エルビス、私の4人で、強力なプロジェクト・チームを作らないか」(同)
『週刊明星』はこれを「国際合同事務所」とし、「アメリカの責任者はパーカー大佐、日本の責任者が野口修」としている。帰国後の野口修の関心は、この件でいっぱいになった。
トム・パーカーこと、アンドレアス・コルネリス・ファン・カウクは、一九〇九年、オランダ生まれ。十七歳のときにアメリカに密入国。二十歳で陸軍に入隊し、上官の名を拝借して「パーカー大佐」を自称するようになる。
一九五六年に無名の歌手だったエルビス・プレスリーとマネージメント契約を結び、短期間で人気スターに仕立てた。幾度となく不仲が噂されたが、プレスリーがパーカーとの契約を解除することはなかった。
《エルヴィスのキャリアの最後までマネジメントを独占したパーカー大佐の評価は二つに割れる。エルヴィスを食い物にしつづけた貪欲な商人とするものと、エルヴィスを大スターに仕立てた有能なマネージャーというものだ。パーカー大佐の取り分が、最初の契約では収益の25%だったものが、1967年の契約更改では50%という異常な数字に跳ね上がっている事実を併せ考えれば、その両方が正しかったということになる》(『エルヴィス、最後のアメリカン・ヒーロー』前田絢子著/角川選書)
スーパースターを意のままに操る怪人が、自社のタレントに食指を動かしたとなれば、警戒心を抱くはずだが、野口修はマネージメントについては即答せず、膝を乗り出してこう提案した。
「こちらも条件があります。パーカーさん、エルビスを来日させられませんか。是非とも日本公演を実現させたい。それも私の手でやりたい。いかがでしょう」

「まだ見ぬ大物」と呼ばれたエルビス・プレスリーは、日本公演どころか来日経験すらなく、その実現が熱望されていた。ただし、それは日本だけではなく、アメリカとカナダ以外ではコンサートを行っていなかった。世界中を飛び回ったビートルズとは対照的である。

日本でも、協同企画の永島達司らが招聘に動いたが、まったく相手にされず、交渉のテーブルにさえ着けなかった。

しかし野口修は、パーカーと直接交渉したどころか、合同事務所の設立まで提案されたのだ。事実、九月に再渡米した野口修はパーカーと再び会談を持っている。

そこで合意したのは、以下の三つである。

一、来年以降、五木ひろしのコンサートをアメリカで行う。それについてのプロモートはトム・パーカーに委ねる。

二、エルビス・プレスリーの来日コンサートは再来年に野口プロモーションの主催で行う。そこには五木ひろしも出演する。

三、エルビス・プレスリーと五木ひろしで「世界ツアー」を行うことを前向きに検討する。

にわかに信じられない話だが、平尾昌晃は次のように証言する。

「本当だよ。あるとき、野口さんと洋子ちゃんが、『五木にロカビリーをレッスンしてほしい』って言うわけよ。『エルビス、本当にやるの？』って訊いたら『もう動いている』って。ひっくり返りそうになったよ。

でも、イメージが違いすぎるから、気が進まなかったなあ。五木君はロックンロールって感じじゃないでしょう。野口さんの野心は野心で別にいいとは思うけど、『タレントに合わないことをやらせるのはどうなの』って思ったね」

オーバードース

この一報が流れると、周囲の関係者はこの話題で持ち切りとなった。

プレスリーと親交のあった作詞家の湯川れい子は、この時期、次のように語っている。

「彼の人気はまだまだ圧倒的で、もうアメリカ全土をくまなく回ってしまい、イギリスや日本で公演をする時期になっています。これまで赤字覚悟で、日本から20社以上がエルビスの来日公演を交渉しましたが、すべてパーカー大佐に断られて実現しませんでした。

ひとつは会場の問題で、野口さんがどう納得させるか知りませんが、球場のような野外では〝十分に声が通らない〟〝雨天のときに困る〟という欠点があり、エルビスが同意しないのではないでしょうか。

とは言え、エルビスにメリットのないことは絶対にやらないパーカーさんが、五木ひろしとジョイントすると申し込んだのが本当なら、五木さんにとっては大へんなことですね。よく考えると、下層階級から大スターにのし上がったエルビスには〝南部のイモにいちゃん〟的なところがあって、庶民的歌手の五木ひろしと一脈相通じるのかも知れません」(『週刊明星』1976年9月12日号)

しかし、この世界的プロジェクトは実現しなかった。

全米ツアーを翌日に控えた一九七七年八月十六日朝、バスルームで本を読んでいたエルビス・プレスリーは、心臓発作に襲われ昏倒する。発見した恋人によって病院に運ばれたが、午後三時三十分、死亡が確認された。

「不整脈による心不全」と発表されたが、遺体から十四種類もの処方薬が検出されたこともあり、現在では「薬物依存によるショック死」というのが通説となっている。

これによって交渉は打ち切られ、「再来年」を目途にしていたプレスリーの日本公演はもちろん、五木ひろしの全米進出もなくなった。

「あのままプレスリーが生きていればって、何度か思ったね」

野口修は、薄くて皺だらけの唇を噛んだ。

帰るべき場所

野口修も肩を落とすように、もしエルビス・プレスリーが生きていれば、野口修のその後も、五木ひろしの芸能活動も、すっかり変わっていたかもしれない。

この時代の野口修の実力をもってすれば、おそらく、プレスリーの来日公演は実現させたのだろう。同時に五木ひろしの全米進出も実現していたのではないか。

そのインパクトは大きく、五木ひろしは賞レースとは別の価値観に立って、音楽活動に邁進したものと思われる。「一度獲ったレコ大を二度も三度も獲る必要はない」という野口修の方針からもそれは合致する。

「賞レースとは別の価値観に立っての音楽活動」とはすなわち、その後の「ニューミュージシャン」のポジションである。それを獲得していた可能性は低くなかったと見ていい。

事実、この少し前から井上陽水や荒井由実が、台頭していた。五木ひろしの軸足が、演歌ではなくニューミュージックに向いていたとすれば、日本の音楽史は大きく変わっていたはずだ。「世界ツアー」ともなれば、その後のＹＭＯまで想起させる。

しかし、プレスリーは亡くなり、パーカーとも没交渉になったことで、可能性は消失した。

五木ひろしの帰る場所は、日本の歌謡界以外になかったのだ。

そして、強引に突っ走ってきた野口修に対し、周囲から冷ややかな声が聞かれるようになったのは、この時期からである。

ラスベガス・ヒルトン前にて。右から遠藤進丈、野口修、五木ひろし、野口里野。（写真提供・遠藤進丈氏）

第二十四章　夢よもういちど

六十年代後半に日本中を席巻した「GS（グループ・サウンズ）ブーム」において、タイガース、テンプターズと並んで、熱狂的な人気を集めたのが、オックスである。

派手な振り付け、楽器を壊しアンプを倒す過激なステージング、最後は自己陶酔の末に舞台上で失神するという特異なパフォーマンスは、狂信的なファンを獲得し「失神バンド」と呼ばれた。「失神」は舞台上でメンバーが演じるだけでなく、客席のファンにも伝播した。

その数は一人、二人と増え、一九六八年九月三十日に日比谷公会堂で行われたコンサートでは、一回の公演で、三十人もの少女が本当に失神し、救急車が出動する騒ぎとなった。

事態を重く見た主催者は、警察の勧告に従ってコンサートを中止し、後日『テル・ミー』『オー・ビーバー』など数曲を〝失神曲〟に指定し、演奏の自粛を決めた。

こうした異常な芸風が長続きするはずもなく、プレッシャーに耐えかねた中心メンバーの赤松愛は失踪し、グループを脱退。そのまま芸能界から姿を消してしまう。

残されたボーカルの野口ヒデトは、タイガースのジュリー（沢田研二）、テンプターズのショーケン（萩原健一）と並んで「GS御三家」の一人に数えられながら、赤松脱退後のグループを必死に支えた。

しかし、GSブームは終焉を迎え、一九七一年にグループは解散する。

ソロ歌手として再出発した野口ヒデトだったが、オックスのイメージもあってか、思うようにレコードのセールスは伸びなかった。

もともと、西郷輝彦や橋幸夫に憧れて歌の世界を志した野口ヒデトにとって、ロックへのこだわりは薄く、この機会にかねてから志向していた演歌歌手に転身しようと考えた。

所属事務所であるホリプロ社長の堀威夫に相談すると「ヒデ坊に演歌は合わない」と一蹴された。GSのイメージを残した方が得策と、堀は考えたのだ。

一度は従ったヒデトだったが、状況はさして好転せず、オックス時代から八年在籍したホリプロを辞めた。二十四歳になっていた。

かつてのライバルの活躍を横目で見ながら、無為な日々を送っていた野口ヒデトに、友人がこう持ちかけた。

「そんなに演歌に進みたいなら『全日本歌謡選手権』に出てみたらどうだ。演歌だけで勝ち抜けば願いは叶うだろう」

最初は気が進まなかったが、素人に混じって、一次予選から出場を決めた。数年前まで、沢田研二や萩原健一と人気を競っていたGSのスターが、なかなかできることではない。


どうにか本選まで勝ち上がった野口ヒデトは、一週目は民謡の『船頭小唄』、二週目と三週目は森進一の『命かれても』と『望郷』で勝ち進んだ。「オックスのヒデト」が、演歌で十週勝ち抜きに挑戦している姿は、嫌でも注目を集めた。

矢吹健の『あなたのブルース』で六週目を勝ち抜くと、収録後に声をかけられた。審査員の山口洋子である。

「もし、やる気があるなら、新しい事務所を紹介するわよ。社長に会ってみない?」

後日、目の前に現れたのが野口修だった。

「いいか、十週勝ち抜けないようなやつはウチにはいらない。残り四つ勝ち抜いたら所属させてやるし、お望み通り演歌歌手にしてやる」

そう言う野口修に、「お願いします」と頭を下げるしかなかった。

背水の陣を敷いたヒデトは執念で勝ち進み、ついに十週目まで辿り着いた。

十週目に歌ったのは五木ひろしの『よこはま・たそがれ』である。前々から決めていたが、キーが合わず選曲ミスの印象を与えた。

緊張の面持ちで結果発表に臨んだ。場内は暗転となり、ドラムロールが流れる。観客も関係者も固唾を呑んで見守っている。ドラム音が鳴り止み、点数が頭上に点灯された。

「おめでとう、ヒデト君」——司会の長沢純が叫んだ。客席から万雷の拍手が沸き起こった。

この瞬間、オックスのボーカル、野口ヒデトは、演歌歌手として再出発が決まった。前代未聞のことである。

新しい芸名は、所属事務所の先輩である五木ひろしから「木」の字をもらい受け、「真木ひでと」と命名された。

夢よもういちど

還暦をすぎた現在も、精力的にステージをこなす真木ひでとにとって、「野口プロは最高の環境だった」と言う。

「僕が所属したのは一九七五年。このときは沢村さんもまだ現役で、芸能部のトップが五木さんという二枚看板。他にもタレントはいたけど、そこに僕は〝次男坊〟という扱いで入って来たわけ。五木さんのラスベガス公演の前年ってこともあって、事務所も拡張の時期。四十人くらいマネージャーがいたのかな。権之助坂のビルだけじゃ収まらないっていうんで、別のマンションも借りたからね。雰囲気もイケイケで、それで『五木班』に次いで『真木班』もできたんです。

とにかく、社長は実行力の人。有言実行。口に出したことは絶対実現させてしまう。山口先生とは〝実行力コンビ〟だったよね。

その社長が『肝心なのは再デビュー曲だ。ドーンとキャンペーンやるぞ。絶対に売るからな』って、衣装を十着以上も作ってくれた。オックスの時代でも、ここまでの売り出しってやってもらってないから嬉しかったね」

その甲斐もあって、真木ひでとの再デビュー曲『夢よもういちど』（作詞・山口洋子／作曲・浜圭介）は、五十万枚の大ヒットとなる。

一九七五年十月二週目のオリコンランキングでは、1位の『時の過ぎゆくままに』（沢田研二）、8位の『お前に惚れた』（萩原健一）と並んで、『夢よもういちど』が9位にランクイン。GS時代のライバルに追いついたばかりか、各音楽賞を受賞し、日本レコード大賞の候補曲にもノミネートされている。

二枚目のシングル『恋におぼれて』（作詞・山口洋子／作曲・浜圭介）、三枚目の『東京のどこかに』（作詞・山口洋子／作曲・杉本真人）とヒットを連発した真木ひでとは、オックスのイメージから脱却し、人気歌手の仲間入りをはたした。もちろん、本人の努力もそうだが、事務所の勢い、ひいては、野口修の力も無関係ではないだろう。

「当時の唯一の不満は、コンサートがなかなかできなかったこと。僕はオックス時代からステージで育った人間だから、コンサートはやりたかった。『お前はテレビを中心に』という社長の方針でね。『全員集合』『夜ヒット』『紅白歌のベストテン』……新曲を出すたびにいろんな番組に出た。

社長の印象は『猛烈だけど優しい人』かな。所属タレントには優しいんだけど、根が格闘技のプロモーターだから、選手には厳しかった。だから、僕の社長に対する印象と、沢村さんが抱く社長の印象は全然違うと思うな」

色気のあるボーカル

ある日、真木ひでとは、事務所ですれ違った五木ひろしに、声をかけられた。

「今度、俺の曲のことで会議があるんだけど、時間があったら、お前も顔を出してよ」

いくら事務所の先輩後輩の間柄とはいえ、関係者やブレーンも交えた会議に、後輩歌手を同席させるというのは珍しいことだ。

「後輩とはいえ同業なわけでしょ。聞かせたくない話もあるはずなんだけど、五木さん自身はそういう見栄を張る人ではないんだよね。『これは、余程いろんな意見を求めているんだな』って思った」（真木ひでと）

会議には野口修以下、芸能部のマネージャー、徳間音工の担当者、何人かの音楽関係者の姿があった。会議のテーマは「五木ひろしの方向性をどうするか」である。

野口修はかねてより「洋楽に寄せていった曲を歌わせたい」という希望があった。言うまでもなく、ラスベガス公演の影響である。

「エルビス・プレスリーとのジョイント」も「世界ツアー計画」も、プレスリーの急死によって消失したが、修自身は、いっそ自分の手で実現させようと考えていた。

これにはさすがに、全員が諸手を挙げて賛同できるはずはない。

「野口さんの発想は、ボクシングの世界タイトルマッチというもの。つまりラスベガスも世界ツアーも、世界王座を獲らせるのと同じことです。その気持ちはよく判るんですがね。

ただ、この時期は、五木のレコードのセールスが落ちていて、会社全体で問題になっていました。私個人の意見は『演歌に特化しない方がいい』という考えです。ガチガチの演歌のイメージが付いてしまうと売れにくい。ポップスの要素も入れておくのは正解。いわば流行歌ですね。

ですけど、洋楽まで振り切っては……コンサートで洋楽を歌ったりギターを弾いたりするのはいいと思いますよ。でも、本格的にそっちの路線に進めば、従来のファンが離れてしまうと思っていました」（元徳間音工宣伝部の中邑健二）

野口修の言い分はこうだ。

「少々のセールスなんて問題じゃない。それよりもう一皮剝くには海外に通用するスタイルでやらせたかった。ラスベガスで世界を知った以上、演歌だけ歌っても駄目なんだ。世界に向かわないと意味がない。

そのためにはどうするか。あらゆるジャンルに精通する歌手にならないといけない。例えば、美空ひばりをご覧なさい。なんでも歌える。演歌もポップスもジャズも。だから『女王』と呼ばれるわけでしょう。

それにね、ボクシングと一緒で、世界というのはいつでもできるわけじゃない。できるときは限られている。行けるときに行かないと、後になって後悔しても遅いんだよ」

すなわち、野口修が目標としたのは、『スキヤキ』で、日本人として唯一ビルボード誌三週連続1位に輝いた坂本九であり、日本人として唯一『エド　サリヴァン・ショー』『ダニー・ケイ・ショー』『カテリーナ・バレンテ・ショー』に出演したザ・ピーナッツだった。

議論は白熱した。「洋楽の路線を貫くべきだ」というものから、「元のスタイルに戻すべきだ」というもの。「この機会に演歌路線を強化しよう」など意見は百出した。

出尽くした頃、五木ひろしが「ひでとも遠慮しないで意見を聞かせてくれよ」と声をかけた。白い煙のたち込める会議室の全員の視線が、高みの見物を決め込んでいた次男坊に集中した。

「参ったなあ」と思いながらも、真木ひでとは、自説を述べた。

「五木さんの英語の歌も素晴らしいとは思うんですが、一番の魅力はぞくぞくする、低音を効かせた、色気のあるボーカルだと思います。あれを生かせないのはダメだと思います。一番の魅力で持ち味だと思うからです」

プロらしく理に適った意見に、発言はぴたりと止んだ。会議の趨勢は決まった。

明言は避けたが、「洋楽路線より、演歌路線、ムード歌謡路線に戻すべき」と主張していることが伝わったからだ。

日本一の作詞家

五木ひろしが抱える悩みは、それだけではなかった。

『よこはま・たそがれ』以降、五木ひろしの楽曲は一部の例外を除いて、山口洋子が作詞をしてきた。山口洋子のプロデュースである。

しかし、歌謡曲全盛の時代、著名な作詞家が競うようにヒット曲を書いていた。阿久悠、なかにし礼、安井かずみ、千家和也、喜多條忠、橋本淳、北山修……五木ひろしが流行歌手である以上、彼らの作品も歌いたいと願うのは当然だろう。

ライバル的存在の沢田研二は、安井かずみの手掛けた詞を主に歌ってきたが、岩谷時子、山上路夫、TBSのドラマプロデューサーの久世光彦（小谷夏）、新人歌手だった荒井由実の書いた詞も歌っている。そのことに、五木ひろしが触発されなかったはずがない。

そもそも、山口洋子は五木にだけ詞を提供しているわけではない。森進一にも、郷ひろみにも、八代亜紀にも提供している。事務所の後輩である真木ひでとも山口洋子のプロデュースだった。であるのに、自分は山口作品しか歌えないのは理不尽だろう。

そのことを五木ひろしは、山口洋子には直接は言いにくい。そこで野口修に訴えた。「社長から言ってもらえませんか」ということである。沢村忠や龍反町と違って所属タレントには優しいことも、脳裏にあったのかもしれない。

しかし、野口修はこれを許さなかった。

「お前を育てたのは洋子ママだぞ。日本一の作詞家に書いてもらえるだけ有難いと思え」

この件について五木ひろしは、後年、次のように振り返っている。

《私は現状打破のために、山口さん以外の作詞家の作品をうたってみたいと訴えたことがある。しかし、野口社長は山口さんの作詞家としての能力、プロデューサーとしての手腕に全幅の信頼をおいている。もちろん、私とて同じ思いだ。が、なにかを変えていかなければならない時期に来ていた。作詞家を替えてみるのも、ひとつの突破口になるのではないか。

だが、「山口さんはたしかに他の歌手の詞も書く。しかし、それも五木のためなんだ」といいきる野口社長の前で、なにをいおうと、泣いて直訴しようと私の焦りは空まわりするばかりだったのである》（『ふたつの影法師』五木ひろし著／マガジンハウス）

この時期、渡辺プロダクションの常務取締役だった砂田実の証言がある。

「流行歌って生き物なんですよ。作る人が変わるだけで、歌手にとっては風景まで変わってくるものです。嗜好も変化してきます。

例えば、ジュリーがそうでした。最初はズズ（安井かずみ）の詞を主に歌っていましたけど、ズズが書く中性的な詞の内容に合わせてか、彼自身どこかメロウな雰囲気を纏っていましたね。収まりがよかったんでしょう。

阿久さんと組むようになってからは〝男〟を歌うようになった。阿久さんもそれに応えて書きまくった。『勝手にしやがれ』とか『カサブランカ・ダンディ』とかですね。それが一区切りついたら、ミュージシャンやコピーライターとも組むようになった。時代は八十年代に入っていましたから。

そうやって、歌う詞が変わることで新しい面を出せるのですが、五木君の場合ずっと洋子さんでしょう。閉塞感を感じたのも当然で、これは歌手としては苦しいです」

結局この件については、徳間康快の取りなしで、一九七七年七月リリースの『今日だけは』（作詞・山口洋子／作曲・小林亜星）を最後に、山口作品から卒業するということで決着を見た。

問題は解決したかに見えたが、五木自身には、新たな意識が芽生えていたのである。

ディナーショーの元祖

三度目のラスベガス・ヒルトンでのワンマンショーを終えると、五木ひろしは「来年のラスベガス公演は見送る」と宣言した。

そもそも、ラスベガス公演自体、スポーツ紙と芸能誌が採り上げた程度で、実際は大きな話題を呼ばなかった。その上、レコードのセールスも低迷し、ファン離れまで深刻化していた。

「ラスベガス公演のライブ盤のアルバムを出したんですけど、これが、びっくりするくらい売れなかった。在庫の山でした。

そうこうしていたら、賞レースから漏れるようになりました。いい曲もたくさんあった。でも、候補にも入らなくなった。それで余計にレコードのセールスが落ちるんです。悪循環です」（中邑健二）

それでも、伝えられていたように興行的成功を収めていれば救いはあるのだが、実態はまったくそうではなかった。

《51年夏、ベガスへ初進出した当時の五木は飛ぶ鳥を落とすイキオイで、わずか2日間のショーに約1億円の大金を賭けた。内情をいえばヒルトンホテルから引っぱられたのではなく「ショーをやらせてもらう」という形で、事前に保証金を積み、巨大なセットとともに数十人の大部隊を送り込んだ。

これを52、53年と続け、日本にいれば稼げたはずの興行収入を計算すると、3年間にざっと5億円をぶち込んだことになる。ところが一番金をかけなかった去年でさえ、収支トントンの見込みが3千万円の赤字となり、51、52年は推して知るべし。この大出費が日本国内で取り返せればともかく、「世界の五木」は大切なファンまで逃す結果になってしまった》（『週刊明星』1979年1月21日号）

実は、五木ひろしのラスベガス公演は、エルビス・プレスリーやフランク・シナトラら、通常のステージとまったく形態は異なる。

本場のエンターテイナーに対しては、ラスベガス・ヒルトンは約束したギャランティを支払う。その分、責任を持ってチケットを販売する。

しかし、「五木ひろしinラスベガス・ヒルトン」は、野口プロにステージを貸し出し、チケットの販売も野口プロが負った。ヒルトン側はまったく損をしない仕組みである。

「五木クン、君のラスベガスのショー、オレも見させてもらったよ。客席の九割方は日系人、さらにその半数近くは、特定の宗教法人の人たちだった」（ミッキー安川／『週刊サンケイ』1976年7月26日号）

「アメリカには『ユニオン』の制度があって、バンドは日本人を使うわけにいかない。ユニオンに属したアメリカ人に発注する決まりがある。いくら野口プロの主催であっても、それは変わらない。その上、莫大なギャランティが発生する。それも、野口さんが全部負担した」（平尾昌晃）

野口修にディック・レーンを最初に紹介した川名松治郎は、苦笑しながら言う。

「当時の日本の記者は、英語が話せない連中が多かった。だから、会見でヒルトンの関係者が何を言ったか判らないままなんだ。

例えばレーンが『五木は頑張った』と言ったとする。それでも通訳は『五木は素晴らしい。プレスリーやシナトラと並ぶ世界に誇るエンターテイナーだ』と訳す。記者はその通りに書く。いや、嘘だと判っててもそう書くわけ。

実際に五木はよくやったよ。本当に頑張った。でも『プレスリーやシナトラと並ぶ』なんて、ヒルトンの人間が言うわけないもの」

川名も言うように、五木ひろしにとってこの経験は無駄ではなかった。プリンスホテル社長の堤義明が、日本では珍しかったディナーショーを五木ひろしに持ちかけたのは、実はラスベガス公演をヒントにしている。つまり、五木ひろしこそ「日本のディナーショー歌手第一号」なのである。

とはいえ、この時点では五木本人に、そこまで振り返る余裕はなかったはずだ。

社長である野口修は相変わらず、「目標は世界だ」と進軍ラッパを鳴らし、国内の現状に目を向けようとしなかった。そのくせ、山口作品だけ歌わせるのは、野口音楽出版に入ってくる印税収入が目当てなのと、愛する山口洋子を否定されたくない個人的感情にすぎない。

このままでは、人気歌手の地位から転落する日も近いだろう。いや、実はすでに転落しているのかもしれない。七八年にリリースした四枚のシングル曲は、いずれも十万枚を割る不振で、賞レースどころかランキングからも漏れていた。

そのうち、紅白から外されるかもしれないし、事務所の後輩の真木ひでとに追い抜かれる日が、やって来ないとも限らない。

苦労人である五木ひろしが、右のように危惧したとしても不思議はない。芸能界の本当の怖さを知らない。「社長は芸能界をなめている」と思ったことだろう。

この時期より、五木ひろしは、独立の可能性を探るようになったと見ていい。

野口企画

しかし、ここで五木ひろしに独立されて最も困るのは、野口修以外いない。

五木と並ぶ二枚看板だった沢村忠はもういない。龍反町も、七八年にラスベガスで世界戦を戦ったのを最後に、世界ランキングから外れていた。

それだけではない。この時期、野口修は重大な局面に立たされていたのである。

十一年間続いたTBSテレビ『YKKアワー・キックボクシング』が、七九年三月末で深夜に移行することになったのだ。事実上の番組終了である。

「背景には数字の下落があった。20%はとっくに割っていて10%前半、時には一桁まで落ち込んでいた。当時のウチの基準からいけば完全に危険水域。沢村人気に胡坐をかいて、テコ入れしなかったツケが回って来たんだ。

そんなとき、アメリカに留学していたＹＫＫの御曹司が『面白いクイズ番組がある。これを日本風にアレンジしてＴＢＳでやれないか』って言ってきた。それで日曜の昼に試験的にやったら好評で、『ウチが枠を持つ月曜七時でやりたい』と。

メインスポンサーにそう言われたら、編成も営業も断る理由はないよ。ただ、野口プロはＴＢＳにとって功労者だから、一年間は深夜にキックを流した」(森忠大)

このとき、キックボクシングに代わって始まった新番組が、関口宏の司会で人気を博した『クイズ１００人に聞きました』である。

深夜帯に移行となれば、放映料は半分に減額される。その上、一年間限定のため、次のテレビ局を見つけないと、キックボクシングは早晩テレビ中継から消失する。そうでなくても、沢村の引退以降、興行収入は低下の一途を辿っていた。

つまり、このタイミングで、稼ぎ頭である五木ひろしに独立されたら、苦境に立たされるのは自明のことである。

＊

野口修は、五木ひろしの独立を阻止しようと「双方が50％ずつ出資する新会社」の設立を提案した。

一九七九年一月十六日付で「野口企画」なる新しいプロダクションが発足した。本体の野口プロモーションから切り離して、五木ひろしのマネージメントのみを行う独立採算制の新会社である。

《しかし、ほどなく『野口企画』の前途にも暗雲が立ちこめはじめた。

そういえば、新曲にかける宣伝費が当初計上された金額よりだいぶ下まわったことがあった。経営者として採算点を計算したうえでのことだったのかもしれないが、私の不信感はつのるばかりだった》(『ふたつの影法師』五木ひろし著／マガジンハウス)

これに対し、生前の野口修は「五木の要求はほとんど呑んだ」と反論する。先述のように、キックのレギュラー中継終了の件もあるので、そうする以外、方法がないのも事実である。

実は、別の問題があったのだ。

「洋子ちゃんと五木君が、完全にコレ（バッテン）だった。理由はいろいろあるんだろうけど、感情的なこじれっていうのかな。僕は当事者ではないんだけど、この頃の五木君は、僕を洋子ちゃん側と見ていたかもね。

そう映っても仕方のない面もあって、この頃は五木君に楽曲を提供していなかったから、会って話す機会がなかったのよ。『カナダからの手紙』がヒットしていて、久しぶりに歌う側に回ってもいたしね。

僕の印象で言うと、野口さんは静観していた。だけど洋子ちゃんは、五木君への愛情が大きかった分、憎さ百倍になってしまった。それで余計に収拾がつかなくなったのはあると思うな」（平尾昌晃）

二人を裂いた直接の原因とは一体何か。

野口修自身は「詞の問題。それで洋子は気分を害した」と述べているが、本当にそれだけだったのだろうか。

花は枯れても

五木ひろしは山口洋子について訊かれると、決まって「生涯の恩人」と言い続けてきた。筆者が週刊誌の取材をした際にも、そう口にした。

当の山口洋子は、五木ひろしとの関係性について、生前次のように言及している。

《本人の口から私に対して師という言葉は一度も聞いたことがなく、恩師といえば一条英一（※正しくは松山まさる）でデビューしたときの、上原げんと氏なのだ。私に対する彼の態度は、まえにちょっと世話になった人という程度で、またそれはそれで仕方がないのかも知れない。五木の歌唱に惚れこんで尽くしぬいた私の満足感を、五木ひろし当人が先に見抜いていたのだ》（『ザ・ラスト・ワルツ――「姫」という酒場』山口洋子著／双葉社）

すなわち、山口洋子は「恩人」では満足しなかった。「師」でありたいと願っていたのだ。

平尾昌晃が証言する「感情的なこじれ」がどういったものか窺える一節もある。

《あるとき五木ひろしに言った。

「森進一は溝に落ちても水たまりに落ちても一輪のバラなのよ。あなたは花瓶、素晴らしい花瓶だけど花を活けなきゃ映えようがない」

彼は悔しそうに言いかえした。

「花は枯れてしまってお終いですけど、花瓶は骨董で残ります」（中略）

流行歌も歌い手も骨董なんかで残ってほしくない。花は枯れるのが自然だし、流行り歌も時代の波間の花片で散り果てるのが似合いだ——つまりはそれこそ流行歌の運命というものだろうと。

とどのつまりこの人は骨董の花瓶で残りたいだけの歌い手なのか、冷え冷えと五木ひろしの顔を私は見返した》（『履歴書』山口洋子著／講談社文庫）

こうしたやりとりを克明に記憶し、二十年以上経っても書き留めていることを思えば、二人の関係がいかに深刻で、修復が不可能だったか想像がつく。

「それは野口さんもつらかったはずだよ。『社長はどっちを取るんですか』って話になったはずだから。野口さんにとっては、どっちも大切なわけだもの」（平尾昌晃）

二者択一を迫られたことは、修自身も認めている。「悩むまでもなかった」と言うが、「いや、あの頃のあいつは、五木と洋子のことで相当悩んでいた」と証言したのは三迫仁志である。竹馬の友には苦悩する姿を隠せなかったのだ。

結局、野口修は山口洋子を選んだ。

「トラブルは耳に入って来てはいました。悲しいことになったと思いましたね。野口さんが洋子さんを選ぶのは、仕方のないことかなとは思うんです。男って弱い生き物ですよ。どっちが後々自分のそばにいてくれるか考えたんでしょう。

野口さんには奥さんもいるんだから、関係を清算するっていう選択肢もなくはなかったのかもしれないけど、洋子さんは本当に魅力的な人でしたからね」（砂田実）

＊

徳間音工社長の徳間康快は、すぐさま、両者の間に入った。ここから独立に向けての話し合いが始まった。

「一年間の御礼奉公の後に独立」を提案した野口修に対し、五木ひろしは「即時独立」を主張するなど、双方の意見は平行線を辿った。

徳間康快は「即時独立」の線で落とし所を探った。二カ月間に及ぶ話し合いの末、次のような和解案で合意した。

一、野口プロモーションは七九年六月末をもって五木ひろしの独立を認める。
二、五木ひろしは野口プロモーションに対し、移籍金として二億円を支払う。
三、野口プロモーションは、野口企画に在籍する社員の、新会社への転籍を認める。
四、五木ひろしは、七九年一月リリースの『惜春』までの楽曲の版権を野口音楽出版に留め置く。
五、五木ひろしの新会社の会長には、徳間康快が就任する。

五木側がやや譲歩したように映る和解案だが、「即時独立」を勝ち獲るためには、この程度の妥協は仕方がないと踏んだのだろう。

また、五の徳間康快が新会社の会長に就任している点についてだが「二億円の移籍金」を徳間音工が、一時的に、肩代わりしたことを意味する。

野口プロから独立した五木ひろしは、一九七九年七月五日、新会社「五木プロモーション」の設立を正式に発表した。

独立第一弾シングルとして、九月二十九日に『おまえとふたり』をリリースすると、いきなり累計出荷枚数121万枚のミリオンヒットを記録した。五木ひろし最大のヒット曲である。

独立は吉と出たのだ。

かくして、沢村忠に続いて、五木ひろしまでが、野口修の下から去ったのである。

野口プロから再デビューが決まった頃の真木ひでと（左）と野口修。（写真提供・真木ひでと氏）

第二十五章　崩壊

沢村忠と五木ひろしが抜けた後の野口プロモーションは、キックボクシング東洋ウェルター級王者の富山勝治と、歌手の真木ひでとの新たな二枚看板で巻き返しをはかった。

新エースに指名された富山勝治は、野性的な風貌に好戦的なファイトスタイル。「跳び横蹴り」などの派手な必殺技もあって、早くから沢村の後継者と目されてきた。七二年に行われた花形満との日本ウェルター級王座決定戦は、倒し倒されの肉弾戦で「キック史に残る名勝負」と今も語り継がれている。

しかし、富山が沢村の人気を超えることは、ついになかった。沢村忠がリングから姿を消した七十年代後半、キックボクシング人気は終息し、「格闘技」の時代を迎えていたのだ。

そのきっかけとなったのは、意外なことに、プロレスのリングだった。新日本プロレスで一九七六年からスタートしたアントニオ猪木の「異種格闘技戦」は、他流試合の醍醐味から高い関心を呼んだ。

一九七七年八月二日、日本武道館にて、アントニオ猪木がアメリカ人キックボクサーのザ・モンスターマン（エベレット・エディ）と対戦した。

そのとき、一緒に来日したのがベニー・ユキーデだった。

ボクサーの父、レスラーの母との間に生まれたユキーデは、幼少期より柔道、空手、ボクシングを体得し、一九七四年にキックボクサーとしてデビューする。アメリカ本土にキックボクシングが伝わったのは、野口修が興行を行った一九七一年十月を嚆矢とするが、その後、野口修とは無関係に、愛好家を中心に広まったのである。

トランクスではなく空手着をイメージした、赤いパンタロンを着用したユキーデは、派手な蹴り技とパンチのラッシュで連戦連勝。その姿は日本にも伝えられ、当初は沢村戦を望んでいたというが、日本の広告代理店を通じて岡村プロモーション（全日本キックボクシング協会）と契約を交わしたのである。

「猪木対モンスターマン戦」の前座に出場し、相模ジムの鈴木勝幸を相手にKO勝ち。その様子は「衝撃の日本デビュー」と報じられた。

余勢を駆って岡村プロは、十一月十四日に同じく日本武道館で「格闘技大戦争」と題した大会を開催する。

日米キックボクサーによる八階級の対抗戦で、そこでもユキーデは圧倒的な強さで、目白ジムの岡尾国光を4ラウンドKOに下した。新日本プロレスの佐山サトル（佐山聡）がヘビー級代表として出場し、マーク・コステロを相手に判定負けを喫したのもこの大会である。

「格闘技ブーム」の到来を予見した目白ジム会長の黒崎健時は、全日本キックボクシング協会を脱退し、新たに「日本格闘術連盟」（のちに「新格闘術連盟」に改称）を立ち上げる。裏には梶原一騎の示唆があった。

キックの時代の終わりに

一九七八年三月十八日、日本の格闘技史上、永遠に残る偉業が達成された。

後楽園ホールで行われたラジャダムナンスタジアム・ライト級タイトルマッチで、黒崎健時の弟子である藤原敏男が、王者モンサワン・ルークチエンマイを4ラウンドKOに破り、タイ人以外で初めてタイ式ボクシングの王座を獲得したのだ。

野口修が「タイ式ボクシング対大山道場」をプロモートして十四年。その際、中村忠と藤平昭雄が勝利を収める中、唯一敗北を喫した黒崎が、弟子に望みを託すことで雪辱を晴らしたのだ。

黒崎健時はその後、梶原一騎の原作漫画である『四角いジャングル』の映画版の製作に携わり、翌年には「アントニオ猪木対ウィリー・ウィリアムス」をプロモートするなど、格闘技ブームの仕掛人として衆望を集めるようになる。

対照的だったのが、ブームに乗れず求心力を失った従来のキックボクシングだった。

深夜帯に移行していた、ＴＢＳのキックボクシング中継は、八〇年三月末をもって完全に終了。一九六八年に始まったキックボクシングのレギュラー中継は、テレビ業界から姿を消した。

起死回生を狙って、野口修はヒルトンホテル副社長のヘンリー・ルーインと共同記者会見を行い、ヒルトングループの協力を得て、「WORLD KICK BOXING 日米大決戦」の開催を発表する。「ＰＡＲＴ１」は八〇年十一月二十二日に後楽園ホールで、「ＰＡＲＴ２」は八一年一月七日に日本武道館で開催するという豪華版だった。いずれも、テレビ朝日での中継も決まった。

しかし「日米大決戦」が話題を集めることはなかった。すでに全日本キックが同様の興行を行っており、新鮮さも話題性もなく、チケットの売れ行きは芳しくなかった。

ベニー・ユキーデに熱狂し、「猪木対ウィリー」に興奮したファンにとって、ヒルトングループの威光など、まったく関係のないことだからだ。

「キック復活」を企図して打ったビッグイベントは、皮肉なことに「キックの時代の終わり」を印象付けてしまったのである。

雨の東京

そんな中、野口プロの芸能部に所属する真木ひでとは、孤軍奮闘を続けていた。

五木ひろしの抜けた穴を埋めようと、テレビ出演だけでなく、コンサートや地方公演もこなし、野口プロを必死で支えていた。

その甲斐もあって、一九七九年九月にリリースしたシングル『雨の東京』（作詞・山口洋子／作曲・鈴木淳）がヒットチャートを上昇、セールスは四十万枚を超えた。事務所も久しぶりに活気付いた。

問題は社長の野口修にあった。野口プロ再浮上を、キックボクシングでも芸能でもなく、競走馬で達成させようとしていたのだ。

「社長は馬主もやっていたでしょう。何頭も馬を持っていて、利益のほとんどをつぎ込んでいた。ダービー馬を誕生させようとしていたんだよ。

確かに一発当てればでかいんだ。キックで当てて、芸能でも当てているから、『よし、次は競走馬だ』って思う気持ちは判らないでもないよ。

でもさ、僕なりに必死に頑張っていたんですよ。『雨の東京』も売れていたしね。沢村さんも五木さんも抜けたけど、事務所は全然挽回できるって思っていたもん。だから、競走馬に必死になる姿を見たら、『社長、そりゃないよー』って思いましたよ」（真木ひでと）

野口修が初めて競馬に触れたのは、幼児期に大澤家に養育されていた頃だった。戦後は馬主になった大澤武三郎に競馬場に連れて行かれ、「そこからはまった」と言う。

「修ちゃんが一番好きなのは競馬。あいつ、高校生のときから、年齢ごまかして馬券買っていたんじゃなかったかな。

あいつが初めて馬主になったとき、『一口乗らねえか』って出資を持ち掛けられたのよ。興味がないから断ったけど、その馬は脚の骨を折ったかなんかして出走停止。かわいそうに安楽死だよ。それで数千万円がパーだからね」（三迫仁志）

生業に本腰を入れず、勝った負けたを繰り返すうちに、野口修は日常における運をも取り逃すようになっていく。

帰ってこいよ

一九七八年の話である。

今や大物歌手の小林幸子だが、この時代は苦境に立たされていた。出す曲はまったく売れず、所属していた第一プロダクションから「契約は更新しない」と告げられていた。

九歳のとき古賀政男にスカウトされ、「第二の美空ひばり」として華々しくデビューするも、成長期を迎えるにつれ、人気はぱたっと止み、長い低迷期に入った。

所属事務所やレコード会社も転々とし、キャバレー回りに精を出した。二十五歳になっていた彼女は、まさにその只中にあった。

そんな頃、音楽関係者に紹介されたのが、野口修だった。第一プロとの契約が満期を迎えると、そのまま、野口プロモーションに移籍するのは決まっていたという。

移籍すれば、山口洋子作品を歌うことになったはずだ。その辺の事情もあったのだろう。五木ひろしや真木ひでとのような成功例もある。「再生工場」のように見られていたのかもしれない。

しかし、皮肉だったのは、工場に送られる前に再生したことだ。

一九七九年一月、小林幸子は『六時、七時、八時あなたは…』という曲名のシングルをリリースする。相変わらず売れ行きはパッとしなかったが、なぜかB面の収録曲が、大阪地区の有線放送から火がついた。程なくして、九州、北海道、東北と全国各地で有線のリクエストが殺到した。

驚いた発売元のワーナー・パイオニアは、急遽A面とB面を差し替えて、再度リリースした。すると、二百万枚を超えるダブルミリオンヒットを記録した。『おもいで酒』（作詞・高田直和／作曲・梅谷忠洋）である。

第一プロは契約の延長を決定した。小林幸子の野口プロ移籍は、寸前で実現しなかったのだ。

「あと、ほんの少し早ければ、さっちゃんは野口プロに来ていたはずなんだ。つまり、あのミリオンヒットを引っ下げて移籍していたことになる。これればかりは誰も責められないけど、なんだかツイてないよね」（真木ひでと）

また、こんなこともあった。

田原俊彦、松田聖子、河合奈保子、柏原芳恵、岩崎良美、三原順子と「大豊作」と言われた一九八〇年の新人歌手の中で、三味線姿で異彩を放っていたのが、『帰ってこいよ』のヒットで知られる松村和子である。

ある日、事務所のテレビに映っている彼女を見て野口修は言った。

「実はこの子は、ウチに入る予定だった」

その場にいた全員が驚いた。

「レコード会社の担当者から、『この子、新人なんですけど、事務所を探しています。もしよかったら、野口さんのところでいかがですか』って紹介されたんだ。でも、新人なんて面倒臭いから断った。なんだ、こんなに売れるんなら取っときゃよかったな、ハハハ」

修はそう言って笑うと、次の瞬間には、スポーツ紙の競馬欄に目を移した。

「さっちゃんの件は仕方ないけど、和ちゃんの場合はみすみす逃しているわけでしょう。

　もう少し社長が真剣に取り組んでいたら、社長の人生は変わっていたと思う。あの人を恩人だと思うからこそ、そう思うんだ」（真木ひでと）

運不運

　それでも、真木ひでとの歌う『雨の東京』は売れ続けた。

「日本有線大賞ヒット賞」「全日本有線放送大賞特別賞」「オリコンロングセラー賞」「CBSソニーゴールドディスク」……一九八〇年の歌謡界において、多くの栄誉が与えられた。

　当然「紅白か」という話にもなる。小林幸子や松村和子の所属は逃したとはいえ、ここで真木ひでとが紅白初出場を決めたら、野口プロは「五木ひろし独立」と「キックのレギュラー中継終了」の失点を払拭できる。

「大丈夫そうだ」とCBSソニーの担当者は言った。野口プロのマネージャーも「当確圏内に入った」と伝えた。

　発表の日、真木ひでとの名前はなかった。「次点だったらしい」と担当者は肩を落とした。

　NHKの番組は、テレビもラジオもよく出演していたし、変わらず有線放送では上位につけていた。手応えはあったのだが、こればかりは仕方がない。ガチンコなのだ。そのうち、NHKからの出演依頼もなくなった。

　この話には後日談がある。真木ひでとが個人事務所を構えた八十年代後半の話である。

　NHKから久しぶりにオファーがあった。その際、担当者に「真木さんには、生番組をドタキャンされた過去がありますからねえ」と言われた。

「何かの間違いではないですか」と言ったが、「いえ、確かに以前、真木さんはラジオ第一の生放送をすっぽかしています」と担当者は答えた。

　身に覚えのなかった真木ひでとは、当時の関係者から詳しい説明を聞くために、改めて渋谷のNHK本局まで出向いた。

　その時代は、放送局からレコード会社に出演依頼が来て、その担当者から所属事務所に伝わるのが常道だった。関係者は「間違いなく、CBSソニーの担当者にオファーを出した」と言う。何点かの資料も残っていた。

調べを進めたところ、当時のCBSソニーの担当者が、野口プロのマネージャーに伝え忘れていたことが判明したのである。

「おかしいと思っていたんだよ。それまでNHKはいろんな番組に出させてもらっていたのに、急になくなったんだから。まあ、でも理由がはっきりしてよかった」

そう言うと、真木は薄くなったアイスコーヒーを「ズズーッ」と一気に吸い込んだ。

ひっかかりを覚えた筆者は、「そのドタキャンの件は、いつの話ですか」と尋ねた。

「えっ」という顔をしながら、「多分『雨の東京』の頃だよ。だってそれ以降、NHKの番組に出てないもの」と真木は答えた。

「ということは、その一件が理由で、紅白から外されたんじゃないですか」

『雨の東京』以降も、真木ひでとはシングル曲をリリースしていたが、なぜかNHKには出演はしていなかったという。新曲のたびにオファーがあったのが、不思議となくなった。

紅白歌合戦の出場条件の一つに「いかにNHKに貢献しているか」という項目があるのは、有名な話だろう。いくら曲が売れていようと、ラジオの生放送をすっぽかしてなんの釈明もなければ、心証を害するに決まっている。

「言われてみたら、そうかも」――真木ひでとは物憂げな表情を見せた。

この件については、これ以上、確認のしようもないが、おそらくそうなのだろう。

あれほど強運ぶりを発揮した野口修だったが、この時期は運という運に見放されていた。

ダービー馬さえ出せば

「スーパーフイルド」「スーパーリンクス」「スーパーモーニング」「スーパーチャーム」「スーパービル」……これらは、野口修が所有した競走馬の名前である。

確認できるだけで、十四頭の競走馬の馬主となっていた。本人は「いいや、合計で二十一頭だ」と言う。

八十年代に入って、自身が創り上げたキックボクシングにも、うなるような財をもたらした芸能にも関心を払わず、野口修はひたすらダービー馬の育成に注力を傾けた。

ダービー馬とはすなわち、初夏に開催される中央競馬のＧⅠレース「東京優駿」（副称「日本ダービー」）を制した競走馬のことだ。ダービー制覇は、ホースマンにとって最高の栄誉とされた。

沢村忠で日本プロスポーツ大賞を、五木ひろしで日本レコード大賞を獲得した野口修が、次なる野望として「日本ダービー制覇」を目指したのは、馬主として無理からぬことだった。

「ダービー馬さえ出せばいつでも挽回できる」

修がそう口にしていたのは、複数の関係者が証言する。現在は「ジャパンカップ」「有馬記念」に次いで三番目となるが、優勝賞金は二億円、馬主が手にするのはそのうちの八割で、一億六千万円が支払われる。騎手はその５％（一千万円）にすぎない。

また、二着でも八千万円、三着でも五千万円が賞金となる。もちろん、高額配当は日本ダービーだけに限ったことではない。

つまり、競馬という競技は、一獲千金を夢見た野口修にとって、最も夢中になれるものだった。馬主ともなれば、数千万円単位の収入が一瞬にして見込めるのだ。

しかし、プロモーターがそうであるように、馬主として成功を収めるためにかかる費用も、それはまた、途方もないものである。

馬の購入費用は、牡で四千万円、牝は二千六百万円が平均となる。血統のいい馬ほど高額となり、月七十万円から百万円ほどの維持費もかさむ。

「十頭は同時に保有していた」と言うから、月額にして一千万円、年間にして一億円以上の支出となる。

「社長が馬にのめり込むのは仕方がないとしても、会長（野口里野）までが、『馬は人間よりもいい。大金を稼ぎ出すし、文句を言わない』って言ったんです。冗談じゃないですよ。馬なんかに大金を注ぎ込むなら、ジムの備品を揃えてほしかったし、ギャラだって上げてほしかったですよ」（キックボクシング元日本フライ級王者のミッキー鈴木）

もう笑うしかない

真木ひでとは『雨の東京』の次にリリースした『しあわせうすい女です』（作詞・高田直和／作曲・梅谷忠洋）もスマッシュヒットとなるなど、事務所に確実に利益をもたらしていた。

しかし、そのほとんどは競走馬に回された。こんな状態で会社の経営がうまくいくはずもない。その上、競馬絡みの椿事に、野口プロも巻き込まれてしまう。

一九八一年二月、警視庁保安一課は、都内のマンションで競馬のノミ行為（私設馬券の販売）をしていたとして、ザ・ドリフターズの仲本工事と志村けん、『8時だョ！全員集合』や『クイズダービー』のプロデューサーの居作昌果（当時、TBSテレビ第一制作局制作部室長）らを、競馬法違反で書類送検した。逮捕された芸能プロダクションの役員が開業していた私設の馬券屋から、一口百円のノミ馬券を買っていたのだ。

二週間後、その役員がポーカーの賭場も開帳していたことが明るみに出た。

顧客名簿には、タレントの左とん平、ドラマプロデューサーの久世光彦、ピンク・レディーが所属する芸能プロダクション「T＆Cミュージック」制作部長の相馬一比古らと並んで、野口プロのマネージャーの草住一成の名前もあった。

「ワイドショーで『真木ひでとのマネージャー取り調べ』って報じられちゃって。決まっていたテレビがなくなった。アハハ、こりゃもう笑うしかないというか」（真木ひでと）

事件を機に、複数のタレントとマネージャーが野口プロを離れた。営業力が著しく低下したことで、真木ひでとは苦境に立たされた。

それ以上に悲惨だったのが、キックボクシングである。

テレビ中継がなくなってから、放映料の定期収入がなくなったばかりか、会場は空席が目立つようになり、興行を打つだけ赤字となった。

見かねた八つのジムが、日本キック協会から脱退し、全日本キック協会から独立した八つのジム、新たに加盟した三つのジムと、新団体「日本プロキックボクシング連盟」を結成する。

さらに、野口プロの所属選手である伊原信一が香港のカンフーの関係者と、「香港大和プロモーション」を設立し、独自に興行を行うようにもなった。

当初は、これら独立の動きを封じようとした野口修だったが、「競走馬に専念できる」とうそぶくくらいしかできなかった。

「俺にも誘いがなかったわけじゃない。でも、社長と俺とは〝親と子〟だ。子が親を裏切るわけにいかない。だから『もうひと踏ん張りして、ファンもテレビも取り返そう』の一念でやった。

でも、限界だった。それは社長も同じだったと思う。社長は『これ以上、やりたいことがない』って思ったのかもしれない」（富山勝治）

一九八二年四月三日の後楽園ホール大会を最後に、野口プロモーションはキックボクシングの興行を完全に停止する。

これ以降、キックボクシングは野口修の意向とは一切関係なく、ジムや選手が独自に団体を立ち上げ、興行を打ち、王座を濫造する、暗黒の分裂時代を迎えることになる。

思い出はきれいなまま

一九八三年に入ってすぐ、真木ひでとが、野口プロモーションからの独立を決意した。

「最初に山口先生に話を持っていった。反対されると思ったけど、『仕方ないわね』って、むしろ、独立を後押しされて驚いた。山口先生も、事務所がこういう状況なら、もう無理だって悟っていたんだよ。

次に、事務所の中で一番厳しい遠マネ（遠藤晴大）に話をした。この人を通さない限り独立なんか絶対無理なわけだから。そしたら遠マネも、『これぱかりは仕方がない。ひでとも頑張れな』って、これも全然反対されなかった。

社長に言ったのは最後。一番優しい人だからね。『独立させて下さい』って言ったら『もう少しいてくれ』って懇願されたの。でも限界だった。『社長、すみません。これ以上は……』って。

何度も言うけど、思い出はきれいなまま。だから本音としては、事務所を立て直してほしかったよ」（真木ひでと）

キックボクシングの興行を停止し、芸能プロダクションの機能すら失った野口プロからは、四十人以上いた社員のほとんどが離職した。

筆者は、野口ボクシングクラブでトレーナーを務めながら、野口プロの経理の職にあった萩野谷英雄の携帯電話を鳴らした。八十五歳になる萩野谷は、「今は一日おきに夜勤に出かけている。空いている日なら会ってもいい」と言った。

翌日、仙台青葉ジムを主宰する瀬戸幸一から連絡があった。「萩野谷さんから伝言だ」と言う。

「修さんの件だけど、やっぱり話したくねえんだって。『修のことなんか思い出したくもない』って言うんだ」と瀬戸は告げた。

野口プロの監査役にも名を列ねた萩野谷だが、会社からは退職金どころか慰労金すらなく、解雇同然で放り出されたという。

「萩野谷さんは大変な目に遭ったんだ。功労者なのにとんでもない話さ。だから、あの人の気持ちを判ってやってくれないか。頼むよ」

そんな野口修とは対照的だったのが、作詞から小説にシフトしていた山口洋子である。

一九八三年に発表した「貢ぐ女」で初めて直木賞候補になると、翌年「弥次郎兵衛」で二度目の候補。惜しくも受賞を逃すも『プライベート・ライブ』（講談社）で吉川英治文学新人賞。

そして、一九八五年「演歌の虫」「老梅」で第九十三回直木賞を受賞する。

マスコミは「銀座の名物ママにして人気作詞家」という異色の直木賞作家を持ち上げた。八十年代の空気もあった。横尾忠則の指名で『笑っていいとも！』にも出演した。これまでは客席にいた、紅白歌合戦の審査員にも選ばれた。

文壇という新しい舞台の感触を踏みしめるように、洋子はおびただしい数の取材と原稿依頼を、ことごとく引き受けた。

パーティに引っ張り回され、流行作家になりおおせた彼女の帰りを、野口修は一人待った。

しかし、状況は悪化の一途を辿っていく。

背に腹は代えられない

キックボクシングと芸能から手を引いた野口修は、あらゆる事業に手を出した。

スポーツ用品の製造と販売。真珠の輸出入。健康食品の販売。子供用トランポリンの販売。飼料や牧草の販売。さらに、香港でドッグレースまで開催したが、いずれも、収益には結び付かなかった。負債は膨らむ一方である。

野口ボクシングクラブと野口恭の自宅があった、雅叙園前の土地の登記簿謄本を確認すると、野口修が金策に苦しむ姿が、そのまま書き出されているようである。

そもそも、この土地に道場と自宅を建てたのは、第四章で触れたように、雅叙園観光ホテル社長の松尾國三の依頼によるものだった。土地の所有者は雅叙園の経営者だった細川家である。

その後、土地の所有権が大蔵省に移管されると、野口修はすぐさま買い取った。「一九七二年一月二十四日」と謄本はその日を教えてくれる。

その日は、野口修にとって三十八回目の誕生日だった。この一事からして、雅叙園前の土地の取得が、彼にとっても、野口家にとっても、特別な意味を含んでいたことが窺える。

それが、一九八一年以降、「聖地」を抵当に借財を重ねる様子が、謄本には容赦なく記されている。その数十四社。うち個人は二名。もはや資金繰りどころの話ではない。借りては返しの自転車操業である。

その間も野口修は、資産を次々に売っている。都内のマンション、箱根と小田原の土地、成田の土地、これらを吐き出したが焼け石に水だった。次に手放したのが競走馬だった。この時点においても五頭の競走馬を抱えていたが、二束三文で売り払った。

さらに、五木ひろしの楽曲著作権まで手放した。『よこはま・たそがれ』『夜空』『千曲川』など、初期のヒット曲の印税収入は、五木独立後も野口プロの経営を支えてきたが、背に腹は代えられず、音楽版権会社が四億円で買い取ったという。

落城

ＪＲ目黒駅西口を出て、五反田方面に向かって歩くと、権之助坂に差し掛かる。

三叉路まで下ると、左手にコーヒーショップのカフェ・ベローチェが見える。

店内に入って、カウンター越しにアイスティーを注文する。受け取って中央のシート席に座る。これだけなら、いつもの段取りでしかない。

しかし、「この辺りにリングがあったのだろうか、ここにはサンドバッグが……」と想像を働かせると、リングの上でシャドーボクシングやスパーリングをする選手の姿が、ぼんやりとではあるが、浮かび上がってくる。

そこには、沢村忠がいたのかもしれない。西川純や富山勝治もいたのだろう。試合前の調整に励む龍反町や、バンコクから来たポンサワンの姿もあったはずだ。何の変哲もないカフェの店内が、瞬時に往年の目黒ジムに様変わりする。

この場所にはかつて、野口プロモーションの自社ビルが建っていたのだ。

沢村忠の全盛時には、歩道から練習風景を見ようと、連日人だかりができた。変装した美空ひばりが幼い息子の和也を連れて、見物客に紛れ込んでいたこともあったという。

多いときには百人以上が集まり、道路に人がはみ出ることもあった。夕方ともなると、それが原因で交通渋滞が発生することもあった。目黒署は「沢村渋滞」と呼んだ。

沢村忠が引退して、テレビ中継がなくなってからも、夜になると近所の老人や昔からのファンが集まって、若い選手の練習を見守った。その光景は権之助坂の名物となっていた。

野口修がキックボクシングの興行から手を引いた後も、目黒ジムは存続し、新団体「MA（マーシャルアーツ）日本キックボクシング連盟」の主要ジムとして重きをなしていた。熱心なファンはそのまま残っていた。その自社ビルを、野口修は手放す決断をしたのである。

「寂しかったですよ。ある日突然なくなったんです。最初はオフィスからなくなりました。でも、ジムでの練習はできたんです。

それがある日、入れなくなった。抵当に取られたんです。練習場所がなくなった。昔みたいにボクシングと一緒にやるしかなかった。

この先、どうなるのか判らなかったです。社長にしか判らないことだらけでしたから、こっちはどうしようもなかった」（藤本勲）

銀座の時代の終わり

　この時期の野口修について取材をしていると、主だった人が首を捻るのは、山口洋子の存在が見えないことである。

「そんなに困っていたのなら、洋子ママに助けてもらえばよかったのに」と、複数の関係者は口を揃えて言った。筆者もそう思った。

　銀座でクラブ「姫」を経営しながら、作詞家としてヒット曲を量産し、直木賞作家にまでなっていた山口洋子ならば「店の収入と作詞印税、原稿料と書籍印税で資金的な余裕はあるはずだ」とは誰もが心に抱いていたことである。

　しかし、実際はというと、この頃「姫」の経営も傾きつつあったのだ。

《Tという女性経理に一切を任せきり、帳簿などは頁をめくらずに済ませていた。放漫経営といわれればそれまでだが、私は『姫』では裸の王様ならぬ女王様だった。ただ女王様と違ったのはあきらかに銀座の滅亡を予感していたことと、毎月手にする給料以外の掛かりを全部自分自身の別収入で賄っていた二点だ。考えてみると私は経理に一枚の伝票、一回の個人的な支払いも請求した覚えがない》（『ザ・ラスト・ワルツ――「姫」という酒場』山口洋子著／双葉社）

　山口洋子も、野口修を援助する余裕がなかった。それも、ビジネスならともかく、負債の補塡でしかないのである。

　それについては、修自身も洋子に助けを求めることはしなかった。それをした時点で、「終わる」ことを悟っていたのかもしれない。

＊

「修ちゃんから久しぶりに連絡があった」と回想するのは、広島支局長を最後に、ＴＢＳテレビを五年早く退職していた森忠大である。

「自宅に来ていきなり頭を下げるんだ。『この通り、森さん、金を貸してくれないか』――事情を訊くと、二億がどうとか。そんな大金出せるわけがない。私もＴＢＳを退職したばかりで、余裕があるわけでもない。でも、見捨てることもできないから、気持ちだけ渡した。値段？　まあ、それはいいじゃないの」

また、こういう話も聞いた。

「ある日、修がウチに来たんです。『助けてくれ。頼む』……実はあることがあって、修とは十年くらい没交渉になっていた。それなのに、顔を見せたもんだから、本当に困っているんだと思って、黙って貸しました。二千万円です」（元日本キックボクシング協会事務局長の遠藤進丈）

筆者は遠藤進丈より、野口修から送られたという手紙を見せられた。確かに修の筆跡だった。

「今は返済できないのを許してほしい」「友情を裏切るような真似をして苦しい」「もう少し待ってほしい」

切々と綴られた文字から、逼迫している様子が痛いほど伝わった。おそらくだが、三迫仁志や金平正紀にも無心したはずである。

児玉誉士夫にも泣きついたに違いない。しかし、ロッキード事件で厳しい批判に晒された児玉は、一九八四年に、世情から逃げるように他界していた。

右翼人脈で資金的に余裕がありそうなのは、笹川良一くらいだった。人を介して援助を請うたが、「君はこれまで、挨拶の一つでもしたことがあったんか」と押し返された。

崩壊

野口修にとって姪にあたる野口詩延は、その日のことを鮮明に記憶していた。

「ある日、なんかよく判らない人たちが自宅にやって来て、玄関で何かを話しているの。そしたら、いきなり上がり込んで来て、テレビやタンスに、紙をペタペタ貼っている。『ドラマなんかで見るアレだー』って……まあ、感心している場合じゃなかったんだけどね」

差し押さえたのは、目黒都税事務所である。つまり、税金の滞納によるものだった。

「伯父さんが権之助坂のビルを売ったり、金策に走り回ったりしていたのは知っていたけど、詳しい状況がよく摑めなかったから、ちょっとだけ他人事な部分があってね。

それがある日、そんなことになったものだから、『え、どういうこと』って驚きました。『なんでウチまで巻き込まれるの？』って。そしたら、実は

この家も土地も、もともと、すべて伯父さんの名義で抵当に入っていたことを、そのとき知ったのよ」（野口詩延）

その後、キックボクシングのスポンサーだった建設会社が所有権を得て、再び野口修の名義に戻すなどのいくつかの〝延命措置〟が採られた。しかし、結局は不渡りを出して、一九八六年三月十一日、株式会社オリエントファイナンス（現・株式会社オリエントコーポレーション）に所有権は移動した。

この一連のいきさつについて、生前の野口修は、筆者にこう語っていた。

「成田のゴルフ場開発で、三十億円の負債を抱えた。もとはメインバンクが『是非借りてくれ』って事務所まで日参するから、借りてやったんだ。それがバブルが弾けて、すべてがパー。会員権もただの紙切れ。なんなんだ一体。こっちには責任はないのに、バブル崩壊に巻き込まれたんだ」

この主張に対し、周囲の関係者に尋ねると、「あー、そうそう」と口を揃えて言った。

しかし、謄本を読む限り、バブル崩壊は直接の関係はなかった。それどころか、バブルの到来とほぼ同時期に破産しているのである。

破産の直接の原因は、野口プロモーションのメインバンクである三井銀行（現・三井住友銀行）目黒支店が融資を打ち切ったためである。

「聖地」は呆気なく、野口家の手から離れた。

母の死

一九八九年五月十二日、母の里野が他界した。八十歳だった。

野口進の妻として拳闘と右翼の世界に長く生き、「興行の天才」（安部譲二）と呼ばれた里野には、修も終生頭が上がらなかった。

しかし、修が興行から手を引くと事務所にはほとんど顔を見せなくなり、野口プロの役員からも外れた。「慎重にやんなさい」とだけ口にしていた。

「お袋は苦労したんだよ。だからせめてと思って大きな家を建ててもやれた。親孝行はできたと思っている。もっと、でかい別荘を建ててやろうと思っていたんだけどね」（野口修）

そう言う晩年の修だが、母の目には金策に苦しむ長男の姿は、どう映っていたのだろう。

＊

雅叙園前の道場は閉鎖され、野口恭一家も長年住み続けた自宅を出ることになった。

「パパ（野口恭）は何もしないというか、怒り狂うとかもなかった。一日中ぼんやりしていた。

もちろんショックだったとは思う。だって、物心ついたときから住んでいるわけでしょう。それこそ、日本のボクシングの歴史がそこにあったんだもの。だから、文句を言うとか、そういう次元じゃなかったのかもね。

でも、私も弟も二十代真っ只中だから、『冗談じゃない』ってなったの。『もういい加減にして』って感じ。とにかく、自立をしないと始まらない。それまでは伯父さんにおんぶに抱っこだった。でも、今度は私たちがそこから巣立っていくしかないのよ」（野口詩延）

結局、野口恭一家は、目黒の自宅を出ることになった。野口恭は五十代半ばをすぎて、初めて兄と離れたのだ。

同時に、三迫仁志、金平正紀、野口恭、海老原博幸、西城正三、龍反町、柏葉守人らを輩出してきたボクシングの名門、野口ボクシングクラブは、約四十年にわたる歴史に、一旦、終止符を打つことになったのである。

野口里野（左）と孫娘の野口詩延。（写真提供・野口詩延氏）

終章　うそ

野口恭は、兄、野口修の破産が原因で、自身が会長を務める野口ボクシングクラブと、併設する自宅から追い出された。

この先どうすればいいのか、どこに住めばいいのか、何一つ決まっていなかった。判っていたのは、目黒で二度とボクシングジムを経営することはできないということだ。

恭の長男で一九八八年にプロデビューした野口勝は、祖父から三代にわたるサラブレッドとして話題を集めたが、この時期は現役を退き、トレーナーとして父を支えていた。ジムを失った現実に動揺しながらも、機転を利かせてこう提案した。

「大塚の角海老ジムの地下のスペースを借りよう。今は金もないし、仮に新しいジムをオープンできても『野口』の名前がある以上債権者がやって来ないとも限らない。ひとまずは、角海老のお世話になって、資金が貯まるのを待とう」

現実的な意見に違いなかったが、長女の詩延は弟の提案に猛反対した。

「私は絶対に嫌。間借りするってことは、表に看板を出せないのよ。なくすのと同じなのよ。それに、間借りをするってことは、伯父さんからは自立したけど、次は角海老におんぶしてもらうのと同じことよ。それを自立とは言わないでしょう」

そこから姉と弟は、物件探しに奔走した。

ある日「北千住の精肉工場が空いている」と耳にした。工場なのに表の道幅が狭く、トラックが入らない致命的な難点があった。そのため格安で出ていたのだ。

「ここだーって思った。『ニューヨークのダウンタウンにあるようなジムのイメージにしよう』って。自宅も付いていて条件はピッタリ。

目黒を離れるのは残念だけど『逆にチャンスかも』って考えることにしたの」（野口詩延）

実際に思わぬことが起きた。

元東洋太平洋ウェルター級王者で、日本ウェルター級王座を日本最多の十四度防衛した屈指のファイター、吉野弘幸が、Ｋ－１に転向し一試合行ったのち、ボクシング界への復帰を望んでいた。しかし、ＪＢＣは吉野の訴えを却下し、プロライセンスの再交付を認めなかった。

それを取りなしたのが、野口恭だった。

「Ｋ－１を離れて一年以上が経っている。実績も申し分ない。そこで、吉野はウチが引き取るということでどうか。ウチは今まで特例ばかりやってきた。今回もそれで委任とはならないか」

その提言が効いて、ＪＢＣは吉野弘幸のプロボクシング復帰を認めた。野口恭の立場と野口家の功績を無視できなかったのだ。

復帰後の二〇〇〇年、吉野弘幸は河合丈矢を破り、日本スーパーウェルター級王座を獲得。日本王座返り咲きと、二階級制覇を成し遂げた。

野口修の呪縛から離れた野口ボクシングクラブは、「野口ボクシングジム」として再生したのである。

発祥の地

対照的に、目黒にこだわったのが、キックボクシング目黒ジム会長の藤本勲だった。

移転は考えず、保有者に賃料を支払うことでジムに残った。「目黒ジムは目黒以外の場所ではできない」という真っ当な理由だった。

しかし、「目黒ジム」のままだと債権者が押し寄せ、ジムの運営に支障を来すかもしれない。名称だけは「藤本ジム」に改称した。

そんな折、雅叙園前の土地を所有していた興和物産なるデベロッパーが破産し、土地が競売にかけられた。二〇〇一年三月のことである。

そこで藤本は、土地を買い取って、自らの主導で新しいマンションを建てることを決断する。

「雅叙園前は、なくしたくなかったんです。社長にはこだわりがなかったんでしょうけど、私はそうじゃない。キックボクシングは正真正銘ここから始まったんです。発祥の地はここですから」

翌年、藤本勲は港区のコンサルタント会社に土地を売っている。その一年後、所有権は千代田区の不動産業者に移っている。この地に新しいマンションを建てるために、藤本の計画通りに進んでいることが登記簿謄本から読み取れる。

二〇〇三年、藤本は雅叙園前のこの地に新しくマンションを建てた。ジムは地下に構えた。聖地を失わずに済んだのだ。

二〇一一年、藤本ジムに所属する石井宏樹が、タイ式ボクシングの最高峰、ラジャダムナンスタジアムのスーパーライト級王座を獲得する。さらに、外国人王者として初の王座防衛にも成功した。

キックボクシングも、野口修の許から巣立って、新たな道を歩み始めたのである。

静かな日常

破産後の野口修は、当然ながら、収入はほとんどなくなり、山口洋子に頼るしかなかった。

しかし、洋子自身も、前述の通りまったく盤石な状況とは言えなかった。

経営が悪化の一途を辿っていた「姫」の赤字を補填するために、十数本の連載を抱え、コラムを書き、エッセイを綴り、対談をこなし、テレビに出演し、ラジオで喋った。資金繰りに必死だった。

無理が祟ってか二度目の高血圧性脳症を発症し、千葉県内の病院で療養生活を送ると、山口洋子は「姫」の経営から完全に離れた。

この時期、彼女が野口修をどう見ていたのか、それを示す貴重な記述がある。

《今は妻子のある男と暮らしています。向こうに家族があるから、結婚ではなくて同棲。プロスポーツ団体の役員、ぐらいのところで勘弁してください。

ある日、私の家に来てから一緒に暮らすようになってもう長い。

彼の立派なところは、子供のこと、家族のことを長い間、私の前で一言も言わなかったこと。ときどき、玩具売場の前でつらそうにしていた。

その娘さんがだんだん大きくなって、もう二十八。彼女が小さいころ、私は彼の家族に悪いという気持ちはありませんでした。

病気で倒れたとき、たまたま彼から電話があって「娘が話したいと言っている」と彼女に替わった。

私のこと恨まないいって……だって、お父さんが愛した人だからと――。（中略）

向こうの家族に同情なんかしないと公言したし、しようがないと考えていた。でも、あの一言でこっちは完敗だな》（『宝石』1993年3月号）

そう言う山口洋子だが、「野口修との関係を断とうとしていた」という複数の証言もある。おそらく事実だろう。自身の健康状態を思えば、負債を抱えた修の存在は重荷でしかないからだ。

九六年に、山口洋子は自身の半生を振り返った『ザ・ラスト・ワルツ――「姫」という酒場』（双葉社）を上梓する。

華やかな銀座の全盛期から、資金繰りに苦しんだ近年までも詳らかにした自叙伝だが、野口修については「同棲相手のO」と後半に一カ所登場するのみである。「パートナー」でもなければ「伴走者」ですらない。

この頃、野口修の妻である和子は、バーを経営していたという。

「要するに、和子さんは邸宅を出てから自活していたんです。でも、決して無理している感じはなかったです。もともと才覚のある人ですから。僕も時々足を運びましたが、いつも繁盛していましたよ」（フォトグラファーの堀田春樹）

「和子姉さんっていうのは、都会的な雰囲気で、なかなか垢抜けた人だったよ。なんで社長と別々に暮らしてるんだって……俺は似合いの夫婦だとずっと思っていたけどね」（龍反町）

そう虫のいい話もないとは思うが、修は本妻の下に転がり込もうとしていたのかもしれない。

しかし、山口洋子が野口修を見捨てることはなかった。見捨てられない事情ができたのだ。

二〇〇〇年、山口洋子は脳梗塞を発症する。麻痺は残って生活もままならなくなった。挙句に、階段から転落し両脚骨折の重傷を負った。当然、車椅子生活を余儀なくされた。

一人で暮らすことはできない。長年連れ添った修は介助に適任だったのである。

かくして、二人だけの日常が始まった。修は車椅子を押して、駒沢公園を歩くのが日課となった。

生活費は、山口洋子の作詞印税でほとんど賄われたはずだ。『よこはま・たそがれ』や『うそ』などの往年の大ヒット曲に加え、後年も『北の旅人』（石原裕次郎）『アメリカ橋』（山川豊）などのヒット曲があった。死後七十年の期限がある印税は、カラオケなどの二次使用料も含む。老人二人が食べる分には困らない。

介護に縛られた野口修の日常は、限定されたものになっていく。

新日本キックボクシング協会の興行に顔を出す以外は、佐郷屋嘉洋に誘われて旧愛国社の集まりに顔を出すくらいで、ほとんど外出しなかった。

「あるとき、東京駅で車椅子の洋子ちゃんと、野口さんに偶然会った。それで、東京国際フォーラムでコンサートをやったときに二人を招待したんだけど、やっぱり車椅子だった。

洋子ちゃんも野口さんも、『変わらないねえ』なんて言うんだけど、二人は昔の面影がどんどんなくなっていく。それに、洋子ちゃんはちゃんと話せなくなっていた。走り回っていたあの二人が、別人みたくなって寂しかったよ」（平尾昌晃）

五木ひろしとは、里野の葬儀で顔を合わせたきりだったし、真木ひでとも、羽田空港で偶然に顔を合わせただけで、連絡を取っていなかった。

弟の野口恭とも、ほとんど会っていなかった。半年に一度、後楽園ホールで自主興行を催していることは知ってはいたが、足を運ぶことはなかった。顔見せできないと思ったのかもしれない。

介護生活を送っていた修自身も、胃潰瘍と肺炎を患い、何度か手術をしている。それらの費用も山口洋子が負担したのだろう。

復興の象徴

筆者が中学生の頃、初代タイガーマスクの佐山聡が「新格闘技」と称して、シューティング（現・プロ修斗）を立ち上げると、筆者の関心はプロレスから格闘技に傾いた。

『マーシャルアーツ』『格闘技通信』『ゴング格闘技』といった専門誌を購読するようになる。

意外だったのは、レギュラー番組終了とともに、姿を消していたかに見えたキックボクシングが、頻繁に興行を開催していたことだった。

この頃、国内最大団体のＭＡ日本キックボクシング連盟のコミッショナーには、当時の自民党衆議院議員で自治大臣だった小沢一郎が座っていた。小沢が「剛腕」と呼ばれる少し前のことである。

一九九四年に上京してからは、常打ち会場である後楽園ホールに足繁く通った。ボクシング、キックボクシング、シューティングを何度も観戦した。取り分けこの時期「ＭＡ日本キックボクシング連盟」「全日本キックボクシング連盟」「日本キックボクシング連盟」の三団体に分かれていたキックボクシングには、ほとんど足を運んだ。

一九九六年、ＭＡ日本キックから目黒ジムをはじめとする十のジムが離脱し、「日本キックボクシング協会の復興」を宣言する。

その際、彼らが象徴として担ぎ出したのが、野口修だった。

本家をアピールするために利用価値があったということだ。それくらい、キック界にとって、野口修は過去の存在になっていたのである。

筆者は、このとき初めて本物の野口修を見た。「キックボクシング」の創始者にして名付け親であることを、改めて認識した。ただし、多くの観客にとって、リング上で挨拶をする小柄な老人は、単なる関係者の一人でしかなかったはずだ。

ともあれ、これ以降、野口修の姿は後楽園ホールで見かけるようになる。

「芸能界でも大成功を収めた」という野口修のことは大いに関心があったが、言葉を交わす機会は、まだなかった。

みんな死んじまって

二〇〇三年の話である。

後楽園ホールでのボクシング観戦の帰り、水道橋駅前の台湾料理屋に入った。

一緒にいた友人が「あの人」と言った。視線の先には、奥のテーブル席に座る、やや頭の薄い、Ｔシャツ姿の初老の男性が見えた。

「あの人は野口ジムの会長さんだよ」と友人は告げた。「野口ジムの会長」と言えば、往年の名選手、野口恭であることはすぐに知れた。興行には野口ジムの選手も何人か出場しており、セコンドにでも付いていたのだろう。

仲間たちとテーブルを囲み、美味しそうに老酒を飲む彼が、野口修の実弟というのが意外だった。陽気で健康そうな弟は、痩せて神経質そうな兄と似ても似つかなかったからだ。

その野口恭が亡くなったのは、二〇〇九年元日のことである。六十九歳だった。新年を迎えてすぐの午前二時に息を引き取った。

十年前に動脈瘤を患い二度手術をしていたが、いずれも成功し、医師からも「少量なら」と飲酒の許可も出ていた。

「動脈瘤は直接の死因ではなくて、飲酒も無関係。父が亡くなったのは実は老衰。だんだんと物が食べられなくなって、寝たきりになって、年が明けて眠るように逝ったの。

六十九歳は一般的には若い年齢だけど、人は呼吸数が決まっているようだから、現役時代に相当呼吸したのかも」（野口詩延）

町屋斎場で営まれた通夜と告別式には、ほとんどのボクシング関係者が参列した。また、キックボクシング関係者や、シュートボクシング創始者のシーザー武志の姿もあった。

『ゴング格闘技』初代編集長の舟木昭太郎は、自身のブログで「みんな死んじまって」と、野口修がこぼしたことを明かしている。長男の自分だけが残ってしまったことを指すのだろう。

この一件があって、筆者は「早いうちに野口修に話を聞かないとまずい」と思った。

英雄の一代記

二〇一〇年三月七日、後楽園ホールで行われた新日本キックボクシング協会の興行で、休憩時間中に、本部席に座る野口修に話しかけた。それが最初だった。

「本を出したいと思っているので取材をさせてほしい。三カ月で聞き終えて半年で書き上げる。一年以内には出版したい」と伝えた。

「今まで取材をされたことはあったけど『本にしたい』と言われたことはなかったなあ」と野口修は嬉しそうに言った。

「いいでしょう。なんでも話します。私が元気なうちに本を出して下さい」

ここから、野口修への取材が始まった。

指定する恵比寿の駅前のカフェに、野口修は毎回スーツを着て現れた。取材というと写真撮影があると思っていたのかもしれない。

二時間もの間、彼はつらつらと喋り続けた。口調は静かなときもあれば、捲し立てるようなときもあった。何より煙草をよく吸う。

そして、「年寄りはタダだから」と言いながら、恵比寿駅前から用賀方面に向かうバスに乗って、自宅まで帰る。それがいつものことだった。

筆者も何度か一緒にバスに乗り込んだ。目黒を経由するバスは、必ず権之助坂を通る。かつての自社ビルの前を過ぎても、特に反応を示すことはなかった。

程なくして取材場所は、自宅近くのカフェになった。もうスーツ姿ではなかった。筆者と会うようになってから、彼の生活も多少は変化したのかもしれない。

筆者も仕事を抱えていたが、最低でも週に二日、多いときには三日は会った。三カ月で聞き終えて、半年以内に書き上げるためである。

しかし、計画通りにはいかないものだ。

「なんでも話します」と言う割に、話したくないことが思いのほか多いのである。

特に沢村忠のこととなると、ほとんど口をつぐんだ。感情の整理がついていないようでもあり、とはいえ、沢村忠に一切触れずして野口修の本を完成させたところで、なんの意味もない。

第三者への取材も嫌がった。「あの人の連絡先を教えてほしい」と言うと大概は拒まれた。多くから金を借りていて、ほとんどに弁済していなかったことは後で判った。

本人が全面的に協力しない以上、取材が進むわけがなく、かといって、裏の取れないことを書き列ねるわけにもいかない。そのくせ「いつ本になるの」と何度も催促してきた。

すなわち、彼が望んだのは「伝記」だった。それは次のようなものである。

「拳闘と右翼の世界で名を成した偉大な父、ライオン野口に育てられた長男の野口修は、ボクシングの世界に殴り込み、日本で初めて日本とタイの国際戦のマッチメイクに力を振るうなど、革新的な施策を次々に打ち出した。

その一方で、タイ式ボクシングと大山道場の対抗戦を実現させ大成功。余勢をかってキックボクシングを立ち上げ、これまた大成功。沢村忠を擁して日本中を熱狂させて一時代を築く。

さらに、芸能界にも進出。あの五木ひろしを世に送り出し、たった三年で『日本レコード大賞』を獲得。ラスベガス公演も成功させ、センセーショナルな話題を振りまいた。

天下獲りを成し遂げた日本一のプロモーター野口修は、八十歳を前にした今も、キックボクシングの五輪競技化を目標に日々邁進している。完」

右のような英雄の一代記を望む以上、都合の悪い事実は隠しておきたかったのである。

インタビュー本ならそれでもいいのだろうが、ノンフィクションとは呼ばないだろう。

半年が経過した頃、手法を変えた。

これまでは、資料は適度に押さえながら、証言を中心に構成しようと考えていた。書籍にするならそれが手っ取り早いからだ。しかし、「なんでも話す」という前提を失った以上、その手法は意味を為さなくなった。

そこで、事前に把捉した史実や他者の証言を、本人にぶつけながら、事の経緯や顚末を探ることにした。同時に誤った通説をも淘汰させた。矛盾点は突き詰めながら、最終的に筆者が判断する。

本人が反論すれば、その理由を納得のいくまで探った。そのためには、当時の事象を知り尽くしておく必要もある。

とはいえ、この手法を採れば「一年以内の出版」という目標は不可能となる。さらに、この時点では、版元も何も決まっていなかったため、取材相手を捜すのにも誰の助けも得られない。

しかし、そうするより方法がなかった。

「枝葉末節だ」と嗤う人もいたが、気にしていられなかった。何が重要で何が些事か読めない以上、手探りで進むしかないからだ。

何年かかるか判らない。野口修の寿命がいつまで持つかも判らない。でも、決めた以上はやるしかないのである。

早く帰って来て

「山口洋子さんに会わせてほしい」

筆者は幾度となく野口修に訴えてきた。その都度「会わせない」と断られた。

取材相手は、野口修の協力が得られなくても、どうにか捜し出してきた。しかし、山口洋子については、最も近い場所にいるのが野口修であり、彼自身が承知しない限り、彼女に会うことはできない。「近くて遠い」存在だった。

会わせられない理由は、「健康状態がおもわしくないから」と修は言った。

第十九章で触れたように、筆者は駒沢公園で、修が洋子の乗る車椅子を押しているのを目撃している。その様子を目の当たりにしているからこそ仕方がないと感じた。

取材中、修の携帯電話が鳴ることがあった。

「社長、何をしてるの？　早く帰って来て」

電話の向こうから大声を張り上げているのが漏れてきた。山口洋子からである。

「取材中だから、もう少し待ってて」

修がそう言うと「社長はいつもそうじゃない」と怒っていた。今も「社長」と呼ばれているのがおかしかった。事実、二人の関係は「社長」と「ママ」でしかない。

自由に表には出られずとも、あれほど大声を出せるのなら、彼女は元気なのだと思っていた。

そんな山口洋子も、二〇一三年一月より入退院を繰り返すようになる。

筆者の知る限り、信濃町の慶応病院と、自宅から程近い国立病院機構・東京医療センターに入院していたはずである。取材場所が、それらの院内の食堂やカフェになったからだ。病名は、誤嚥性肺炎だという。

「夜になると、家政婦さんも帰ってしまうんで一人になる」と修は筆者にこぼした。「そろそろ本にしてよ」とも言った。そう懇願されると、妥協してまとめてしまおうかと何度も思った。

修と親しい間柄にあったテレビプロデューサーの砂田実が「野口さんは本当に甘えん坊で」と言った理由も、今となってはよく判る。

ある晩、筆者の携帯電話が鳴った。

「遅くまで起きていてすることがない。お茶でも飲みに来ない？」

筆者の自宅から自転車で、十分程度で着く。

これまで立ち入ることのなかった自宅に足を踏み入れた。山口洋子が建てた邸宅である。

「玄関は家の顔」と言うが、数々の流行歌を紡ぎ出し、直木賞まで獲って、相応の財を成した証と言える立派な玄関だった。

スロープが施された邸内は、バリアフリーが行き届いていた。暗くてはっきり見えない庭は、どこまでも続いているような気がした。

うそ

それ以降、筆者は山口洋子という人物についても、改めて考察するようになった。

着目するのは、その作詞法である。盟友とも言うべき平尾昌晃はこう述べている。

「洋子ちゃんは、クラブのママっていう職業柄、人物観察が半端なくて、瞬時にその人のことを見抜いてしまう。それで、いろんなエピソードを小出しにして詞にしていた。あるとき『僕のことは書かないでよ』って頼んだら、『あなたは判りやすいから書かない』ってさ」

最初のヒット曲である『噂の女』（内山田洋とクールファイブ）は、「姫」のホステスだった大門節江をモデルに書いたものだし、かと思えば、『千曲川』（五木ひろし）のように、絵葉書一枚で、想像を膨らませながら書き上げたものもある。

土地が現れるのも山口作品の特徴である。「銀座」「横浜」「長崎」「神戸」「千曲川」……地名は山口作品の代名詞とも言える。

しかし、最大のヒット曲となったのは、百五十万枚をセールスした中条きよしの『うそ』（作曲・平尾昌晃）だった。土地は関係がない。

「あれはね、『姫』のホステスの恋愛相談がきっかけ。その子が彼氏の家に行ったら、口紅の付いた吸い殻があったんだって。その話を聞いた洋子ちゃんは『お、これは使える』って思ったらしいよ」（平尾昌晃）

となると、『うそ』のモデルは、そのホステスとなろうが、当の山口洋子自身、この曲の詞を書くにあたって、世に溢れる「嘘」について次のように定義している。

《よくよく考えてみると、私は嘘を嫌っていても、憎んではいない。

嘘とは四六時中一緒に暮らしているし、共に歩いてきたという気もする。

嘘をつくことの方がずっと勇気と真心が要る場合もある。死に瀕している癌患者に病名を告げない嘘、妻の浮気のあやまちを告げない嘘、逆に夫の裏切りを知らないふりでとおす嘘、嘘も方便などという言葉は安易であまり好きではないが、ことがらは嘘でも、嘘をつく心、嘘をつかねばならぬその心が真実である場合がある。

嘘は人間としての思いやりでありエチケットであり、大人の知恵でもある。

嘘は愛の変形である場合も多い。

嘘論を吐きはじめると広大無辺でつかまえどころがなくなってしまうが、何でもかんでも真実を告げたり、本音でふるまってしまうのはただの粗野で無神経なだけなのだ。

人と人との複雑な繋がりにおいて、嘘ほど潤滑油の役目をしているものものない》（『履歴書』山口洋子著／講談社文庫）

読みながら気付いたことだが、これは、野口修のことではないか。


山口洋子にとって「四六時中一緒に暮らし」て「共に歩いてきた」のは野口修しかいない。「嘘は愛の変形である」とさえ言っている。

その上で、詞を眺めると、あることに気付く。

折れた煙草の　すいがらで
あなたの嘘が　わかるのよ
誰かいい女　出来たのね
出来たのね
あー　半年あまりの恋なのに
あー　エプロン姿がよく似合う
爪もそめずに　いてくれと
女があとから　泣けるよな
哀しい嘘の　つける人

これまで筆者は、何度も野口修に会って、話を聞いてきた。

先に述べたように、彼にとって都合のいい話ばかりでは、ノンフィクションにならない。

そのため、ある時期から、彼が忘れていることや、思い出したくない過去についても、事前に調べた上でぶつけてきた。本書でも、その辺りの経緯は可能な限り詳述してきた。

そのたびに野口修は、吸ったばかりの煙草を、諦めたように口から離すと、折るように消した。苛立っているときの癖である。その所作が独特なだけに、嫌でも印象に残っていた。

三迫仁志の世界戦が実現しなかった話。

闇ドル事件で警察に逮捕された話。

弟の野口恭が世界王座を獲得できないまま、現役を引退した話。

キックボクシングのエースとして期待していた極真空手の中村忠に断られた話。

児玉誉士夫の介入によって、協同企画にキックボクシングの使用を認めた話。

沢村忠が姿を消して、そのまま引退した話。

エルビス・プレスリーが突然亡くなって、世界ツアーの約束が消失した話。

五木ひろしが事務所から独立した話。

資金繰りが悪化して破産した話。

これらの苦い記憶が甦るたびに、例外なく、彼は折るように煙草を消し続けた。

設定自体は、確かにホステスの繰り言から思いついたのだろう。しかし、「折れた煙草の」というフレーズは、日常における修の癖から着想を得たものではなかったか。

つまり、山口洋子の書いた最大のヒット曲、『うそ』は、野口修が投影された唯一の作品であるのかもしれない。

《すべての恋が破局にむかっているわけではもちろんないが、ゆるやかな円をえがいていても、男と女の愛の行きつく先は、どう埋めようもない心とからだと生理の谷間である。たとい共白髪でからだは百歳まで一緒に暮らそうとも、「情」でつながった細々とした交わりのぬくもりがそのときどき通いあうだけ》（『山口洋子の男というもの』山口洋子著／サンガ）

二〇一四年九月六日、山口洋子は呼吸不全のため、入院先の国立病院機構・東京医療センターで亡くなった。七十七歳だった。

電気が必要ではなくなる

山口洋子が亡くなって一カ月ほど経った頃、野口修は、マンションの一室に移り住んだ。

一人になった以上、彼女の持ち家に住むわけにいかなくなったという。「引っ越した」と聞いて会いに行くと、「今は気軽だよ」と小さく笑った。

ヘビースモーカーで、土日ともなると競馬中継に熱中する性質は、以前と変わりなかったが、「娘」という単語が口の端にのぼるようになった。長女と頻繁に会っているらしかった。

歌手志望だったという長女だが、大学を卒業すると、ＣＭ制作会社に就職した。真木ひでとが一九九一年にリリースしたシングル曲『元気の星』（作詞・八木正英／作曲・小杉保夫）がＣＭソングになったことについて、「推薦してくれたのかもしれない」と真木本人は推察している。

現在は専業主婦となっている長女が、手の空いた時間に修の自宅に赴いているのは、どことなく想像がついた。以前は山口洋子の手前、遠慮していたのかもしれない。

＊

それでも、筆者の野口修への取材は、まだ終わらなかった。

三迫仁志がパスカル・ペレスの世界フライ級王座になぜ挑戦できなかったか、どういう経緯から、ポーン・キングピッチの東洋フライ級王座に挑戦したのか、詳しい経緯を時間をかけて尋ねた。古い話だけに記憶も曖昧ではあった。

新聞記事を時系列に並べて修の前に示すと、思い出そうとしてくれた。三迫仁志の携帯電話を鳴らして、訊いてくれたこともあった。

取材開始から五年が経過していた。沢村忠や五木ひろしのことも、遠い過去となっていた。

かと思えば、彼の許に怪しい投資話が持ち込まれることがあった。

「将来は電気が必要ではなくなる」と言い出し、音楽出版社の日音に出向いた。面会先は同社の相談役となっていた旧知の児玉守弘である。筆者も同行した。

大きな封筒に入った資料を手渡して「こういうビジネスが大きくなります。守弘さん、是非投資してもらいたい」と修は身を乗り出して言った。

児玉守弘は困惑しながらも、「でもまあ、お元気そうでよかった」と、軽くいなした。

誰に何を言われようと

山口洋子が他界して四カ月後の二〇一五年一月二十八日、港区のホテルオークラ別館オーチャードルームで「山口洋子お別れの会」が開かれた。大手出版社六社とレコード会社五社、デイリースポーツが発起人に名を列ねた。

芸能関係者、プロ野球関係者、出版関係者と、豪華な列席者の中において、野口修は自らの存在を、出来うる限り消そうとしていた。

五木ひろしとも短く言葉を交わしただけだったし、中条きよしが「社長、ご無沙汰をしています」と、声をかけると「元気そうだね」とだけ言って、静かにその場から離れた。

旺盛だった昔日の印象しかないため、関係者の多くは、修の存在に気付かなかった。

「社長、『お別れの会』に来てたの？　全然気付かなかった。どの辺にいたんだろう。どこかですれ違ったのかなあ……」（真木ひでと）

限られた空間ですれ違っていた可能性はないとは言えない。つまり、修の方から声をかけなかったということだ。

筆者は会の主賓である、山口洋子の異父妹と話をすることができた。

「五木さんがデビューされたとき、自由が丘の行きつけの美容室にお連れしたんですよね」と言うと、「姉から『どうにかして』って頼まれまして、髪型から服装まで……」と妹は相好を崩した。

「ところで今日は、野口さんもいらしてますね」と何気なく反応を窺ってみた。

すると「……野口さんも、一体何しに来たんだか」と不服そうに言った。

「来てはまずかったんですか」

「まずかったも何も……」

言いかけると、一方的に話を断ち切って筆者から離れた。

かつては、野口プロの事務所に頻繁に出入りしていた彼女も、晩年の野口修を、姉に寄生する疎ましい存在と見ていたのかもしれない。

会の最中、修はトイレに立つ以外は、大半の時間、隅のソファに腰を下ろしていた。「人がこう多いと疲れる」と力なく笑った。

修の周辺には、森忠大、藤本勲、伊原信一など、往年のキックボクシングに携わった人物が集まった。修は彼らを見回すと「でもまあ、今日はみんなに会えたからよかった」と言った。

その顔には、「今さら、誰に何を言われようと構わない」と書いてあるような気がした。

＊

筆者が野口修と最後に顔を合わせたのは、二〇一五年秋である。

近年の芸能界でも仄聞されるように、妻に先立たれた夫が、後を追うように亡くなる事例は少なくない。証言者として本書にも登場する、元テレビ朝日スポーツ局次長の永里高平も、妻に先立たれた半年後に鬼籍に入っている。

山口洋子が他界したことで、筆者が危惧したのはそのことだったが、野口修はそうはならず、一年が過ぎた。むしろ、介護のストレスから解放されていたように見えた。

年が明けて一月二十四日、野口修の携帯電話を鳴らした。この日は修の誕生日だった。

「久しぶりにお茶でも」と言うと、「最近は本当に体調が悪いんだよね」と消え入りそうな声で言った。「通院している」とも。

「また改めて」と言って通話を終えた。それが最後の会話となった。

本書の冒頭でも述べたように、ここから連絡がつかなくなった。この直後に入院して、それ以降は集中治療室に入っていたからだ。

二〇一六年三月三十一日、野口修は永眠した。八十二歳だった。戒名は、宣行院法修信士と付けられた。

プロモーター

長女から、筆者の携帯電話に連絡が入ったのは、二〇一六年四月十三日のことである。

冒頭でも述べたように、野口修が息を引き取った後、野口修の妻と長女、長女の夫、夫の両親の五名で葬儀を済ませていた。「四十九日が過ぎるまで、誰にも知らせないでほしい」と彼女は言った。そのこと自体は珍しい話ではない。

意外だったのは、親族も例外ではなかったことである。

姪の野口詩延が、伯父の死を知ったのも、五月に入ってからだし、身内同然とも言える三迫仁志に一報が入ったのも、五月の連休明けだった。

緘口令が敷かれる中、筆者の携帯電話にだけ連絡が入ったのは、二月から二十回以上も着信履歴を残していたからだった。

「父にどういった御用件だったのでしょうか」

恐る恐るといった口調で、長女は訊いた。

「六年前から野口さんの評伝の執筆のために、何度もお会いしていまして」と告げると、安堵したような口振りに変わった。

長女とは一度だけ面識があった。二〇一〇年五月八日に行われた、野口進の五十回忌法要に、筆者も列席していたからだ。

長女はマスコミにも父親の死を伝えなかった。その結果、プロモーター野口修の死は一切公表されることも、報じられることもなかった。

情報を遮断させた理由も、今となっては判る。おそらく、負債の問題だろう。訃報が報じられれば、新たな債権者が名乗り出て来ないとも限らない。近親者としてそれを恐れたのだ。

それは、キック界も同様である。

晩年まで、野口修が会場に足を運んだ新日本キックボクシング協会においても、野口修の死はアナウンスされず、追悼セレモニーの類も行われなかった。無論、他団体も同様である。

「キックボクシングを創った」野口修は、その世界において、完全に黙殺されたのだ。

そうでなくても、彼の死は、別段話題にならなかった。一人の物故者として関係者の口の端にのぼったにすぎない。

現在の格闘技界に影響を与えたプロモーターの死は、現在の格闘技界に、なんら影響を及ぼさなかった。

聖地の終焉

野口修が亡くなってすぐの二〇一六年初夏、筆者は、久しぶりに藤本勲と会った。

「今、考えているのは『目黒ジム』という名称のことです。『藤本ジム』の名前を使って二十年近く経ちますが、『そろそろ戻してもいいかなあ』と、少し思っています」と藤本は言った。

創始者は他界したが、キックボクシングは未来永劫、発祥の地を失うことはない。その自信と安心が言わせたのかもしれない。

その藤本勲も、二〇一九年に入ると身体の衰えを感じるようになった。

疲れやすくミットを持つのも負担となった。高齢のせいだと思ったが、病院で精密検査を受けると癌が見つかった。腎臓に転移していたのだ。

七月に切除手術を行い、早期だったのが幸いして手術は成功した。この頃ジムを訪ねた筆者に、「こないだ、手術したばかりなんですよ」と腹部の縫合痕を見せている。

手術には成功したものの、体力は回復しなかった。練習に付き合うどころか、ジムにいるだけで、疲労を感じるようになった。

藤本勲は「ジムを畳もう」と決めた。

「悔いはありません。社長が投げ出したジムを、責任を持って受け継ぐこともできましたし」

二〇二〇年一月三十日、目黒ジムの発足から五十五年目の冬、目黒の地からキックボクシングは、ひっそりと姿を消した。


以後、療養に専念していた藤本勲だったが、快復することはなく、二〇二〇年五月五日、ジムの後を追うように、七十八歳で亡くなった。

*

「キックボクシングを創設し、沢村忠と五木ひろしを世に送り出した昭和のプロモーター」

それが、野口修に贈る一番の称号かもしれない。

「日本プロレスの父」力道山。

「柔道の鬼」木村政彦。

「ゴッドハンド」大山倍達。

「男の星座」梶原一騎。

彼らは比類なき偉人であり巨人だった。

しかし、野口修は、偉人でもなければ、巨人でもなかった。

父でも、鬼でも、神でも、星でもなかった。

彼は一介のプロモーターだった。

ただし、これだけは言える。

偉業とは、必ずしも、偉人だけが成し遂げるものではないということを。


（完）

（文中敬称略）

弟、野口恭の葬儀にて。前列左から２人目が野口修。右から２人目が現在、野口ボクシングジム会長の野口勝。（写真提供・野口詩延氏）

川崎市の信行寺（春秋苑）にある野口家の墓。ここにトミ（祖母）、進、里野、修が眠っている。両脇には、石川輝と寺内大吉による墓誌がある。（写真・著者）

あとがき

野口修という、消息の聞かれなくなって久しいプロモーターへの取材だが、当初は驚くほどの「新事実」と出会えたわけではなかった。

「タイ式ボクシングと大山道場の他流試合をプロモートした」

「キックボクシングを創った」

「沢村忠を世に出した」

「五木ひろしを世に出した」

それらは、言われなくても知っていた。

しかし、彼は繰り返し語った。「これを書き残してほしい」と哀願するようにも言った。

望みを叶えたいとは思ったが、旧来の通説に、証言を上書きしただけの本にするわけにいかない。そう決めた。

今にして思えばのことだが、そこから筆者は「時空旅行」に足を踏み入れたのかもしれない。永田町（国会図書館）に行けば、好きな時代に高跳びできた。仙台、新潟、横浜、横須賀、京都、奈良、大阪、神戸、広島、新居浜、バンコクへの取材も時空旅行だった。

筆者の関心は、常に野口修が生きた時代にあった。そこで得た情報を一つ一つ拾っては、現代に戻って本人にぶつけた。一見、気の遠くなる作業だが「旅行」と思えば、不思議と苦ではなかった。しかし、それはプロの仕事と言えるのかどうか。

取材時における野口修は、「そうそう」と感心したように相槌を打つこともあれば、「そんなこともあった」と懐かしんでみせたり、「どこでそれを知った」と気色ばむこともあった。

時には、野口修を時空旅行に巻き込むこともあった。

野口家の戸籍を閲覧するためには、文京区役所に行く必要がある。野口家の人間がいないと戸籍は取れない。筆者は、むずかる老人を区役所に連れて行った。強引すぎた気がしないでもない。思い出すと少し心が痛む。

しかし、そうして得た事実から認識したことは、彼は正真正銘、現代の格闘技ビジネスの源流に位置する人物であることだった。奇妙なのは、彼自身はそのことに、ほとんど無自覚だったことである。

そもそも、野口修は、事実を明かすことに消極的だった。今なら理由は判る。敗北や失敗をきっかけに、あらゆる物事がスタートしているからだ。本意ではなかったのだ。

家業のボクシングジムのマネージャーに収まったのも、「パスカル・ペレス対三迫仁志」の世界戦が、決まりそうで決まらなかったことに端を発する。本人はゼネコンの仕事に生き甲斐を見出しつつあった。

誰よりも早くタイというカードを握ったのも、三迫仁志がポーン・キングピッチに敗れたからだ。もし、このとき三迫が勝利を収めていれば、目論見通り、パスカル・ペレスの持つ世界フライ級王座に挑戦できた可能性は高いが、タイのボクシング界から厚遇されることは、おそらくなかっただろう。

「タイ式ボクシング対大山道場」の対抗戦を企画したのも、外為法違反容疑で逮捕され、NETのボクシング中継のプロモートから切られたからだ。

白羽秀樹という無名の青年を「沢村忠」に変身させたのも、キックボクシングの旗揚げ直前に、極真会館、日本拳法空手道という実戦空手の二大流派と仲違いしたことが背景にあった。もし、当初の望み通り、極真空手の中村忠をエースに船出していたら、キックボクシングは一体どうなっていたのか、どういうジャンルになったのか、皆目、見当がつかない。

芸能界に参入したのも、「姫」のママ、山口洋子と親密になりたかったからというのは、理由の一つとして否定できないのではないか。この時代の山口洋子の競争率は相当なもので、籠絡させたとあれば男として箔が付く。

身も蓋もないこれらの話を、本人の口から明かさせるのは酷だったかもしれない。

ただし、穿った見方をすれば、野口修本人が話したがらなかったからこそ、あらゆる事情が露顕したとも言える。あっけらかんと打ち明けていたら、筆者は重要な事象を見落としていたかもしれない。

手痛い失敗を成功に転化させた野口修は〝しくじり先生〟の元祖とも言うべき人物だった。

「沢村忠」の名が躍る本書の表題だが、肝腎の表紙に沢村の姿はない。戸惑っている読者も多いかもしれない。

それでも、裏方であるはずのプロモーターをあえて主人公に据えた本書の性格は、この表紙が最も的確に言い表している。それは、筆者が翻弄され続けた苦心の痕跡でもある。

激闘の末、日本王座を獲得した直後の弟、野口恭。勝利を称えるように、その手を挙げるプロモーターの兄、野口修。一見すれば、史上初の「親子日本王者」の快挙を成し遂げた野口恭にこそ、主役の称号を与えるべきだろう。

しかし、本木雅弘とも永瀬正敏ともつかぬ流麗な容貌と、屹立した佇まいの野口修には、裏方特有の薄暗さはまるでない。むしろ写真は、後年発せられる野口修の圧倒的な存在感を予期しているようでもある。筆者が、この写真を表紙に選んだ一番の理由はそこにあった。

本書の取材において、主人公の野口修以外にも多くの人物から話を聞いた。

最初に取材を申し込んだのは、意外なようだが、世界空手道連盟真樹道場を主宰した空手家にして、多くの著作をものしていた作家の真樹日佐夫だった。梶原一騎の実弟として知られる人物である。

　筆者が以前、リングアナウンサーを務めていたMA日本キックボクシング連盟において、彼は最高相談役の任にあり、月に一度は必ず会場で顔を合わせていた。イベントの司会を任されたこともある。

「野口さんの本？　面白そうだな。ただ、野口さんとは数回程度しか顔を合わせてない。兄貴は一時つるんでいたみたいだがな。まあ、知っていることは話してやる」

　こうも言った。

「ただ、沢村忠に話を聞かんわけにはいかんだろ。口を割らせることはできるか？　ノンフィクションは裏取りと傍証が重要だから、時間はかかる。……いっそ、小説にしてみんか」

　文人らしい教示は、筆者の現在までの遅滞を予見していたかのようでもある。

二〇一一年の師走のことである。MA日本キックボクシング連盟の忘年会が開かれた。真樹日佐夫も、年内最終興行の直後とあって、指定された居酒屋に姿を見せた。

　宴も一段落ついた頃、あるジムの会長が、酒の勢いも借りてかおもむろに立ち上がると、上座に陣取る真樹日佐夫にこう言い放った。

「真樹先生、なんで今のキックは、こんなに食えないんですか。こんなに報われないのはどうしてですか。キックを全盛期のようにしたいです。選手をスターにしてやりたいですよ。

　先生はその時代を知っている。先生のような重鎮のお力でテレビが付くようにして下さいよ。なんとかして下さいよ、先生」

　真樹にとっていささか迷惑な直言に違いなかった。が、彼の主張にさほども批判の声があがらなかったのは、ジムの会長の多くが同様の苦しさに喘いでいたからだろう。

　すると、真樹は気色ばむでもなく、しかし、発言の主を見据えてこう言った。

「身も蓋もないことを言うようですまんが、往年のキックの全盛期というのは、沢村忠というスターを作り出せたから、客が来たし、テレビも乗っかったんだ。最初から恵まれた環境にあったわけじゃないんだよ。何もないところにテレビがあったわけでもない。そこを勘違いしてもらっては困る。だから、君がそう望むなら、沢村に匹敵するスターを作りなさい。客を呼べる、テレビを呼べる、そういう選手を育てなさい。サボってはいかん。それをするのは、指導者たる君らの役目じゃあないか」

この回答は、結果として、一同に野口修の功績を暗に披歴したことになった。

忘年会から三週間後の二〇一二年一月二日、真樹日佐夫は、自身が愛した逗子のヨットハーバーで昏倒し、病院に搬送されたが、息を引き取った。七十一歳だった。

あの発言は、筆者にとって彼の遺言となった。


取材依頼は、当然のことだが、すべて快諾されたわけではない。

まず、野口修の遺族である。

父親が亡くなったことを、誰よりも早く筆者に報せてくれた長女だったが、その後は、まったく連絡が取れなくなった。人を介して「話を聞かせてほしい」と筆者は取材を申し込んだが、「父のことはよく知らないので」と一貫して断られた。

筆者が訊きたいのは「父のこと」ではなく、「父を見るあなたのこと」なのだが、彼女はそうは受け取らず、頑なにそう言い続けた。

「訊かないで得られるものも、あるかもしれない」と、諦めることにした。

筆者はこれまで、二度、五木ひろしと会っている。

ただし、それはいずれも週刊誌の取材で、媒体は『週刊現代』（２０１３年6月14日号）と、『ＦＲＩＤＡＹダイナマイト』（２０１７年5月16日増刊号）である。

『週刊現代』は、平尾昌晃、長沢純と往年を懐かしむ鼎談で、『FRIDAYダイナマイト』は、芸能人の所属事務所の独立に関する特集だった。いずれも、野口プロモーションからの独立について、社長である野口修について現在の彼はどう思っているのかを知るいい機会だった。

取材前、五木自身は「なんでも話すよ」と言った。その言葉に偽りはなく、すべての質問に丁寧に答えてくれた。もちろん、記事の内容は抑制したものとはなったが、意外だった。

それもあって、本書の取材も応諾してくれるものと思ったが、現在の担当マネージャーからは、「書籍はちょっと……」と断られた。何度か頼んだが、無理だった。

しかし、取材時における彼の貴重な発言は、本書を著述する上で、重要な示唆にはなった。

遺族や五木ひろしですらそうなのだから、沢村忠については、推して知るべしである。

野口修を語る上で欠かせない沢村忠への取材を、どうにか実現できないものかと、筆者は終始、頭を悩ませてきた。

「今も付き合いがある」と言う四人の人物に手紙を託した。しかし、いずれも彼らの口を通して拒まれた。手紙が本人の手に渡ったかどうかも疑わしい。

ある人物からは、沢村忠が役員として名を列ねていた関連企業の連絡先を聞いた。「私の名前を出してもらって構わない」と言う。すぐさま連絡を入れると「白羽は一年前に離職していまして」と女性の事務員に言われた。

ある人物は筆者を慰めるように言った。

「引退してから、沢村さんは一切表に姿を見せなかったんだから仕方ない」

実際はそうではない。

九十年代に入ると、彼は『フルコンタクトKARATE』『ゴング格闘技』『Sports Graphic Number』

という三つの専門誌に登場している。カラーのページと特集記事、インタビューである。『ゴング格闘技』に至っては、94年8月号で具志堅用高と対談を行い、96年6月8日号では「キックボクシング生誕三十周年記念」と銘打ち「キックの帝王沢村忠を読む」という特大号を組んでいる。そこで、野口修と再会まではたしている。

また、サッカーを専門とするスポーツライターの加部究は、二〇〇一年に『真空飛び膝蹴りの真実――〝キックの鬼〟沢村忠伝説』（文春ネスコ）なる、沢村忠の伝記を上梓している。

一九九九年七月二日には、『驚きももの木20世紀』（テレビ朝日系）というテレビのドキュメンタリー番組にも出演している。「キックの鬼・沢村忠の真実」なる特集が組まれ、二十二年ぶりにテレビの画面に登場したのだ。

なぜ、この時期に集中して、沢村忠は媒体に露出をしたのか。

複数の関係者は「娘さんのため」と異口同音に証言する。

沢村忠の長女は、九十年代初頭にテレビ朝日で放映されていた『桜っ子クラブ』の番組内アイドルグループ「桜っ子クラブさくら組」のメンバーとして歌手デビューしていた。九四年に番組は終了し、グループも解散した。その後、彼女は、歌手、タレントとして活動していた。ポテトチップスのCMに出演していたのは何度か目にした。露出はその時期と重なる。

「沢村忠の娘」というのが売りの一つの彼女にとって、「父親を稼働させて耳目を惹こう」というのは、いかにも、周囲の芸能関係者が考えそうな筋である。

現在の彼女は芸能界から離れて久しい。老いた沢村忠が表舞台に引っ張り出される必要は、もはやなくなった。

ボクシングの元世界フェザー級王者の西城正三は、キックボクサーとして過ごした八カ月間について、「一切話さない。死ぬまで話さないと決めている」と筆者に告げた。

西城正三にとっては八カ月間の出来事だが、沢村忠にとっては、それが十年続いた。それを思うと、取材に応じないのも判らないでもない。

ただし、単純に比較できないのは、沢村の場合は、ずっと隠しておきたいわけではないだろうということだ。「嬉しかった」こともあったはずだし、「充実していた」と感じたこともあっただろう。

その複雑な心情を、初対面の筆者に正確に伝えられるかどうか。青春時代に一緒に汗を流した、大学の同窓生との付き合いさえ絶っている彼がである。

ウクリッド・サラサスの証言がある。

「一昨年だったかな、場所は後楽園ホール。私がボクシングのジャッジをやっていて、試合と試合の合間にお客さんに軽く肩を叩かれたの。『誰だろう』って振り返ったら、沢ちゃんだった。『やっ』って笑って。僕も仕事中だから、もちろん話せなかったけど『沢ちゃんも、元気そう』って思いました。

これは人から聞いた話だけど、沢ちゃんは、時々こうして試合を観に来ているらしいです。ボクシングも、キックも……」


二〇一〇年に本書の取材を始めて、本来なら一年以内に刊行させるつもりだったのが、まさか十年もかかるとは、呑気な筆者でもさすがに想像していなかった。

十年前に放送作家として携わっていた番組は、テレビとラジオを併せて五つあった。それを二つやめて、その直後に二つ番組が終わって、一つ新たに始まったが、そのあと一つやめた。最後に一つを残していたが、それも九月末で離れた。刊行時には無職になっているはずだ。

辞めた理由だが、最後の一つを除いては、取材と執筆の時間を確保するためだった。とにかく、時間がなかった。家庭を持っていれば、まず不可能だったに違いない。

同業者の中には「正気の沙汰ではない」と思った者もいたらしい。それはそうだろう。

なぜなら、スタートから六年間（！）は、版元さえ決まっていなかったのだ。にもかかわらず、取材と執筆を繰り返していたのだから、我ながらどうかしている。地方への取材旅行ももっぱら、青春18きっぷによる鈍行列車の旅である。

漫才師の水道橋博士に、「メルマガ（『水道橋博士のメルマ旬報』）で何か書かないか」と声をかけられたことが、本書にとって転機となった。

当初は「もし、ジャイアント馬場が大洋ホエールズの風呂場で滑らなかったら」という小説を書こうと思っていたが、迷った末に本稿をスライドさせた。結果として、それがよかった。

この判断がなければ、版元は容易には決まらなかっただろうし、まだ、決まっていない可能性すらある。それが、新潮社のような大手の出版社が引き受けてくれたのは、水道橋博士の推挽によるものだった。「感謝してもしきれない」というのは、偽りなき本心である。博士には心からの御礼を申し述べたい。

取材に応じていただいたのは、以下の方々である。心からの謝意を述べたい。

赤尾健一、石井和義、石川顕、ウクリッド・サラサス、内田勝利、遠藤進丈、遠藤晴大、大澤忠夫、神村榮一、亀井喜一郎、カルーセル麻紀、川名松治郎、黒澤久男、児玉守弘、近藤建、西城正三、志生野温夫、清水巖、庄隆宏、白井利助、砂田実、瀬戸幸一、大門節江、高橋慶彦、田淵幸一、敏いとう、富山勝治、長沢純、長野ハル、中邑健二、中村正悟、中山千彰、西尾峯人、錦織利弘、丹羽俊夫、野口勝、萩原茂久、ビートたけし、福田洋二、藤平昭雄、藤原敏男、プーム・コンソンセイ、堀田春樹、堀威夫、真木ひでと、三浦公義、ミッキー鈴木、宮永東野、村上桂、矢尾板貞雄、山神淳一、山口弘典、山本幸司、湯川れい子、龍反町、輪島功一（敬称略）

取材を受けていただきながら鬼籍に入られたのは、以下の方々である。本書の完成を見せられなかったのは申し訳なかった。改めて、故人の御冥福を心からお祈りしたい。
安部譲二、甘玉猛、佐郷屋嘉洋、白石剛達、永里高平、平尾昌晃、藤本勲、ポンサワン・ソー・サントーン（スウィット・ソワン・ポーン）、真樹日佐夫、三迫仁志、森忠大（敬称略）

また、以下の方々には様々な形で尽力を賜った。心からの謝意を述べたい。
秋山智彦、池本淳一、岩崎大輔、大石恭輔、大川貴史、大部泰、片岡鶴太郎、片野多佳子、加藤大典、木川智、@KickBoxARCHIVES、金寿煥、小林利典、實方秀夫、早田寛、高橋直美、瀧口準人、田崎健太、田村知範、田村雅彦、仲村之菊、服部香子、原利彦、福山将司、藤中浩平、舟木昭太郎、堀充宏、宮田充、村上佳子、村田三枝、森合正範、森井順子、柳澤健（敬称略）

野口家の遺族を代表して数々の証言を残してくれたばかりか、表紙をはじめとする写真の提供に尽力を賜ったのが、野口詩延氏である。彼女の証言と協力は、筆者自身の知見を深めただけでなく、大きな励みともなった。この場を借りて、深く御礼を述べたい。

筆者にとって初の海外渡航となったバンコク取材に同行し、現地でも様々な形で世話を賜ったのが、講談社『ＦＲＩＤＡＹデジタル』編集長の阪上大葉氏である。彼がいなければ、バンコク取材は不可能だった。また、新妻との上海旅行の折、野口家が住んでいた旧日本租界の住居跡を探しあててもくれた。本当に感謝の念に堪えない。厚く御礼を述べたい。

もちろん、担当編集者である、新潮社、岡田葉二朗氏の励ましがなければ、本書を完成させることは、難しかったはずだ。深甚たる謝意を申し述べたい。

あとがき

そして、本書の主人公である故野口修氏には、最大級の感謝を述べるしかない。

今すぐ言いたいのは、このことである。

「野口さん、こんなに時間がかかってしまって、本当に申し訳ありませんでした」

「元気なうちに出してほしい」という望みに応えられなかった。それもこれも、筆者の拙劣さによるものである。


野口さん、ありがとうございました。

ようやく、完成しました。

ちょうど、十年かかりました。

刊行にこぎつけました。

本当に、ありがとうございました。


最後に、決して安くない本書を購入して、最後まで読んでいただいたすべての読者に、心からの御礼を申し上げます。

二〇二〇年九月二十二日

細田昌志

参考文献

■書籍

『東京12チャンネル運動部の情熱』布施鋼治（集英社）
『明治・大正・昭和政界秘史』若槻禮次郎（講談社学術文庫）
『怪力伝説――東京近郊の草相撲と力持ち』（葛飾区郷土と天文の博物館）
『力道山以前の力道山たち――日本プロレス秘話』小島貞二（三一書房）
『腕力養成拳闘術』岡野波山（東京大学館）
『木村政彦はなぜ力道山を殺さなかったのか』増田俊也（新潮社）
『任俠百年史』藤田五郎（笠倉出版社）
『狂死せる高木徳子の一生』高木陳平（生文社）
『舞踏に死す――ミュージカルの女王・高木徳子』吉武輝子（文藝春秋）
『私がカルメン――マダム徳子の浅草オペラ』曽田秀彦（晶文社）
『古川ロッパ昭和日記〈戦前篇〉新装版』滝大作（監修）（晶文社）
『興行師』青江徹（知性社）
『講道館柔道対プロレス初対決――大正十年・サンテル事件』丸島隆雄（島津書房）
『明治事物起原7』石井研堂（ちくま学芸文庫）
『日本名ボクサー100人　ワールド・ボクシング93年7月号増刊』（日本スポーツ出版社）
『二度目の仕事――日本凡人伝』猪瀬直樹（新潮文庫）
『男装の麗人・川島芳子伝』上坂冬子（文春文庫）
『大石翼史』荒原朴水（大日本一誠会出版局）
『国士佐郷屋嘉昭（留雄）先生とその周辺』荒原朴水（秀麗社）

参考文献

『浜口雄幸――政党政治の試験時代』波多野勝（中公新書）
『拳銃伝説――昭和史を撃ち抜いた一丁のモーゼルを追って』大橋義輝（共栄書房）
『日本の戦争』田原総一朗（小学館）
『記憶に残る拳豪たち』安部譲二（小学館）
『悪政・銃声・乱世――児玉誉士夫自伝』児玉誉士夫（廣済堂出版）
『「阪田機関」出動ス――知られざる対支諜報工作の内幕』熊野三平（展転社）
『回顧随想 林房雄との五十年』門屋博（西日本海洋協会）
『宋姉妹――中国を支配した華麗なる一族』NHK取材班（角川書店）
『日本の地下人脈――戦後をつくった陰の男たち』岩川隆（祥伝社文庫）
『戦時演芸慰問団「わらわし隊」の記録――芸人たちが見た日中戦争』早坂隆（中央公論新社）
『タレント帝国――芸能プロの内幕』竹中労（現代書房）
『上海在留邦人が造った日本人街――昭和17年の日本人商店・会社・工場の復元地図 懐かしい写真アルバム集』（日中両国人民朋友会）
『阿片王――満州の夜と霧』佐野眞一（新潮社）
『近世「新居浜三百年史」（資料集）』新居浜郷土史談会（新居浜市教育委員会）
『新居浜市史』新居浜市史編纂委員会（編）（新居浜市）
『トルコロジー――トルコ風呂専門記者の報告』広岡敬一（晩聲社）
『特務機関長許斐氏利――風淅瀝として流水寒し』牧久（ウェッジ）
『東電OL殺人事件』佐野眞一（新潮社）
『けたはずれ人生』松尾國三（講談社）
『権逸回顧録』権逸（権逸回顧録刊行委員会）
『ボクシング百年』郡司信夫（時事通信社）
『大山倍達正伝』小島一志・塚本佳子（新潮社）
『ピストン堀口の風景』山本茂（ベースボール・マガジン社）

『東京案内記』木村毅（編）（黄土社書店）
『猛牛（ファンソ）と呼ばれた男――「東声会」町井久之の戦後史』城内康伸（新潮社）
『ボクシングと大東亜――東洋選手権と戦後アジア外交』乗松優（忘羊社）
『日比賠償外交交渉の研究――1949―1956』吉川洋子（勁草書房）
『東京アンダーワールド』ロバート・ホワイティング（著）松井みどり（訳）（角川書店）
『狂気に生き――パスカル・ペレスへの旅』佐伯泰英（新潮社）
『わが朝鮮総連の罪と罰』韓光熙（文藝春秋）
『朝鮮総連』金賛汀（新潮新書）
『将軍様の錬金術――朝銀破綻と総連ダークマネー』金賛汀（新潮新書）
『巨怪伝――正力松太郎と影武者たちの一世紀』佐野眞一（文藝春秋）
『海賊』今日出海（毎日新聞社）
『テロルの決算』沢木耕太郎（文春文庫）
『日本の右翼』猪野健治（ちくま文庫）
『花と銃弾――安藤組幹部西原健吾がいた』向谷匡史（青志社）
『児玉誉士夫 巨魁の昭和史』有馬哲夫（文春新書）
『「黄金のバンタム」を破った男』百田尚樹（PHP文芸文庫）
『黄色い大地』ソムワン・サラサス（YAMAGATA Co.,Ltd.）
『「右翼」の戦後史』安田浩一（講談社現代新書）
『必死の力・必死の心――闘いの根源から若者たちへのメッセージ！』黒崎健時（スポーツライフ社）
『フルコンタクトKARATE別冊 大山倍達と極真の強者たち』（福昌堂）
『安藤昇の戦後ヤクザ史 昭和風雲録』安藤昇（ベストブック）
『人間空手』中村忠（主婦の友社）
『夕やけを見ていた男――評伝梶原一騎』斎藤貴男（新潮社）
『大沢昇伝 小さな巨人』松永倫直（スポーツライフ社）

参考文献

『スポーツ大図鑑』レイ・スタッブズ（編）（ゆまに書房）
『マス大山の正拳一撃』大山倍達（市井社）
『蘇る伝説「大山道場」読本』（日本スポーツ出版社）
『フルコンタクトKARATE別冊　格闘王⑥ムエタイの本』（福昌堂）
『添野義二　極真鎮魂歌――大山倍達外伝』小島一志（新潮社）
『田中清玄自伝』大須賀瑞夫（インタビュー）（文藝春秋）
『宴のあと』三島由紀夫（新潮文庫）
『真空飛び膝蹴りの真実――〝キックの鬼〟沢村忠伝説』加部究（文春ネスコ）
『ムエタイの世界――ギャンブル化変容の体験的考察』菱田慶文（めこん）
『キックの鬼1昇竜編・2猛虎編・3大鵬編』梶原一騎（原作）中城けんたろう（漫画）高森敦子（監修）（道出版）
『東京アンダーナイト――〝夜の昭和史〟ニューラテンクォーター・ストーリー』山本信太郎（廣済堂文庫）
『赤坂ナイトクラブの光と影――「ニューラテンクォーター」物語』諸岡寛司（講談社）
『ビートルズを呼んだ男――伝説の呼び屋・永島達司の生涯』野地秩嘉（幻冬舎文庫）
『競輪上人随聞記』寺内大吉（講談社）
『ギャンブルのすすめ』寺内大吉（山王書房）
『流血の魔術　最強の演技――すべてのプロレスはショーである』ミスター高橋（講談社）
『1984年のUWF』柳澤健（文藝春秋）
『野球賭博と八百長はなぜ、なくならないのか』阿部珠樹（KKベストセラーズ）
『演歌の虫』山口洋子（文藝春秋）
『ロマン傑作集　半ダースもの情事』山口洋子（光文社文庫）
『ザ・ラスト・ワルツ――「姫」という酒場』山口洋子（双葉社）
『おそめ――伝説の銀座マダム』石井妙子（新潮文庫）
『履歴書』山口洋子（講談社文庫）

『昭和のヒット歌謡物語――時代を彩った作詞家・作曲家たち』塩澤実信（展望社）
『不滅の昭和歌謡――あの歌手にこの名曲あり』塩澤実信（北辰堂出版）
『渾身の愛――語られなかった我が半生の記』五木ひろし（主婦と生活社）
『世界の名詩集12　世界恋愛詩集』矢崎源九郎・星野慎一（編）（三笠書房）
『わが人生の時の人々』石原慎太郎（文春文庫）
『国家なる幻影――わが政治への反回想』石原慎太郎（文藝春秋）
『キックボクシング入門』（ベースボール・マガジン社）
『タイ――産業立国へのダイナミズム』井上隆一郎（筑摩書房）
『新版増補　日・タイ四百年史』西野順治郎（時事通信社）
『平尾昌晃の歌上手になる本』山口洋子（編）（講談社文庫）
『俺の喉は一声千両――天才浪曲師・桃中軒雲右衛門』岡本和明（新潮社）
『乾杯屋』三田完（文藝春秋）
『気楽な稼業ときたもんだ』砂田実（エンパワメント研究所）
『スターランド特別増刊　五木ひろし栄光のラスベガス』（徳間書店）
『エルヴィス、最後のアメリカン・ヒーロー』前田絢子（角川選書）
『メディア・ウォーズ――テレビ仕掛人たちの興亡』田原総一朗（講談社文庫）
『ふたつの影法師』五木ひろし（マガジンハウス）
『五木ひろし ファイティングポーズの想い』五木ひろし（NHK出版）
『芸能人はなぜ干されるのか？――芸能界独占禁止法違反』星野陽平（鹿砦社）
『山口洋子の男というもの』山口洋子（サンガ）

■新聞
東京朝日新聞・大阪朝日新聞・読売新聞・神戸又新日報・神戸新聞・東京日日新聞・毎日新聞・朝日新聞・スポーツニッポン・産経新聞・サンケイスポーツ・報知新聞・日刊スポーツ・デイリースポーツ・東京スポーツ・東京中日スポーツ・日刊ゲンダイ・夕刊フジ・しんぶん赤旗・日本経済新聞・東京新聞

参考文献

■雑誌
『婦人公論』『日本及日本人』『潮』『文芸評論』『ボクシング　マガジン』『週刊読売』『サンデー毎日』『平凡』『週刊サンケイ』『ボクシングガゼット』『月刊公論』『スポーノグラフ』『アサヒグラフ』『ゴング格闘技』『フルコンタクトKARATE』『剣豪列伝集』『まんが王』『週刊現代』『週刊少年マガジン』『ゴング』『近代映画』『月刊明星』『週刊平凡』『少年ブック』『高一時代』『小学四年生』『小学五年生』『小学六年生』『冒険王』『冒険王別冊・まんが王』『別冊少年マガジン』『少年画報』『週刊少年キング』『GONG　KAKUTOGI』『婦人倶楽部』『週刊大衆』『宝石』『週刊文春』『週刊明星』『週刊ポスト』『文藝春秋』『ワールド・ボクシング』『日刊ゲンダイ』『FRIDAYダイナマイト』『週刊小説』『コンフィデンス』

■DVD
『実録！大山道場&黒崎健時～甦る43年前の極真空手伝説』（UPPER　DVD）
『〝キックの鬼〟沢村忠　真空飛びヒザ蹴り伝説』（TBSDVD）
『安藤昇のわが逃亡とSEXの記録』（東映ビデオ株式会社）

■論文
『浜口首相狙撃事件――佐郷屋留雄の動機と背後勢力について』堀真清（西南学院大学学術研究所）
『タイの民主化と反日運動――「野口キック・ボクシング・ジム事件」と「日本製品不買運動」を事例に』シリヌット・クーチャルーンパイブーン（『現代社会学研究』28号所収／北海道社会学会）

このほか、ウェブサイト、ブログなどを適宜、参考にさせていただいた。

※本作で取り上げた著作物のうち、一部、著作権継承者が不明の著作物があります。お心当たりの方は、お手数ですが編集部まで御連絡ください。

細田昌志　（Masashi Hosoda）

1971年岡山市生まれ、鳥取市育ち。鳥取城北高校卒業。CS放送のキャスターをへて、放送作家に転身。ラジオ、テレビ、インターネット番組を手掛けながら、雑誌やWEBに寄稿。著書に『坂本龍馬はいなかった』（彩図社）、『ミュージシャンはなぜ糟糠の妻を捨てるのか』（イースト新書）。メールマガジン「水道橋博士のメルマ旬報」同人。

沢村忠《さわむらただし》に真空《しんくう》を飛《と》ばせた男《おとこ》
昭和のプロモーター・野口修評伝《のぐちおさむひょうでん》
著　者　細田昌志《ほそだまさし》

発　行　2020年10月30日
4　刷　2024年11月20日

発行者　佐藤隆信
発行所　株式会社新潮社　郵便番号162-8711
東京都新宿区矢来町71
電話：編集部　03-3266-5611
読者係　03-3266-5111
https://www.shinchosha.co.jp

印刷所　株式会社光邦
製本所　大口製本印刷株式会社

乱丁・落丁本は、ご面倒ですが小社読者係宛お送り下さい。送料小社負担にてお取替えいたします。
ISBN978-4-10-353671-0　C0095
価格はカバーに表示してあります。
JASRAC　出　2007585-404